LA SCIENCE

DU

PRATICIEN DE L'ÉTAT CIVIL

EXPOSITION DES RÈGLES

APPLICABLES

A LA PRÉPARATION ET A LA RÉDACTION DES ACTES DE L'ÉTAT CIVIL

AINSI QU'A L'ACCOMPLISSEMENT DES FORMALITÉS QU'ILS ENTRAINENT

PAR

A. MISCOPEIN

SECRÉTAIRE DE MAIRIE EN RETRAITE

à Nogent-sur-Marne (Seine).

PARIS

SOCIÉTÉ D'IMPRIMERIE ET LIBRAIRIE ADMINISTRATIVES ET DES CHEMINS DE FER

PAUL DUPONT, Éditeur

4, RUE DU BOULOI, 4

—

1890

LA SCIENCE

DU

PRATICIEN DE L'ÉTAT CIVIL

OUVRAGES DU MÊME AUTEUR

1º ACTUELLEMENT EN VENTE :

Formulaire du praticien de l'état civil, dans lequel chaque espèce d'acte n'a qu'une formule où sont prévus tous les cas possibles, désignés sous les numéros correspondants de *La Science du praticien de l'état civil,* et dans lequel se trouvent, en outre, toutes les formules employées dans les bureaux d'état civil. 1 vol. grand in-8º. Librairie Paul Dupont, à Paris, rue de Bouloi, nº 4. Prix, broché................................ **5 fr. 50**

Naissances, Mariages et Décès (*Formalités qu'ils occasionnent, droits qu'ils confèrent, devoirs qu'ils imposent*). Ouvrage pratique destiné aux familles, contenant : d'abord, des explications sur les démarches, déclarations et justifications auxquelles sont obligées les personnes qui préparent la célébration d'un mariage, et celles que la loi rend responsables, soit de l'accomplissement des formalités d'état civil, soit du paiement des droits de succession ; ensuite, la législation déterminant : 1º les droits et devoirs respectifs des époux, l'autorité des père et mère sur leurs enfants, les devoirs de ceux-ci envers leurs parents, les obligations et formalités relatives à la tutelle des enfants mineurs et à leur émancipation, ainsi que les droits assurés à ces derniers ; 2º les droits et charges de succession dévolus aux parents d'un défunt, à son conjoint survivant ou à l'Etat; 3º les donations entre-vifs et les testaments par lesquels un parent a pu, dans certains cas, modifier l'ordre légal des successions et la part de ses héritiers ; 4º le tarif et les bases du droit de mutation dû à l'Etat par les héritiers, donataires et légataires des défunts. 1 vol, in-18. Librairie Cotillon, Pichon successeur, à Paris, rue Soufflot nº 24. Prix, broché....... **2 fr. 75**

Note-répertoire de l'officier d'état civil pour mariage projeté, feuille double, servant d'enveloppe de dossier, disposée de manière qu'il suffit de souligner ou marquer d'un signe affirmatif celles des indications y contenues qui se rapportent à la situation civile des futurs époux, pour avoir sous les yeux l'énoncé des pièces à produire et des formalités à remplir pour la célébration régulière de leur mariage. Librairie Cotillon, Pichon, successeur, à Paris, rue Soufflot, nº 24. Prix, 10 centimes l'exemplaire (port en sus).

Notice pour les futurs époux, leur indiquant les pièces qu'ils ont à produire et les formalités qu'ils ont à remplir pour la célébration de leur mariage, avec instructions imprimées appelant leur attention sur les sujets essentiels ou délicats. Même librairie Cotillon-Pichon. Prix, 5 centimes l'exemplaire (port en sus).

2º SOUS PRESSE :

Code du praticien de l'état civil, contenant le texte annoté des articles des Codes et des articles de lois cités dans la *Science du praticien de l'état civil,* plus la législation étrangère sur les conditions exigées pour la validité des mariages.

Funérailles, Honneurs funèbres et Sépultures. Exposé de l'organisation et des règles des divers services mortuaires. Législation. Modèles et formules applicables.

Pompes funèbres. Explications, législation, modèles et formules concernant l'organisation et l'exécution du service dans les paroisses et communes.

LA SCIENCE

DU

PRATICIEN DE L'ÉTAT CIVIL

EXPOSITION DES RÈGLES

APPLICABLES

A LA PRÉPARATION ET A LA RÉDACTION DES ACTES DE L'ÉTAT CIVIL

AINSI QU'A L'ACCOMPLISSEMENT DES FORMALITÉS QU'ILS ENTRAINENT

PAR

A. MISCOPEIN

SECRÉTAIRE DE MAIRIE EN RETRAITE

à Nogent-sur-Marne (Seine).

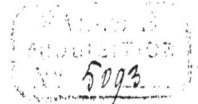

PARIS

SOCIÉTÉ D'IMPRIMERIE ET LIBRAIRIE ADMINISTRATIVES ET DES CHEMINS DE FER

PAUL DUPONT, Éditeur

4, RUE DU BOULOI, 4

—

1890

LA SCIENCE

DU

PRATICIEN DE L'ÉTAT CIVIL

INTRODUCTION

L'état civil d'une personne établit le mode légal de l'existence de celle-ci dans la famille et dans la société. Il résulte des actes qui constatent les phases de cette existence, savoir : la naissance de ladite personne, son mariage, la naissance de ses enfants, le décès de ses père et mère, le décès de son conjoint.

C'est pourquoi les actes de naissance, mariage et décès sont appelés *actes de l'état civil*. Ils ne peuvent être dressés que par un officier public institué à cet effet et portant le titre d'*officier de l'état civil*.

La loi, qui a prescrit d'inscrire ces actes sur des registres spéciaux, veut que l'officier public inscrive aussi sur ses registres le procès-verbal constatant l'exposition d'un enfant trouvé, et qu'il donne à cet enfant un état civil, lequel tiendra lieu de l'état civil qui aurait dû lui être constitué lors de sa naissance, ou remplacera celui qui lui a peut-être été constitué, mais dont on n'a pas la trace.

Nul ne peut donc tenir son état civil que de l'officier de l'état civil, et la première condition à remplir pour être l'objet d'un acte de sa compétence est d'être venu au monde (1).

Certains faits pourront modifier l'état déterminé par ces actes constitutifs, mais les actes nouveaux auxquels ils donneront lieu seront passés devant des officiers publics d'un autre ordre. L'officier de l'état civil n'aura plus à intervenir que pour assurer l'effet de ces nouveaux actes en les inscrivant ou les mentionnant sur ses registres. Cependant, partageant sur ce point, par exception, la compétence de ces officiers publics, il pourra, comme eux, dresser des actes de reconnaissance d'enfants naturels.

Les actes de l'état civil sont soumis à des règles générales établies par la loi.

Chaque espèce d'acte doit, en outre, satisfaire à des conditions particulières que la loi a eu soin d'indiquer également.

---

(1) On verra dans la 2ᵉ partie du présent ouvrage, n° 126, l'à-propos de cette dernière observation.

Enfin, chacun des actes de l'état civil et des actes auxquels l'officier de l'état civil donnera le concours de sa fonction doit être précédé, accompagné ou suivi de formalités précisées par diverses lois et par des règlements administratifs.

La Science du praticien de l'état civil a pour but d'exposer, dans l'ordre naturel des faits qui motivent les actes ou l'accomplissement des formalités, les règles que la loi, la jurisprudence judiciaire et l'autorité administrative ont tracées pour leur enregistrement ou leur exécution, en distinguant des règles générales celles qui s'appliquent particulièrement à la ville de Paris, aux autres communes du département de la Seine, à celles du département de Seine-et-Oise qui dépendent de la préfecture de police, à la ville de Lyon et aux communes de la banlieue lyonnaise.

Afin d'éviter toute incertitude sur le caractère juridique et la valeur des indications données dans cet ouvrage, on y a cité les articles de lois sur lesquels elles sont appuyées et les décisions conformes qui ont fixé l'esprit de certains textes (1).

L'ouvrage est divisé en quatre parties, savoir :

1ʳᵉ PARTIE. — Règles générales applicables à tous les actes de l'état civil, aux documents qui servent à les préparer et aux expéditions ou extraits qui sont à en délivrer ;

2ᵉ PARTIE. — Naissances, exposition d'enfants trouvés, reconnaissance d'enfants naturels, acte supplétif d'une adoption, règles spéciales aux expéditions et extraits de quelques-uns de ces actes, formalités que les actes de naissance entraînent pour l'exécution des services publics et notamment pour la protection de l'enfance du premier âge ;

3ᵉ PARTIE. — Actes de publications de mariage, actes de mariage, acte supplétif de jugement de divorce, règles spéciales aux expéditions et extraits de quelques-uns de ces actes et aux formalités qui doivent suivre lesdits actes ;

4ᵉ PARTIE. — Décès : actes, mesures et formalités qu'ils occasionnent immédiatement ou ultérieurement.

En tête de chaque partie se trouve le sommaire des matières dans l'ordre de leur numérotage (A).

On aura donc immédiatement un aperçu de l'ensemble de l'ouvrage en parcourant le texte du sommaire de ces quatre parties, reproduit à la suite de la présente introduction.

En outre, pour faciliter les recherches sur un point quelconque qu'on voudrait examiner séparément, une table alphabétique et analytique suit ce sommaire ; elle donne sous le mot substantiel l'idée générale de l'objet traité et indique les numéros des articles où il en est question.

Cet ouvrage, qui est un traité complet ayant son unité propre, se distingue de ceux qui ont déjà été publiés sur l'état civil en ce sens que, préparé dans la vue d'être le guide du rédacteur des actes de l'état civil, il trace une forme unique pour chaque acte et, indiquant la place de chacune des énonciations fondamentales ou éventuelles de l'acte par ses articles numérotés qui en sont la justification et le commentaire, il épargne au rédacteur l'embarras de chercher parmi une vingtaine ou une trentaine de formules que donnent la plupart des recueils spéciaux celles dont les assemblages variés réunissent approximativement les circonstances en présence desquelles on se trouve.

C'est sur les bases ainsi établies par la *Science du praticien de l'état civil* que l'au-

---

(1) Les lois citées ont été réunies dans un recueil intitulé : *Code du praticien de l'état civil,* comprenant les lois applicables dans les bureaux d'état civil, classées et annotées par A. Miscopein, secrétaire de mairie en retraite, à Nogent-sur-Marne (Seine). Ce recueil, divisé en sections correspondant, autant que l'unité de texte le permet, aux divisions du présent ouvrage, paraîtra prochainement.

(A) Les quatre parties ont été imprimées en cahiers distincts, de manière qu'on puisse les séparer par la simple rupture du fil qui les relie, et se servir isolément de chacune d'elles à volonté.

teur a dressé, pour lui faire suite, et publié à la même librairie, le *Formulaire du praticien de l'état civil*, divisé aussi en quatre parties et dans l'introduction duquel on lit :

« Dans ce formulaire, différent en cela de ceux qui ont été publiés avant lui, chaque sorte d'acte ne comporte qu'une formule. Elle réunit les éléments principaux qui constituent, pour ainsi dire, la charpente de l'acte telle que la loi la compose, et elle est disposée de manière à être remplie méthodiquement par les énonciations applicables aux diverses circonstances qui peuvent se rencontrer dans l'espèce, numérotées et indiquées sommairement en marge, et qu'on trouve exposées, avec leurs règles particulières, dans la *Science du praticien de l'état civil* sous les mêmes numéros. Toutefois (les espèces qui se rencontrent dans les actes de mariage étant nombreuses), pour bien établir la partie fondamentale de l'acte et n'obliger à chercher le texte complémentaire variable que s'il y a lieu, on a, pour les actes de mariage, dressé une formule double composée d'une formule cadre remplie uniquement des énonciations applicables à la situation la moins compliquée, et d'une formule universelle reproduisant la formule cadre, complétée par les énonciations relatives à tous les autres cas possibles que celle-ci avait indiqués seulement par des numéros.

« Quoique les formules d'actes, non compris les actes de transcription, ne soient qu'au nombre de neuf, savoir : — 1° acte de naissance ; — 2° acte de l'exposition d'un enfant trouvé ; — 3° acte de reconnaissance d'enfant naturel ; — 4° acte de première publication de mariage ; — 5° acte de seconde publication de mariage ; — 6° acte de mariage formule cadre ; — 7° acte de mariage formule universelle ; — 8° acte de présentation d'enfant sans vie nouveau-né ; — 9° acte de décès, le formulaire est composé de 101 numéros. Il contient les modèles de tous les certificats, procès-verbaux, états et autres documents qui se rattachent à l'état civil, et dont le praticien de l'état civil aura l'occasion de faire usage, conformément aux dispositions législatives ou administratives exposées dans les articles numérotés de la *Science*, auxquels correspondent les numéros mis en marge de ces formules. »

SOMMAIRE GÉNÉRAL

DES QUATRE PARTIES DE L'OUVRAGE

PREMIÈRE PARTIE

Règles générales applicables à tous les actes de l'état civil, aux documents qui servent à les préparer et aux expéditions ou extraits qui sont à en délivrer.

OBSERVATION PRÉLIMINAIRE

CHAPITRE PREMIER. — LIEU OÙ DOIVENT ÊTRE FAITES ET REÇUES LES DÉCLARATIONS RELATIVES A L'ÉTAT CIVIL.

1. Lieu de la déclaration dans les communes de France.
2. — — dans les lazarets.
3. — — à l'armée, en dehors du territoire de la République.
4. — — au cas de naissance ou de décès pendant un voyage en mer.
5. — — en Algérie, dans les colonies françaises, dans les pays de protectorat et à l'étranger.

CHAPITRE II. — FONCTIONNAIRE CHARGÉ DE LA RÉCEPTION ET DE L'ENREGISTREMENT DES DÉCLARATIONS D'ÉTAT CIVIL.

6. Fonctionnaire compétent dans les communes de France pour tous les actes d'état civil.
7. — — dans les lazarets pour naissances et décès.
8. — — à l'armée, en dehors du territoire de la République, pour naissances, mariages et décès.
9. — — en cas de naissance ou décès pendant un voyage en mer.
10. — — en Algérie, dans les colonies françaises, dans les pays de protectorat et à l'étranger pour tous les actes d'état civil.
11. Incompétence momentanée pour les actes dans lesquels le fonctionnaire agit à titre privé.

CHAPITRE III. — JOURS, HEURES ET DÉLAIS POUR LES DÉCLARATIONS D'ÉTAT CIVIL.

12. Délai dans les communes de France.
13. — dans les lazarets.
14. — à l'armée, en dehors du territoire de la République.
15. — en cas de naissance ou décès pendant un voyage en mer.
16. — en Algérie, dans les colonies françaises, dans les pays de protectorat et à l'étranger.
17. L'officier de l'état civil ne doit dresser aucun acte après l'expiration du délai légal des déclarations pour les naissances, ni après l'inhumation des défunts pour les décès.

CHAPITRE IV. — DES REGISTRES DESTINÉS A L'INSCRIPTION DES ACTES DE L'ÉTAT CIVIL.

18. Défense d'inscrire les actes sur des feuilles volantes.
19. Obligation d'employer des registres.
20. Les registres employés dans les communes de France et dans les consulats doivent être composés de papier timbré.

21. Frais du timbre et du cartonnage des registres employés dans les communes.
22. Cote et paraphe des registres avant leur emploi.
23. Registres supplémentaires employés dans les communes de France et dans les consulats.
24. Soins à prendre par l'officier de l'état civil dans les communes pour que les registres soient prêts en temps utile.
25. Clôture des registres des communes et consulats à la fin de l'année, ou avant s'ils sont déjà entièrement remplis.
26. Clôture des registres courants tenus dans les communes, en cas de décision judiciaire prescrivant de les produire au tribunal.
27. Numérotage des actes et inscription marginale des noms.
28. Table des actes inscrits dans les communes et dans les consulats.
29. Dépôt des registres tenus dans les communes de France et des pièces y annexées. Exception pour les expéditions d'actes propres à la reconstitution de l'état civil de Paris.
30. Dépôt des registres tenus à l'armée.
31. Dépôt des rôles d'équipage contenant des actes de l'état civil dressés sur mer.
32. Dépôt des registres de l'état civil tenus dans les consulats, en Algérie, dans les colonies françaises et dans les pays de protectorat.

CHAPITRE V. — DES ÉNONCIATIONS QUI DOIVENT ÊTRE INSÉRÉES DANS TOUS LES ACTES, DE LA LANGUE A EMPLOYER ET DES FORMES A SUIVRE POUR LA VALIDITÉ ET LA RÉGULARITÉ DES ACTES.

33. Langue à employer dans les actes.
34. Date et heure de l'acte.
35. Lieu où l'acte est dressé.
36. Prénoms, nom et qualité de l'officier de l'état civil, avec indication de la commune, ainsi que du canton, de l'arrondissement et du département dont elle dépend.
37. Prénoms, noms, âges, professions et domiciles des parties et de leurs mandataires, ainsi que des témoins. (Remarque sur leur identité.)
38. Indication des titres honorifiques témoignant de services rendus à l'Etat et d'autres dûment justifiés.
39. Conditions à remplir pour être témoin dans les actes.
40. Mandataires pouvant représenter les parties intéressées.
41. Obligation pour certaines personnes de venir faire leur déclaration elles-mêmes.
42. Obligation de n'insérer dans les actes que ce qui doit être déclaré par les comparants, outre la mention du paraphe et de l'annexe des pièces produites.
43. Interdiction des abréviations, dates chiffrées, blancs, grattages et surcharges. Approbation des ratures.
44. Intercalations interdites. Approbation des renvois.
45. Lecture et signature de l'acte.
46. Annulation de projets d'actes inscrits sur les registres et restés imparfaits.

CHAPITRE VI. — DES PIÈCES A ANNEXER AUX REGISTRES ET DES CONDITIONS DE FORME EXIGÉES POUR LEUR VALIDITÉ ET LEUR RÉGULARITÉ.

47. Obligation d'annexer aux registres les pièces produites. Marques du caractère authentique qu'elles doivent avoir.
48. Timbre et enregistrement des pièces à annexer aux registres.
49. Règles spéciales aux jugements rendus en France.
50. Traduction des pièces écrites en langue étrangère.
51. Légalisation des pièces à annexer.
52. De la non-recevabilité des copies de copies d'actes dont la minute existe.

CHAPITRE VII. — PRESCRIPTIONS A OBSERVER EN VUE DE LA CONSERVATION DES PREUVES D'EXISTENCE ET DE LA RECONSTITUTION ÉVENTUELLE DES ACTES DE L'ÉTAT CIVIL.

53. Mention de l'acte sur le livret de famille.
54. Transmission des expéditions propres à la reconstitution des actes d'état civil de Paris.

CHAPITRE VIII. — DES RECTIFICATIONS D'ACTES DE L'ÉTAT CIVIL.

55. Interdiction de toucher au texte des actes signés, malgré leurs défauts. Moyens à employer pour leur rectification.

CHAPITRE IX. — DES TRANSCRIPTIONS A FAIRE SUR LES REGISTRES DE L'ÉTAT CIVIL.

56. Actes et jugements à transcrire. Conditions à observer. Formes de l'acte de transcription.

CHAPITRE X. — DES MENTIONS A FAIRE SUR LES REGISTRES DE L'ÉTAT CIVIL.

57. Nécessité, en général, de la réquisition des parties, et conséquences de l'inaccomplissement de l'enregistrement préalable des actes à mentionner.
58. Actes et jugements à mentionner.
59. Forme de la mention.

VII

CHAPITRE XI. — De la vérification des registres et de la surveillance de leur tenue.

60. Autorité du procureur de la République pour l'application et l'interprétation urgente des lois concernant l'état civil.

CHAPITRE XII. — Droits et devoirs du magistrat remplissant les fonctions d'officier de l'état civil, en cas d'infractions commises par des particuliers aux lois et règlements concernant l'état civil et la police des inhumations.

61. Constatations à faire et avis à donner des infractions commises par des particuliers aux lois et règlements concernant les événements de l'état civil.

CHAPITRE XIII. — Responsabilité des officiers de l'état civil concernant les actes en général.

62. Responsabilité des officiers de l'état civil en rapport avec le caractère de leurs fonctions. Précautions qu'elle commande.

CHAPITRE XIV. — Publicité des actes et des pièces y annexées. Obligation d'en délivrer expéditions aux particuliers qui le demandent et a divers fonctionnaires. Des extraits et relevés d'actes utiles aux services publics.

63. De la communication des registres de l'état civil dans les mairies. Précautions et restrictions.
64. Obligation, pour les dépositaires des registres de l'état civil dans les mairies, aux greffes des tribunaux de première instance et dans les consulats, de délivrer l'expédition d'un acte à toute personne qui la demande.
65. Expédition de pièces annexées aux registres de l'état civil. Remarque touchant la force probante de certaines expéditions.
66. Forme des expéditions à délivrer aux particuliers.
67. L'officier de l'état civil doit seul signer les expéditions. Le secrétaire de la mairie n'a pas qualité pour y apposer sa signature.
68. Expéditions d'actes de l'état civil à délivrer administrativement pour les autorités d'Alsace-Lorraine.
69. Expéditions d'actes de l'état civil concernant des étrangers à dresser et transmettre administrativement pour le gouvernement ou l'agent diplomatique de leur pays.
70. Expéditions d'actes de l'état civil à dresser et transmettre administrativement pour des fonctionnaires français.
71. Des extraits et relevés d'actes utiles aux services publics et ayant valeur de renseignement.

CHAPITRE XV. — Droit d'expédition du par les particuliers.

72. Droit d'expédition à payer pour obtenir l'expédition d'un acte.
73. Le droit d'expédition n'est dû que pour les copies entières d'actes.
74. Interdiction de demander ou recevoir en payement d'autres sommes que celles fixées par le tarif.
75. Comptabilité du droit d'expédition perçu pour la commune.

CHAPITRE XVI. — Sur le timbre et l'enregistrement des actes, des expéditions d'actes et des procès-verbaux, affiches et certificats concernant l'état civil.

76. Actes et procès-verbaux concernant l'état civil, exempts d'enregistrement sur la minute.
76 bis. Formalité d'enregistrement prescrite sur la première expédition de certains actes de l'état civil.
77. Droit de timbre dû pour les expéditions délivrées aux particuliers.
78. Droit de timbre dû pour les expéditions d'actes concernant l'état civil.
79. Obligation d'employer du papier timbré débité par l'Administration du Timbre pour les expéditions d'actes de l'état civil. Faculté d'employer des formules timbrées à l'extraordinaire ou revêtues de timbres mobiles pour les affiches et certificats concernant les formalités de l'état civil.
80. Les expéditions d'actes de l'état civil délivrées aux indigents et aux personnes qui ont obtenu l'assistance judiciaire sont soumises au timbre ou au visa pour timbre.
81. Exemption du droit et de la formalité du timbre pour quelques expéditions, extraits, certificats, autorisations et procès-verbaux concernant l'état civil.
82. Enregistrement en débet des procès-verbaux qui constatent des contraventions de police se rattachant aux événements de l'état civil, et des expéditions délivrées en exécution de la loi sur l'assistance judiciaire.

CHAPITRE XVII. — Légalisation des expéditions et certificats délivrés par l'officier de l'état civil.

83. Légalisation des expéditions d'actes et des certificats d'état civil délivrés aux particuliers pour intérêt privé.
84. Légalisation des expéditions d'actes de l'état civil délivrées administrativement.

DEUXIÈME PARTIE

Naissances. Exposition d'enfants trouvés. Reconnaissance d'enfants naturels. Acte supplétif de l'adoption. Formalités que lesdits actes entraînent. Expéditions, extraits et relevés de ces actes. Protection de l'enfance du premier âge.

OBSERVATION PRÉLIMINAIRE

CHAPITRE PREMIER. — OBLIGATION DES PARTICULIERS CONCERNANT LA DÉCLARATION D'UNE NAISSANCE, LA PRÉSENTATION D'UN ENFANT NOUVEAU-NÉ SANS VIE ET L'EXPOSITION D'UN ENFANT TROUVÉ.

85. Lieu où la déclaration de naissance doit être faite.
86. Fonctionnaire auquel doit être faite la déclaration de naissance.
87. Délai dans lequel une naissance doit être déclarée.
88. Par qui doit être faite la déclaration de la naissance d'un enfant présenté vivant.
89. Par qui doit être déclaré l'accouchement pour un enfant nouveau-né qui est sans vie au moment de la déclaration.
90. Obligation pour ceux qui ont trouvé un enfant abandonné d'en faire immédiatement la déclaration.

CHAPITRE II. — CONSÉQUENCES DE L'OMISSION DE DÉCLARATION DANS LE DÉLAI LÉGAL POUR NAISSANCE OU ACCOUCHEMENT ET POUR L'EXPOSITION D'UN ENFANT TROUVÉ.

91. Conséquence du défaut de déclaration pour la naissance d'un enfant encore vivant.
92. Conséquence du défaut de déclaration pour l'accouchement dont provient un enfant actuellement sans vie.
93. Conséquence du défaut de déclaration pour l'exposition d'un enfant trouvé.

CHAPITRE III. — MODE D'ENREGISTREMENT DES DÉCLARATIONS POUR : 1° LA NAISSANCE D'UN ENFANT PRÉSENTÉ VIVANT; 2° L'ACCOUCHEMENT DONT PROVIENT UN ENFANT ACTUELLEMENT SANS VIE; 3° L'EXPOSITION D'UN ENFANT TROUVÉ; 4° LA RECONNAISSANCE D'UN ENFANT NATUREL; 5° L'ACTE SUPPLÉTIF D'UNE ADOPTION.

94. Mode d'enregistrement de la déclaration de naissance d'un enfant présenté vivant.
95. Mode d'enregistrement de la déclaration d'accouchement pour un enfant actuellement sans vie.
96. Mode d'enregistrement de la déclaration relative à l'exposition d'un enfant trouvé.
97. Mode d'enregistrement d'une reconnaissance d'enfant naturel.
98. Mode d'enregistrement de l'acte supplétif d'une adoption.

CHAPITRE IV. — ÉNONCIATIONS A INSÉRER DANS L'ACTE DE NAISSANCE ET RÈGLES CONCERNANT CHACUNE D'ELLES.

99. Date, mois, année et heure où l'acte est dressé.
100. Prénoms donnés à l'enfant.
101. Son nom de famille.
102. Le sexe de l'enfant.
103. La date du jour et l'heure de sa naissance.
104. Le lieu de sa naissance.
105. Énonciations spéciales lorsqu'il s'agit d'un enfant posthume.
106. Énonciations spéciales lorsqu'il s'agit d'un enfant jumeau.
107. La filiation de l'enfant :
     A. Selon qu'il est enfant légitime;
     B. Selon qu'il est enfant naturel reconnu par son père, la mère étant désignée;
     C. Selon qu'il est enfant naturel reconnu par son père, la mère n'étant pas désignée;
     D. Selon qu'il est enfant naturel non reconnu, la mère étant désignée;
     E. Selon qu'il est enfant naturel non reconnu, la mère n'étant pas désignée.
108. Les prénoms, nom, titres honorifiques, s'il y a lieu, et qualité de l'officier de l'état civil, avec indication de la commune où il est en fonction, ainsi que du canton, de l'arrondissement et du département dont elle dépend.
109. La présentation de l'enfant à l'officier de l'état civil.
110. Si la déclaration est faite par suite de l'absence du père quand elle n'est pas faite par lui.
111. Désignation de la personne qui fait la déclaration, avec mention de ses titres honorifiques s'il y a lieu.
112. Qualité en vertu de laquelle agit la personne déclarante.
113. Les prénoms, noms, âges, professions et domiciles des deux témoins, leur degré de parenté avec les père et mère lorsqu'ils sont parents.
114. La lecture de l'acte à la partie comparante ou à son fondé de procuration et aux témoins.
115. Le lieu où l'acte est dressé.
116. L'indication de ceux des déclarants et témoins qui ont signé avec l'officier de l'état civil.
117 L'indication de ceux qui n'auraient pas signé et la cause de leur empêchement.

CHAPITRE V. — CONSTATATION DE L'EXPOSITION D'UN ENFANT TROUVÉ

118. Procès-verbal à dresser, en dehors des registres de l'état civil, pour constater l'exposition d'un enfant trouvé et la recherche infructueuse de ses parents.
119. Acte de la transcription faite, avec assistance de témoins s'il y a lieu, du procès-verbal de l'exposition d'un enfant trouvé lorsqu'il a été dressé par l'officier de l'état civil.
120. Acte de la transcription faite, avec imposition de noms et en présence de témoins, du procès-verbal de l'exposition d'un enfant trouvé lorsqu'il a été dressé par un officier de police autre que l'officier de l'état civil.
121. Choix des prénoms et du nom à donner par l'officier de l'état civil à l'enfant trouvé.
122. Tutelle sous laquelle l'enfant a été placé par l'officier de l'état civil.

CHAPITRE VI. — DE LA RÉCEPTION DES DÉCLARATIONS DE RECONNAISSANCE D'ENFANTS NATURELS.

123. — Nécessité d'un acte de reconnaissance pour donner aux père et mère des droits sur leur enfant naturel, et à celui-ci des devoirs et des droits envers eux.
124. Exception à la faculté de reconnaissance. Enfants qui ne peuvent pas être reconnus.
125. Fonctionnaire compétent pour donner l'authenticité à la reconnaissance.
126. Incompétence de l'officier de l'état civil pour dresser un acte portant reconnaissance d'un enfant dont la mère est encore enceinte, et pour transcrire ou mentionner un tel acte avant ou après la naissance.
127. Circonstances dans lesquelles l'officier de l'état civil, quoique compétent, doit refuser de dresser, transcrire ou mentionner un acte de reconnaissance.
128. Période de temps pendant laquelle il peut être dressé acte de la reconnaissance d'un enfant naturel.
129. Capacité légale pour reconnaître un enfant naturel.

CHAPITRE VII. — DE LA FORME DE L'ACTE DE RECONNAISSANCE D'UN ENFANT NATUREL. ET DES FORMALITÉS QUI SUIVENT L'ACTE.

130. Énonciations que doit contenir l'acte de reconnaissance fait devant l'officier de l'état civil.
131. Formalités à remplir pour assurer l'effet de l'acte de reconnaissance.
132. Transcription d'actes de reconnaissance d'enfants naturels dressés par d'autres officiers de l'état civil ou devant notaires.
133. Mention de la reconnaissance d'un enfant naturel à inscrire en marge de son acte de naissance.

CHAPITRE VIII. — ACTE SUPPLÉTIF D'UNE ADOPTION

134. Transcription à faire de l'acte d'adoption et de l'arrêt confirmatif sur le registre des naissances du domicile de l'adoptant.
135. Mention d'adoption à faire en marge de l'acte de naissance de l'adopté.

CHAPITRE IX. — CHANGEMENT DE NOM. FORMALITÉ A REMPLIR POUR LE FAIRE INSCRIRE SUR LES REGISTRES DE L'ÉTAT CIVIL.

136. Nécessité d'un jugement pour faire inscrire sur le registre des naissances un décret autorisant une personne à changer de nom.

CHAPITRE X. — NOMENCLATURE DES DOCUMENTS A TRANSCRIRE ET MENTIONNER ET FORMES DES TRANSCRIPTIONS ET MENTIONS A FAIRE SUR LE REGISTRE DES NAISSANCES.

137. Nomenclature des documents à transcrire sur le registre des naissances, à la réquisition ou sur la déclaration des parties.
138. Nomenclature des documents à transcrire sur le registre des naissances par suite de transmissions faites administrativement.
139. Nomenclature des documents à mentionner sur le registre des naissances.
140. Forme des transcriptions.
141. Forme des mentions.

CHAPITRE XI. — EXPÉDITIONS, EXTRAITS ET RELEVÉS DES ACTES INSCRITS OU TRANSCRITS SUR LE REGISTRE DES NAISSANCES. DROITS ET FRAIS A PAYER. LÉGALISATION.

142. Extrait à délivrer immédiatement et gratuitement aux parties, en vue de l'application de la loi sur la protection de l'enfance du premier âge.
143. Extrait à inscrire immédiatement et gratuitement sur le livret de famille.
144. Expéditions à délivrer aux particuliers lorsqu'ils le demandent. Droit d'expédition dû.
145. Timbre et enregistrement des expéditions délivrées aux particuliers, extraites du registre des naissances.
146. Légalisation des expéditions délivrées aux particuliers.
147. Expéditions à délivrer administrativement, dans les délais réglementaires, des actes concernant les étrangers dont les gouvernements ont traité avec la France pour la communication réciproque des actes de l'état civil.
148. Expéditions à délivrer administrativement lorsqu'elles sont demandées pour service public.

149. Légalisation des expéditions délivrées administrativement.
150. Extraits à délivrer d'office, administrativement, des actes de naissance antérieurs à l'année courante pour services publics (instruction primaire obligatoire, recrutement de l'armée, etc.).
151. Relevés des naissances pour la statistique générale de France et autres services publics.

CHAPITRE XII. — Protection de l'enfance du premier age.
Application de la loi du 23 décembre 1874 a partir de l'enregistrement de la naissance.

152. Production à faire par les parents pour l'enregistrement de la déclaration du placement de leur enfant en nourrice ou en garde.
153. Conditions à remplir pour avoir le droit de prendre un enfant en nourrice ou en garde. Carnet obligatoire.
154. Formalités et conditions à remplir pour être nourrice sur lieu.
155. Réception et enregistrement de la déclaration de placement faite par les parents. Suite à donner par le maire.
156. Réception et enregistrement de la déclaration de prise en entretien (autrement dit élevage) faite par la nourrice pour un enfant dont les parents ont fait la déclaration de placement dans la même commune. Suite à donner par le maire.
157. Réception et enregistrement des déclarations ultérieures faites par la nourrice. Suite à donner par le maire.
158. Enfants mis en nourrice dans la commune sans que leur placement ait été déclaré par les parents à la mairie de cette commune. Déclarations à faire par les nourrices. Devoirs du maire.
159. Commission locale de patronage. Son fonctionnement. Documents à lui soumettre.
160. Nomenclature officielle des documents qui composent le service de la protection de l'enfance du premier âge.
161. Responsabilité du maire concernant la protection des enfants du premier âge. Rémunération du secrétaire chargé du service.

TROISIÈME PARTIE

Actes de publications de mariage. Acte de mariage. Acte supplétif de jugement de divorce. Règles spéciales à certaines expéditions de quelques-uns de ces actes. Formalités qui doivent suivre lesdits actes.

OBSERVATION PRÉLIMINAIRE

CHAPITRE PREMIER. — Publications et autres formalités qui doivent précéder le mariage.

§ 1. *Publications à faire dans la commune où sera célébré le mariage. Officier public ayant qualité pour faire ces publications, pour faciliter celles à faire ailleurs, pour indiquer toutes les formalités à remplir par les futurs époux et pour en vérifier l'accomplissement.*

162. Obligation de faire des publications et d'observer ensuite un délai avant de célébrer le mariage.
163. Officier d'état civil devant lequel les futurs époux doivent se présenter pour faire faire les publications.
164. Déclarations à faire et justifications à produire à l'officier de l'état civil pour qu'il fasse les publications en sa commune et qu'il dirige l'accomplissement des autres formalités préalables.
165. Note-répertoire de l'officier de l'état civil relative au mariage projeté, énonçant les renseignements, justifications, formalités et pièces nécessaires pour les publications et la célébration du mariage.
166. Notes officielles pour les publications de mariage que les futurs époux ont à faire faire dans d'autres municipalités que celle de la célébration du mariage.
167. Notice pour les futurs époux des justifications et pièces qu'il leur reste à produire pour la célébration du mariage.

§ 2. *Lieux où les publications doivent être faites.*

168. Lieux des publications de mariage à faire, concernant des futurs époux de profession civile qui ont leurs domicile et résidence en France.
169. Lieux des publications à faire pour le mariage de militaires en garnison en France ou attachés à des corps d'armée stationnant en dehors du territoire de la République.
170. Lieux des publications à faire pour le mariage de Français résidant en Algérie, dans les colonies françaises, dans les pays de protectorat ou à l'étranger.
171. Lieux des publications à faire pour le mariage d'étrangers résidant en France.

§ 3. *Nombre, caractère et formes des publications de mariage.*

172. Nombre des publications à faire.
173. Dispense de la seconde publication.
174. Caractère et forme des publications de mariage à faire à l'extérieur de la maison commune.
175 Registre destiné à l'inscription des actes de publications de mariage.

§ 4. *Énonciations qui doivent constituer l'acte de la première publication. Règles qui les concernent.*

176. La première publication doit faire l'objet d'un acte spécial.
177. Date de l'acte de la première publication.
178. Heure de l'acte.
179. Prénoms, nom, titres honorifiques, s'il y a lieu, et qualité de l'officier de l'état civil, avec indication de la commune où il est en fonction, ainsi que du canton, de l'arrondissement et du département dont elle dépend.
180. Mention que la publication est la première.
181. Prénoms, nom et profession du futur époux, ses titres et décorations s'il en a.
182. Domicile du futur.
183. Qualification du futur époux comme mineur, mineur quant au mariage ou majeur.
184. Age du futur (énonciation non obligatoire ici.)
185. État du futur à l'égard de la dissolution d'un précédent mariage, s'il y a lieu.
186. Prénoms, noms et professions des père et mère du futur.
187. Domicile des père et mère du futur époux s'ils sont vivants ; s'ils sont empêchés mention de leur empêchement ; s'ils sont décédés mention de leur décès (tenant lieu de la mention de leur domicile).
188. Prénoms, nom et profession de la future épouse.
189. Domicile de la future.
190. Qualification de la future comme mineure ou majeure.
191. Age de la future (énonciation non obligatoire ici).
192. État de la future à l'égard de la dissolution d'un précédent mariage, s'il y a lieu.
193. Prénoms, noms, professions des père et mère de la future.
194. Domicile des père et mère de la future s'ils sont vivants ; s'ils sont empêchés mention de leur empêchement ; s'ils sont décédés mention de leur décès (tenant lieu de la mention du domicile).
195. Signature de l'acte de première publication par l'officier de l'état civil.

§ 5. *Énonciations qui doivent constituer l'acte de la seconde publication.*

196. Il doit être dressé un acte spécial pour la seconde publication.
197. Date de l'acte de la seconde publication.
198. Heure de l'acte.
199. Prénoms, nom et qualité de l'officier de l'état civil, avec indication de la commune où il est en fonction.
200. Mention que la publication est la seconde.
201. Autres énonciations de l'acte de seconde publication et signature.

§ 6. *Enregistrement des oppositions et de la mainlevée qui en a été donnée.*

202 Les oppositions à mariage sont transcrites sommairement sur le registre des publications, à leur date, et mentionnées en marge de l'acte de première publication.
203. Mention de la mainlevée des oppositions en marge de l'inscription de ces oppositions.

§ 7. *Attestation de l'absence d'oppositions autres que celles enregistrées.*

204. Certificat à délivrer constatant les publications et la non-existence d'oppositions (autres que celles enregistrées s'il y a lieu).

CHAPITRE II. — ACTE DE MARIAGE. ÉNONCIATIONS QU'IL DOIT CONTENIR. RÈGLES QUI LES CONCERNENT.

205. Observations concernant le fonctionnaire compétent pour célébrer le mariage, les registres dont il doit se servir et les prescriptions légales auxquelles il doit avoir été préalablement satisfait pour qu'il puisse procéder régulièrement à la célébration du mariage.
A. Officier d'état civil compétent et registres à employer pour célébrer le mariage :
— dans les communes de France,
— à l'armée, en dehors du territoire de la République,
— en Algérie,
— dans les colonies françaises,
— dans les pays de protectorat,
— à l'étranger.
B. Prescriptions légales qui doivent se trouver exécutées au moment de célébrer le mariage dans une commune de France.

§ 1. *Date, heure et lieu de la célébration du mariage et désignation de l'officier de l'état civil.*

206. Date, mois, année et heure de l'acte de mariage.
207. Lieu de la célébration.
208. Prénoms, nom, titres honorifiques, s'il y a lieu, et qualité de l'officier de l'état civil, avec indication de la commune où il est en fonction, ainsi que du canton, de l'arrondissement et du département dont elle dépend.

§ 2. *Individualité du futur.*

209. Prénoms et nom du futur.
210. Profession du futur, avec indication des titres mobiliaires et décorations s'il en a.

§ 3. *Domicile du futur.*

211. Énonciation de ce domicile.

§ 4. *Capacité civile du futur.*

212. Qualification du futur époux comme mineur, mineur quant au mariage ou majeur.
213. Age du futur.
214. Lieu et date de la naissance du futur.
215. Etat du futur à l'égard de la dissolution d'un précédent mariage, s'il y a lieu.
215 *bis.* Remarques sur la capacité civile d'un homme qui a été ordonné prêtre.
215 *ter.* Remarques sur la capacité civile d'un étranger.

§ 5. *Filiation du futur époux. Son état de dépendance à l'égard de ses parents. Consentement de ceux-ci ou de leurs représentants, ou circonstances, actes et formalités qui en dispensent, tels qu'actes respectueux, décès ou empêchement des ascendants, ou liberté résultant du statut personnel.*

216. *Filiation.* Prénoms, noms et professions des père et mère du futur, et, s'ils sont vivants, leur âge et leur domicile.
217. Accomplissement des devoirs filiaux justifié par le *consentement* des parents du futur. Formes de ce consentement.
218. Accomplissement des devoirs filiaux justifié par des *actes respectueux* faits aux parents du futur.
219. *Décès des père et mère et autres ascendants* du futur. Lieu et date de leur décès.
220. *Empêchements* physiques ou légaux *des père et mère et autres ascendants* du futur. Indication de la nature de ces empêchements.
220 *bis.* *Liberté filiale* résultant du statut personnel de l'étranger.
220 *ter.* Observation sur le mode d'énoncer les circonstances de la situation filiale du futur, et celle du consentement ou de l'absence du consentement de ses parents.

§ 6. *Capacité civique du futur époux français et justification de la capacité civique et civile du futur époux étranger.*

221. Français. Permission nécessaire s'il est militaire, ou justification qu'il n'est pas militaire.
222. Etranger. Justification de sa capacité civile et civique d'après les lois de son pays.

§ 7. *Individualité de la future.*

223. Prénoms et nom de la future.
224. Profession de la future.

§ 8. *Domicile de la future.*

225. Enonciation de ce domicile.

§ 9. *Capacité civile de la future.*

226. Majorité ou minorité de la future.
227. Age de la future.
228. Lieu et date de la naissance de la future.
229. Etat de la future à l'égard de la dissolution d'un précédent mariage, s'il y a lieu.

§ 10. *Filiation de la future, son état de dépendance à l'égard de ses parents. Consentemen de ceux-ci ou de leurs représentants, ou circonstances, actes et formalités qui en dispensent, tels qu'actes respectueux, décès ou empêchement des ascendants, ou liberté résultant du statut personnel.*

230. *Filiation.* Prénoms, noms et professions des père et mère de la future, et, s'ils sont vivants, leur âge et leur domicile.
231. Accomplissement des devoirs filiaux justifié par le *consentement* des parents de la future.
232. Accomplissement des devoirs filiaux justifié par des *actes respectueux* faits aux parents de la future.
233. *Décès des père et mère et autres ascendants* de la future. Lieu et date de leurs décès.
234. *Empêchements* physiques ou légaux *des père et mère et autres ascendants* de la future. Indication de la nature de ces empêchements.
234 *bis.* *Liberté filiale* résultant du statut personnel de l'étrangère.
234 *ter.* Observation sur le mode d'énoncer les circonstances de la situation filiale et celles du consentement ou de l'absence du consentement des parents. Tableau synoptique des diverses situations filiales des futurs époux.

§ 11. *Levée des prohibitions d'âge, de parenté et autres.*

235. Dispense d'âge.
236. Dispense de parenté.
237. Parenté non prohibée.
238. Apparence de parenté.
239. Levée d'une prohibition particulière à son pays, obtenue par le futur époux étranger.

§ 12. *Publications, absence d'oppositions ou levée des oppositions faites.*

240. Dates des publications faites dans la commune où est célébré le mariage.
241. Dates des publications faites aux municipalités des autres domiciles des futurs et des personnes dont ils dépendent pour le mariage.
242. Dispense de la seconde publication.
243. Mention de l'absence d'oppositions entre les mains de l'officier de l'état civil qui procède au mariage, ou de la mainlevée des oppositions qui lui ont été signifiées.

244. Mention de l'absence d'oppositions entre les mains des officiers de l'état civil qui ont fait les publications aux autres municipalités, ou de la mainlevée des oppositions à eux signifiées.
245. Inapplicabilité de la règle de la formalité des publications au pays du futur époux étranger.

§ 13. *Productions de pièces et déclarations supplétives.*

246. Mention de la production de l'acte établissant l'identité du futur époux.
247. Mention de la production des pièces établissant la capacité civile du futur, le consentement de ses parents ou les circonstances, actes et formalités, qui en dispensent, et sa capacité civique, et relation des attestations d'identité qu'elles contiennent.
248. Mention de la production de l'acte établissant l'identité de la future épouse.
249. Mention de la production des pièces établissant la capacité civile de la future, le consentement de ses parents, ou les circonstances, actes et formalités qui en dispensent, et relation des attestations d'identité qu'elles contiennent.
250. Mention de la production des pièces relatives aux levées de prohibitions d'âge, de parenté et autres.
251. Mention des formalités spéciales auxquelles ont dû être soumises les pièces venant de l'étranger.
252. Visa des autres pièces dont la production est mentionnée dans le corps de l'acte de mariage, et attestation de l'accomplissement régulier de toutes les formalités auxquelles étaient astreintes toutes les pièces produites.
253. Mention de la lecture donnée par l'officier de l'état civil, des pièces produites, du paraphe de ces pièces et de leur annexe.
254. Mention de la lecture prise par l'officier de l'état civil, des actes inscrits dans sa commune constatant les décès cités dans l'acte de mariage.
255. Attestation de l'identité de celui des futurs époux dont l'acte de naissance désigne ses père et mère avec moins de prénoms ou avec des noms orthographiés autrement que dans d'autres actes les concernant.
256. Attestation de l'identité des père et mère ou aïeuls désignés dans leurs actes de décès autrement que dans d'autres actes.
257. Déclaration par les aïeuls survivants de la certitude de la mort des père et mère dont les futurs époux, majeurs ou mineurs, n'ont pu produire les actes de décès.
257 bis Déclaration par les futurs époux majeurs, n'ayant plus aucun ascendant, de leur ignorance du dernier domicile et du lieu de décès de quelqu'un de leurs père, mère ou aïeuls.

§ 14. *Contrat de mariage.*

258. Déclaration sur l'existence ou la non-existence d'un contrat de mariage.

§ 15. *Consentement des contractants et prononcé de leur union.*

259. Mention de la lecture faite aux parties, par l'officier de l'état civil, des articles de la loi réglant les droits et les devoirs respectifs des époux.
260. Déclaration des contractants de se prendre pour époux.
261. Prononcé de l'union par l'officier de l'état civil.
262. Explications sur les moyens employés pour faire exprimer par des sourds ou sourds-muets, ou par des personnes ne comprenant pas la langue française, leur consentement à mariage.

§ 16. *Légitimation d'enfants.*

263. Déclaration par les époux qu'ils reconnaissent et veulent légitimer des enfants déjà nés.

§ 17. *Publicité. Témoins. Lecture de l'acte. Signature.*

264. Publicité de la célébration.
265. Témoins.
266. Lecture de l'acte.
267. Signatures.

CHAPITRE III. — CÉRÉMONIE DE LA CÉLÉBRATION DU MARIAGE. FORMALITÉS ADMINISTRATIVES QUI LA SUIVENT IMMÉDIATEMENT.

268. Cérémonie de la célébration du mariage.
269. Certificat à délivrer constatant la célébration du mariage civil.
270. Délivrance d'un livret de famille.
271. Formalités à remplir par les époux ou l'un d'eux pour faire mentionner la légitimation de leurs enfants naturels.

CHAPITRE IV. — TRANSCRIPTION D'ACTES DE MARIAGE DRESSÉS AU DEHORS.

272. Acte à dresser pour la transcription de l'acte d'un mariage célébré à l'armée.
273. Acte à dresser pour la transcription de l'acte d'un mariage célébré à l'étranger.
273 bis. Acte à dresser pour la transcription d'un acte de mariage dressé au dehors, comportant légitimation d'un enfant né dans la commune.

CHAPITRE V. — RESPONSABILITÉ DES OFFICIERS DE L'ÉTAT CIVIL EN CE QUI CONCERNE LES ACTES DE MARIAGE.

274. Infractions aux prescriptions législatives intéressant l'ordre public. Pénalités.
275. Infractions aux prescriptions législatives intéressant l'un ou l'autre des époux et leurs familles. Pénalités.

CHAPITRE VI. — EXPÉDITIONS, EXTRAITS ET RELEVÉS DES ACTES DE MARIAGE.

276. Expéditions d'actes de mariage à délivrer aux particuliers lorsqu'ils le demandent. Droit d'expédition dû.
277. Timbre et enregistrement des expéditions d'actes de mariage délivrées aux particuliers.
278. Légalisation des expéditions d'actes de mariage délivrées aux particuliers.
279. Extrait à transmettre ou délivrer de l'acte de mariage d'un militaire.
280. Expédition à transmettre administrativement de l'acte de mariage d'un étranger dont le gouvernement a traité avec la France pour la communication réciproque des actes de l'état civil.
281. Expédition d'acte de mariage à délivrer administrativement pour service public.
282. Légalisation des expéditions d'actes de mariage délivrées administrativement.
283. Relevés des mariages pour la statistique générale de France.

CHAPITRE VII. — ACTE SUPPLÉTIF DU JUGEMENT DE DIVORCE.

284. Transcription du jugement de divorce.
285. Mention de divorce à inscrire en marge de l'acte de mariage.
286. Effets du divorce.
287. Expéditions de l'acte de transcription du jugement de divorce. Droits d'expédition, de timbre et d'enregistrement. Légalisation.
288. Observations sur la procédure en matière de divorce.

QUATRIÈME PARTIE

Décès. Actes, mesures et formalités qu'ils occasionnent immédiatement ou ultérieurement

OBSERVATION PRÉLIMINAIRE

CHAPITRE I. — OBLIGATIONS DES PARTICULIERS CONCERNANT LA DÉCLARATION D'UN DÉCÈS.

289. Par qui la déclaration de décès doit être faite.
290. Lieu où doit être faite la déclaration du décès.
291. Délai dans lequel doit être faite la déclaration du décès.

CHAPITRE II. — COMPÉTENCE ET DEVOIRS DE L'OFFICIER D'ÉTAT CIVIL CONCERNANT LA CONSTATATION ET L'ENREGISTREMENT D'UN DÉCÈS.

292. Officier d'état civil compétent pour dresser acte du décès.
293. Obligation pour l'officier de l'état civil de se transporter ou envoyer un délégué auprès de la personne décédée pour s'assurer du décès.
294. Constatation judiciaire de mort violente, mort accidentelle ou mort subite.
295. Interdiction de mentionner le genre de mort dans l'acte de décès.
296. Décès d'un inconnu. Procès-verbal à faire sans acte de décès.
297. Décès d'une personne qui a été inhumée ou qui a été transportée hors de sa commune avant que l'officier de l'état civil ait pu visiter ou faire visiter le cadavre. Procès-verbal à dresser sans acte de décès.
298. Disparition du corps d'une personne dans les flots, dans un incendie, sous les éboulements d'une mine ou d'une carrière, etc. Procès verbal à dresser sans acte de décès.
299. Décès d'une personne non encore inhumée, dont l'identité n'a été reconnue que dans la commune où son cadavre a été transporté. Compétence exceptionnelle pour dresser l'acte.
300. Registre à employer pour l'inscription des actes de décès.

CHAPITRE III. — CONSTATATION ET ENREGISTREMENT DE LA PRÉSENTATION D'UN ENFANT SANS VIE NOUVEAU-NÉ QUI N'A PAS ÉTÉ PRÉCÉDEMMENT PRÉSENTÉ VIVANT.

301. Règles applicables à la forme de l'acte de la présentation d'un enfant sans vie nouveau-né.

CHAPITRE IV. — ACTE DE DÉCÈS. ÉNONCIATIONS QU'IL DOIT CONTENIR. RÈGLES CONCERNANT CES ÉNONCIATIONS.

302. Il doit être dressé un acte de décès pour chaque personne décédée.
303. Date du mois, année et heure de l'acte de décès.
304. Prénoms, nom et domicile de la personne décédée.

305. Profession de la personne décédée, ses titres et décorations si elle en avait.
306. Lieu où la personne est décédée.
307. Date et heure du décès
308. Age de la personne décédée.
309. Lieu de sa naissance.
310. Date de sa naissance.
311. Prénoms et nom de l'autre époux si la personne décédée était mariée ou veuve; âge, profession et domicile ou mention du décès de cet époux.
312. Prénoms, noms, profession et domicile des père et mère de la personne décédée.
313. Prénoms, nom, titres honorifiques s'il y a lieu, et qualité de l'officier de l'état civil, avec indication de la commune, ainsi que du canton, de l'arrondissement et du département dont elle dépend.
314. Mention que l'officier de l'état civil s'est assuré du décès.
315. Prénoms, noms, âges, professions et domiciles des déclarants, leurs titres honorifiques s'ils en ont et, s'ils sont parents avec le défunt, leur degré de parenté.
316. Mention de la lecture de l'acte faite par l'officier de l'état civil aux déclarants.
317. Indication du lieu où l'acte est lu.
318. Signature de l'acte par les déclarants et par l'officier de l'état civil.

CHAPITRE V. — INSCRIPTION DU DÉCÈS SUR LE LIVRET DE FAMILLE.

319. Le décès doit être mentionné sur le livret de famille s'il en existe un.

CHAPITRE VI. — TRANSCRIPTIONS A FAIRE SUR LE REGISTRE DES DÉCÈS.

320. Cas où il y a lieu à transcription.
321. Documents à transcrire.
322. Formes de l'acte de transcription.

CHAPITRE VII. — TRANSMISSION ADMINISTRATIVE D'EXPÉDITIONS OU EXTRAITS D'ACTES ET D'AVIS, RELEVÉS OU NOTICE DE DÉCÈS.

323. En cas de mort violente, accidentelle ou subite.
324. En cas de décès causé par maladie épidémique.
325. En cas de décès d'une personne laissant pour héritiers des pupilles, des mineurs ou des absents.
326. En cas de décès d'un fonctionnaire public, civil ou militaire, en activité ou en retraite, dépositaire de titres et papiers appartenant à l'État.
327. En cas de décès d'un militaire.
328. En cas de décès d'un homme âgé de 20 à 45 ans.
329. En cas de décès d'un membre de la Légion d'honneur, ou décoré de la médaille militaire.
330. En cas de décès d'une personne morte hors domicile.
331. En cas de décès d'un étranger.
332. En cas de décès d'un enfant mis en nourrice, en sevrage ou en garde.
333. En cas de décès d'un ancien militaire de la République ou de l'Empire, d'une orpheline de la guerre, ou de tout autre rentier viager ou pensionnaire de l'État.
334. Notice trimestrielle des décès pour le bureau d'enregistrement.
335. Relevés des décès pour l'administration supérieure.
336. Légalisation des expéditions transmises administrativement.

CHAPITRE VIII. — EXPÉDITIONS ET EXTRAITS D'ACTES DE DÉCÈS A DÉLIVRER AUX PARTICULIERS.

337. Droits de timbre et d'expédition dus par les particuliers pour les expéditions d'actes de décès qui leur sont délivrées.
338. Expéditions et extraits à délivrer exceptionnellement, sur papier libre, aux particuliers pour services publics.
339. Légalisation des expéditions d'actes de décès délivrées aux particuliers.

REMARQUE. — Ce qui concerne les inhumations, sépultures, opérations et cérémonies funèbres n'a pas été traité ici. Voyez, à cet égard, le nota bene placé à la fin de l'OBSERVATION PRÉLIMINAIRE mise en tête de la 4ᵉ partie du présent ouvrage.

TABLE

ALPHABÉTIQUE ET ANALYTIQUE

*(Les chiffres **gras** qui suivent immédiatement chaque article indiquent le numéro de l'ouvrage. Les chiffres placés au bout de la ligne indiquent le numéro de la page.)*

A

Abréviations. Elles sont interdites dans les actes d'état civil, **43** 27

Absence (momentanée) du père d'un enfant nouveau-né. On doit l'indiquer dans l'acte, quand la déclaration de naissance d'un enfant légitime n'est pas faite par le père, **110**. 72

Absence (sans résidence connue). L'absence des père et mère ou aïeuls qui auraient à donner leur consentement au mariage doit être constatée par un jugement ou par un acte de notoriété. Cependant, en certains cas, elle peut être simplement l'objet d'une déclaration faite sous serment dans l'acte de mariage, **249**, **220**, alinéas *A, B;* **233**, **234**, **256** 133, 141, 149

Absent (héritier) avec ou sans domicile connu. Il y a lieu de prévenir immédiatement le juge de paix du décès d'une personne qui laisse parmi ses héritiers une personne absente, **325**...... 184

Accident (ayant entraîné la mort). Il doit être dressé procès-verbal de tout décès causé par accident, **294**... 173

Accomplissement des devoirs filiaux des futurs époux pour la célébration de leur mariage. Voyez *Devoirs filiaux des futurs époux.*

Accouchement.

Par qui doit être faite la déclaration d'accouchement pour un enfant nouveau-né présenté vivant, **88**... 65
Idem pour un enfant nouveau-né qui est sans vie au moment de la déclaration, **89**........ 66
Conséquences du défaut de déclaration d'accouchement, dans le délai légal, pour un enfant encore vivant, **91** 66
Idem pour un enfant actuellement sans vie, **92** 67

Acte de décès. Enonciations qu'il doit contenir, **303** à **318**...................... 178 à 181

Acte de mariage. Enonciations qu'il doit contenir. Règles qui les concernent, **205** à **267** 121 à 152

Acte de naissance. Enonciations qu'il doit contenir, **99** à **117**........... 68 à 72

Acte notarié produit à l'appui des actes de l'état civil. Quand il doit être conservé en minute ou peut être délivré en brevet, **47**, alinéa 5°, et **217**, paragraphe B.. .... 29, 129

Acte de notoriété.

— suppléant l'acte de naissance. L'expédition est à délivrer par le greffier du juge de paix, **47**, alinéa 8°... 29
— constatant l'absence d'ascendants pour mariage. L'expédition n'est authentique que si elle a été délivrée par le greffier du juge de paix, **47**, alinéa 8°...... 29

Acte de publication de mariage. Enonciations qu'il doit contenir, **176** à **201**....... 112 à 119

Acte de reconnaissance d'un enfant naturel.

Quand cet acte n'est pas fait devant notaire, quel est l'officier d'état civil compétent pour le dresser? **125** 76

b

L'officier de l'état civil n'est pas compétent pour dresser un acte portant reconnaissance d'un enfant dont la mère est encore enceinte, ni pour transcrire ou mentionner un tel acte avant ou après la naissance, **126** 78

Circonstances dans lesquelles l'officier de l'état civil, quoique compétent, doit refuser de dresser, transcrire ou mentionner un acte de reconnaissance d'enfant naturel, **127** 78

Enonciations que doit contenir l'acte de reconnaissance fait par l'officier d'état civil, **130** ... 79

Formalités à remplir pour assurer l'effet de l'acte de reconnaissance, **131** 80

(*Voyez Reconnaissance d'enfants naturels.*)

Acte respectueux.

En France, il doit être dressé devant notaire et en minute, **47**, alinéa 5° 29

A l'étranger, il peut être dressé devant les chanceliers de consulat français qui en doivent aussi conserver minute, **47**, alinéa 6° 29

Age auquel les futurs époux ont le droit de faire des actes respectueux à leurs parents. Nombre nécessaire, **218, 232** 132, 141

Lorsque le dissentiment entre le père et la mère ou entre les aïeuls n'empêche pas le mariage, ce dissentiment doit être constaté par un acte respectueux qui peut être fait, dans ce cas, par un mineur, **218, 232** 132, 141

Acte supplétif d'une adoption. (Voyez *Adoption.*)

Acte supplétif d'un jugement de divorce. (Voyez *Acte de transcription de jugement de divorce.*)

Acte de transcription.

— d'un acte de naissance ou décès dressé dans un lazaret, **56**, alinéa 1° 36

— d'un acte de mariage dressé à l'étranger, **56**, alinéa 7° et alinéas B et suivants. 37, 39, 40

— d'expédition d'acte d'état civil dressé à l'armée en dehors du territoire de la République, **56**, alinéa 5° 37

— d'expédition d'acte d'état civil dressé sur mer, **56**, alinéa 2° 36

— d'expédition d'acte d'état civil dressé dans une autre commune, **56**, alinéas 6 et 16, et observ. qui suit l'alinéa 15° 37, 39

— d'expédition d'acte d'état civil dressé dans un consulat de France à l'étranger, **56**, alinéa 3° 37

— d'expédition d'acte d'état civil dressé en pays étranger devant les fonctionnaires du pays, **56**, alinéa 4° 37

— d'expédition d'un acte de reconnaissance d'enfant naturel dressé devant notaire ou devant l'officier d'état civil d'une autre commune, **56**, alinéas 15 et 16, et observation qui précède ce dernier alinéa 38, 39

— d'acte et jugements d'adoption, **56**, alinéa 9°, **98, 134** 38, 68, 81

— de jugement de divorce, **56**, alinéa 8°, **284** 38, 161

— d'un jugement portant rectification d'acte d'état civil, **56**, alinéas 10° et 11° 38

— d'un jugement qui ordonne l'inscription d'un acte omis, **56**, alinéa 12° 38

— d'un jugement prononçant la nullité d'un mariage, celle d'un acte de reconnaissance d'enfant, ou admettant un désaveu de paternité, **56**, alinéa 13° 38

— d'un jugement autorisant un individu à ajouter à son nom un prénom, ou l'autorisant à substituer un prénom à celui qui lui a été donné dans son acte de naissance, **56**, alinéa 14° .. 38

— d'un jugement autorisant une personne à changer de nom, **137**, alinéa 7° 83

— de transcription, **56**, alinéas B et suivants 39

Forme de l'acte de transcription, **56**, alinéas B et suivants 39

Acte de transcription d'un procès-verbal d'exposition d'enfant trouvé.

Quand le procès-verbal a été dressé par l'officier d'état civil, **119** 74

Quand le procès-verbal a été dressé par un officier de police autre que l'officier d'état civil, **120** 75

Actes.

— à remettre par les futurs époux à l'officier d'état civil et constatant leur identité, **164, 209, 223** 102, 125, 139

— à transcrire sur les registres d'état civil. Conditions à observer, **56** 36

— à mentionner sur les registres d'état civil, **58** 41

— restés imparfaits et annulés. Annotations à faire pour expliquer le motif de l'annulation, **46** 28

Actes de l'état civil.

Ils ne peuvent s'appliquer à un enfant qui n'est que conçu, **126** 78

Interdiction de toucher au texte d'actes signés, malgré leurs défauts. Moyens à employer pour leur rectification, **55** 35

— perdus ou détruits. Livret de famille utile à leur reconstitution, **53** 34

— de Paris, détruits par l'incendie de 1871. Transmission à la commission spéciale de reconstitution, des expéditions propres à la reconstitution de ces actes, **54** 35

(Voyez *Acte de naissance; Acte de reconnaissance d'enfant naturel; Acte de publication de mariage; Acte de mariage; Acte de décès.*)

Addition irrégulière faite à un nom. Usurpation de titre nobiliaire. Devoirs du maire pour empêcher de commettre ces délits, **37, 38** 24, 25

Adjoints au maire.

A Paris, les adjoints sont officiers d'état civil dans leur arrondissement, concurremment avec le maire, dont ils n'ont pas à recevoir de délégation, **6** 9

A Lyon, les adjoints ne sont officiers d'état civil dans les arrondissements de la ville que par délégation du maire, **6** 9

Partout ailleurs, en France, les adjoints ne remplissent les fonctions d'officiers de l'état civil que par suite de délégation, d'absence ou d'empêchement du maire, **6** 9

Les adjoints remplissent de plein droit les fonctions d'officiers de police judiciaire pour les crimes, délits et contraventions qui se rattachent aux événements de l'état civil, excepté à Paris, et sauf les restrictions résultant dans les communes de la Seine, dans celles du ressort de la préfecture de police de Paris, et dans celles de Lyon et de la banlieue lyonnaise, des pouvoirs attribués dans ces communes au préfet de police et au préfet du Rhône, **6**............ 10

Adjoint spécial nommé pour la fraction de commune séparée du chef-lieu par la mer ou un autre obstacle. Il remplit les fonctions d'officier d'état civil dans cette partie de commune. Il doit déposer les registres d'état civil, à la fin de l'année, entre les mains du maire de la commune, **6** 9

Adjoint au trésorier (du régiment). (Voyez *Lieutenant adjoint au trésorier*.)

Administrateurs coloniaux. Ils remplissent les fonctions d'officiers de l'état civil, au Sénégal, dans les localités qui n'ont pas encore été érigées en communes, **5**, alinéa 6............... 8

Administrateurs principaux et administrateurs adjoints. (Voyez *Guyane*.)

Administration générale de l'Assistance publique de Paris. Le directeur de cette administration a seul qualité pour autoriser le mariage des mineurs élèves des hospices qui dépendent de ladite administration lorsque les parents sont inconnus ou lorsque les parents connus ont été déchus de la puissance paternelle, **47**, alinéa 10, et **217**, alinéa 6......... 30, 131

Adoption.
Transcription à faire de l'acte d'adoption et de l'arrêt confirmatif sur le registre des naissances du domicile de l'adoptant, **56**, alinéa 9, **98**, **134**............................. 38, 68, 81
Mention d'adoption à faire en marge de l'acte de naissance de l'adopté, **58**, § C, **59**, **135**. 42, 82

Affiche de publication de mariage.
Droit de timbre auquel elle est soumise, **78**... 55
Emploi de formule revêtue du timbre extraordinaire ou d'un timbre mobile, **79** 56
Exemption du droit de timbre pour un mariage d'indigents, **81**, alinéa A................. 58
De quoi se compose le texte de l'affiche, **174**.. 111

Age.
Les actes d'état civil doivent toujours indiquer l'âge de chacune des parties, de leurs mandataires, des témoins, **37**.. 24
Cette indication n'est pas nécessaire dans les actes et affiches de publications de mariage, **185**, **191**... 117, 118
Les témoins présents aux actes doivent être âgés de vingt et un ans au moins, **39**......... 25
Les futurs époux doivent remettre à l'officier de l'état civil les actes de naissance ou de notoriété constatant leur âge, **165**, alinéas 4° et 9°....................................... 104
L'homme qui est âgé de moins de dix-huit ans, la femme qui n'a pas encore quinze ans accomplis ne peuvent se marier, à moins de dispense particulière, **213**, **227**, **235**... 126, 139, 144
L'âge des père et mère vivants doit être énoncé dans l'acte de mariage de leurs enfants, **216**, **230**... 128, 140
L'âge du défunt doit être indiqué dans son acte de décès, **308** 180

Agents diplomatiques de France à l'étranger. Ils peuvent, comme les consuls de France, dresser à l'étranger les actes d'état civil concernant les Français, **10**, avant-dernier alinéa ... 13

Agents diplomatiques, ou consuls étrangers accrédités en France. Ils sont compétents pour délivrer à un étranger de leur nation un certificat constatant son aptitude légale pour contracter mariage en France, **47**, alinéa 16°... 30

Aïeuls, aïeules.
Utilité de les désigner dans les publications de mariage que les futurs époux, mineurs pour le mariage, sont obligés de faire faire à la municipalité du domicile de ces aïeuls et aïeules, **187**... 117
Ils remplacent les père et mère décédés ou empêchés pour donner leur consentement au mariage de leurs descendants, **217**, **218**, **231**, **232**.......................... 129, 132, 140, 141
Les droits attachés au titre d'aïeuls n'appartiennent pas au père ni à la mère d'enfants naturels à l'égard des enfants de ceux-ci, **217**, alinéa C.................................... 130

Algérie.
Lieux où doivent être faites les déclarations d'état civil en Algérie, **5**................... 7
Fonctionnaires compétents pour y dresser les actes d'état civil, **10**................... 13
Délai dans lequel doivent y être faites les déclarations d'état civil, **16**................ 15
Lieux du dépôt des registres d'état civil tenus en Algérie, **32**....................... 2
Fonctionnaires compétents pour délivrer expéditions authentiques d'actes d'état civil dressés en Algérie, **47**, alinéa 2°... 28
Idem, des certificats constatant l'accomplissement des formalités d'état civil, **47**, alinéa 4°... 29
Fonctionnaires compétents pour légaliser les expéditions d'actes et les certificats d'état civil délivrés en Algérie pour être employés en France, **51**, alinéa 6°...................... 33

Aliénation mentale. L'aliénation mentale des père et mère et ascendants qui auraient à consentir au mariage est constatée, soit par un certificat de médecin, soit par un jugement d'interdiction, **220**, alinéas C, D... 133, 134

Alliance. Il y a prohibition de mariage entre beaux-frères et belles-sœurs, c'est-à-dire entre une personne veuve et le frère ou la sœur de son précédent conjoint. Cette prohibition peut être levée par le chef de l'Etat, **236** 144

Alsace-Lorraine.
Expéditions d'actes d'état civil à délivrer administrativement quand elles sont demandées par les autorités d'Alsace-Lorraine, **68** 48
Légalisation des actes originaires de ce pays, **51**, alinéa 8°.......................... 33
Légalisation des actes à destination de ce pays, **83** 59

Altération de nom dans un acte d'état civil. Responsabilité de l'officier d'état civil, **62** 44

Altération des registres de l'état civil.
    Responsabilité de l'officier d'état civil, **62** 44
    Précautions à prendre dans la communication des registres pour éviter les altérations, **63**. 45

Anciens militaires de la République et de l'Empire. Avis de leur décès à donner au sous-préfet, **333** 189

Annam. Législation applicable à ce pays pour l'état civil, **5,** alinéa 10 et **16,** alinéa E.... 8, 16

Annamites. Sous le rapport de l'état civil, les Annamites et Asiatiques qui habitent la Cochinchine, l'Annam et le Tonkin sont régis par des lois particulières. **16,** alinéas B, C, D, E.... 15, 16

Année. On doit toujours indiquer dans les actes de l'état civil l'année dans laquelle ils sont dressés, **34** 23

Annexe des pièces produites.
    La mention de cette annexe doit être énoncée dans les actes d'état civil. **42** 27
    (Voyez *Pièces à annexer aux registres de l'état civil*.)

Annulation de projets d'actes inscrits sur les registres et restés imparfaits. Explications à transcrire au bas du projet, **46** 28

Apposition de scellés après décès.
    Outre l'avis obligatoire qu'il a à donner au juge de paix du décès de toute personne qui laisse pour héritiers des mineurs, des absents, des incapables ou l'État, le maire doit requérir l'apposition immédiate des scellés dans diverses circonstances, **325, 326, 327** 184, 185

Approbation de ratures dans les actes d'état civil. **43** 27

Approbation de renvois   *idem*   **44** 27

Archives.
    C'est à la mairie (hôtel de ville ou maison commune) que doivent être conservées les archives de la commune, **1** 5
    Dépôt à faire, à la fin de l'année, des registres de l'état civil, aux archives de la commune et à celles du tribunal civil de première instance, **29** 20
    Dépôt, dans les archives de la commune, du procès-verbal constatant la mort d'un inconnu, la disparition du corps d'une personne disparue dans les flots, dans un incendie, sous les éboulements d'une mine ou carrière, ou le transport dans une autre commune du cadavre d'une personne dont l'acte de décès n'a pas été dressé, **296, 297, 298, 299** 174, 175

Archives coloniales. Le troisième registre des actes d'état civil dressés dans les colonies françaises est déposé aux archives coloniales, à Paris. Le ministre dans le département duquel est placé le service des Colonies est compétent pour délivrer expéditions des actes inscrits sur ce troisième registre, **32** 21

Armée (en dehors du territoire de la République). Les expéditions des actes de naissance, mariage et décès dressés à l'armée doivent être envoyées par l'officier de l'état civil de l'armée à l'officier de l'état civil de la commune du domicile, pour être transcrites sur les registres de cette commune. L'officier de l'état civil de la commune, après avoir fait cette transcription, sera seul compétent, avec le greffier du tribunal de première instance (dépositaire des doubles registres), pour délivrer aux particuliers des expéditions authentiques desdits actes, **8, 30** 11, 21

Ascendants (père et mère ou aïeuls). Si leur consentement au mariage de leurs enfants ou autres descendants n'est pas produit, on doit justifier, soit des actes respectueux qui leur ont été faits, soit de leur empêchement, soit de leur décès, **217** à **220, 231** à **234** et **257** *bis* .... 129 à 132, 140, 141, 150

Asiatiques. Les Asiatiques qui ne sont pas chrétiens ou israélites sont régis, avec les Annamites, par des lois particulières sous le rapport de l'état civil, **16,** alinéas B, C, D, E.... 15, 16

Assistance judiciaire.
    Les expéditions d'actes d'état civil délivrées aux personnes qui ont obtenu l'assistance judiciaire, pour servir à la justification de leurs droits et qualités, sont visées pour timbre en débet, **80** 56
    Si ces expéditions sont astreintes à la formalité de l'enregistrement, ladite formalité est aussi donnée en débet, **82** 58

Assistance publique de Paris (Administration générale de l'). Le directeur de l'Administration générale de l'assistance publique de Paris autorise le mariage des mineurs élèves des hospices qui dépendent de ladite Administration par un acte administratif, **47,** alinéa 10°, **217,** alinéa B et alinéa C, paragraphe 6 .... 30, 129, 131

Attestation de l'identité des futurs époux et de leurs ascendants. (Voyez *Identité*.)

Authenticité des pièces à annexer aux registres de l'état civil. Marques de cette authenticité, **47**. 28

Autriche. Avis du décès d'une personne de cette nation à donner au sous-préfet afin qu'il soit transmis au consul de ladite nation ayant pouvoir de régler la succession du défunt, **334**. 186

Avis à transmettre au juge de paix.
    — Du décès d'une personne laissant pour héritiers des pupilles, des mineurs ou des absents, **325** 184
    — Du décès d'un fonctionnaire civil ou militaire, en activité ou en retraite, dépositaire de titres et papiers appartenant à l'État, **326** 184

Avis à transmettre au sous-préfet du décès d'un étranger dont le Gouvernement a traité avec la France pour le règlement des successions des nationaux d'un pays décédés dans l'autre, afin qu'il soit adressé au consul de la nation du défunt, **334** 186

B

Belgique.
Expéditions d'actes d'état civil concernant des sujets belges à dresser et transmettre administrativement pour le Gouvernement ou l'agent diplomatique de Belgique, **69**................ 48
Transcription des actes dressés en Belgique concernant des Français, **56** alinéa 4°.......... 37
Légalisation des actes originaires de Belgique pour célébration de mariage, **51** alinéa 8°.... 33
Idem à destination de Belgique, **83**........................ 58
Les dispositions de la loi du 10 décembre 1850 sur le mariage des indigents sont applicables en France aux sujets belges, **164** Note... 102

Birmanie. En cas de décès d'une personne de cette nation, il est à propos d'en donner avis au consul de son pays pour qu'il puisse faire procéder à la liquidation de la succession par les officiers publics français compétents, **334**.................... 186

Blanc. Il ne doit être laissé aucun blanc dans les actes d'état civil, **43**.............. 27

Bolivie. Avis du décès d'une personne de cette nation à transmettre au sous-préfet pour qu'il soit adressé au consul de ladite nation ayant droit de procéder au règlement de la succession du défunt, **334**........................ 186

Bron (Rhône). Voyez *Maires et adjoints des communes de Caluire-et-Cuire, Oullins, etc.*

C

Caluire-et-Cuire (Rhône). Voyez *Maires et adjoints des communes de Caluire-et-Cuire, Oullins, etc.*

Cambodge. Législation applicable à ce pays pour l'état civil, **5 et 16**................ 7, 15

Capacité civique du futur époux pour contracter mariage. Justifications à faire :
— Français, **221**................................. 134
— Etrangers, **222**.................................. 136

Capacité civile des futurs époux pour contracter mariage :
— Français. (Voyez *Mariage*.)
— Etrangers. Justification à produire, **222**.................... 136

Capacité légale pour reconnaître un enfant naturel, **129**................... 78

Capitaine.
Le capitaine commandant dans les corps de troupes qui ne réunissent pas un ou plusieurs bataillons ou escadrons remplit les fonctions d'officier de l'état civil pour les actes de naissance, mariage et décès à dresser à l'armée en dehors du territoire de la République, en ce qui concerne les hommes qu'il commande. Il n'est pas compétent pour délivrer, aux particuliers, expéditions authentiques de ces actes. Il doit envoyer une expédition de chacun desdits actes à l'officier de l'état civil du domicile des parties pour être transcrite sur les registres de la commune, **3, 8**. 5, 11
Le capitaine doit prendre les mesures nécessaires pour que le registre contenant les actes d'état civil qu'il a dressés soit déposé aux archives de la guerre à la rentrée du corps sur le territoire de la République, **30**....................... 21

Capitaine, maître ou patron d'un navire appartenant à un armateur ou négociant.
Il remplit les fonctions d'officier de l'état civil pour les naissances et décès survenus pendant un voyage en mer sur le navire dont il a le commandement. Il n'est pas compétent pour délivrer aux particuliers expéditions des actes qu'il a dressés. Il doit déposer deux expéditions de chacun de ces actes au premier port où le bâtiment abordera : au consul de France si c'est un port étranger, au préposé à l'inscription maritime si c'est un port français, **4, 9**...... 7, 12
A l'arrivée du bâtiment dans le port de désarmement, il devra déposer au bureau du préposé à l'inscription maritime le rôle d'équipage sur lequel il a dressé les actes de naissance et décès en question, **34**.................................. 21

Capitaine trésorier (Voyez *Trésorier (du régiment)*).

Carrière (Disparition d'un corps sous les éboulements d'une). Procès verbal à dresser, **297**... 175

Cayenne (Guyane). Législation applicable à ce pays pour l'état civil, **5 et 16**............. 7, 15

Cérémonie de la célébration du mariage par l'officier de l'état civil, **268**.......... 153

Certificats de l'officier d'état civil.
— Constatant les publications du mariage projeté et la non-existence d'oppositions autres que celles enregistrées, **204**.......................... 120
— Constatant la célébration du mariage civil, **269**.................. 154
Il n'est pas dû de droit d'expédition pour les certificats délivrés par l'officier d'état civil, **73**. 51
Droit de timbre auquel ces certificats sont soumis, **78**.................. 55
Emploi, pour les certificats, de formules frappées du timbre extraordinaire ou revêtues de timbres mobiles, **79**....................... 56

Exemption des droits de timbre pour les certificats constatant le mariage civil d'indigents, **81**, alinéa A.. 58

Les certificats constatant la publication du projet de mariage d'indigents doivent être revêtus de la formalité du visa pour timbre gratis, **78**... 55

Certificats d'agents diplomatiques ou consulaires étrangers.

Les agents diplomatiques ou consulaires accrédités en France sont compétents pour certifier l'aptitude légale de leurs nationaux à contracter mariage en France, **47** alinéa 16°,.......... 30

Ce certificat doit être, comme acte sous seing-privé, soumis au timbre et à l'enregistrement, **48**.. 31

Certificats de médecins.

— Constatant l'état de grave maladie qui empêche le futur époux de se rendre à la maison commune pour la célébration de son mariage, **207**.. 124

— Constatant l'aliénation mentale d'un ascendant qui aurait à donner son consentement au mariage de son descendant, **220**, alinéa C, **234**... 133, 141

Formalités de timbre et d'enregistrement auxquelles sont assujettis les certificats ci-dessus, comme actes sous seing-privé, **48**.. 31

Chanceliers de consulat de France. Ils sont compétents pour dresser les actes que les notaires peuvent dresser en France comme : — procuration pour représenter les parties dans un acte de l'état civil ou pour reconnaître un enfant naturel, — consentement à mariage par un ascendant ou un tuteur *ad hoc*, — actes respectueux, — acte de reconnaissance d'enfant naturel. Ils sont également compétents pour délivrer des expéditions de ces actes, **47**, alinéa 6°.................. 29

Chanceliers de Résidence et de Vice-Résidence.

Ils sont officiers d'état civil pour les Français et les étrangers en Annam et au Tonkin, **5**, alinéa 9°... 8

Ils le sont aussi pour les Français, à Madagascar, **5**, alinéa 12°............................... 8

Chandernagor (Etablissement français de l'Inde). Législation applicable à ce pays pour l'état civil, **5** et **16**... 7, 15

Changement de nom. Formalités à remplir, **136**... 82

Chefs de poste.

Remplissent les fonctions d'officiers d'état civil, pour les actes autres que les mariages, au Sénégal, dans les localités qui ne sont pas érigées en communes et dans lesquelles ne résident pas d'administrateurs coloniaux, **5**, alinéa 6°... 8

Ils remplissent aussi lesdites fonctions en Annam et au Tonkin pour les Français et les étrangers, **5**, alinéa 10.. 8

Chiffres. Aucune date ne doit être mise en chiffres dans les actes d'état civil, **43**.......... 27

Chili. Avis du décès d'une personne de cette nation à transmettre au sous-préfet pour être adressé au consul de ladite nation ayant pouvoir de régler la succession du défunt, **331**..... 186

Clôture des registres d'état civil.

— à la fin de l'année, **25**... 18

— dans le courant de l'année, lorsqu'ils sont entièrement remplis, **25**........................ 18

— dans le courant de l'année, lorsque le tribunal en a ordonné l'apport à son greffe, **26**... 19

Cochinchine. Législation applicable pour l'état civil, **5**, **16**, alinéas A, C.............. 7, 15

Code du praticien de l'état civil. Cet ouvrage correspond à la *Science du praticien de l'état civil.* Introduction : note.. Introduction

Colonies françaises.

Localités érigées en communes où les fonctions d'officiers de l'état civil sont exercées par des officiers publics ayant le même titre qu'en France, **5**.. 7

Localités où les fonctions d'officiers d'état civil sont exercées par des administrateurs coloniaux, par des chefs de poste et autres fonctionnaires délégués par le gouvernement, **5**...... 7

Fonctionnaires compétents aux colonies pour délivrer des expéditions authentiques d'actes d'état civil, **10**.. 13

Localités où sont applicables les prescriptions du Code civil relatives aux actes de l'état civil, **16**, alinéa A.. 15

Localités où la forme des actes de l'état civil est soumise à des prescriptions particulières, **16**, alinéas B, C, D, E, F... 15, 16

Lieux du dépôt des registres d'état civil tenus dans les colonies, **32**......................... 21

Le ministre dans le département duquel est placé le service des Colonies est compétent pour délivrer des expéditions authentiques des actes d'état civil inscrits sur le triple registre déposé aux archives coloniales à Paris, **32**... 21

Commandant du pénitencier de Poulo-Condore, en Cochinchine. Est officier d'état civil pour les Européens et les chrétiens sur le territoire du pénitencier, **5**, alinéa 5°.......... 8

Commandants de place en Algérie. Sont officiers de l'état civil dans les communes mixtes, **5**, alinéa 1°... 7

Commissaire (ou préposé) à l'inscription maritime.

Le commissaire à l'inscription maritime auquel un officier d'administration de la marine, le capitaine, maître ou patron d'un navire a remis, en cours de navigation, dans un port de relâche, deux expéditions de chacun des actes de naissance et décès dressés pendant un voyage en mer, doit conserver l'une de ces expéditions et adresser l'autre au ministre de la marine, pour que le ministre puisse en envoyer copie au maire de la commune du domicile, qui devra la transcrire sur ses registres, **9**.. 12

Le commissaire à l'inscription maritime du port de désarmement auquel le rôle d'équipage a été déposé doit tirer une copie de chaque acte d'état civil y inscrit, et envoyer cette copie au maire du domicile pour être également transcrite sur les registres de la commune, **31**..... 21

Le commissaire à l'inscription maritime du port de relâche et celui du port de désarmement n'ont pas compétence pour délivrer aux particuliers expéditions authentiques des actes dressés sur mer, **9 et 31**.. 12, 21

Commissaires de police.

A Paris, les commissaires de police sont seuls compétents, avec les magistrats judiciaires, pour faire l'enquête relative à l'abandon d'un enfant trouvé, et l'enquête relative à une mort violente, **6, 118, 294**... 9, 73, 173

Dans les communes du département de la Seine, ce sont les commissaires de police qui font, par délégation du préfet de police, les enquêtes relatives aux morts violentes, **294**............ 173

A Lyon et dans les communes de Caluire-et-Cuire, Oullins, Sainte-Foy, Saint-Rambert, Villeurbanne, Vaux-en-Velin, Bron, Venissieux, Pierre-Benite et Sathonay, ce sont aussi les commissaires de police qui procèdent aux enquêtes relatives aux morts violentes, par délégation du préfet du Rhône, **294**... 173

Commission administrative d'hospice.

C'est le président de cette commission qui doit délivrer expédition de la délibération par laquelle ladite commission a autorisé un mineur élève de l'hospice à contracter mariage, **47**, alinéa 9°... 30

(Voyez *Administration générale de l'Assistance publique de Paris*, pour ce qui concerne les élèves des hospices dépendant de cette Administration.)

Communes du département de la Seine. (Voyez *Maires et adjoints des communes du département de la Seine.*)

Communes mixtes de l'Algérie. Les officiers d'état civil y sont le commandant de place ou l'adjoint civil délégué, **5**, alinéa 1°.. 7

Communication des registres d'état civil dans les mairies. Elle doit être faite à certains fonctionnaires de l'État. Elle est limitée et subordonnée à des garanties de conservation pour les particuliers, **63**... 45

Concierge de prison.

Est tenu de faire la déclaration de tout décès survenu dans la prison, **289**................ 167

Il doit faire cette déclaration immédiatement, **291**.. 169

Congo français. Officiers et agents chargés de l'état civil dans cette colonie, **5 et 10**..... 7, 13

Conseil d'administration de corps de troupes.

Est seul compétent pour autoriser le mariage des sous-officiers et soldats appartenant au corps, **47**, alinéa 15°... 30

Conseil de famille.

Doit être appelé à donner son consentement au mariage de l'enfant légitime mineur qui n'a ni père, ni mère, ni aïeul, ni aïeule capables de manifester sa volonté, **217, 231**...... 129, 140

Quand il s'agit d'autoriser le mariage d'un mineur enfant naturel reconnu par plus ni père ni mère, ou enfant naturel non reconnu, le conseil de famille désigne un tuteur *ad hoc* pour consentir au mariage, **217, 231**... 129, 140

C'est le domicile du mineur qui détermine la circonscription du lieu où le conseil de famille doit se réunir pour donner son autorisation au mariage de ce mineur, ou pour nommer le tuteur *ad hoc* qui donnera l'autorisation, **182** alinéa, B...................................... 115

Forme dans laquelle est donné le consentement du conseil de famille au mariage du mineur, **217**, alinéa B.. 129

Attestation d'identité à faire par le conseil de famille dans sa délibération autorisant le mariage du mineur, au cas où des erreurs ont été commises dans l'acte de naissance de ce mineur ou dans les actes de décès de ses ascendants, **255, 256**........................... 149

Il n'y a pas à faire publier la promesse de mariage au lieu où s'est réuni le conseil de famille, **168, 187**... 100, 117

Conseiller municipal. Sauf à Paris et à Lyon, tout conseiller municipal est apte à remplir les fonctions d'officier de l'état civil, soit par délégation du maire, soit en cas d'absence ou d'empêchement du maire et des adjoints, en se conformant aux règles de la loi du 5 avril 1884; mais il ne peut exercer les fonctions d'officier de police judiciaire, qui n'appartiennent qu'aux maires et adjoints en titre, **6**... 9

Consentement à mariage.

Les futurs époux, quel que soit leur âge, ont toujours à demander à leurs père et mère, ou aïeuls survivants, de consentir à leur mariage. A défaut de père et mère ou aïeuls, s'ils sont mineurs, ils ne peuvent se marier sans avoir obtenu le consentement — ou du conseil de famille, — ou du tuteur *ad hoc*, — ou de l'administration de l'hospice par les soins duquel ils ont été élevés. Formes du consentement, **217, 231**.. 129, 140

(Voyez encore, pour la forme du consentement, **47**, alinéas 5°, 6°,10°)............... 29, 30

Cas où le consentement demandé aux père et mère et autres ascendants peut être suppléé par des actes respectueux, s'il a été refusé, **248, 232**............................... 132, 141

Consentement des contractants pour leur mariage.

Il doit être libre et exprimé par des personnes ayant pleine conscience de l'engagement qu'elles contractent, **260**... 151

Constatation des infractions commises par des particuliers aux lois et règlements concernant les événements de l'état civil. Avis à en donner par l'officier d'état civil à l'autorité compétente, **61**... 43

Consul de France.
Le consul à qui l'officier d'administration de la marine de l'État, le capitaine, maître ou patron d'un navire appartenant à un armateur ou négociant a remis, en cours de navigation, au premier port abordé à l'étranger, deux expéditions d'un acte de naissance ou décès dressé sur le rôle d'équipage pendant un voyage en mer, doit en conserver une et transmettre l'autre au ministre de la marine, afin qu'une copie puisse être transmise par le ministre à l'officier d'état civil de la commune du domicile, qui la transcrira sur ses registres. Le consul n'a pas qualité pour délivrer aux particuliers des copies authentiques de l'expédition conservée par lui, **9**.... 12
Il est compétent pour dresser tous les actes d'état civil concernant exclusivement les Français qui résident à l'étranger dans sa circonscription et pour en délivrer des expéditions. Mais il n'est pas compétent pour dresser acte d'un mariage contracté entre Français et étranger, **10**... 13
Un double des registres d'état civil tenus par le consul reste déposé aux archives du consulat; l'autre double est transmis, à la fin de l'année, à la chancellerie du ministère des affaires étrangères, **32**... 21
Le consul a le droit d'accorder dispense de la seconde publication du mariage à des Français qui résident dans sa circonscription, **47**, alinéa 12°.. 30

Consuls généraux de France. Sont autorisés à accorder des dispenses d'âge pour mariage dans les pays situés au delà de l'océan Atlantique, **47**, alinéa 11°................... 30

Contrat de mariage. L'acte de mariage doit indiquer la date du contrat de mariage, le nom et la résidence du notaire qui l'a dressé, ou contenir la déclaration faite par les époux et par les parents présents qu'il n'a pas été fait de contrat de mariage. Le certificat du notaire qui a dressé le contrat est dressé sur papier libre. Il reste annexé à l'acte de mariage, **258**........ 150

Contraventions commises par l'officier de l'état civil touchant la forme des actes. Pénalités, **62**. 44

Contraventions de police se rattachant aux événements de l'état civil. Devoirs du maire. (Voyez *Procès-verbal de contravention de police.*)

Contrôleurs civils français en Tunisie. Ils sont officiers de l'état civil dans les villes où ils résident, s'il n'y a pas de municipalité établie, **5**, alinéa 11°................................ 8

Copies de copies d'actes dont la minute existe. Elles ne sont pas recevables et ne doivent pas être annexées aux registres d'état civil, **52**... 31

Costa-Rica. Avis du décès d'une personne de ce pays à transmettre au sous-préfet pour qu'il soit adressé au consul du susdit pays ayant pouvoir de régler la succession du défunt, **331**. 186

Cote et paraphe des registres d'état civil. Ces formalités doivent êtres remplies avant qu'il soit fait usage des registres, **22**.. 18

Crimes ou délits concernant les événements de l'état civil. (Voyez *Procès-verbal de police criminelle.*)

Culte (Ministres du).
Il leur est défendu de donner la bénédiction nuptiale avant qu'il leur soit justifié de la célébration du mariage civil, **269**.. 154

D

Dakar (Sénégal).
Les officiers de l'état civil y ont le même titre qu'en France, **5**........................... 7
Ils y appliquent les dispositions du Code civil sur l'état civil, modifiées quant au délai des déclarations, **16**, alinéa I°.. 16

Date.
— des actes d'état civil. La date à laquelle un acte d'état civil est dressé doit y être énoncée par l'année, le mois, le quantième du mois et l'heure du jour, **34**.......................... 22
— de l'accouchement. Elle doit être indiquée dans l'acte de naissance de l'enfant, **103**...... 69
— de la publication d'une promesse de mariage. Elle doit toujours être un dimanche, **177**, **197**.. 113, 119
— de la célébration du mariage. Elle est fixée par les parties qui ne peuvent cependant choisir un dimanche ou un jour de fête, **206**... 124
— de la naissance de chacun des futurs époux. Utilité de l'énoncer dans l'acte de mariage, **214**, **228**... 127, 140
— du décès d'une personne dont on dresse l'acte de décès. Quoique la loi ne prescrive pas cette énonciation, on peut l'insérer dans l'acte, mais elle ne fera pas foi jusqu'à preuve contraire, **307**.. 179
— de la naissance de la personne dont on dresse l'acte de décès. Cette indication, quoique non prescrite, n'est pas illégale. Elle est utile comme étant l'élément le plus sûr de la constatation d'identité, **310**.. 180

Dates chiffrées. Elles sont interdites dans les actes d'état civil, **43**........................... 27

Décès.
Par qui la déclaration de décès doit être faite, **289**....................................... 167
Lieu où doit être faite la déclaration de décès, **290**....................................... 168
Délai dans lequel doit être faite la déclaration du décès, **291**............................. 169
Officier d'état civil compétent pour dresser acte du décès, **292**........................... 170

Obligation pour l'officier d'état civil de se transporter ou d'envoyer un délégué auprès de la personne décédée, afin de s'assurer du décès, **293** 171

D. causé par homicide ou accident. Constatation judiciaire, **294** 173

Interdiction de mentionner le genre de mort dans l'acte de décès, **295** 174

D. d'un inconnu. Procès-verbal à faire sans acte de décès, **296** 174

D. d'une personne qui a été inhumée ou transportée hors de sa commune avant que l'officier de l'état civil ait constaté le décès. Procès-verbal à dresser sans acte de décès, **297** 175

Disparition du corps d'une personne dans les flots, dans un incendie, sous les éboulements d'une mine ou carrière. Procès-verbal à dresser sans acte de décès, **298**. 175

Décès d'une personne non encore inhumée, dont l'identité n'a été reconnue que dans la commune où son cadavre a été transporté. Compétence exceptionnelle pour dresser l'acte de décès, **299** 175

Registre à employer pour l'inscription des actes de décès, **300** 176

Mort-né. Ce qualificatif ne doit pas être employé dans les actes d'état civil concernant un enfant nouveau-né présenté sans vie à l'officier d'état civil, **301** 176

Un acte doit être dressé pour chaque personne décédée, **302** 178

Enonciations que doit contenir l'acte de décès, **303 à 318** .... 178 à 181

Inscription du décès sur le livret de famille, **319** 181

D. des père et mère et autres ascendants des futurs époux. Justifications et formalités auxquelles il donne lieu pour la célébration du mariage, **249, 233, 257, 257 bis** 133, 141, 150

D. à l'armée, en dehors du territoire de la République. Officier public compétent pour dresser l'acte à l'armée. Cet officier et le ministre de la guerre, dépositaire du registre à la rentrée de l'armée en France, n'ont pas qualité pour délivrer expédition dudit acte aux particuliers. Ce droit n'appartient qu'à l'officier de l'état civil du domicile, qui a transcrit l'acte sur ses registres, **292**, alinéa E 171

Transcription à faire sur les registres de l'état civil de la commune du domicile du défunt, d'un acte de décès dressé à l'armée, **321**, alinéa 3° 182

D. survenu pendant un voyage sur mer. La personne qui a dressé l'acte sur mer, le consul ou le préposé à l'inscription maritime et le ministre de la marine dépositaires des copies délivrées par le rédacteur de l'acte (officier instrumentaire) en cours de navigation, le préposé à l'inscription maritime du port de désarmement dépositaire du rôle d'équipage sur lequel l'acte est inscrit, n'ont pas qualité pour délivrer aux particuliers des expéditions authentiques de cet acte. Ce droit n'appartient qu'à l'officier de l'état civil de la commune du domicile, qui a transcrit sur ses registres les expéditions à lui transmises à cet effet, **292**, alinéa F 171

Transcription sur les registres de la commune du domicile du défunt d'un acte de décès dressé sur mer, **321**, alinéa 4° 182

Voyez : *Transmission administrative à faire d'expéditions ou extraits d'actes et d'avis, relevés ou notices de décès.*

Déclarant.

Quel doit être le déclarant pour la naissance d'un enfant qui est vivant au moment de la déclaration, **88** 65

Idem pour l'acte de présentation d'un enfant nouveau-né qui est sans vie au moment de la déclaration, **301** 176

Idem pour un décès, **289** 167

Déclarations concernant l'état civil.

Personnes qui sont tenues de venir faire leurs déclarations elles-mêmes, **41** 27

Les déclarations doivent se borner aux seules énonciations prescrites par la loi, **42** 27

Voyez : *Déclarant.*

Décoré de la médaille militaire.

Cette qualité doit être mentionnée dans les actes d'état civil, **38** 25

Défauts existant dans les actes d'état civil. Défense de toucher au texte des actes. Moyens à employer pour la rectification des actes où se trouvent ces défauts, **55** 35

Défense.

— de toucher au texte des actes, malgré leurs erreurs ou leurs défauts, **55** 35

— de mentionner le genre de mort dans les actes de décès, **295** 174

Délai.

— pour les déclarations d'état civil dans les communes de France, **12** 14

— — dans les lazarets, **13** 14

— — à l'armée, en dehors du territoire de la République, **14** 14

— — sur mer, **15** 15

— — en Algérie, dans les colonies françaises, dans les pays de protectorat et à l'étranger, **16** 15

Défense à l'officier de l'état civil de dresser aucun acte après l'expiration du délai légal, **17** 16

Délai pendant lequel il peut être dressé acte de la reconnaissance d'un enfant naturel, **129**. 78

Délai à observer à la suite des publications pour la célébration d'un mariage. Minimum et maximum de ce délai, **162**. 101

Délai à observer pour l'inhumation dans les circonstances ordinaires, **293** 171

Délégation du maire pour remplir les fonctions d'officier de l'état civil. Cette délégation peut être faite à un conseiller municipal, en cas d'absence ou d'empêchement de l'adjoint, dans toutes les communes de France autres que Paris et Lyon. A Lyon, elle ne peut être faite qu'à deux adjoints pour chacun des arrondissements de la ville. A Paris, le maire de chaque arrondissement n'a aucun pouvoir de délégation : les adjoints sont officiers de l'état civil concurremment avec lui, **6** 9

Délégation spéciale nommée par décret en cas de dissolution d'un conseil municipal ou de démission de tous ses membres. Le président et, en cas d'empêchement du président, le vice-président de cette délégation remplit les fonctions d'officier de l'état civil, **6** 9

Délégué spécial du préfet. Dans le cas où le maire refuserait ou négligerait de recevoir un acte d'état civil ou de faire tout autre acte de sa compétence, le préfet peut y procéder d'office, par lui-même ou par un délégué spécial, **6, 62**.. 9, 44

Délibération de la commission administrative de l'hospice portant consentement au mariage d'un mineur élève de l'hospice. L'expédition, pour être authentique, doit être délivrée par le président de la commission administrative. Elle peut être délivrée sur papier libre, **47**, alinéa 9°.. 30

Délibération du conseil de famille autorisant le mariage du mineur orphelin, ou nommant le tuteur *ad hoc* qui donnera son consentement au mariage. L'expédition, pour être authentique, doit être délivrée par le greffier de la justice de paix, **47**, alinéa 8°................ 29

Délit concernant l'état civil. Voyez : *Procès-verbal de police criminelle.*

Démence. Voyez : *Aliénation mentale.*

Dépôt des registres d'état civil et des pièces y annexées.

Le dépôt des registres tenus dans les communes doit être fait, à la fin de l'année, aux archives de la commune et au greffe du tribunal de première instance. Les pièces produites accompagnent le registre déposé au greffe, **29**... 20

Le dépôt des registres d'état civil tenus à l'armée est fait au ministère de la guerre, lors du retour du corps d'armée en France, **30**... 21

Le dépôt des rôles d'équipage contenant des actes d'état civil dressés sur mer est fait au bureau du préposé à l'inscription maritime, à l'arrivée du navire dans le port de désarmement, **31**.. 21

Les consuls doivent, à la fin de l'année, déposer un des doubles de leurs registres d'état civil dans les archives du consulat avec les pièces produites, et transmettre l'autre double au ministère des affaires étrangères, **32**... 21

En Algérie, les registres et les pièces produites sont déposés, à la fin de l'année, conformément aux règles adoptées en France, **32**... 21

Dans les colonies, l'un des registres reste déposé dans la commune, le second est déposé au greffe du tribunal civil, avec les pièces produites ; le troisième registre est déposé aux archives coloniales établies à Paris, **32**.. 21

Des règles particulières s'appliquent à chacun des pays de protectorat pour le dépôt des registres dans les localités où il en est tenu, **32**.. 21

Devoirs filiaux des futurs époux.

Obligation pour les futurs époux de demander à leurs père et mère, ou à ceux qui les représentent, de consentir au mariage projeté, et nécessité d'obtenir ce consentement quand les futurs époux sont mineurs pour le mariage, **217, 231**.................................. 129, 140

Acte respectueux remplaçant le consentement refusé quand les futurs époux sont majeurs pour le mariage, **218, 232**.. 132, 141

Dimanches et fêtes. Les dimanches et fêtes étant légalement des jours de repos pour les fonctionnaires publics, les officiers d'état civil ne sont pas tenus de dresser d'actes d'état civil ces jours-là, lesquels entrent néanmoins dans le nombre de jours accordé pour les déclarations de naissances, **12, 206**... 14, 124

Directeur de l'administration générale de l'Assistance publique de Paris. Lui seul est compétent pour autoriser un mineur, élève d'un hospice dépendant de son administration, à contracter mariage, **47**, alinéa 10°... 30

Directeur de l'intérieur (aux Colonies). A la mission de pourvoir aux mesures que nécessite l'organisation du service de l'état civil dans la colonie où il est en fonction, **24**........... 18

Directeur de la santé. Dans les lazarets, c'est le directeur de la santé ou agent principal qui remplit les fonctions d'officier de l'état civil, en ce qui concerne les naissances et les décès, mais avec obligation de transmettre expédition de l'acte, dans les vingt-quatre heures, pour transcription, à l'officier de l'état civil de la commune dont dépend le lazaret, lequel a seul le droit d'en délivrer des expéditions tant qu'il est seul dépositaire des deux doubles du registre, **7**... 11

Disparition du corps d'une personne dans les flots, dans un incendie, sous les éboulements d'une mine ou carrière, etc. Procès-verbal à dresser sans acte de décès, **298**.............. 175

Dispense de seconde publication pour mariage.

Elle est délivrée en France par le procureur de la République ; à l'étranger, elle peut être accordée par le consul français, **47**, alinéa 12°... 30

Formalités auxquelles donnent lieu la demande et l'obtention de cette dispense, **173**....... 111

Dispense d'âge, de parenté ou d'alliance pour le mariage.

L'expédition de l'arrêté portant cette dispense doit, pour être authentique, être délivrée par le ministre de la justice en France. Dans les pays situés au delà de l'océan Atlantique, la dispense peut être accordée et délivrée par les consuls généraux français, **47**, alinéa 11°........ 30

L'arrêté portant dispense d'âge, de parenté ou d'alliance doit avoir été enregistré au greffe du tribunal de première instance, et l'expédition doit rester annexée à l'acte de mariage, **235, 236**.. 144

Cas de parenté dans lesquels une dispense est nécessaire pour le mariage, **236**........... 144

Dissentiment. Lorsque le dissentiment entre le père et la mère ou entre les aïeuls et aïeules n'empêche pas le mariage, ce dissentiment doit être constaté par un acte respectueux qui, dans ce cas, peut être fait par un mineur, **218, 232**.. 132, 141

Dissimulation de mort violente. Voyez : *Recel de cadavre.*

Dissolution d'un précédent mariage.

On doit mentionner, dans les actes de publications de mariage, la dissolution du mariage de celui des futurs époux qui a été précédemment marié, **185, 201**........................ 117, 119

L'acte de mariage doit énoncer les prénoms et nom du précédent conjoint et la cause de la dissolution du mariage, ainsi que les pièces qui en justifient, **245, 229**................. 127, 140

Divorce.

Acte supplétif à dresser par l'officier de l'état civil, consistant dans la transcription du dispositif du jugement de divorce, **284**.. 161
Mention du divorce à inscrire en marge de l'acte de mariage, **285**......................... 161
Effets du divorce, **286**.. 162
Expédition de l'acte de transcription du jugement de divorce. Frais à payer pour l'obtenir, **287**... 162
Observations sur la procédure en matière de divorce, **288**.... 163

Divorcé ou Divorcée. Voyez : *Dissolution d'un précédent mariage.*

Docteur en médecine ou en chirurgie.

Il est tenu de faire la déclaration de l'accouchement auquel il a assisté quand la déclaration n'est pas faite par le père du nouveau-né. Il doit faire la déclaration quand même l'enfant ne serait pas vivant, **88**, alinéa C; **89 ; 112**, alinéa C.................................... 65, 66, 72
Peines encourues en cas de non-déclaration dans le délai légal, **91, 92**................ 66, 67
L'officier de police qui dresse procès-verbal de l'état du cadavre d'une personne décédée de mort violente et des circonstances de cette mort doit être assisté d'un docteur en médecine ou en chirurgie, **294**.. 173

Domicile.

Les actes d'état civil doivent toujours énoncer le domicile de toutes les parties y désignées, de leurs mandataires et des témoins, **37**... 24
Définition du domicile réel ou de droit et du domicile de fait ou résidence, à l'un ou l'autre desquels le mariage pourra être célébré au choix des parties. Énonciation de ce domicile dans les publications de la promesse de mariage. En ce qui concerne le futur, **182**.............. 114
En ce qui concerne la future, **189**... 118
Le domicile de fait (simple résidence), quand il est choisi pour lieu de la célébration du mariage, doit être énoncé dans l'acte de mariage avec l'indication de sa durée, indépendamment du domicile de droit actuel. Si le mariage est célébré à l'endroit où se trouve le domicile réel ou de droit, on doit indiquer dans l'acte de mariage la durée de ce domicile réel, et si elle est de moins de six mois énoncer encore le précédent domicile réel ayant duré six mois. Les publications, qui doivent être énoncées, auront dû être faites, du reste, aux municipalités de ces domiciles, **211, 225**... 126, 139

Dominicaine (République). Avis du décès d'une personne de cette nation doit être envoyé au sous-préfet pour être transmis au consul de ladite nation ayant pouvoir de régler la succession du défunt, **331**... 186

Dommages-intérêts. Cas où les officiers d'état civil peuvent être condamnés à cette peine, **62** 44

Douars de l'Algérie. L'officier d'état civil dans chaque douar est le secrétaire de la djemâa ou, s'il existe dans le douar une école arabe française, le maître adjoint de cette école, **5**, alinéa 1° 7

Droits d'enregistrement dus pour la première expédition des actes d'état civil portant reconnaissance d'enfants naturels ou transcription de jugement de divorce. L'expédition ne doit être délivrée par l'officier d'état civil qu'après l'accomplissement de la formalité d'enregistrement, **76 bis**... 52

Droit d'expédition.

Taux du droit à payer pour obtenir l'expédition d'un acte d'état civil, **72**.............. 50
Ce droit n'est dû que pour les copies entières d'actes, **73**................................. 51
Interdiction de demander ou recevoir en paiement d'autres sommes que celles fixées par le tarif, **74**.. 52
Comptabilité du droit d'expédition perçu, **75**.. 52

Droits et devoirs respectifs des époux. L'officier de l'état civil doit donner lecture aux futurs époux, lors de la célébration du mariage, des articles du Code civil qui règlent ces droits et ces devoirs, **259**... 151

Droits et devoirs des maires et adjoints comme officiers de police judiciaire, en cas de crimes, délits ou contraventions se rattachant aux événements de l'état civil, **64**.............. 43

Droits successifs dévolus aux parents. La notice trimestrielle des décès à envoyer par l'officier de l'état civil au receveur de l'enregistrement doit faire connaître les personnes qui sont appelées, d'après les dispositions du Code civil, à recueillir la succession des défunts, **334** 189

Droit de timbre.

— applicable aux actes d'état civil, **20, 21**.................................. 17, 18
— applicable aux expéditions d'actes, **77**.. 54
— applicable aux affiches et certificats concernant l'état civil, **78**...................... 55
Il est dû pour les expéditions d'actes d'état civil délivrées aux indigents pour d'autre objet que célébration de mariage, **80**... 56
Exemption prononcée pour certains cas, **81**... 56

E

Élève d'hospice. Ne peut se marier, quand il a moins de vingt et un ans, sans le consentement du conseil d'administration de l'hospice, ou, si l'hospice où il a été élevé dépend de l'administration générale de l'Assistance publique de Paris, sans le consentement du directeur de cette administration. Homme, **217.** — Femme, **234** 129, 140

Empêchements physiques ou légaux des père et mère ou autres ascendants pour consentir au mariage de leurs enfants et descendants. Nature de ces empêchements. Justifications et formalités auxquelles ils donnent lieu dans l'acte de mariage, **220, 234** 133, 141

Employés de l'armée stationnant, avec l'armée, en dehors du territoire de la République. Les actes d'état civil qui les concernent sont dressés par l'intendant militaire ou par le sous-intendant, **3, 8** 5, 11

Employé ou agent attaché au service de la mairie. Doit éviter de remplir le rôle de témoin dans les actes d'état civil, **39** 25

Enfance du premier âge. (Voyez *Protection de l'enfance du premier âge.*)

Enfant abandonné. (Voyez *Enfant trouvé.*)

Enfant conçu. L'enfant dont la mère est encore enceinte ne peut être l'objet d'inscription d'aucune sorte sur les registres de l'état civil, et un acte de reconnaissance d'enfant naturel passé devant notaire pendant la grossesse de la mère ne pourra être transcrit ou mentionné sur les registres de l'état civil, à quelque époque que ce soit, **126** 78

Enfant jumeau. Un acte de naissance distinct doit être dressé pour chaque jumeau. Énonciations particulières à insérer dans chaque acte, **106** 69

Enfant légitime. Conditions légales requises pour qu'un enfant légitime puisse contracter mariage. Homme, **216, 217.** — Femme, **230, 231** 128, 129, 140

Enfant naturel.
    Conditions légales requises pour qu'un enfant naturel puisse contracter mariage. Homme, **216, 217.** — Femme, **230, 231** 128, 129, 140
    Légitimation d'un enfant naturel par mariage. Formalités à remplir, **263, 271** 151, 154
    (Voyez *Reconnaissance d'enfants naturels.*)

Enfant nouveau-né présenté sans vie. Ne doit jamais être inscrit avec le qualificatif d'enfant mort-né. Des formes particulières doivent être suivies pour l'acte constatant la déclaration de l'accouchement dont provient cet enfant. Cet acte s'inscrit sur le registre des décès. Quels doivent être les déclarant et témoins? Délai dans lequel la déclaration doit être faite, **304** 176

Enfant posthume. Énonciations particulières à insérer dans son acte de naissance en ce qui concerne le décès de son père, **105** 69

Enfant trouvé.
    Obligation pour ceux qui ont trouvé un enfant abandonné d'en faire immédiatement la déclaration, **90** 66
    Conséquence du défaut de déclaration, **93** 67
    Mode d'enregistrement de la déclaration, **96** 68
    Procès-verbal d'exposition à dresser, **118** 73
    Acte de la transcription à faire lorsque le procès-verbal a été dressé par l'officier de l'état civil, **119** 74
    Acte de la transcription à faire lorsque le procès-verbal a été dressé par un officier de police autre que l'officier d'état civil, **120** 75
    Choix des prénoms et du nom à donner par l'officier de l'état civil à l'enfant trouvé, **121** 75
    Tutelle sous laquelle l'enfant trouvé doit être placé par l'officier de l'état civil, **122** 75

Enghien (Seine-et-Oise). (Voyez *Maires des communes de Saint-Cloud, Meudon, etc.*)

Énonciations.
    — qui doivent être insérées dans tous les actes d'état civil, **34 à 38** .... 22 à 25
    — interdites dans tous les actes d'état civil, **42** 27
    — obligées, de l'acte de naissance, **99 à 117** .... 68 à 72
    — *Idem,* de l'acte de transcription du procès-verbal de l'exposition d'un enfant trouvé, **119, 120,** 74, 75
    — *Idem,* de l'acte de reconnaissance d'un enfant naturel, **130** 79
    — *Idem,* de l'acte supplétif d'une adoption, **134** 81
    — *Idem,* de l'acte de première publication de mariage. Règles qui concernent ces énonciations, **176 à 195** .... 112 à 119
    — *Idem,* de l'acte de seconde publication de mariage, **196 à 204** 119
    — *Idem,* de l'acte de mariage, **205 à 267** .... 121 à 152
    — *Idem,* de l'acte de transcription du jugement de divorce, **284** 161
    — *Idem,* de l'acte de présentation d'un enfant nouveau-né, sans vie, **304** 176
    — *Idem,* de l'acte de décès, **302 à 318** .... 178 à 181
    — interdites dans les actes de décès, **295** 174

Enregistrement.
    — des pièces à annexer aux registres d'état civil, **48** 31
    — des actes à mentionner en marge d'actes déjà inscrits. Conséquences de l'inaccomplissement de la formalité d'enregistrement préalablement à l'inscription de la mention. Interdiction

de relater l'enregistrement d'un acte en marge des registres d'état civil par mention spéciale, **57**.. 40

Actes et procès-verbaux exempts d'enregistrement sur la minute, **76**..................... 52

Formalité d'enregistrement prescrite, pour la première expédition de certains actes. Droits à payer, **76** *bis*... 53

Enregistrement en débet des procès-verbaux qui constatent des contraventions de police se rattachant aux événements de l'état civil, et des expéditions d'actes d'état civil délivrées aux personnes qui ont obtenu l'assistance judiciaire, **82**... 58

Equateur. Avis du décès d'une personne de cette nation à transmettre au sous-préfet pour être adressé au consul de ladite nation ayant pouvoir de régler la succession du défunt, **334**....... 186

Erreurs existant dans les actes produits pour mariage. Formalités auxquelles elles donnent lieu, **255, 256**... 149

Espagne. Avis du décès d'une personne de cette nation à transmettre au sous-préfet pour être adressé au consul de ladite nation ayant pouvoir de régler la succession du défunt, **334**...... 186

Etablissements français de l'Inde.

Officiers publics compétents pour dresser les actes d'état civil, **5** et **10**......... .... 7, 13

Législation applicable aux actes de l'état civil, **16**, alinéas A, B........................ 15

Etablissements français de l'Océanie.

Officiers publics compétents pour dresser les actes d'état civil dans ces pays comprenant : *A.* Iles Tahiti et Moorea; *B.* L'archipel des Marquises, composé de onze îles ou îlots, chef-lieu Noukahiva; *C.* L'archipel de Tuamotu (81 îles ou îlots), chef-lieu Anaa; *D.* Dans l'archipel de Tubuaï : Tubuaï et Raïvavaé; *E.* L'île Rapa; *F.* L'île de Raïatéa, **5** et **10**............... 7, 13

Législation applicable aux actes de l'état civil, **16**.................... 15

Etat des futurs époux à l'égard de la dissolution d'un précédent mariage. (Voyez *Dissolution d'un précédent mariage.*)

Etranger.

Les actes d'état civil concernant les étrangers et les Français sont valables en France quand ils ont été dressés à l'étranger dans la forme usitée dans le pays. Les actes d'état civil concernant les Français résidant à l'étranger sont également valables quand ils ont été reçus par les consuls de France conformément à la loi française, **5, 10**........................... 7, 13

Lieux des publications à faire pour la promesse de mariage d'un étranger résidant en France, **174**... 110

Dispositions de la loi française qui sont applicables à l'étranger pour la célébration de son mariage en France, en ce qui concerne sa capacité civile, quel que soit son statut personnel, **215** *ter*... 128

Justification à faire, par l'étranger, de sa capacité civique et civile suivant son statut personnel pour contracter mariage en France, si l'officier de l'état civil est d'avis de l'exiger, **222**.. 136

Liberté filiale résultant du statut personnel de l'étranger pour contracter mariage en France. Justification à faire. Homme, **220** *bis*. — Femme, **234** *bis* 134, 141

Prohibition particulière à son pays, dont le futur époux étranger a obtenu la levée pour contracter mariage, **239**... 144

Impossibilité, pour le futur époux étranger, de faire remplir en son pays les formalités de la publication de son projet de mariage, **245**... 146

Expéditions à transmettre administrativement, en certains cas, des actes qui concernent un étranger, pour le gouvernement ou l'agent diplomatique de son pays : — pour les actes en général, **69**; — pour les actes de naissance et de reconnaissance d'enfants naturels, **147**; — pour les actes de mariage, **280**; — pour les actes de décès, **334**............... 48, 86, 160, 186

Avis à transmettre au sous-préfet du décès d'un étranger dont le gouvernement a traité avec la France pour le règlement des successions des nationaux d'un pays décédés dans l'autre, afin qu'il soit adressé au consul de la nation du défunt, **334**................................. 186

Expéditions des actes de l'état civil.

L'expédition d'un acte d'état civil dressé en France, à l'armée ou sur mer, ne peut être délivrée valablement que par le maire dépositaire du registre où cet acte a été inscrit ou transcrit et par le greffier du tribunal civil de première instance dépositaire du double de ce registre, **47**, alinéa 1°... 28

L'expédition d'un acte dressé par un consul de France à l'étranger ne peut être valablement délivrée que par ce consul ou ses successeurs, **47**, alinéa 3°................................. 28

L'expédition authentique de tout acte dressé aux colonies peut être délivrée par le ministre dans le département duquel est placé le service des colonies, sur le triple registre déposé aux archives coloniales à Paris, aussi bien que par les dépositaires des autres registres aux colonies, **32**.. 21

L'expédition d'un acte d'état civil doit être délivrée à toute personne qui la demande, **64**.... 45

Forme des expéditions à délivrer aux particuliers, **66**... 46

Les expéditions délivrées dans les communes doivent être signées par l'officier de l'état civil seul. Le secrétaire de la mairie n'a pas qualité pour y apposer sa signature, **67**............. 47

Droit d'expédition à payer par les particuliers pour obtenir l'expédition d'un acte d'état civil, **72**. (Répétitions : Naiss., **144**. — Mar. et div., **276, 287**. — Décès, **337**.). 50, 85, 158, 162, 191

Droit de timbre des expéditions, **77** à **84**.. 54 à 56

Droit d'enregistrement de la première expédition d'un acte contenant reconnaissance d'enfant naturel, ou en marge duquel est une mention de reconnaissance, **76** *bis*. (Répétitions n° **145, 277**.)... 158

Idem de la première expédition d'un acte supplétif du divorce, **76** *bis*. (Répétition n° **287**.) 53, 162

Droit de légalisation des expéditions, **83**. (Répétitions n° **146, 278, 339**.).. 58, 85, 159, 191

Expéditions à délivrer administrativement pour des fonctionnaires français et pour services publics, **70**. (Répétitions : Naiss., **148**. — Mar., **281**. — Décès, **323, 330**.) 49, 86, 160, 183, 186

Idem pour les gouvernements de la Belgique, de l'Italie, du grand-duché de Luxembourg et de la principauté de Monaco, en exécution des traités conclus entre la France et ces pays, con-

cernant la communication réciproque des actes d'état civil, **69**. (Répétitions : Naiss., **147**. — Mar., **280**. — Décès, **331**.)... 48, 86, 160, 186
   Idem pour les autorités d'Alsace-Lorraine, lorsqu'elles en ont fait la demande au gouvernement français, **68**... 48

Expéditions des actes propres à la reconstitution de l'état civil de Paris. Transmission à en faire à la commission de reconstitution, **54**.. 35

Expéditions des pièces annexées aux registres d'état civil. Ces expéditions doivent être délivrées lorsqu'elles sont demandées; ais les parties réclamantes doivent être averties que ces expéditions manquent de force probante. Le droit d'expédition dû à la commune est de 75 centimes du rôle si la pièce dont copie est délivrée n'est pas un acte d'état civil; ou bien il est le droit fixé suivant la nature de l'acte si c'est un acte d'état civil, **65**, **72**........... 45, 50

Exposition d'enfant trouvé. (Voyez *Enfant trouvé*.)

Extraits d'actes d'état civil utiles aux services publics et ayant valeur de renseignement.
   Ces extraits ne sont pas des documents authentiques; ils ne feraient pas foi en justice, et ils ne peuvent servir que comme renseignement. En raison de leur destination administrative, ils peuvent être délivrés sur papier libre, **71**... 50
   Ces extraits sont indiqués presque tous dans le présent ouvrage, avec les dispositions légales spéciales à chacun d'eux, sous les rubriques et numéros suivants :
   Extrait d'acte de naissance à délivrer immédiatement et gratuitement aux parties, en vue de l'application de la loi sur la protection de l'enfance du premier âge, **142**.................... 81
   Extrait d'acte de naissance à inscrire immédiatement sur le livret de famille, **143**......... 85
   Extraits des actes de naissance des enfants qui, ayant atteint l'âge de six ans, doivent fréquenter les écoles, **150**.. 86
   Idem des jeunes gens ayant atteint l'âge de vingt ans qui doivent être inscrits sur le tableau de la classe pour le recrutement de l'armée. Même n° **150**................................ 86
   Extrait de l'acte de mariage d'un militaire, à faire parvenir à l'autorité militaire, **279**..... 159
   Extrait d'acte de décès destiné à être produit à l'appui d'une demande en autorisation de transport de corps, **338**... 191
   Inscription du décès sur le livret de famille, **319**.................................... 181

F

Fêtes et dimanches.
   Les dimanches et les jours de fêtes légales étant jours de repos, les officiers d'état civil peuvent se refuser à procéder à la célébration des mariages ces jours-là, **206**................ 124
   Les dimanches et fêtes comptent dans le délai déterminé pour faire la déclaration d'une naissance, **12**... 14

Feuilles volantes. Défense d'y inscrire des actes d'état civil, **18**........................ 17

Filiation.
   Énonciations à insérer dans l'acte de naissance suivant que le nouveau-né a la situation : *A.* d'enfant légitime; — *B.* d'enfant naturel reconnu par son père, la mère étant désignée par le déclarant; — *C.* d'enfant naturel reconnu par son père, la mère n'étant pas désignée; — *D.* d'enfant naturel non reconnu, la mère étant désignée; — *E.* d'enfant naturel non reconnu, la mère n'étant pas désignée, **107**... 69
   La filiation des futurs époux doit être énoncée dans l'acte de publication de mariage, **186**, **187, 193, 194**... 117, 118
   Idem dans l'acte de mariage, **216, 230**....................................... 128, 140
   Elle doit être indiquée, autant qu'il est possible de la connaître, dans l'acte de décès du défunt, **312**... 180

Flots. Disparition du corps d'une personne dans les flots. Procès-verbal à dresser sans acte de décès, **298**... 175

Fondé de procuration. (Voyez *Mandataire*.)

Force probante de l'expédition d'une pièce annexée aux registres d'état civil. L'expédition est dépourvue de cette force dans la plupart des circonstances, **65**........................... 45

Formalités.
   — pour assurer l'effet de l'acte de reconnaissance d'un enfant naturel, **134**............... 80
   — pour faire mentionner la légitimation d'enfants naturels en marge des actes de naissance de ceux-ci, **271**.. 154
   — concernant les mariages. (Voyez *Note-répertoire de l'officier de l'état civil.*)

Forme des actes d'état civil.
   La forme de chacun des actes de l'état civil est réglée dans la partie du présent ouvrage qui se rapporte à chaque sorte d'actes. Elle est tracée dans le *Formulaire du praticien de l'état civil* joint à cet ouvrage... Introduction
   La forme des actes de l'état civil de Paris ne peut être employée entièrement dans les autres communes de France, à cause de la différence qui existe entre les officiers d'état civil de la ville de Paris et ceux des autres communes quant à l'origine de leurs titres et à l'étendue de leurs attributions, **6**.. 9

Forme des publications de mariage à faire à l'extérieur de la maison commune, **174**....... 111

Formes de la célébration du mariage, 268.. 153

Formulaire du praticien de l'état civil. Cet ouvrage complète *la Science du praticien de l'état civil.*... Introduction

Formules imprimées. Les formules imprimées d'affiches et certificats concernant les formalités de l'état civil peuvent seules être timbrées à l'extraordinaire ou revêtues de timbres mobiles. Les expéditions d'actes d'état civil doivent être écrites sur le papier timbré débité par l'administration de l'enregistrement et du timbre, et les formules imprimées ne leur sont pas applicables, **79**.. 56

Frais des registres de l'état civil.

Ils sont à la charge de la commune, **24**.. 18

Les frais de nouveaux registres nécessités par une instance particulière devant les tribunaux sont à la charge de la partie condamnée ou de l'Etat, **26**............................. 19

Futurs époux.

Officier d'état civil devant lequel ils doivent se présenter pour faire faire les publications de leur promesse de mariage, **163**.. 101

Déclarations à faire et justifications à produire par eux à l'officier d'état civil pour qu'il fasse les publications en sa commune, **164**.. 102

Publications que les futurs époux ont à faire faire dans d'autres municipalités que celle de la célébration du mariage, d'après les notes officielles à eux délivrées, **165**............. 103

Justifications et pièces qu'il leur reste à produire pour la célébration de leur mariage, d'après la notice à eux délivrée par l'officier de l'état civil, **167**.................................... 106

Énonciations à faire dans les actes de publications de mariage, concernant leur individualité, leur domicile et leur filiation, **181** à **194**... 114 à 118

Enonciations à faire dans l'acte de mariage, concernant leur individualité, leur domicile, leur capacité légale et leur filiation, **209** à **234** *ter*....................................... 125 à 142

G

Gardien de prison. Est tenu de déclarer immédiatement tout décès survenu dans la prison, **289**, alinéa D... 168

Genre de mort. Défense d'en faire mention dans l'acte de décès, **295**...................... 174

Gorée (Commune dépendant du Sénégal).

Les officiers de l'état civil y ont le même titre qu'en France, **5**............................. 7

Ils y appliquent les dispositions du Code civil modifiées quant au délai des déclarations, **16**, alinéa F... 16

Grattages. Interdits dans les actes, **43**.. 27

Grèce. Avis du décès d'une personne de cette nation à donner au sous-préfet pour qu'il soit transmis au consul de ladite nation ayant pouvoir de régler la succession du défunt, **334**..... 186

Greffiers criminels (ou de Cours d'assises). Sont tenus d'envoyer dans les vingt-quatre heures de l'exécution d'un jugement portant peine de mort, à l'officier de l'état civil du lieu de l'exécution, tous les renseignements nécessaires pour dresser l'acte de décès, **289**, alinéa C...... 168

Greffiers de justice de paix. Ils sont seuls compétents pour délivrer expéditions d'un acte de notoriété suppléant l'acte de naissance, d'un acte de notoriété constatant l'absence d'ascendants pour mariage, d'une délibération de. conseil de famille autorisant le mariage d'un mineur ou nommant le tuteur *ad hoc* qui donnera son consentement au mariage, **47**, alinéa 8°......... 29

Greffiers des tribunaux de première instance et de Cours d'appel.

Sont seuls compétents pour délivrer expéditions des jugements et arrêts rendus par les tribunaux auxquels ils sont attachés, **47**, alinéa 17.. 30

Les greffiers des tribunaux de première instance sont compétents pour délivrer valablement des expéditions des actes de l'état civil inscrits sur les registres déposés à leur greffe et des pièces y annexées, **29**, **47**, alinéa 1°, **64**... 20, 28, 45

Le tarif des droits à percevoir par les greffiers de première instance pour les expéditions d'actes d'état civil délivrées par eux est le tarif applicable aux expéditions délivrées par les officiers d'état civil, **72** (Remarque).. 50

Guadeloupe (Colonie de la).

Les officiers de l'état civil y ont les mêmes titres qu'en France, **5**........................ 7

Ils appliquent les dispositions du Code civil, **16**.. 15

Guatémala. Avis du décès d'une personne de cette nation à donner au sous-préfet pour qu'il soit transmis au consul de ladite nation ayant pouvoir de régler la succession du défunt, **334**. 186

Guyane (Colonie française de la).

Les officiers de l'état civil y ont le même titre qu'en France, **5**, alinéa 3°.............. 7

La législation française est applicable à la colonie pour l'état civil, **16**, alinéa A.......... 15

(Voyez cependant le décret du 12 décembre 1889, qui a créé des administrateurs principaux et des administrateurs adjoints dans certaines communes de la Guyane et leur a conféré le titre d'officiers de l'état civil.)

H

Héritiers qui sont pupilles, mineurs ou absents. Avis doit être donné immédiatement au juge de paix du décès de la personne dont ils deviennent héritiers, **325**............................ 184

Heure.
L'heure à laquelle un acte d'état civil est dressé doit toujours y être énoncée, **34** 22
L'heure de l'accouchement doit être indiquée dans l'acte de naissance du nouveau-né, **103**. 69
— dans l'acte de la présentation d'un nouveau-né sans vie, **301**........................ 176
L'heure de la célébration du mariage. Elle est fixée par l'officier d'état civil. Si c'est une heure de nuit, elle doit être fixée de manière à ne pas être un moyen de clandestinité, **206**......... 124
L'heure du décès de la personne dont on dresse l'acte de décès. Elle peut être indiquée dans l'acte, quoique la loi ne le prescrive pas; mais cette indication ne fera pas foi jusqu'à preuve contraire, **307**.. 179

Honduras. Avis du décès d'une personne de cette nation à donner au sous-préfet pour être transmis au consul de cette nation ayant pouvoir de régler la succession du défunt, **334**. ... 186

Hôpital.
En France, le décès de toute personne décédée dans un hôpital doit être déclaré dans les vingt-quatre heures, **12**.. 14
— ambulant ou sédentaire à l'armée, en dehors du territoire de la République. L'officier d'administration exerçant les fonctions de directeur de cet hôpital remplit les fonctions d'officier d'état civil en ce qui concerne les décès survenus dans cet établissement, **3, 8**...... 5, 11
L'expédition de l'acte de décès d'une personne décédée dans un hôpital doit être transmise, pour transcription, au maire de la commune où le défunt avait son domicile, **330**...... 186

Hospice. L'élève d'un hospice ne peut contracter mariage, quand il est mineur, sans le consentement du Conseil d'administration de l'hospice, ou du directeur de l'Administration générale de l'Assistance publique de Paris pour un hospice qui dépend de cette Administration. Homme, **247**, alinéa C, 6°. Femme, **234**, alinéa A.. 130, 140

Hôtel de Ville (ou Mairie, Maison commune, Municipalité).
C'est le siège officiel du maire, chef de l'administration municipale et officier de l'état civil, et le lieu du dépôt des archives de l'état civil ainsi que de tous les documents administratifs concernant la commune et les habitants. C'est là que doivent être faites et enregistrées toutes les déclarations d'état civil dans les communes de France, **1**........................... 5
La loi indique la maison commune comme devant être le lieu de la célébration des mariages, **207**.. 124

I

Identité.
L'officier de l'état civil n'a pas le pouvoir d'obliger les déclarants et les témoins qu'il ne connaît pas de lui prouver leur identité (sauf l'identité des futurs époux), **37**............... 24
L'identité des futurs époux doit être établie par leurs actes de naissance ou par des actes de notoriété, **164, 181, 188, 209, 223**....................... 102, 114, 118, 125. 139
En cas d'erreurs dans les actes produits pour le mariage, il est passé outre, dans certains cas, sur l'attestation de l'identité des futurs et de celle de leurs parents décédés, **255, 256**... 149

Impossibilité de produire des expéditions d'actes de décès d'ascendants pour célébration de mariage. Déclaration à insérer dans l'acte de mariage, **257 et 257** bis..................... 150

Incapacité d'être témoin dans les actes d'état civil. Causes de cette incapacité, **39**....... 25

Incapacité physique ou légale d'ascendants ayant à donner leur consentement au mariage projeté. Justification à produire, **220, 234**................................. 133, 141

Incendie. Disparition du corps d'une personne dans un incendie. Procès-verbal à dresser sans acte de décès, **298**.. 175

Incompétence momentanée du fonctionnaire revêtu du titre d'officier de l'état civil pour les actes dans lesquels il agit à titre privé, **11**.. 13

Inde. (Voyez *Établissements français de l'Inde.*)

Indigènes musulmans d'Algérie. Règles auxquelles ils doivent se soumettre concernant l'état civil, **5 et 16**.. 7, 15

Indigènes asiatiques. Règles qui leur sont applicables concernant l'état civil, — dans les établissements français de l'Inde, — dans l'Annam, **5 et 16**............................. 7, 15

Indo-Chine. Les lois qui régissent la Cochinchine, sous le rapport de l'état civil, ont été appliquées par le gouverneur général de l'Indo-Chine à l'Annam et au Tonkin, **16**, alinéa E...... 16

Infractions commises par des particuliers aux lois et règlements concernant les événements de l'état civil. Constatation à faire et avis à donner par l'officier de l'état civil, **61**..... 43

Infractions commises dans les actes par l'officier de l'état civil. (Voyez *Responsabilité de l'officier de l'état civil.*)

Inscription des oppositions sur le registre des publications de mariage, **202**.............. 119

Inspecteurs des affaires indigènes en Cochinchine. Ils sont officiers d'état civil, pour les Européens et chrétiens, dans les huyens de leur circonscription, **5**, alinéa 5°................. 7

Inspecteur aux revues. Ce titre, mentionné dans le Code civil, n'existe plus. Les intendants et sous-intendants exercent aujourd'hui les fonctions qui y étaient attachées sous le rapport de l'état civil aux armées, **3, 8** 5, 11

Intendant militaire.

Remplit, à la place de l'inspecteur aux revues dont le titre a été supprimé, les fonctions d'officier de l'état civil à l'armée, en dehors du territoire de la République, pour les officiers sans troupe et les employés de l'armée. Il n'est pas compétent pour délivrer aux particuliers expéditions des actes dressés par lui. Il doit envoyer une expédition de chacun de ces actes à l'officier de l'état civil du domicile des parties pour être transcrites sur les registres de la commune. Il doit aussi transmettre à l'officier de l'état civil du dernier domicile du décédé, pour être également transcrite sur ses registres, l'expédition de tout acte dressé par l'officier d'administration constatant le décès à l'hôpital militaire d'un individu attaché au même corps d'armée que ledit intendant, **3, 8** 5, 11

Il doit prendre les mesures nécessaires pour que les registres contenant les actes d'état civil dressés par lui, et aussi les actes dressés par l'officier d'administration, soient déposés aux archives de la guerre à la rentrée de l'armée ou du corps d'armée sur le territoire de la République, **30**.. 21

Intercalations. Elles sont interdites dans les actes, **44**.................................... 27

Interdiction.

— pour cause de condamnation à une peine afflictive ou infamante. Cette interdiction rend celui qui en est frappé incapable de donner son consentement au mariage de ses enfants et descendants. Mode de justification et d'énonciation, **220**, alinéa E.................... 134

— pour aliénation mentale. (Voyez *Aliénation mentale.*)

L'interdiction ne frappe pas l'interdit d'une incapacité légale absolue pour le mariage, **260**. 151

Interdit. (Voyez *Interdiction.*)

Interlignes. Défense de faire aucune énonciation en interligne dans les actes d'état civil, **44**.. 27

Irrégularités de nature à porter atteinte à la validité d'un acte. Responsabilité de l'officier de l'état civil, **62**.. 41

Italie.

Expéditions d'actes d'état civil concernant des Italiens à dresser et transmettre administrativement pour le gouvernement ou l'agent diplomatique de leur pays, **69**...:............... 48

Capacité légale des Italiens pour contracter mariage, **222**........................... 136

Avis du décès d'une personne de cette nation à donner au sous-préfet pour être transmis au consul de ladite nation ayant pouvoir de régler la succession du défunt, **334**.............. 186

J

Jour.

Le jour où un acte d'état civil est dressé doit toujours y être indiqué par le quantième du mois, **34**.. 22

Le jour de la publication de mariage doit être, en outre, désigné par son nom de jour de semaine (dimanche), **177, 197** 113, 119

Juge de paix.

Le juge de paix qui ne réside pas au siège du tribunal de première instance peut légaliser les signatures des officiers d'état civil de son canton, **83**.............................. 58

Le juge de paix préside à la réception de l'acte de notoriété ayant pour objet de suppléer l'acte de naissance à produire pour mariage, **209, 223** 125, 139

Le juge de paix du domicile du mineur préside le conseil de famille appelé à statuer sur l'autorisation à donner au projet de mariage de ce mineur, **247, 231** 129, 140

Le juge de paix doit être immédiatement prévenu par l'officier de l'état civil du décès de toute personne laissant pour héritiers des pupilles, des mineurs ou des absents, ou ayant occupé une fonction qui l'a rendue dépositaire de titres ou papiers appartenant à l'État, **325, 326**.. 184

Jugement.

— touchant à l'état civil d'une personne française. Un jugement de l'espèce n'est valable que s'il a été rendu en France. L'expédition n'est authentique que si elle a été délivrée par le greffier attaché au tribunal qui a rendu le jugement, **47**, alinéa 17°......................... 30

— rendu à l'étranger, concernant l'état civil d'un étranger. A la même valeur en France que dans le pays où il a été rendu, **47**, alinéa 17°, observation................................ 30

— rendu en France, dont l'expédition est à annexer aux registres d'état civil. Règles qui lui sont applicables, **49**... 31

— à transcrire sur les registres de l'état civil. Conditions à observer, **56**.............. 36

— à mentionner sur les registres de l'état civil, **58**................................... 41

Jumeau. (Voyez *Enfant jumeau*.)

Justifications à produire par les futurs époux à l'officier d'état civil pour qu'il fasse les publications de leur promesse de mariage, **164**... 102
(Voyez *Note-répertoire de l'officier d'état civil*, etc.)
(Voyez aussi *Notice pour les futurs époux des justifications et pièces*, etc.)

L

Langue à employer dans les actes d'état civil, **33**... 22

Langue étrangère. Traduction des pièces écrites en langue étrangère qui sont à annexer aux registres d'état civil, **50**.. 32

Lazarets. Actes de naissance et de décès dressés dans ces lieux de séquestration sanitaire, **2, 7, 13**.. 5, 11, 11

Lecture de l'acte aux parties et aux témoins par l'officier d'état civil. Elle doit être mentionnée dans l'acte, **45**.. 27

Légalisation.
— des pièces à annexer aux registres d'état civil. Fonctionnaires de qui elle doit émaner, **51**. 32
— des expéditions d'actes et des certificats d'état civil délivrés aux particuliers pour intérêt privé, **83**... 58
— des expéditions d'actes de l'état civil délivrées administrativement, **84**.................. 59

Légion d'honneur.
La qualité de membre de la Légion d'honneur doit être mentionnée dans les actes d'état civil, **38**... 25
Avis à donner au sous-préfet du décès d'un membre de la Légion d'honneur, **329**.......... 186

Législation particulière pour la ville de Paris, pour les communes du département de la Seine, pour les communes de Saint-Cloud, Sèvres, Meudon et Enghien, pour les communes de Lyon et de la banlieue lyonnaise, concernant la police administrative et la police judiciaire, applicable en cas d'exposition d'enfant trouvé, de mort violente et de mort exigeant une prompte inhumation, **6, 118**, et note au-dessous du n° **293**.......................... 9, 73, 171

Légitimation d'enfants naturels.
La légitimation résulte de la déclaration faite par les époux dans l'acte de mariage qu'ils se reconnaissent les père et mère des enfants qu'ils désignent. Elle résulte aussi de la seule célébration du mariage quand les époux ont reconnu les enfants par des actes authentiques antérieurs. Faute de l'accomplissement de l'une ou l'autre de ces formalités, les enfants ne peuvent plus être jamais légitimés, **263**.. 151
Réquisition à faire et formalités à remplir par les époux ou l'un d'eux pour faire mentionner la légitimation de leurs enfants naturels en marge des actes de naissance de ceux-ci, **271**. 154

Lieu
— où doivent être faites et reçues les déclarations relatives à l'état civil dans les communes de France, **1**.. 5
Idem, dans les lazarets, **2**... 5
Idem, à l'armée en dehors du territoire de la République, **3**............... 5
Idem, en cas de naissance ou décès, pendant un voyage sur mer, **4**......... 7
Idem, en Algérie, dans les colonies françaises, dans les pays de protectorat et à l'étranger, **5**. 7
L. où l'acte est dressé. Utilité de l'énoncer dans tous les actes d'état civil, **35**........... 23
L. de l'accouchement. Il doit être indiqué dans l'acte de naissance du nouveau-né, **104**..... 69
Idem, dans l'acte de présentation d'un enfant nouveau-né sans vie, **301**................. 176
L. des publications de mariage à faire. (Voyez *Publications de mariage*.)
L. de la célébration du mariage. La maison commune est la règle. Le domicile de l'une des deux parties s'appliquant aux mariages *in extremis*, **207**...................... 124
L. de la naissance de chacun des futurs époux. Doit être énoncé dans l'acte de mariage, **214, 228**... 127, 140
L. où est décédée la personne dont on dresse l'acte de décès. Il est à indiquer dans l'acte de décès, **306**.. 179

Lieutenant adjoint au trésorier.
Il supplée le trésorier, en cas d'empêchement de celui-ci, dans les fonctions d'officier de l'état civil à l'armée, pour le régiment entier ou pour la portion centrale quand le régiment est divisé en plusieurs portions, **3, 8**.. 5, 11

Livret de famille.
Le livret de famille doit être fourni gratuitement aux frais de la commune, **53**........... 31
La cérémonie de la célébration du mariage est immédiatement suivie de la délivrance d'un livret de famille à l'époux, **270**.. 154
Tout acte constatant la naissance d'un enfant issu du mariage, le décès d'un de ces enfants ou de l'un ou l'autre des époux doit être mentionné sur le livret de famille s'il est présenté à l'officier de l'état civil, **53, 143, 319**............................. 34, 85, 181

Luxembourg (Grand-Duché de).
La légalisation faite par le président du tribunal de première instance ou par le juge de paix

des expéditions d'actes d'état civil dressés dans le grand-duché de Luxembourg suffit pour que ces expéditions soient admises en France, **54**, alinéa 8°...... 33

La légalisation faite en France par le juge de paix ou par le président du tribunal de première instance de l'expédition d'un acte d'état civil dressé en France suffit pour qu'il soit régulièrement fait usage de cette expédition pour mariage dans le grand-duché de Luxembourg, **83**... 58

Expéditions d'actes d'état civil concernant des sujets de ce grand-duché à dresser et transmettre pour le Gouvernement de ce pays, **69**...... 48

Transcription à faire d'expéditions d'actes d'état civil dressés dans le grand-duché, concernant des Français, **56**, alinéa 4°,...... 37

Lyon. Cette ville est régie par une législation spéciale en ce qui concerne la qualité des officiers publics compétents pour dresser les actes d'état civil, et en ce qui concerne la limite de leurs attributions comme officiers de police judiciaire, pour les événements qui donnent lieu à la rédaction desdits actes, **6**...... 9

M

Madagascar. Législation applicable à ce pays de protectorat en ce qui concerne l'état civil, **5** et **16**...... 7, 15

Mahé (Établissement français de l'Inde).
Officier public compétent pour dresser les actes d'état civil, **5**...... 7
Législation concernant la forme des actes, **16**...... 15

Mainlevée d'opposition à mariage.
Elle doit être mentionnée sur le registre des publications de mariage, en marge de l'inscription de l'opposition, **203**...... 120
Elle doit être énoncée dans l'acte de mariage et y être annexée, **243, 244**...... 115, 146

Maire. Le maire est l'officier d'état civil de sa commune. — Il peut déléguer un adjoint ou, à défaut d'adjoint, un conseiller municipal, pour exercer les fonctions d'officier de l'état civil. — En cas d'absence ou d'empêchement du maire, l'adjoint ou le conseiller municipal qui remplit les fonctions de maire exerce les fonctions d'officier de l'état civil. — En cas de refus par le maire d'accomplir un acte de sa compétence, le préfet peut y pourvoir d'office par lui-même ou par un délégué. — Ces règles ne sont pas applicables à la ville de Paris dans les arrondissements de laquelle les adjoints exercent les fonctions d'officiers de l'état civil concurremment avec le maire de l'arrondissement sans délégation; — ni à la ville de Lyon, où le maire ne remplit pas les fonctions d'officier de l'état civil, mais délègue deux adjoints dans chacun des arrondissements de la ville pour y remplir ces fonctions, **6**...... 9

Maires des communes de Saint-Cloud, Meudon, Sèvres et Enghien (Seine-et-Oise). Ont leur compétence limitée par celle du préfet de police de Paris, en ce qui concerne le règlement des mesures de police relatives à la salubrité du service des inhumations, **6** alinéa 3° et note au-dessous du n° **293**...... 11, 171

Maires et adjoints des communes du département de la Seine. Les maires et adjoints de ces communes ont leur compétence limitée par celle du préfet de police, en ce qui concerne l'exercice des fonctions d'officiers de police judiciaire se rattachant à l'état civil, et le règlement des mesures de police relatives à la salubrité du service des inhumations, **6**, alinéa 2° et note au-dessous du n° **293**...... 10, 171

Maires et adjoints des communes de Caluire-et-Cuire, Oullins, Sainte-Foy, Saint-Rambert, Villeurbanne, Vaux-en-Velin, Bron, Venissieux, Pierre-Bénite (du département du Rhône) **et de la commune de Sathonay** (du département de l'Ain). Ont leur compétence limitée par celle du préfet du Rhône, en ce qui concerne les fonctions d'officiers de police judiciaire se rattachant à l'état civil, **6**, alinéa 4°; **294**...... 11, 173

Mairie. Voyez *Hôtel de ville.*

Maître ou patron de navire. (Voyez *Capitaine, maître ou patron de navire.*)

Majeur, majeure.
Quand le futur époux peut-il être qualifié majeur? **183**...... 115
Quand la future épouse peut-elle être qualifiée majeure? **190**...... 118
La qualité de majeur (ou majeure) pour le mariage doit toujours être indiquée dans l'acte de mariage, indépendamment de l'indication de l'âge, **212**...... 126

Major. Cet officier a été chargé par une circulaire du ministre de la guerre, en date du 1ᵉʳ ventôse an XIII, des fonctions d'officier d'état civil attribuées par la loi au quartier-maître. Elles lui ont été retirées par une autre circulaire ministérielle du 20 vendémiaire an XIV, qui a rendu au quartier-maître ses attributions légales, **3, 8**...... 5, 11

Majorité. (Voyez *Majeur, majeure.*)

Mandataire pouvant représenter les parties intéressées.
— Qui peut être choisi pour mandataire? — Nécessité de produire une procuration authentique, **40**...... 26
Le mandataire peut déclarer la naissance pour le père, **112**, alinéa B...... 72
Il peut aussi faire dresser acte de la reconnaissance d'un enfant naturel comme représentant du père, **130**...... 79

Mariage.

Accomplissement des formalités de la publication préalable au mariage, **162, 163, 164, 168, 169, 170, 171**.. 101, 102, 106, 108, 109, 110

Renseignements, justifications, formalités et pièces nécessaires pour la célébration du mariage, **165, 167** 103, 106

Officier de l'état civil compétent pour célébrer le mariage, et prescriptions légales qui doivent se trouver exécutées au moment de célébrer le mariage, **205**....................... 121

Énonciations que doit contenir l'acte de mariage. Règles qui les concernent, divisées en 17 paragraphes, savoir :

— § 1. Date, heure et lieu de la célébration du mariage et désignation de l'officier d'état civil, **206 à 208**... 124, 125

— § 2. Individualité du futur, **209, 210** 125, 126

— § 3. Domicile du futur, **211**.. 126

— § 4. Capacité civile du futur, **212 à 215** ter...................................... 126 à 128

— § 5. Filiation du futur. Son état de dépendance à l'égard de ses parents. Consentement de ceux-ci ou de leurs représentants, ou circonstances, actes et formalités qui en dispensent, tels qu'actes respectueux, décès ou empêchements des ascendants, ou liberté résultant du statut personnel, **216 à 220** ter.. 128 à 134

— § 6. Capacité civique du futur époux français et justification de la capacité civique et civile du futur époux étranger, **221, 222** 134, 136

— § 7. Individualité de la future, **223, 224**.. 139

— § 8. Domicile de la future, **225**... 139

— § 9. Capacité civile de la future, **226 à 229** 139, 140

— § 10. Filiation de la future. Son état de dépendance à l'égard de ses parents. Consentement de ceux-ci ou de leurs représentants, ou circonstances, actes et formalités qui en dispensent tels qu'actes respectueux, décès ou empêchement des ascendants, ou liberté résultant du statut personnel, **230 à 234** ter... 140 à 142

— § 11. Levée de prohibitions d'âge, de parenté et autres, **235 à 239**............... 144

— § 12. Publications, absence d'opposition ou levée des oppositions faites, **240 à 245** 144 à 146

— § 13. Production de pièces, **246 à 257**.. 146 à 150

— § 14. Contrat de mariage, **258**... 150

— § 15. Consentement des contractants et prononcé de leur union, **259 à 262**....... 151

— § 16. Légitimation d'enfants, **263**.. 151

— § 17. Publicité. Témoins. Lecture de l'acte. Signatures, **264 à 267**.............. 152

Cérémonie de la célébration du mariage. Formalités administratives qui la suivent immédiatement, **268 à 271**.. 153, 154

Transcription d'actes de mariage dressés à l'armée, en dehors du territoire de la République, à l'étranger, et en France dans une autre commune, **272, 273, 273** bis.............. 155, 156

Responsabilité de l'officier de l'état civil en ce qui concerne les actes de mariage, **274, 275**.. 157, 158

Expéditions et extraits d'actes de mariage à délivrer ou transmettre, **276 à 282**.... 158 à 160

Relevé à faire des actes de mariage pour la statistique générale de France, **283**........ 161

Mariage d'indigents. Les pièces nécessaires au mariage d'indigents, à la légitimation de leurs enfants naturels et au retrait de ces enfants déposés dans les hospices, sont visées pour timbre et enregistrées gratis. Il n'y a à payer que le droit d'expédition, fixé à 30 centimes, et le droit de légalisation, fixé à 20 centimes pour chaque expédition demandée, **72, 80** 50, 56

Mariage in extremis. Le lieu de la célébration peut, par exception, être le domicile de celui des futurs qui est, par sa maladie, hors d'état de se rendre à la maison commune, **207**...... 121

Martinique (Colonie de la).

Les officiers de l'état civil y ont les mêmes titres qu'en France, **5**....................... 7

Ils y appliquent les dispositions du Code civil, **16**, alinéa A............................ 15

Mascate (États de). Avis du décès d'une personne de cette nation est à donner au sous-préfet pour être transmis au consul de ladite nation ayant pouvoir de régler la succession du défunt, **331**.. 186

Mayotte (Colonie française). La législation applicable à ce pays pour l'état civil est celle du Code civil français, **16**, alinéa A... 15

Médaille militaire.

La qualité de décoré de la médaille militaire doit être énoncée dans les actes d'état civil, **38**. 25

Avis à donner au sous-préfet du décès d'un décoré de la médaille militaire, **329**......... 186

Médecins.

Les docteurs en médecine ou en chirurgie et les officiers de santé qui ont assisté à l'accouchement sont tenus de faire la déclaration de la naissance à défaut du père, **88**........... 65

Cette obligation leur est applicable aussi bien pour un enfant nouveau-né sans vie que pour un enfant vivant, **89**.. 66

Peines encourues en cas de non-déclaration dans le délai légal, **91, 92**............. 66, 67

Les médecins ne sont pas tenus de faire connaître la mère si le secret leur a été demandé par celle-ci, **107**, observation générale...................................... 69

Le médecin commis par l'officier de l'état civil pour constater un décès doit exprimer son avis sur la nécessité d'abréger le délai ordinaire d'inhumation lorsqu'il y a lieu, **293**........ 171

L'officier de police qui dresse procès-verbal d'une mort violente doit être assisté dans son opération d'un docteur en médecine ou en chirurgie, **294**.............................. 173

Mention d'acte ou de jugement à opérer sur les registres de l'état civil.

Nécessité de la réquisition des parties. Conséquences de l'inaccomplissement de l'enregistrement préalable des actes à mentionner, **57**.. 40

Actes et jugements à mentionner, **58**. (Répétitions : N. **135, 139** ; M. **285**)... 41, 82, 84, 161

Forme de la mention, **59**. 42

Mention de mainlevée d'opposition à mariage. Elle doit être faite sur le registre des publications de mariage, en marge de l'inscription de l'opposition, **203**............................ 120

Mer. Acte des naissances et décès survenus pendant un voyage sur mer, **4, 9, 15, 31**   7, 12, 15,   21

Mère.
Elle doit toujours être désignée dans l'acte de naissance de son enfant légitime ou naturel, à moins que, dans ce dernier cas, elle n'ait imposé le secret professionnel au docteur en médecine ou chirurgie, à l'officier de santé ou à la sage-femme qui l'a assistée dans son accouchement, **107**... 6
La mère d'un enfant naturel, quoique désignée dans l'acte de naissance de celui-ci, n'a aucun droit sur lui si elle ne l'a pas reconnu par un acte authentique, **123**............ 75
La mère ne peut empêcher le mariage de son enfant quand le mariage est autorisé par le père, mais la demande de son consentement doit toujours lui être faite par l'enfant. Elle n'a pas besoin de l'autorisation de son mari, qu'il soit ou non le père, pour faire constater, par acte notarié ou dans l'acte de mariage, qu'elle donne son consentement, **217, 218, 231, 232**.. 129, 132, 140,   141
La mère a seule qualité pour autoriser le mariage de son enfant quand le père est décédé ou se trouve dans l'impossibilité de manifester sa volonté, **217, 231**...................... 129,   140

Mérite agricole. La qualité de chevalier ou officier de l'ordre du Mérite agricole doit être énoncée dans les actes d'état civil, **38**..........'.....'...........'.................... 25

Meudon (Seine-et-Oise). (Voyez *Maires des communes de Saint-Cloud, Meudon, etc.*)

Militaires.
Lieux des publications à faire pour le mariage d'un militaire en garnison en France ou attaché à un corps d'armée stationné en dehors du territoire de la République, **169**.............. 108
Permission nécessaire au militaire pour contracter mariage, **221**........................ 134
L'expédition d'un acte de naissance, de mariage ou de décès dressé à l'armée, en dehors du territoire de la République, doit être transcrite sur les registres d'état civil de la commune du domicile du militaire, dès qu'elle a été transmise au maire de cette commune par l'officier qui a dressé l'acte, **56**. (Répétition. N. **138**; M. **272**; D. **321**.)....... .... 36, 83, 155,   182
Extrait à transmettre ou délivrer, par l'officier de l'état civil, de l'acte de mariage d'un militaire, **279**.. 159
Extrait de l'acte de décès d'un militaire, **326, 327**................................ 184,   185

Mine. Disparition du corps d'une personne sous les éboulements d'une mine ou carrière. Procès-verbal à dresser, **298**..................................... 175

Mineur, mineure, mineur quant au mariage.
Quand le futur époux doit-il être qualifié mineur, ou mineur quant au mariage? **183, 212**... 115,   126
Quand la future épouse doit-elle être qualifiée mineure? **190, 226**.................... 118,   139
La qualité de mineur pour le mariage doit toujours être indiquée dans les actes de publications de mariage. Elle doit aussi être indiquée dans l'acte de mariage indépendamment de l'indication de l'âge, **183, 190, 212, 226**...................................... 115, 118, 126,   139

Ministre des affaires étrangères. N'est pas compétent pour délivrer des expéditions authentiques des actes d'état civil dressés par les consuls de France à l'étranger et inscrits sur le double registre qui a été déposé à la chancellerie de son ministère. Mais les expéditions tirées de ce registre peuvent valoir comme renseignement, **32**, et **47**, alinéa 3e, observation ... 21,   28

Ministre de la guerre.
N'a pas qualité pour délivrer aux particuliers expéditions des actes dressés à l'armée en dehors du territoire de la République et qui sont inscrits sur les registres déposés aux archives de son ministère. Mais il a qualité pour délivrer aux officiers d'état civil des expéditions destinées à être transcrites sur les registres de la commune du domicile, au cas où les expéditions délivrées par le rédacteur de l'acte dressé à l'armée auraient été adirées, **8**................ 11
Est seul compétent pour autoriser des officiers de l'armée de terre à contracter mariage, **47**, alinéa 14e... 30

Ministre de la justice.
Il lui appartient de délivrer expéditions des décrets ou arrêtés accordant des dispenses d'âge, de parenté ou d'alliance pour mariage, **47**, alinéa 11e................................. 30
A seul qualité pour délivrer les ampliations des décisions souveraines portant collation de titres nobiliaires ou autorisation de porter des titres conférés par des gouvernements étrangers, **47**, alinéa 13e.......................... 30

Ministre de la marine.
N'a pas qualité pour délivrer aux particuliers expéditions des actes d'état civil dressés sur mer. Mais il a qualité pour délivrer aux officiers d'état civil la copie d'acte dressé sur mer, destinée à être transcrite sur le registre de la commune du domicile, **9**.................... 12
Est seul compétent pour autoriser le mariage des officiers de l'armée de mer, **47**, alinéa 14e   30

Ministres du culte.
Ne peuvent donner la bénédiction nuptiale qu'à des personnes qui ont contracté mariage devant l'officier d'état civil, **269**... 154

Minorité. Voyez : *Mineur.*

Minutes d'actes. Les copies d'un acte dont la minute existe ne sont valables que si elles ont été tirées sur la minute et délivrées par le dépositaire légal de cette minute. Les expéditions d'actes d'état civil dressés dans les lazarets, à l'armée ou sur mer font exception. Elles sont valables seulement quand elles ont été délivrées par l'officier d'état civil à qui les fonctionnaires compétents ont transmis les expéditions régulières de ces actes et qui les a transcrites sur ses registres, cette transcription ayant seule la valeur d'une minute, **52**..................... 34

Mise en bière d'urgence. Cas où elle doit avoir lieu après avis du médecin, **293**, note....... 171

Mode d'inscription des actes de l'état civil.

Pour les divers actes d'état civil, **18, 19**.. 17
Pour la naissance d'un enfant présenté vivant, **94**.. 67
Pour la présentation d'un enfant nouveau-né actuellement sans vie, **95, 301** 67, 176
Pour la présentation d'un enfant trouvé, **96**.. 68
Pour la reconnaissance d'un enfant naturel, **97**... 68
Pour l'acte supplétif d'une adoption, **98**... 68
Pour les actes de publication de mariage, **175**.. 112
Pour transcription d'acte de mariage dressé à l'armée ou à l'étranger, **272. 273**.......... 155
Pour transcription d'un jugement de divorce, **284**... 161
Pour transcription d'actes de décès dressés en dehors de la commune du domicile, **321**.... 182

Monaco (Principauté de).

Transcription à faire d'expéditions délivrées par les fonctionnaires de la principauté, d'actes
de l'état civil dressés en ce pays, concernant des Français, **56**........................... 36
Expéditions d'actes d'état civil, concernant des sujets de cette principauté, à dresser et transmettre administrativement pour le gouvernement de ce pays, **69**.......................... 48

Mort-né. Ce qualificatif ne doit pas être employé dans les actes d'état civil. Une forme particulière est prescrite pour l'acte de la présentation faite d'un enfant nouveau-né qui est sans vie
au moment de la déclaration d'accouchement, **301**...................................... 176

Mort subite, violente ou accidentelle. Enquête à faire sur la cause de la mort. Procès-verbal à dresser, **294**.. 173

Municipalité.

Voyez : *Hôtel de ville, mairie.*
Voyez : *Publications de mariage.*

Musulmans.

Les indigènes algériens musulmans sont soumis, pour leur état civil, à la loi du 23 mars
1882, **5**, alinéa I°, et **16**, alinéa A.. 15
Les musulmans habitant les colonies asiatiques sont régis par d'autres lois, **16**, alinéas B,
C, D, E... 15, 16

N

Naissance.

Lieu où la déclaration de naissance doit être faite, **85**................................... 64
Fonctionnaire auquel doit être faite la déclaration, **86**.................................. 64
Délai maximum pour faire la déclaration, **87**... 65
Par qui doit être faite la déclaration de la naissance d'un enfant présenté vivant, **88**........ 65
Par qui doit être déclaré l'accouchement pour un enfant nouveau-né qui est sans vie au mo-
ment de la déclaration, **89**... 66
Conséquence du défaut de déclaration pour la naissance d'un enfant encore vivant, **91**..... 66
Conséquence du défaut de déclaration d'accouchement pour un enfant nouveau-né actuelle-
ment sans vie, **92**... 67
Mode d'enregistrement de la déclaration de naissance d'un enfant présenté vivant, **93**...... 67
Mode d'enregistrement de la déclaration d'accouchement pour un enfant actuellement sans
vie, **94**.. 67
Énonciations à insérer dans l'acte de naissance et règles concernant chacune d'elles, **99** à
117.. 68 à 72
Documents à transcrire et mentionner, et forme des transcriptions et mentions à faire sur le
registre des naissances, **137** à **141**... 83, 84
Expéditions, extraits et relevés des actes inscrits ou transcrits sur le registre des naissances.
Règles les concernant, **142** à **151**.. 84 à 87
Protection de l'enfance du premier âge. Mesures à prendre à partir de l'enregistrement de la
naissance, **152** à **164** .... 87 à 92

Nationalité. Voyez : *Statut personnel.*

Navire. Naissances et décès survenus sur un navire pendant un voyage en mer, **4, 9, 15,
34**.. 7, 12, 15, 21

Nicaragua. Avis du décès d'une personne de cette nation à donner au sous-préfet pour qu'il
soit transmis au consul de ladite nation ayant pouvoir de régler la succession du défunt, **334** 186

Nom.

Le nom de la personne qui fait l'objet de l'acte doit être inscrit en marge de l'acte, **27**..... 19
Les actes d'état civil doivent toujours contenir le nom de l'officier de l'état civil, les noms de
toutes les parties, les noms de leurs mandataires et ceux des témoins, **36, 37**.......... 23, 24
Dans son acte de naissance, le nouveau-né doit être désigné, outre l'indication de ses prénoms, par le nom de son père, lorsqu'il est enfant légitime ou enfant naturel reconnu par son
père. Il est convenable de ne le désigner que par des prénoms lorsqu'il est enfant naturel non
reconnu et que l'acte de naissance porte l'indication du nom de la mère, lequel sera le sien
tant qu'il ne lui sera pas judiciairement retiré. On doit lui donner un nom, outre des prénoms,
quand l'acte de naissance ne fait connaître ni le père ni la mère, **101**.................... 68
Choix du nom à donner par l'officier de l'état civil à un enfant trouvé dont on lui déclare l'exposition, **121**.. 75

Les noms des futurs époux doivent être écrits dans l'acte de mariage avec l'orthographe que leur donnent les actes de naissance de ces futurs. La différence qui peut exister entre l'orthographe du nom d'un futur tel qu'il est écrit dans son acte de naissance et celle employée pour écrire le nom de son père dans l'acte de naissance de celui-ci ne peut faire l'objet que d'une affirmation d'identité, **209, 223**... 125, 139

Formalités à remplir pour faire inscrire sur les registres de l'état civil un décret autorisant une personne à changer son nom, **136**... 82

Nossi-Bé (colonie française).

La législation applicable à ce pays pour l'état civil est celle du Code civil, **16**, alinéa A.... 15

Notaire.

Une copie d'acte d'état civil qui aurait été délivrée par un notaire sur une expédition annexée à un acte notarié ne doit pas être acceptée par un officier d'état civil, **52**.............. 34

Un notaire peut dresser l'acte d'une reconnaissance d'enfant naturel. Il doit en conserver minute, **47**, alinéa 5°... 29

Un acte de reconnaissance d'enfant naturel passé devant notaire pendant la grossesse de la mère ne peut jamais être indiqué, transcrit ou mentionné dans les registres d'état civil, **126**. 78

Il convient de transcrire sur le registre des naissances l'acte passé devant notaire portant reconnaissance d'un enfant naturel dont la naissance antérieure à l'acte de reconnaissance est déjà inscrite sur les registres, lorsque cet acte de reconnaissance est présenté par les parties pour être mentionné en marge de l'acte de naissance, **132**... 80

Les procurations pour représenter les parties dans les actes d'état civil doivent être passées devant notaire. Elles doivent être conservées en minute lorsqu'elles contiennent pouvoir de reconnaître un enfant naturel, **47**, alinéa 5°... 29

C'est aussi par un acte notarié que les père et mère, aïeuls et tuteurs *ad hoc* qui n'assistent pas au mariage de leurs descendants ou pupilles doivent faire constater leur consentement au mariage. Dans ce cas, l'acte peut être délivré en brevet, **47**, alinéa 5°, **217, 234**... 29, 129, 140

Les actes respectueux doivent être notariés et en minute, **47**, alinéa 5°, **218, 232**. 29, 132, 141

Le contrat de mariage est un acte qu'un notaire est seul habile à dresser. Il est en minute.

Le certificat par lequel le notaire en atteste la date est joint à l'acte de mariage, **258**...... 150

Notes officielles pour les publications de mariage. Ces notes sont remises aux futurs époux pour leur servir à faire faire les publications légales dans les municipalités autres que celle de la célébration du mariage, **166**.. 106

Note-répertoire de l'officier de l'état civil pour le mariage projeté. Cette feuille, servant d'enveloppe au dossier, énonce les renseignements, justifications, formalités et pièces nécessaires pour les publications et la célébration du mariage, et mentionne l'exécution à mesure qu'elle a lieu. Elle prépare la rédaction régulière de l'acte de mariage, **165**.............................. 103

Notice, pour les futurs époux, des justifications et pièces qu'il leur reste à produire pour la célébration de leur mariage, **167**... 106

Notice des décès à transmettre trimestriellement au receveur de l'enregistrement avec l'indication des héritiers et des biens laissés par le défunt, **334**... 189

Nouméa (Nouvelle-Calédonie).

L'officier de l'état civil y a le même titre qu'en France, **5**.. 7

Les règles applicables aux actes sont celles qui sont contenues dans le Code civil, **16**....... 15

Nourrice.

Conditions à remplir pour avoir le droit de prendre un enfant en nourrice ou en garde. Carnet obligatoire, **153**.. 87

Formalités et conditions à remplir pour être nourrice sur lieu, **154**............................ 88

Déclaration à faire par les nourrices concernant les nourrissons dont elles ont l'entretien ou la garde, **156, 157, 158**.. 90, 91

Voyez : *Protection de l'enfance du premier âge.*

Nourrisson. Voyez : *Protection de l'enfance du premier âge.*

Nouvelle-Calédonie.

La législation applicable à cette colonie, pour l'état civil, est celle du Code civil, **16**, alinéa A. 15

Les officiers d'état civil ont des titres différents, **5**, alinéa 4°................................ 8

Noyé. Voyez : *Disparition du corps d'une personne dans les flots.*

Voyez aussi : *Mort subite, violente ou accidentelle.*

Numérotage des actes d'état civil. Chaque acte doit porter, en marge, un numéro d'ordre, **27**... 19

O

Océanie. Voyez : *Établissements français de l'Océanie.*

Officier.

— payeur. Remplit, à l'armée, les fonctions d'officier d'état civil, comme suppléant le trésorier, pour la portion du régiment qui est séparée de la portion centrale et qui a un conseil d'administration éventuel, **3, 8**... 5, 11

— sans troupe, attaché à l'armée en dehors du territoire de la République. Les actes de l'état civil qui le concernent sont dressés par l'intendant ou le sous intendant militaire, **3, 8**.... 5, 11

— ayant le commandement ou la direction supérieure d'un service militaire indépendant des corps de troupes. Est compétent pour autoriser le mariage d'un sous-officier ou soldat apparte- nant à ce service, **47**, alinéa 15e. Observation.. 30

Officier d'académie. Ce titre doit être mentionné dans les actes d'état civil, **38**.............. 25

Officier d'administration.

— chargé du service administratif d'un hôpital militaire, ambulant ou sédentaire, à l'armée, en dehors du territoire de la République. Il est compétent pour dresser actes des décès sur- venus dans cet hôpital comme exerçant les fonctions de directeur d'hôpital. Il n'est pas compé- tent pour délivrer aux particuliers expéditions des actes qu'il a dressés. Il doit adresser expé- dition de chacun de ces actes au trésorier du corps ou à l'intendant du corps d'armée dont le décédé faisait partie, pour que ces officiers fassent parvenir une expédition de l'acte à l'officier de l'état civil du dernier domicile du décédé, **3, 8**.............................. 5, 11

L'officier d'administration doit prendre, de concert avec l'intendant, les mesures nécessaires pour que le registre contenant les actes qu'il a dressés soit déposé aux archives de la guerre à la rentrée de l'armée ou du corps d'armée sur le territoire de la République, **30**.............. 21

— de la marine. Remplit les fonctions d'officier de l'état civil pour les naissances et décès survenus sur le navire de l'État où il est de service pendant un voyage sur mer. Il n'est pas compétent pour délivrer aux particuliers expéditions des actes dressés par lui. Il doit déposer deux expéditions de chacun de ces actes au premier port où le bâtiment abordera : au consul de France, si c'est un port étranger; au préposé à l'inscription maritime, si c'est un port fran- çais, **4, 9**... 7, 12

A l'arrivée du bâtiment dans le port de désarmement, il devra déposer au bureau du préposé à l'inscription maritime le rôle d'équipage sur lequel il a dressé les actes en question, **31**..... 21

Officier de l'état civil.

— dans les communes de France (pour tous les actes d'état civil, **6**..................... 9

— dans les lazarets (pour naissances et décès), **7**..................................... 11

— à l'armée, en dehors du territoire de la République (pour naissances, mariages et décès), **8**.. 11

— sur mer (pour naissances et décès), **9**.. 12

— en Algérie, dans les colonies françaises, dans les pays de protectorat et à l'étranger, **10**. 13

Doit être désigné dans les actes par l'indication de ses prénoms et nom, de sa qualité, et de la commune dans laquelle il exerce ses fonctions, **36**................................... 23

Indication de ses titres honorifiques, **38**.. 25

O. devant lequel les futurs époux doivent se présenter pour faire faire les publications de leur promesse de mariage, **163**.. 101

— compétent pour célébrer le mariage, **205**, alinéa A..................................... 121

A Paris, deux mariages peuvent être célébrés simultanément dans la même mairie par deux officiers d'état civil, **208**... 125

L'officier de l'état civil (sauf à Paris) a des droits à exercer et des devoirs à remplir comme officier de police judiciaire. (Voyez *Officier de police judiciaire.*)

Officier de l'instruction publique. Ce titre doit être mentionné dans les actes d'état civil, **38** 25

Officier de police judiciaire. Ce titre qui appartient aux maires et adjoints dans toutes les communes de France, excepté à Paris, leur confère le droit et leur impose le devoir de consta- ter ou faire connaître immédiatement au procureur de la République les crimes et délits qui se rattachent aux événements de l'état civil, **61, 91, 92, 93, 294, 296, 297, 298, 299**... 43, 66, 67, 178, 174; 175

Officier de santé. Est tenu de déclarer l'accouchement auquel il a assisté quand la déclaration n'est faite ni par le père, ni par les docteurs en médecine ou chirurgie ou sage-femme qui y ont également assisté. Il doit faire la déclaration, quand même l'enfant ne serait pas vivant, **88**, alinéa C; **89, 112**, alinéa C.. 65, 66; 72

Peines encourues en cas de non-déclaration dans le délai légal, **91, 92**.............. 66; 67

Omission de l'inscription d'un acte sur les registres d'état civil dans les délais lé- gaux. Cette omission ne peut être réparée que par la transcription sur les registres d'état ci- vil d'un jugement rendu par le tribunal de première instance ordonnant l'inscription de l'acte omis. **56**, alinéa 12e, **91, 92, 93**.............................. 38, 66; 67

Opposition à mariage.

Inscription qu'on doit en faire sur le registre des publications de mariage, **202**............ 119

Mention à faire de la mainlevée des oppositions en marge de l'inscription de ces oppositions, **203**.. 120

Certificat à délivrer constatant la non-existence d'oppositions autres que celles enregistrées, **204**... 120

Les oppositions doivent toujours être énoncées dans l'acte de mariage, encore bien qu'il en ait été donné mainlevée, **243, 244**.. 145, 146

Orpheline de la guerre. L'expédition de l'acte de décès d'une personne à laquelle il a été, à ce titre, attribué une allocation sur les offrandes nationales pour l'armée et qui ne l'a pas en- core touchée, doit être immédiatement adressée par le maire au préfet pour être transmise au directeur général de la Caisse des dépôts et consignations, **333**......................... 189

Oullins (Rhône). (Voyez *Maires et adjoints des communes de Caluire-et-Cuire, Oullins, etc.*)

P

Papier timbré.

Les registres de l'état civil employés dans les communes de France et dans les consulats doivent être composés de papier timbré, **20**...... 17

Les frais du timbre des registres sont à la charge de la commune dans laquelle ii sont employés, **21**...... 18

Le papier employé aux expéditions d'actes d'état civil non exemptées du droit de timbre doit être le papier timbré débité par l'administration de l'enregistrement et du timbre, **79**...... 56

Les mairies ont la faculté d'employer des formules timbrées à l'extraordinaire ou revêtues de timbres mobiles pour les affiches et certificats concernant les formalités de l'état civil, même n° **79**...... 56

Paraphe.

— des feuillets des registres d'état civil. Cette formalité, appliquée par le président du tribunal de première instance, doit être remplie avant l'emploi des registres, **22**...... 18

— des pièces produites. L'accomplissement de ce paraphe doit être énoncé dans les actes, **42** 27

Parenté.

Le degré de parenté des témoins avec le père ou la mère doit être indiqué dans l'acte de naissance du nouveau-né, lorsqu'il y a lieu, **113**...... 72

Le degré de parenté des témoins avec les époux doit être indiqué dans l'acte de mariage, **265**...... 152

Le degré de parenté des déclarants avec le défunt doit, lorsqu'il y a lieu, être énoncé dans l'acte de décès, **289**...... 167

P. dont l'existence est un obstacle absolu pour contracter légalement mariage, et P. dont la prohibition pour le mariage est susceptible d'être levée, **236**...... 144

P. non prohibée et apparence de parenté donnant lieu à une simple énonciation dans l'acte de mariage, **237, 238**...... 114

Parents.

Les parents des parties peuvent toujours être témoins dans les actes d'état civil, **39**...... 25

P. auxquels les futurs époux doivent demander de consentir à leur mariage. **247, 218, 231, 232**...... 129, 132, 140, 141

Ce sont les plus proches parents qui doivent, autant que possible, déclarer le décès, **289** .. 167

Paris

La qualité d'officier de l'état civil appartient au maire et aux adjoints de chaque arrondissement de Paris, concurremment et avec la même compétence, ce qui permet à ces officiers publics de répartir entre eux les actes de naissance, mariage et décès à dresser dans la même journée, et même de célébrer deux mariages en même temps. — Les maires et adjoints de Paris, n'étant pas officiers de police judiciaire, ne peuvent faire aucune enquête concernant la recherche des auteurs d'abandon d'enfants trouvés et la constatation de la cause des morts violentes ou subites. — Les maires et adjoints de Paris, n'ayant aucune fonction concernant la police administrative, n'ont pas, non plus, qualité pour la réglementation ou l'exécution des mesures qui ont pour objet le service des inhumations, en dehors du permis d'inhumer, **6** 9

A cause des différences qui existent entre les maires et adjoints de Paris et les officiers de l'état civil des autres communes de France, quant à l'origine et à l'étendue de leurs droits respectifs, la forme des actes de l'état civil de Paris ne peut être employée ailleurs sans modifications. Même n° **6**...... 9

Pour la reconstitution des actes de l'état civil de Paris détruits par l'incendie de 1871, toute expédition d'un acte d'état civil de Paris antérieur à 1860 qui n'est pas revêtue de l'estampille de la commission de reconstitution doit être adressée au président de cette commission par l'officier d'état civil à qui elle est produite pour un mariage ou un autre motif, **29, 54** .. 20, 35

Patron de navire. (Voyez *Capitaine, maître ou patron de navire.*)

Pays étranger.

Lieux des publications à faire pour la promesse du mariage d'un Français résidant en pays étranger, **170**...... 109

Idem d'étrangers résidant en France, **171** 110

Pays de protectorat. Règles applicables à certains de ces pays, en ce qui concerne les actes de l'état civil, **5** et **16**...... 7, 15

Peines afflictives ou infamantes.

Rendent ceux qui en ont été frappés incapables d'être témoins dans les actes, **39**...... 25

Rendent les ascendants qui en ont été frappés incapables de donner valablement leur consentement au mariage de leurs enfants et petits-enfants pendant la durée de leur peine, **220, 234**...... 133, 141

Peine de mort.

Devoirs des greffiers criminels concernant la déclaration du décès, **289**, alinéa C...... 168

Défense de mentionner le genre de mort dans l'acte de décès, **295** 174

Pénalités applicables aux officiers de l'état civil pour fautes commises dans leurs fonctions. (Voyez *Responsabilité de l'officier d'état civil.*)

Pénalités applicables aux particuliers pour infractions aux lois et règlements concernant les événements de l'état civil, **64** 43

Pensionnaire de l'Etat. Une expédition ou un extrait de l'acte de décès de tout pensionnaire ou rentier viager de l'Etat doit être adressé au sous-préfet, **333** 189

Père.
Le père doit être désigné, ainsi que la mère, dans l'acte de naissance de l'enfant légitime, **107**, alinéa A 69
Il n'est désigné dans l'acte de naissance ou l'acte de reconnaissance d'un enfant naturel que s'il est le déclarant et se reconnaît père de l'enfant, ou s'il a donné procuration authentique de le déclarer père de l'enfant, **107**, alinéas B, C, **130** 70, 79
En cas de dissentiment entre le père et la mère, le consentement donné par le père au mariage de son enfant permet à celui-ci de se marier, en justifiant toutefois qu'il a demandé le consentement de sa mère, **217, 218, 231, 232** 129, 132, 140, 141

Père et mère.
— de l'enfant nouveau-né. Ils doivent être désignés dans l'acte de naissance quand le nouveau-né est enfant légitime, **107**, alinéa A 69
Les enfants doivent leur demander leur consentement pour se marier, **217, 231** 129, 140
Cas où le consentement peut être suppléé par des actes respectueux, **218, 232** 132, 141
Justifications et formalités auxquelles donne lieu le décès ou l'empêchement des père et mère pour le mariage de leurs enfants, **219, 220, 233, 234, 257, 257** bis............ 133, 141, 150
— de la personne dont on dresse l'acte de décès. On doit toujours indiquer dans l'acte les prénoms, noms, professions et domicile des père et mère de la personne décédée, ou indiquer que ces renseignements ne sont pas connus des déclarants, **342** 180

Permission pour mariage de militaires.
Elle est accordée, pour les officiers de l'armée de terre, par le ministre de la guerre, et pour les officiers de l'armée de mer, par le ministre de la marine, **47**, alinéa 14° 30
Elle est délivrée par le conseil d'administration du corps de troupes pour les sous-officiers et soldats, ou par l'officier qui a le commandement ou la direction supérieure du service pour les soldats attachés à des services en tête desquels il n'y a pas de conseil d'administration, **47**, alinéa 15° 30
La permission doit rester annexée à l'acte de mariage, **221** 134

Pérou. Avis du décès d'une personne de cette nation à donner au sous-préfet pour être transmis au consul de ladite nation ayant pouvoir de régler la succession du défunt, **334** 186

Perse. Avis du décès d'une personne de cette nation à transmettre au sous-préfet pour être envoyé au consul de ladite nation ayant pouvoir de régler la succession du défunt, **334** 186

Personne chez qui la mère est accouchée. Est tenue de déclarer l'accouchement si la déclaration n'en est pas faite par le père, **112**, alinéa D 72

Personnes.
— qui peuvent être choisies pour mandataires des parties intéressées, **40** 26
— tenues de venir faire elles-mêmes leurs déclarations pour la rédaction des actes de l'état civil, **41** 27

Pièces à annexer aux registres de l'état civil.
On doit insérer dans les actes la mention du paraphe et de l'annexe des pièces produites, **42**. 27
Obligation d'annexer aux registres les pièces produites, **47** 28
Marques du caractère authentique qu'elles doivent avoir, **47** 28
Timbre et enregistrement des pièces à annexer aux registres, **48** 31
Règles spéciales aux jugements rendus en France, dont les expéditions sont à annexer aux registres, **49** 31
Traduction des pièces à annexer aux registres qui sont écrites en langue étrangère, **50**.... 32
Légalisation des pièces à annexer, **51** 32
De la non-recevabilité des copies de copies d'actes dont la minute existe, **52**.............. 34

Pièces à produire à l'officier de l'état civil pour célébration de mariage.
Voyez *Note-répertoire de l'officier de l'état civil pour mariage projeté.*
Voyez aussi *Notice pour les futurs époux.*

Pierre-Bénite (Rhône). (Voyez *Maires et adjoints des communes de Caluire-et-Cuire, Oullins, etc.*)

Police.
Voyez *Procès-verbal de contravention de police.*
— *Procès-verbal d'exposition d'enfant trouvé.*
— *Procès-verbal de police administrative.*
— *Procès-verbal de police criminelle.*

Pondichéry (Etablissement français de l'Inde).
Officier d'état civil compétent pour dresser les actes, **5** 7
Législation applicable aux actes de l'état civil, **16** 15

Portugal. Avis du décès d'une personne de cette nation à donner au sous-préfet pour être transmis au consul de ladite nation ayant pouvoir de régler la succession du défunt, **334** .. 186

Préfet. Le préfet peut remplir la fonction d'officier de l'état civil dans le cas où le maire refuserait de l'exercer. Il peut aussi, dans ce cas, faire remplir la fonction par un délégué spécial, **6** 9

Préfet de police. Pouvoirs du préfet de police concernant la constatation des crimes et délits relatifs à l'état civil et la police générale dans le département de la Seine, et la salubrité dans le ressort de sa préfecture, **6; 293**, note; **294** 9, 171, 173
(Voyez *Paris.*)

Préfet du Rhône. Il exerce dans les communes de Lyon, Caluire-et-Cuire, Oullins, Sainte-Foy, Saint-Rambert, Villeurbanne, Vaux-en-Velin, Bron, Venissieux, Pierre-Bénite, du département du Rhône, et dans celle de Sathonay, du département de l'Ain, les fonctions d'officier de police judiciaire, en ce qui concerne les crimes et délits se rattachant aux événements de l'état civil (mort violente, etc.), **6, 294** 9, 173

Préfet de la Seine. Il administre les biens et les intérêts de la ville de Paris, à l'exclusion des maires des arrondissements de la ville auxquels les lois sur l'administration municipale ne sont pas applicables, **6** 9

Prénoms.
Cadre dans lequel les déclarants doivent choisir les prénoms à donner à un nouveau-né, **109** ... 68
Choix de ceux qui doivent être donnés par l'officier de l'état civil à un enfant trouvé dont on lui déclare l'exposition, **124** 75
Les prénoms des futurs époux doivent être écrits dans l'acte de mariage avec l'orthographe que leur donnent leurs actes de naissance, **209, 223** 125, 139

Prénoms et nom.
Ceux de l'officier de l'état civil doivent toujours être indiqués dans les actes qu'il dresse, **36** ... 23
Ceux des parties, de leurs mandataires et des témoins doivent aussi figurer dans tous les actes d'état civil, **37** 24
Ceux des père et mère de chacun des futurs époux doivent être énoncés dans l'acte de mariage. Ils doivent être indiqués conformément aux énonciations des actes de naissance des futurs époux, sauf à mentionner à la suite les prénoms et noms véritables des père et mère si ceux-ci étant présents produisent la preuve d'erreurs commises, et à expliquer cette double énonciation par une attestation d'identité. Si les père et mère sont décédés, les différences portant sur leurs prénoms et noms dans les pièces produites seront seulement l'objet d'une affirmation d'identité. Il y a lieu aussi à déclaration d'identité en cas d'erreurs faites dans les pièces produites, concernant les prénoms ou l'orthographe des noms des aïeuls et aïeules désignés dans l'acte de mariage, **216, 230** 128, 140

Préposé à l'inscription maritime. (Voyez *Commissaire ou préposé à l'inscription maritime.*)

Présentation de l'enfant nouveau-né à l'officier d'état civil.
Elle doit être faite même quand l'enfant est sans vie au moment de la déclaration d'accouchement, **89** 66
Idem aussi quand l'enfant est vivant, **109** 71

Président de la délégation spéciale nommée par décret pour remplacer un conseil municipal dissous ou dont tous les membres sont démissionnaires. Il remplit les fonctions d'officier de l'état civil, **6** 9

Prêtre. Un homme qui a été ordonné prêtre peut valablement contracter mariage, **215 bis** 128

Preuves de l'existence d'un acte d'état civil perdu ou détruit. Livret de famille institué pour élément de preuve, **53** 34

Prisons (Décès survenus dans les). Doivent être déclarés immédiatement par les gardiens, **289** 167

Procès-verbal de contravention de police se rattachant aux événements de l'état civil.
Tout procès-verbal de contravention de police doit être visé pour timbre et enregistré en débet dans les quatre jours de sa date, **82** 58
Il doit être transmis dans les trois jours de la constatation du fait au tribunal de simple police, **61** 43

Procès-verbal d'exposition d'enfant trouvé.
Il peut être fait et signé en dehors de la mairie et sur papier libre. Il est exempt de la formalité d'enregistrement, **118** 73
Forme dans laquelle ce procès-verbal doit être transcrit sur le registre des naissances, **119, 120** 74, 75

Procès-verbal de police administrative.
— constatant la mort d'un inconnu, **296** 174
— constatant la disparition du corps d'une personne dans les flots, dans un incendie, sous les éboulements d'une mine ou carrière, **298** 175
— constatant que le corps d'une personne a été inhumé ou transporté au dehors sans qu'il ait pu être dressé acte de décès, **297** 175
— constatant le transport hors de la commune du corps d'un défunt inconnu, **299** 175

Procès-verbal de police criminelle.
Le procès-verbal ayant pour objet un crime ou délit relatif aux événements de l'état civil doit être transmis immédiatement au procureur de la République, **61** 43
Il est exempt des formalités de timbre et d'enregistrement, **76, 81** 52, 56

Procuration.
Toute partie intéressée (sauf les futurs époux pour l'acte de leur mariage) peut se faire représenter par un mandataire pour une déclaration d'état civil. Les femmes et les mineurs émancipés peuvent être choisis pour mandataires. La procuration doit être authentique et rester annexée à l'acte d'état civil, **40** 26
La procuration doit être spéciale, et, si elle a été donnée pour déclarer la naissance d'un enfant naturel ou pour déclarer la reconnaissance d'un enfant naturel, elle doit avoir été dressée en minute. En France, la procuration doit avoir été passée devant notaire, **47**, alinéa 5° 29
A l'étranger, la procuration peut avoir été passée devant le chancelier du consulat de France, **47**, alinéa 6° 29

Procureur de la République.

A la mission de vérifier les registres de l'état civil et d'en surveiller la tenue, **60**.......... 43
Avis doit lui être immédiatement donné de tout crime ou délit concernant les événements de l'état civil, **61**.. 43
Il a le droit d'accorder dispense de la seconde publication pour mariage, **173, 242** .. 11i, 145
Une personne décédée de mort violente ne doit pas être inhumée sans le permis du procureur de la République, **294**.. 173

Production de pièces pour célébration de mariage.

On doit énoncer dans l'acte de mariage la production des pièces établissant l'identité des futurs époux, **246, 248** 146, 147
Idem établissant la capacité civile du futur, le consentement de ses parents ou les circonstances, actes et formalités qui en dispensent, et s'il est militaire (ou étranger?) sa capacité civique, **247**... 146
Idem établissant la capacité civile de la future, le consentement de ses parents, ou les circonstances, actes et formalités qui en dispensent, **249**.. 147
Idem établissant la levée des prohibitions d'âge, de parenté et autres, **250** 147
Idem établissant l'accomplissement des formalités de publications remplies ailleurs que dans la commune où est célébré le mariage, la non-existence d'opposition ou la mainlevée des oppositions faites et, s'il y a lieu, la dispense de seconde publication, **242** à **245** 145, 146
On doit y énoncer le certificat du notaire constatant l'existence d'un contrat de mariage s'il y a lieu, **258**.. 150
Idem les formalités spéciales de traduction et autres auxquelles ont dû être soumises les pièces venant de pays étrangers, **251** 147
Idem les formalités de légalisation et d'enregistrement dont les pièces sont revêtues, **252**... 147
Idem la lecture des pièces, leur paraphe et leur annexe, **253**.. 148
Déclaration doit être faite, dans ledit acte de mariage, de l'impossibilité de produire les actes de décès de quelqu'un des père, mère ou aïeuls, s'il y a lieu, **257** 148

Profession.

Les actes d'état civil doivent toujours énoncer la profession de chacune des parties, même des femmes mariées, de leurs mandataires et des témoins, **37** 24
La profession des pères et mères des futurs époux s'énonce également dans les actes de publications de mariage et dans les actes de mariage. A Paris, il est de règle d'énoncer la profession des pères et mères lors même qu'ils sont décédés, **186, 193, 216, 230** 117, 118, 128, 140

Prohibitions de mariage.

Prohibitions absolues et Prohibitions, qui peuvent être levées, **235** à **239** 144
Celles qui ont été levées doivent être énoncées dans l'acte de mariage, et les pièces qui justifient de l'autorisation accordée doivent être annexées à cet acte, **250**.................. 147

Projets d'actes restés imparfaits inscrits sur les registres et annulés. Explication des motifs d'annulation, **46**... 28

Prononcé de l'union des personnes qui contractent mariage. Forme de cette formalité essentielle et mention qui en est faite dans l'acte de mariage, **264**..................................... 151

Protection de l'enfance du premier âge.

Production à faire par les parents pour l'enregistrement de la déclaration du placement de leur enfant en nourrice ou en garde, **152**.. 87
Conditions à remplir pour avoir le droit de prendre un enfant en nourrice ou en garde. Carnet obligatoire, **153**.. 87
Formalités et conditions à remplir pour être nourrice sur lieu, **154**............................. 88
Réception et enregistrement de la déclaration de placement faite par les parents. Suite à donner par le maire, **155**... 89
Réception et enregistrement de la déclaration de prise en entretien (ou en élevage) faite par la nourrice pour un enfant dont les parents ont fait la déclaration de placement dans la même commune. Suite à donner par le maire, **156**... 90
Réception et enregistrement des déclarations ultérieures faites par la nourrice. Suite à donner par le maire, **157**.. 90
Enfants mis en nourrice dans la commune sans avoir été l'objet de l'inscription d'une déclaration de placement sur les registres de la commune. Déclaration à faire par les nourrices. Devoirs du maire, **158**.. 91
Commission locale de patronage. Son fonctionnement. Documents à lui soumettre, **159**..... 91
Nomenclature officielle des documents qui composent le service de la protection de l'enfance du premier âge, **160**.. 92
Responsabilité du maire concernant la protection de l'enfance du premier âge. Rémunération du secrétaire chargé du service, **161**... 92

Protectorat (Pays de). (Voyez *Annam, Cambodge, Madagascar, Tonkin, Tunisie.*)

Publications de mariage.

Obligation de faire des publications et d'observer ensuite un délai avant de célébrer le mariage, **162**... 101
Officier d'état civil devant lequel les futurs époux doivent se présenter pour faire faire les publications, **163**... 101
Déclarations à faire et justifications à produire à l'officier de l'état civil pour qu'il fasse les publications en sa commune, **164**... 102
Note-répertoire de l'officier de l'état civil pour mariage projeté, énonçant les renseignements, justifications, formalités et pièces nécessaires pour les publications et la célébration du mariage, **165**... 103
Notes officielles pour les publications de mariage que les futurs époux ont à faire faire dans d'autres municipalités que celle de la célébration du mariage, **166**........................ 106

Notice pour les futurs époux, indiquant les justifications et pièces qu'il leur reste à produire pour la célébration du` mariage, **167**... 106

Lieux des publications de mariage à faire, concernant des futurs époux de profession civile qui ont leurs domicile et résidence en France, **168**.. 106

Lieux des publications à faire pour le mariage de militaires en garnison en France ou attachés à des corps d'armée stationnés en dehors du territoire de la République, **169**....... 108

Lieux des publications à faire pour le mariage de Français résidant en Algérie, dans les colonies françaises, dans le pays de protectorat ou à l'étranger, **170**............................. 109

Lieux des publications à faire pour le mariage des étrangers résidant en France, **171**...... 110

Nombre des publications à faire, **172**... 111

Dispense de la seconde publication, **173**.. 111

Caractère et forme des publications de mariage faites à l'extérieur de la maison commune, **174**. 111

Registre destiné à l'inscription des actes de publications de mariage, **175**................... 112

Énonciations qui doivent constituer l'acte de la première publication. Règles qui les concernent, **176** à **195**... 112 à 119

Énonciations qui doivent constituer l'acte de la seconde publication, **196** à **201**........... 119

Inscription des oppositions sur le registre des publications de mariage, **202**............... 119

Mention à faire de la mainlevée des oppositions en marge de l'inscription de ces oppositions, **203**... 120

Certificat à délivrer constatant les publications et la non-existence d'oppositions autres que celles enregistrées, **204**.. 120

Comment doivent être énoncées dans l'acte de mariage les publications faites dans la commune où le mariage est célébré, **240**.. 144

Idem, les publications faites à d'autres municipalités, **241**.................................. 145

Comment doit y être énoncée la dispense de seconde publication, **242**....................... 145

Explication à insérer dans l'acte de mariage, relative aux publications qu'il a été impossible de faire en pays étranger, **245**... 146

Publicité.

— des actes de l'état civil et des pièces y annexées. Ces actes et pièces sont des documents publics, mais dont la communication dans les mairies est soumise à des règles et des restrictions, **63**... 45

Obligation de délivrer l'expédition d'un acte à toute personne qui la demande, **64**.......... 45

P. de la célébration du mariage. C'est une formalité essentielle dont l'existence doit être indiquée dans l'acte de mariage, **264**.. 152

Puissance des père et mère et ascendants pour le mariage de leurs enfants et descendants.

Époque à laquelle elle prend fin, **183**, **190**, **212**, **226**.................... 115, 118, 126, 139

Conséquences de condamnations emportant déchéance de la puissance paternelle, quant au projet de mariage des enfants, **217**. paragr. C, 6°; **220** paragr. E................. 131, 134

Les personnes qui se trouvent, pour le mariage, sous la puissance de leur père et mère ou autres ascendants doivent faire faire la publication de leur projet de mariage à la municipalité du domicile de ceux-ci, **168** à **171**... 106 à 110

Pupille.

— Héritier. Le juge de paix doit être prévenu immédiatement du décès d'une personne qui laisse un pupille parmi ses héritiers, **325**.. 181

— futur époux. Le futur époux mineur ne peut se marier sans avoir obtenu le consentement du conseil de famille, s'il est enfant légitime et n'a pas d'ascendants en état de manifester leur volonté; — sans le consentement d'un tuteur ad hoc nommé par le conseil de famille, s'il est enfant naturel non reconnu ou n'ayant plus ni père ni mère; — sans le consentement du conseil d'administration de l'hospice, s'il est élève d'hospice, ou du directeur de l'Administration générale de l'Assistance publique de Paris, s'il est élève d'un hospice dépendant de cette Administration, **247**.. 129

— future épouse. Les obligations de la future épouse mineure sont les mêmes quand elle se trouve dans les conditions indiquées ci-dessus, **231**...................................... 140

Q

Qualification. (Voyez Majeur. — Mineur. — Mineur quant au mariage.)

Qualité.

La qualité en vertu de laquelle l'officier public remplit les fonctions d'officier d'état civil doit être indiquée dans tous les actes qu'il dresse, **36**....................................... 23

La qualité en vertu de laquelle agit la personne déclarante doit être énoncée dans un acte de naissance, **142**.. 72

Idem, dans un acte de présentation d'enfant sans vie, **301**.................................... 176

La qualité en vertu de laquelle agissent les déclarants d'un décès doit aussi être indiquée dans l'acte de décès, **289**, **345**.. 167, 180

Qualités et conditions requises pour contracter mariage. (Voyez Mariage.)

Quartier-maître. Les fonctions d'officier d'état civil à l'armée, pour les individus appartenant à un corps composé d'un ou plusieurs bataillons ou escadrons, ont été conférées par l'article 89 du Code à cet officier qui les a remplies pendant toute son existence officielle, sauf la courte période où elles ont été exercées par le major (Voyez ce mot). Depuis l'ordonnance royale du 3 août 1815 qui l'a fait disparaître de l'armée, lesdites fonctions sont remplies par le trésorier du régiment qui le remplace dans ses attributions militaires, ou, en cas d'empêchement de celui-ci, par l'adjoint au trésorier ou par l'officier payeur, **3**, **8**........... 5, 11

R

Ratures. Les ratures faites dans les actes d'état civil doivent être approuvées par mention signée en marge, **43**.. 27

Recel de cadavre. Pénalité applicable, **12**, **61**, **291**, alinéa L....................... 14, 43, 169

Receveur de l'Enregistrement.
A droit de prendre communication des registres de l'état civil dans les mairies, **63**........ 45
L'officier de l'état civil doit lui transmettre, dans le mois qui suit chaque trimestre, la notice des décès du trimestre, désignant les défunts, leurs héritiers et les biens de la succession, **334**. 189

Reconnaissance d'enfant naturel.
Mode d'enregistrement de l'acte, **97**.. 68
Nécessité d'un acte de reconnaissance pour donner aux père et mère des droits sur leur enfant naturel et à celui-ci des devoirs et des droits envers eux, **123**........................ 75
Enfants qui ne peuvent pas être reconnus, **124**.. 76
Fonctionnaire compétent pour donner l'authenticité à la reconnaissance, **125**.............. 76
Incompétence de l'officier de l'état civil pour dresser un acte portant reconnaissance d'un enfant dont la mère est encore enceinte et pour transcrire ou mentionner un tel acte avant ou après la naissance, **126**... 78
Circonstances dans lesquelles l'officier de l'état civil, quoique compétent, doit refuser de dresser, transcrire ou mentionner un acte de reconnaissance, **127**........................... 78
Période de temps pendant laquelle il peut être dressé acte de la reconnaissance d'un enfant naturel, **128**.. 78
Capacité légale pour reconnaître un enfant naturel, **129**................................. 78
Enonciations que doit contenir l'acte de reconnaissance d'un enfant naturel, **130**......... 79
Formalités à remplir pour assurer l'effet de l'acte de reconnaissance, **131**................ 80
Transcription d'actes de reconnaissance d'enfants naturels dressés par d'autres officiers d'état civil ou devant notaire, **132**.. 80
Mention de la reconnaissance d'un enfant naturel à inscrire en marge de son acte de naissance, **133**... 81
Formalité d'enregistrement à laquelle est soumise la première expédition d'un acte de reconnaissance d'enfant naturel, **145**... 85

Reconstitution éventuelle d'un acte d'état civil dans le cas où il viendrait à être détruit ou perdu. Livret de famille institué dans cette vue, **53**...................................... 34

Reconstitution des actes de l'état civil de la ville de Paris détruits par l'incendie de 1871. Expéditions à transmettre à la commission de reconstitution, **54**........................... 35

Rectifications d'actes d'état civil. Interdiction de toucher au texte des actes signés malgré leurs défauts. Moyens à employer pour leur rectification, **55**................................ 35

Rédaction des actes de l'état civil. Elle doit être faite en présence des parties et des témoins (sauf celle des actes de mariage, lesquels peuvent être préparés d'avance), **34**.............. 22

Registre des publications de mariage. Ce registre n'est pas tenu double. Il doit être déposé, à la fin de l'année, au greffe du tribunal de première instance, **175**....................... 112

Registres d'état civil.
Obligation d'employer des registres pour l'inscription des actes d'état civil, **19**............ 17
Les registres employés dans les communes de France et dans les consulats doivent être composés de papier timbré, **20**.. 17
Les frais du timbre et du cartonnage des registres sont à la charge de la commune où ils sont employés, **21**.. 18
Les registres doivent être cotés et paraphés avant d'être mis en usage, **22**................ 18
Registres supplémentaires à employer dans certains cas, **23**.............................. 18
Soins à prendre par l'officier de l'état civil dans les communes de France et dans les consulats pour que les registres soient prêts en temps utile, **24**................................. 18
Les registres employés dans les communes et dans les consulats doivent être clos à la fin de l'année, **25**... 18
Cas dans lesquels les registres doivent être clos et arrêtés avant la fin de l'année, **26**...... 19
Dépôt des registres tenus dans les communes de France et des pièces y annexées, **29**...... 20
Dépôt des registres tenus à l'armée, **30**... 21
Dépôt des rôles d'équipage contenant des actes de l'état civil dressés sur mer, **31**......... 21
Dépôt des registres d'état civil tenus dans les consulats, en Algérie, dans les colonies françaises et dans les pays de protectorat, **32**.. 21
Le double des registres tenus dans les consulats étant déposé en France au ministère des affaires étrangères sans que ce lieu de dépôt ait été désigné par la loi, le ministre des affaires étrangères n'a pas le titre de dépositaire légal et ne peut, par suite, délivrer d'expéditions authentiques de ces actes, **32**, **47**, alinéa 3e observation.................................... 21, 28

Règlement de la succession d'un étranger décédé en France. Avis à donner au sous-préfet, pour être transmis au consul de la nation du défunt, quand son gouvernement a traité avec la France pour le règlement des successions des nationaux des deux pays respectifs, **334**.. 186

Relevés d'actes d'état civil pour la statistique générale. Ce relevé doit être adressé au sous-préfet à la fin de chaque année, **71** (Répét. N. **151**; M. **283**; D. **335**) ... 50, 87, 161, 190

Renouvellement des publications de mariage. Il est nécessaire si les publications faites contiennent des erreurs graves ou si le délai d'un an est expiré, **162, 164** 101, 102

Renseignements à produire par les futurs époux à l'officier d'état civil. (Voyez *Note-répertoire de l'officier d'état civil pour mariage projeté.*)

Rentier viager et pensionnaire de l'Etat. Le décès d'un rentier viager ou pensionnaire de l'Etat doit être porté à la connaissance de l'administration au moyen de l'envoi au sous-préfet de l'expédition ou d'un extrait de l'acte de décès. On y ajoute l'indication de la natnre et de l'importance de la pension quand ces circonstances sont connues, **333** 189

Renvois. L'omission faite d'un ou plusieurs mots dans la rédaction d'un acte se répare par l'inscription des mots omis, sous forme de renvoi en marge, **44** 27

Repos (Jours de). Ces jours sont les dimanches et les jours de fête légale; l'officier de l'état civil n'est pas tenu de dresser d'actes d'état civil ces jours-là. Les actes de publication de mariage sont les seuls qu'il soit obligé de faire le dimanche, **12** 11

Réquisition des parties pour mentionner un acte ou jugement concernant l'état civil en marge d'un acte déjà inscrit. Nécessité et forme de cette réquisition. Formalités qui doivent l'accompagner, **57** 40

Résidents et vice-résidents français.
Au Cambodge, les résidents de province sont officiers d'état civil, en ce qui concerne les Européens, **5**, alinéa 9° 8
Les résidents et vice-résidents sont officiers d'état civil pour les Français et les étrangers, en Annam et au Tonkin, **5**, alinéa 10° 8
Ils le sont aussi à Madagascar pour les Français, **5**, alinéa 12° 8

Responsabilité des ministres du culte concernant le mariage religieux qui serait célébré sans avoir été précédé du mariage civil, **269** 154

Responsabilité des officiers de l'état civil.
— concernant les actes en général, **62** 44
— concernant les actes de mariage, **274, 275** 157, 158

Réunion (Colonie de la).
Les officiers de l'état civil y ont le même titre qu'en France, **5**. 7
Ils appliquent les dispositions du Code civil, **16** 15

Rufisque (Sénégal).
Les officiers de l'état civil y ont le même titre qu'en France, **5**, alinéa 3° 7
Ils appliquent les dispositions du Code civil modifiées quant au délai des déclarations, **16**, alinéa F 16

Russie. Avis du décès d'une personne de cette nation à donner au sous-préfet pour être transmis au consul de ladite nation ayant pouvoir de régler la succession du défunt, **334** 186

S

Sage-femme.
Est tenue de déclarer l'accouchement auquel elle a assisté, quand la déclaration n'est faite ni par le père, ni par le docteur en médecine ou en chirurgie qui a également assisté à l'accouchement. Elle doit faire la déclaration quand même l'enfant ne serait pas vivant, **88**, alinéa C; **89; 112**, alinéa C 65, 66, 72
Peines encourues par la sage-femme, en cas de non-déclaration dans le délai légal, **91, 92** 66, 67

Saïgon (Cochinchine).
Officiers publics compétents pour dresser les actes d'état civil, **5** 7
Législation applicable, **16** 15

Saint-Barthélemy (Ile).
Officiers publics compétents pour dresser les actes d'état civil dans ce pays actuellement rattaché à la colonie de la Guadeloupe, **5** 7
Législation applicable, **16** 15

Saint-Cloud (Seine-et-Oise). (Voyez *Maires des communes de Saint-Cloud, Meudon, etc.*)

Saint-Louis (Sénégal).
Officiers publics compétents pour dresser les actes d'état civil, **5**, alinéa 3° 7
Législation applicable, **16**, alinéa F 16

Saint-Pierre et Miquelon (Colonie de).
Les officiers de l'état civil y ont le même titre qu'en France, **5** 7
Ils appliquent les dispositions du Code civil, **16** 15

Saint-Rambert (Rhône). (Voyez *Maires et adjoints des communes de Caluire-et-Cuire, Oullins, etc.*)

Sainte-Foy (Rhône). (Voyez *Maires et adjoints des communes de Caluire-et-Cuire, Oullins, etc.*)

Salvador. Avis du décès d'une personne de cette nation à donner au sous-préfet pour être transmis au consul de ladite nation ayant pouvoir de régler la succession du défunt, **334** 186

Sandwich (Iles). Avis du décès d'une personne de cette nation à donner au sous-préfet pour être transmis au consul de ladite nation ayant pouvoir de régler la succession du défunt, **334**. 186

Sathonay (Ain). (Voyez *Maires et adjoints des communes de Caluire-et-Cuire, Oullins, etc.*)

Scellés. Réquisition à adresser par le maire au juge de paix pour apposer les scellés à la suite du décès de certaines personnes, **325, 326** 184

Secrétaires de mairie.
Doivent éviter, comme tous employés de mairie, d'accepter le rôle de témoins dans les actes d'état civil, **39** 25
Ils sont sans caractère officiel à la mairie et n'ont pas qualité pour revêtir de leurs signatures les expéditions ou extraits d'état civil, **67** 47
A la Guyane, les secrétaires de mairie exercent les fonctions de notaires et celles de greffiers de justice de paix, **47**, alinéas 5° et 8° 29

Secrétaire de résidence. Est officier d'état civil, pour les Européens, au Cambodge, en cas d'empêchement du résident de province, **5**, alinéa 9° 8

Seine (Communes du département de la). (Voyez *Maires et adjoints des communes du département de la Seine.*)

Sénégal.
Les officiers de l'état civil à Saint-Louis, Gorée, Rufisque, Dakar sont les maires de ces communes, **5**, alinéa 3° 7
Dans les autres localités de la colonie, ce sont les administrateurs coloniaux pour tous les actes d'état civil, et les chefs de poste pour les actes de l'état civil autres que les mariages, **5,** alinéa 6° 8
Les prescriptions du Code civil sur l'état civil sont applicables au Sénégal, sauf que le délai des déclarations de naissance est porté à cinq jours, **16**, alinéa F 16

Serbie. En cas de décès d'une personne de cette nation, il convient d'en donner avis au consul de son pays pour qu'il puisse veiller à la liquidation de la succession qui sera faite par les officiers publics français, **334** 186

Serment.
Aucun serment politique ou professionnel n'est imposé pour l'exercice des fonctions d'officier de l'état civil, **6** 9
S. imposé aux parties et aux témoins pour attester le décès des parents des futurs époux, leur identité ou celle des parties, **256, 257, 257** bis 149, 150
S. imposé aux médecins pour la constatation des décès, **293, 294** 172, 173

Service public. Expéditions, extraits et relevés d'actes d'état civil à dresser et délivrer pour ce service, **71, 148, 151, 281, 338** 50, 86, 87, 160, 191

Service sanitaire. (Voyez *Lazarets.*)

Sèvres (Seine-et-Oise). (Voyez *Maires des communes de Saint-Cloud, Meudon, etc.*)

Sexe. Le sexe du nouveau-né doit être indiqué dans son acte de naissance, **102** 69

Siam. Avis du décès d'une personne de cette nation à donner au sous-préfet pour être transmis au consul de ladite nation ayant pouvoir de régler la succession du défunt, **334** 186

Signatures.
Les actes de l'état civil doivent être signés par les parties, par leurs mandataires, par les témoins et par l'officier de l'état civil. Mention doit être faite, dans l'acte, de la signature donnée ou de la cause qui a empêché de signer, **45** 27
Les femmes doivent, dans les actes d'état civil, signer de leur nom patronymique et non de celui de leurs maris. Les parties et les témoins doivent faire précéder leur nom des initiales de leurs prénoms, quand le même nom appartient à plusieurs d'entre eux. Il y a un ordre à observer dans la réception des signatures. Il ne doit être reçu de signatures que des parties et des témoins dénommés dans l'acte, **267** 152

Situations des futurs époux.
Les situations et circonstances en face desquelles on peut se trouver pour la célébration d'un mariage sont résumées en dix-sept paragraphes dont la classification répond à l'ordre des énonciations de l'acte de mariage, **205**, alinéa B 123
Le mode d'énonciation des circonstances de la situation filiale des futurs époux doit être choisi de manière à se coordonner avec l'énonciation, soit du consentement des parents, soit de leur empêchement, soit de leur décès, **220** ter, **234** ter 134, 142

Sous-intendant militaire (ou sous-intendant adjoint). Il remplit à l'armée, en dehors du territoire de la République, les fonctions d'officier de l'état civil pour les officiers sans troupe et les employés de l'armée, dans les endroits où il remplit ses fonctions d'intendant. Il n'est pas compétent pour délivrer aux particuliers expéditions des actes qu'il a dressés, **3, 8** 5, 11

Statistique générale de France. Le relevé des actes de l'état civil doit être adressé à la fin de l'année au sous-préfet, **71, 151, 283, 335** 50, 87, 161, 190

Statut personnel de l'étranger.
Les lois qui établissent le statut personnel d'un étranger ne sont pas applicables en France si les droits qu'elles lui attribuent sont contraires aux lois de police et d'ordre public en vigueur en France, telles que les lois qui, pour le mariage, imposent un minimum d'âge, prohibent certaine parenté ou alliance, obligent à faire des publications, à observer un délai après la dissolution d'un précédent mariage. Le statut personnel de l'étranger est applicable en France

quant à la liberté qu'il lui donne à l'égard de ses parents, à la dispense de publications en son pays. Le statut personnel ne doit-il pas être suivi aussi quand il impose à l'étranger, pour son mariage, des conditions moins favorables que celles contenues dans les lois françaises? et quand il lui interdit de se marier, sans autorisation, en dehors de son pays? **222, 234** *bis*   136,   141

Substitution de nom faite par fraude. Une personne qui s'attribue un nom que ne porte pas son acte de naissance commet un faux contre lequel l'officier de l'état civil doit agir, **37**   24

Succession.

— d'un étranger dont le gouvernement a traité avec la France pour le règlement des successions de ses nationaux. Avis du décès de l'étranger à faire parvenir au consul de son pays par l'intermédiaire du sous-préfet, **331**   186

— des personnes décédées dans le trimestre. Notice à transmettre par l'officier d'état civil au receveur de l'enregistrement, indiquant les personnes décédées, les héritiers et les biens laissés par les défunts, **334**   189

Suisse. Capacité civile des Suisses pour contracter mariage. Justifications exigées en Suisse concernant la capacité légale des étrangers qui se proposent de contracter mariage dans le pays, **222**   136

Supposition de personne. Celui qui, dans une déclaration d'état civil, attribue à une personne un fait qui appartient à une autre personne commet le crime de faux en écriture publique, prévu en l'article 147 du Code pénal. L'officier de l'état civil qui découvre ce faux doit en instruire le procureur de la République, **61**   43

Surnoms. Sont interdits dans les actes d'état civil, **37**   24

T

Table des actes d'état civil.

Une table alphabétique doit être dressée à la fin des registres d'état civil pour chacune des espèces d'actes : naissance, mariage, décès, **28**, alinéa A   19

Une table alphabétique doit aussi être faite à la fin du registre des actes de publication de mariage, **28**, alinéas A, D   19

Tableau synoptique des diverses situations filiales des futurs époux classées en une série de lettres alphabétiques auxquelles correspondent les formules à employer pour les énoncer dans l'acte de mariage, **234** *ter*   142

Témoins.

Dans tous les actes d'état civil, les témoins doivent être du sexe masculin, âgés de vingt et un ans au moins, et avoir été choisis par les parties intéressées, **39**   25

Il faut l'assistance de deux témoins au procès-verbal ou à l'acte de transcription par lequel l'officier de l'état civil confère des prénoms et nom à un enfant trouvé, **119, 120** 74, 75

Les témoins de l'acte de mariage, quoique choisis par chacun des futurs époux, ne sont pas indiqués comme témoins de l'un ou de l'autre des époux. Leur parenté seule est indiquée avec mention que cette parenté existe du côté paternel ou du côté maternel de celui des époux avec lequel le témoin est parent, **265**   152

Quels doivent être les témoins dans l'acte de la présentation d'un enfant sans vie nouveau-né? **304**   176

Timbre des actes d'état civil, des expéditions de ces actes et des procès-verbaux, affiches et certificats concernant l'état civil.

Les registres d'état civil employés dans les communes de France et dans les consulats doivent être composés de papier timbré, **20**   17

Droit de timbre dû pour les expéditions délivrées aux particuliers, **77**   54

Droit de timbre dû pour les affiches et certificats concernant l'état civil, **78**   55

Obligation d'employer du papier timbré débité par l'administration du Timbre pour les expéditions d'actes d'état civil. Faculté d'employer des formules timbrées à l'extraordinaire ou revêtues de timbres mobiles pour les affiches et certificats concernant les formalités d'état civil, **79**.   56

Les expéditions délivrées aux indigents et aux personnes qui ont obtenu l'assistance judiciaire sont soumises au timbre ou au visa pour timbre, **80**   56

Exemption du droit et de la formalité du timbre pour quelques expéditions, extraits, certificats, autorisations et procès-verbaux concernant l'état civil, **81**   56

Timbre et enregistrement des pièces à annexer aux registres d'état civil. Obligations des particuliers. Devoirs et responsabilité des officiers de l'état civil, **48**   31

Titres honorifiques et titres nobiliaires.

Les titres honorifiques témoignant de services rendus à l'État doivent toujours être énoncés dans les actes d'état civil en ce qui concerne l'officier d'état civil, les parties, leurs mandataires et les témoins, **38**   25

Les titres nobiliaires ne sont à énoncer que s'ils sont justifiés par des documents *personnels* à celui auquel on les attribue, **38**   25

(Voyez *Légion d'honneur. — Médaille militaire.*)

Tonkin. Officiers publics compétents pour dresser les actes d'état civil et législation applicable, **5 et 16**   7,   15

Traduction des pièces écrites en langue étrangère et qui sont annexées aux registres d'état civil. Elle doit être faite par un interprète ayant prêté serment, **50**   32

L

Transcription à faire sur les registres de l'état civil.

Actes et jugements à transcrire. Conditions à observer, **56** 36
Transcription de procès-verbal constatant l'exposition d'un enfant trouvé. (Voyez *Enfant trouvé*.)
— d'acte d'adoption, **134** 81
Nomenclature des documents à transcrire sur le registre des naissances, à la réquisition ou
sur la déclaration des parties, **137** 83
Idem par suite de transmissions faites administrativement, **138** 83
Transcription de l'acte d'un mariage célébré à l'armée. Acte à dresser. **272** 155
— de l'acte d'un mariage célébré à l'étranger. Acte à dresser, **273** 155
— d'un acte de mariage comportant légitimation d'un enfant né dans la commune, **273** *bis*.. 156
— du dispositif d'un jugement de divorce, **284** 161
Transcription à faire sur le registre des décès, **320, 321, 322** 181, 182, 183

Transmission administrative à faire d'expéditions ou extraits d'actes, et d'avis, relevés ou notices de décès.

En cas de mort violente, accidentelle ou subite, **323** 183
Idem, de décès causé par maladie épidémique, **324** 184
Idem, d'une personne laissant pour héritiers des pupilles, des mineurs ou des absents, **325**.. 184
Idem, d'un fonctionnaire public, civil ou militaire, en activité ou en retraite, dépositaire de
titres et papiers appartenant à l'Etat, **326** 184
Idem, d'un militaire, **327** 185
Idem, d'un homme de 20 à 45 ans, **328** 185
Idem, d'un membre de la Légion d'honneur ou décoré de la médaille militaire, **329** 186
Idem, d'une personne décédée hors domicile, **330** 186
Idem, d'un étranger : 1° pour le règlement de sa succession par le consul de son pays ; 2° pour
l'agent diplomatique de son pays ; 3° pour l'exécution des conventions internationales relatives
à la communication des actes d'état civil, **331** 186
Idem, d'un enfant mis en nourrice, en sevrage ou en garde (service de la protection de l'enfance du premier âge), **332** 188
Idem, d'un ancien militaire de la République ou de l'Empire, d'une orpheline de la guerre ou
de tout autre rentier viager ou pensionnaire de l'Etat, **333** 189
Notice trimestrielle des décès pour le receveur d'enregistrement, **334.** 189
Relevé des décès pour l'administration supérieure, **335** 190
Légalisation des expéditions transmises administrativement, **336** 190

Trésorier (du régiment).

Le capitaine-trésorier occupe, dans l'état-major du régiment, la place qu'y tenait le quartier-maître. Il doit, en conséquence, s'il accompagne son corps à l'armée, remplir les fonctions d'officier de l'état civil attribuées au quartier-maître par l'article 89 du Code civil. Ce n'est qu'en cas d'empêchement qu'il peut être suppléé dans cette fonction par le lieutenant adjoint au trésorier. Lorsqu'une portion du régiment est détachée en corps pourvu d'un conseil d'administration éventuel, c'est l'officier payeur qui supplée le trésorier comme officier d'état civil pour cette portion. Le trésorier n'est, pas plus que son adjoint et que l'officier payeur, en ce qui concerne les actes dressés par eux, compétent pour délivrer aux particuliers expéditions des actes dressés par lui. Il doit envoyer une expédition de chacun de ces derniers actes à l'officier de l'état civil du domicile des parties en ce qui concerne les naissances et les mariages, du dernier domicile du décédé en ce qui concerne les décès, pour être transcrite sur les registres de la commune. Il doit transmettre aussi à l'officier de l'état civil du dernier domicile du décédé, pour être également transcrite sur ses registres, l'expédition de tout acte dressé par l'officier d'administration, constatant le décès à l'hôpital militaire d'un individu attaché au même corps que ledit trésorier, **3, 8** 5, 11
Il doit prendre les mesures nécessaires pour que le registre d'état civil tenu par lui soit déposé aux archives de la guerre à la rentrée du corps sur le territoire de la République, **30** ... 21

Tunisie.

Sont officiers d'état civil en Tunisie : — les présidents des municipalités ou, s'ils ne sont pas Français, leurs adjoints de cette nationalité; — les contrôleurs civils (français) dans les villes où il n'y a pas de municipalité établie ou, en cas d'empêchement ou d'absence, leurs adjoints; — l'autorité militaire française désignée dans l'article 89 du Code civil, dans les localités où il n'y a ni municipalité ni contrôleur civil, **5**, alinéa 11; **10** 8, 13
Les déclarations de naissance et décès doivent être faites dans un délai de trois jours, augmenté d'un jour par chaque myriamètre de distance entre le lieu de la naissance ou du décès et la résidence de l'officier d'état civil, **16**, alinéa H 16
Fonctionnaires compétents pour délivrer des expéditions des actes d'état civil dressés en Tunisie. Tarif des droits d'expédition et de légalisation, **32** 21
Les actes d'état civil, en Tunisie, sont dressés en langue française, **33** 22

Tutelle. Indication à faire de la tutelle sous laquelle l'officier de l'état civil a placé un enfant trouvé, **122** 75

Tuteur ad hoc.

Lorsqu'un mineur, enfant naturel reconnu n'ayant plus ni père ni mère, ou enfant naturel non reconnu, projette de contracter mariage, il doit provoquer la réunion du conseil de famille qui désignera un tuteur *ad hoc* pour consentir à son mariage, **247**, alinéa C; **231** 130, 140
Il y a utilité de faire connaître le tuteur *ad hoc* dans les publications de mariage que les futurs époux mineurs, se trouvant dans la situation mentionnée ci-dessus, sont obligés de faire faire à la municipalité de son domicile, **187** 117
Forme du consentement du tuteur *ad hoc* au mariage du mineur, **247**, alinéa B 129
Attestation d'identité à faire par le tuteur *ad hoc* en cas d'erreurs existant dans les actes de naissance ou de décès produits pour le mariage de ce mineur, **255, 256** 149

U

Uruguay. En cas de décès d'une personne de cette nation, il est convenable d'en donner avis au consul de son pays pour qu'il puisse veiller à la liquidation de la succession qui sera faite par les officiers publics français, **334**.. 186

Usurpation de titres nobiliaires. L'officier de l'état civil doit se refuser à inscrire dans les actes de l'état civil des qualifications nobiliaires qui ne sont pas justifiées par la représentation des documents officiels qui confèrent les titres de noblesse, **38**............................ 25

V

Vaux-en-Velin. (Voyez *Maires et adjoints des communes de Caluire-et-Cuire, Oullins, etc.*)

Venezuela. Avis du décès d'une personne de cette nation doit être donné au sous-préfet pour être transmis au consul de ladite nation ayant pouvoir de régler la succession du défunt, **334**.. 186

Vérification des registres de l'état civil et surveillance de leur tenue. Autorité du procureur de la République pour l'application et l'interprétation urgente des lois concernant l'état civil, **60**... 43

Venissieux (Rhône). (Voyez *Maires et adjoints des communes de Caluire-et-Cuire, Oullins, etc.*)

Veuf ou veuve. (Voyez *Dissolution d'un précédent mariage.*)

Vice-président de la délégation spéciale (nommée par décret). Remplit les fonctions d'officier de l'état civil en l'absence ou l'empêchement du président de cette délégation, **6**.......... 9

Villeurbanne (Rhône). (Voyez *Maires et adjoints des communes de Caluire-et-Cuire, Oullins, etc.*)

Voisins. A défaut de parents, le décès doit être déclaré par les plus proches voisins de la personne décédée, **289**.. 167

Y

Yanaon (Etablissement français de l'Inde).
Officier public compétent pour dresser les actes d'état civil, **5**............................ 7
Législation applicable, **16**... 15

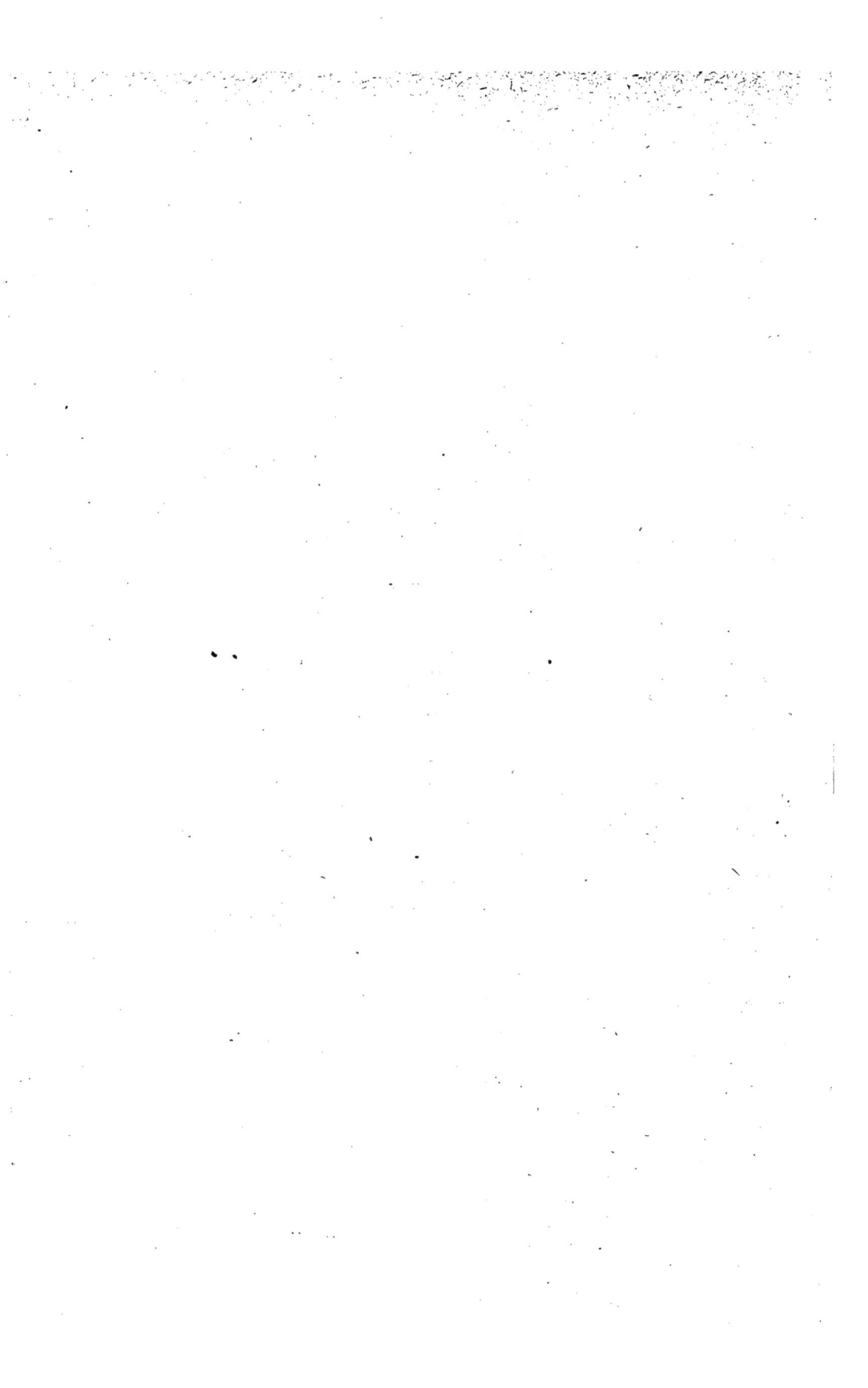

LA SCIENCE

DU

PRATICIEN DE L'ÉTAT CIVIL

PREMIÈRE PARTIE

Règles générales applicables à tous les actes de l'état civil, aux documents qui servent à les préparer et aux expéditions ou extraits qui sont à en délivrer.

OBSERVATION PRÉLIMINAIRE

Les actes de l'état civil, quelle qu'en soit l'espèce : acte de naissance, acte de mariage, acte de décès, ont des règles communes qui doivent être observées dans leur rédaction pour qu'ils soient valables et corrects. D'autres règles sont à appliquer qui ont été édictées en vue de la conservation des preuves d'existence des actes d'état civil, et aussi en vue d'utiliser les pièces produites pour leur confection à la reconstitution des actes de l'état civil de Paris détruits par l'incendie de 1871, lorsqu'elles consistent en expéditions d'actes d'état civil originaires de cette ville et antérieures à ladite époque. Ces diverses prescriptions légales vont être expliquées dans cette première partie, sous les chapitres un à sept.

Une fois dressé et signé, aucun acte de l'état civil ne peut plus être modifié dans son texte. S'il survient un fait de nature à changer l'état que cet acte a établi, tel qu'une reconnaissance d'enfant naturel avec ou sans légitimation, une adoption, un divorce, le document constatant ce fait sera simplement mentionné en marge dudit acte. L'acte contiendrait-il des erreurs, elles ne peuvent être couvertes que par un jugement dont il sera seulement fait mention en marge de l'acte erroné. Ce jugement lui-même devra être transcrit sur les registres de l'état civil. Dans d'autres circonstances, il y a lieu de transcrire aussi des actes de naissance, mariage ou décès dressés, soit à l'armée, en dehors du territoire français, en ce qui concerne les militaires ; soit à l'étranger, soit sur mer, soit même dans d'autres communes de France, en ce qui concerne les décès arrivés hors domicile. Les règles relatives à ces rectifications, transcriptions et mentions seront indiquées sous les chapitres huit, neuf, dix.

Ainsi dressés, transcrits, rectifiés, complétés, les actes seront vérifiés par les fonctionnaires auxquels la loi en a donné le droit et la charge et qui communiqueront à l'officier de l'état civil le résultat de leur examen. Ils lui feront connaître, s'il y a lieu, en quoi il a pu engager sa responsabilité, soit en négligeant d'exercer ses droits et de remplir ses devoirs de magistrat en cas d'infractions commises par des particuliers, soit en n'exécutant pas les prescriptions qu'il avait à suivre personnellement. Les dispositions légales qui se rapportent à cette vérification, aux droits, aux devoirs et à la responsabilité de l'officier de l'état civil, seront rappelées sous les chapitres onze, douze et treize.

Sont publics les registres d'état civil tenus par les officiers d'état civil institués suivant la loi française, dans les communes de France, dans les colonies et possessions fran-

1

çaises et dans les pays de protectorat, ainsi que les registres d'état civil tenus à l'étranger par les consuls de France. Les divers fonctionnaires qui tiennent ces registres ont l'obligation d'en délivrer aux individus qui le demandent des extraits en forme, c'est-à-dire de délivrer des expéditions des actes y contenus, en observant les lois qui concernent la taxe due pour ces expéditions, et celles qui soumettent lesdites expéditions aux formalités de la légalisation, du timbre et, en certains cas, de l'enregistrement. En outre, des expéditions de quelques-uns de ces actes doivent être délivrées administrativement à des fonctionnaires publics, soit en exécution de conventions diplomatiques en ce qui concerne les étrangers, soit en exécution des dispositions légales relatives aux actes de l'état civil faits ailleurs que dans la commune du domicile des parties, soit pour le fonctionnement des services publics. Les prescriptions qui s'appliquent à ces objets seront énoncées sous les chapitres quatorze, quinze, seize et dix-sept.

Les sujets dont l'ensemble constitue ces dix-sept chapitres ont été classés, avec leurs titres spéciaux, sous quatre-vingt-quatre numéros auxquels correspondent les formules comprises dans la première partie du *Formulaire du praticien de l'état civil* joint au présent ouvrage.

L'énoncé de ces titres forme un sommaire, ci-après rapporté, permettant de saisir d'un coup d'œil tout le contenu de cette première partie.

SOMMAIRE DE CETTE PREMIÈRE PARTIE

CHAPITRE PREMIER. — Lieu où doivent être faites et reçues les déclarations relatives a l'état civil.

1. Lieu de la déclaration dans les communes de France.
2. — — dans les lazarets.
3. — — à l'armée, en dehors du territoire de la République.
4. — — en cas de naissance ou de décès pendant un voyage sur mer.
5. — — en Algérie, en dehors les colonies françaises, dans les pays de protectorat et à l'étranger.

CHAPITRE II. — Fonctionnaire chargé de la réception et de l'enregistrement des déclarations d'état civil.

6. Fonctionnaire compétent dans les communes de France pour tous les actes d'état civil.
7. — — dans les lazarets, pour naissances ou décès.
8. — — à l'armée, en dehors du territoire de la République, pour naissances, mariages et décès.
9. — — en cas de naissance ou décès pendant un voyage en mer.
10. — — en Algérie, dans les colonies, dans les pays de protectorat et à l'étranger, pour tous les actes d'état civil.
11. Incompétence momentanée pour les actes dans lesquels le fonctionnaire agit à titre privé.

CHAPITRE III. — Jours, heures et délais pour les déclarations d'état civil.

12. Délai dans les communes de France.
13. — dans les lazarets.
14. — à l'armée, en dehors du territoire de la République.
15. — en cas de naissance ou décès pendant un voyage en mer.
16. — en Algérie, dans les colonies françaises, dans les pays de protectorat et à l'étranger.
17. L'officier de l'état civil ne doit dresser aucun acte après l'expiration du délai légal des déclarations pour les naissances, ni après l'inhumation des défunts pour les décès.

CHAPITRE IV. — Des registres destinés a l'inscription des actes de l'état civil.

18. Défense d'inscrire les actes sur des feuilles volantes.
19. Obligation d'employer des registres.
20. Les registres employés dans les communes de France et dans les consulats doivent être composés de papier timbré.
21. Frais du timbre et du cartonnage des registres employés dans les communes.
22. Cote et paraphe des registres avant leur emploi.
23. Registres supplémentaires employés dans les communes de France et dans les consulats.
24. Soins à prendre par l'officier de l'état civil dans les communes pour que les registres soient prêts en temps utile.
25. Clôture des registres des communes et consulats à la fin de l'année, ou avant s'ils sont déjà entièrement remplis.

26. Clôture des registres courants tenus dans les communes en cas de décision judiciaire prescrivant de les produire au tribunal.
27. Numérotage des actes et inscription marginale des noms.
28. Table des actes inscrits dans les communes et dans les consulats.
29. Dépôt des registres tenus dans les communes de France et des pièces y annexées. Exception pour les expéditions d'actes propres à la reconstitution de l'état civil de Paris.
30. Dépôt des registres tenus à l'armée.
31. Dépôt des rôles d'équipage contenant des actes de l'état civil dressés sur mer.
32. Dépôt des registres de l'état civil tenus dans les consulats, en Algérie, dans les colonies françaises et dans les pays de protectorat.

CHAPITRE V. — DES ÉNONCIATIONS QUI DOIVENT ÊTRE INSÉRÉES DANS TOUS LES ACTES, DE LA LANGUE A EMPLOYER ET DES FORMES A SUIVRE POUR LA VALIDITÉ ET LA RÉGULARITÉ DES ACTES.

33. Langue à employer dans les actes.
34. Date et heure de l'acte.
35. Lieu où l'acte est dressé.
36. Prénoms, nom et qualité de l'officier de l'état civil, avec indication de la commune, ainsi que du canton, de l'arrondissement et du département dont elle dépend.
37. Prénoms, noms, âges, professions et domiciles des parties et de leurs mandataires, ainsi que des témoins. (Remarques sur leur identité.)
38. Indication des titres honorifiques témoignant de services rendus à l'État et d'autres dûment justifiés.
39. Conditions à remplir pour être témoin dans les actes.
40. Mandataires pouvant représenter les parties intéressées.
41. Obligation pour certaines personnes de venir faire leur déclaration elles-mêmes.
42. Obligation de n'insérer dans les actes que ce qui doit être déclaré par les comparants, outre la mention du paraphe et de l'annexe des pièces produites.
43. Interdiction des abréviations, dates chiffrées, blancs, grattages et surcharges. Approbation des ratures.
44. Intercalations interdites. Approbation des renvois.
45. Lecture et signature de l'acte.
46. Annulation de projets d'actes inscrits sur les registres et restés imparfaits.

CHAPITRE VI. — DES PIÈCES A ANNEXER AUX REGISTRES ET DES CONDITIONS DE FORME EXIGÉES POUR LEUR VALIDITÉ ET LEUR RÉGULARITÉ.

47. Obligation d'annexer aux registres les pièces produites. Marques du caractère authentique qu'elles doivent avoir.
48. Timbre et enregistrement des pièces à annexer aux registres.
49. Règles spéciales aux jugements rendus en France.
50. Traduction des pièces écrites en langue étrangère.
51. Légalisation des pièces à annexer.
52. De la non-recevabilité des copies de copies d'actes dont la minute existe.

CHAPITRE VII. — PRESCRIPTIONS A OBSERVER EN VUE DE LA CONSERVATION DES PREUVES D'EXISTENCE ET DE LA RECONSTITUTION ÉVENTUELLE DES ACTES DE L'ÉTAT CIVIL.

53. Mention de l'acte sur le livret de famille.
54. Transmission des expéditions propres à la reconstitution des actes d'état civil de Paris.

CHAPITRE VIII. — DES RECTIFICATIONS D'ACTES DE L'ÉTAT CIVIL.

55. Interdiction de toucher au texte des actes signés, malgré leurs défauts. Moyens à employer pour leur rectification.

CHAPITRE IX. — DES TRANSCRIPTIONS A FAIRE SUR LES REGISTRES DE L'ÉTAT CIVIL.

56. Actes et jugements à transcrire. Conditions à observer. Formes de l'acte de transcription.

CHAPITRE X. — DES MENTIONS A FAIRE SUR LES REGISTRES DE L'ÉTAT CIVIL.

57. Nécessité, en général, de la réquisition des parties, et conséquences de l'inaccomplissement de l'enregistrement préalable des actes à mentionner.
58. Actes et jugements à mentionner.
59. Forme de la mention.

CHAPITRE XI. — DE LA VÉRIFICATION DES REGISTRES ET DE LA SURVEILLANCE DE LEUR TENUE

60. Autorité du procureur de la République pour l'application et l'interprétation urgente des lois concernant l'état civil.

CHAPITRE XII. — Droits et devoirs du magistrat remplissant les fonctions d'officier de l'état civil, en cas d'infractions commises par des particuliers aux lois et règlements concernant l'état civil et la police des inhumations.

61. Constatation à faire et avis à donner des infractions commises par des particuliers aux lois et règlements concernant les événements de l'état civil.

CHAPITRE XIII. — Responsabilité des officiers de l'état civil concernant les actes en général.

62. Responsabilité des officiers de l'état civil en rapport avec le caractère de leur fonction. Précautions qu'elle commande.

CHAPITRE XIV. — Publicité des actes et des pièces y annexées. Obligation d'en délivrer expéditions aux particuliers qui le demandent et à divers fonctionnaires. Des extraits et relevés d'actes utiles aux services publics.

63. De la communication des registres de l'état civil dans les mairies. Précautions et restrictions.
64. Obligation, pour les dépositaires des registres de l'état civil dans les mairies, aux greffes des tribunaux de première instance et dans les consulats, de délivrer l'expédition d'un acte à toute personne qui la demande.
65. Expédition de pièces annexées aux registres de l'état civil. Remarque touchant la force probante de certaines expéditions.
66. Forme des expéditions à délivrer aux particuliers.
67. L'officier de l'état civil doit seul signer les expéditions. Le secrétaire de la mairie n'a pas qualité pour y apposer sa signature.
68. Expéditions d'actes de l'état civil à délivrer administrativement pour les autorités d'Alsace-Lorraine.
69. Expéditions d'actes de l'état civil, concernant des étrangers, à dresser et transmettre administrativement pour le gouvernement ou l'agent diplomatique de leur pays.
70. Expéditions d'actes de l'état civil à dresser et transmettre administrativement pour des fonctionnaires français.
71. Des extraits et relevés d'actes utiles aux services publics et ayant valeur de renseignement.

CHAPITRE XV. — Droit d'expédition dû par les particuliers.

72. Droit d'expédition à payer pour obtenir l'expédition d'un acte.
73. Le droit d'expédition n'est dû que pour les copies entières d'actes.
74. Interdiction de demander ou recevoir en payement d'autres sommes que celles fixées par le tarif.
75. Comptabilité du droit d'expédition perçu pour la commune.

CHAPITRE XVI. — Sur le timbre et l'enregistrement des actes, des expéditions d'actes et des procès-verbaux, affiches et certificats concernant l'état civil.

76. Actes et procès-verbaux concernant l'état civil, exempts d'enregistrement sur la minute.
76 bis. Formalité d'enregistrement prescrite sur la première expédition de certains actes de l'état civil.
77. Droit de timbre dû pour les expéditions délivrées aux particuliers.
78. Droit de timbre dû pour les affiches et certificats concernant l'état civil.
79. Obligation d'employer du papier timbré, débité par l'administration du timbre, pour les expéditions d'actes de l'état civil. Faculté d'employer des formules timbrées à l'extraordinaire ou revêtues de timbres mobiles pour les affiches et certificats concernant les formalités de l'état civil.
80. Les expéditions d'actes de l'état civil délivrées aux indigents et aux personnes qui ont obtenu l'assistance judiciaire sont soumises au timbre ou au visa pour timbre.
81. Exemption du droit et de la formalité du timbre pour quelques expéditions, extraits, certificats, autorisations et procès-verbaux concernant l'état civil.
82. Enregistrement en débet des procès-verbaux qui constatent des contraventions de police se rattachant aux événements de l'état civil et des expéditions délivrées en exécution de la loi sur l'assistance judiciaire.

CHAPITRE XVII. — Légalisation des expéditions et certificats délivrés par l'officier de l'état civil.

83. Légalisation des expéditions d'actes et des certificats d'état civil délivrés aux particuliers pour intérêt privé.
84. Légalisation des expéditions d'actes de l'état civil délivrées administrativement.

CHAPITRE PREMIER

LIEU OU DOIVENT ÊTRE FAITES ET REÇUES LES DÉCLARATIONS RELATIVES A L'ÉTAT CIVIL

1. — *Lieu de la déclaration dans les communes de France.*

C'est dans la commune où est survenue la naissance, où est arrivé le décès, ou bien celle du domicile de l'un ou l'autre des futurs époux que ceux-ci ont choisie pour la célébration de leur mariage, qu'il doit être dressé actes de ces naissance, mariage ou décès (art. 40 du Code civil).

C'est dans la commune où l'on a trouvé un enfant nouveau-né abandonné qu'on doit en faire la déclaration (art. 58 du Code civil).

C'est dans la commune où la mère est accouchée que doit être présenté un enfant nouveau-né qui est sans vie au moment de la déclaration et qui n'a pas été précédemment présenté vivant, ainsi qu'on le verra dans la deuxième partie, n° 89 et quatrième partie, n° 301.

C'est dans la commune du domicile du déclarant que doit être faite la déclaration de reconnaissance d'un enfant naturel, comme on le verra dans la deuxième partie du présent ouvrage, n° 125.

Le siège de l'administration communale est l'hôtel de ville, appelé aussi maison commune, mairie ou municipalité (art. 63, 75, 166, 167, 168 du Code civil ; loi du 5 avril 1884, art. 136, n° 1). C'est donc là que les déclarations concernant l'état civil doivent être faites et enregistrées, et le maire n'a le droit d'obliger personne à se rendre chez lui ou dans tout autre lieu pour y faire les déclarations dont il s'agit (jugement du tribunal civil de Laon, 1ʳᵉ chambre, du 19 janvier 1883, aff. Lécart, rapporté dans la *Gazette des tribunaux* du 4 mars 1883). C'est là du reste que les archives sont conservées.

Cependant, lorsqu'un obstacle quelconque ou l'éloignement rend difficiles, dangereuses ou momentanément impossibles les communications entre le chef-lieu et une fraction de la commune, un poste d'adjoint spécial peut être institué, sur la demande du conseil municipal, par un décret rendu en Conseil d'Etat. Cet adjoint, élu par le conseil, est pris parmi les conseillers et, à défaut d'un conseiller résidant dans cette fraction de commune, ou s'il est empêché, parmi les habitants de la fraction. Il remplit les fonctions d'officier de l'état civil (loi du 5 avril 1884, art. 75). Dans ces circonstances, c'est au domicile de cet adjoint spécial que les déclarations concernant l'état civil doivent être faites par les habitants de la section de commune séparée du chef-lieu.

A cause de l'importance de leur population, les villes de Paris et de Lyon ont été divisées, pour l'administration et l'état civil, la première en vingt arrondissements (loi du 16 juin 1859), la seconde en six arrondissements (art. 73 de la loi du 5 avril 1884). C'est à la mairie de l'un ou l'autre de ces arrondissements que les déclarations doivent être faites, suivant la circonscription dans laquelle s'est produit le fait à constater (naissance, décès, abandon d'enfant nouveau-né), ou dans laquelle demeurent les personnes qui se présentent pour contracter un mariage ou pour reconnaître un enfant naturel.

2. — *Lieu de la déclaration dans les lazarets.*

Lorsque des naissances ou décès surviennent parmi les personnes récemment arrivées en France par mer et séquestrées pour un certain temps dans les lazarets par mesure sanitaire, les formalités de l'état civil sont remplies dans ces lazarets devant le directeur de la santé ou agent principal (loi du 3 mars 1822, art. 19 et décret du 22 février 1876, art. 123).

3. — *Lieu de la déclaration à l'armée, en dehors du territoire de la République.*

A l'armée, en dehors du territoire français, les formalités de l'état civil concernant les naissances, mariages et décès des militaires ou autres personnes employées à la suite des armées sont remplies dans chaque corps d'un ou de plusieurs bataillons ou escadrons, devant le trésorier, en cas d'absence devant son adjoint ou devant l'officier payeur ; dans les autres corps devant le capitaine ou l'officier commandant ; elles sont remplies devant l'intendant militaire, devant le sous-intendant ou devant le sous-intendant adjoint pour les officiers sans troupe et pour les employés de l'armée. En cas de décès dans les hôpitaux militaires, ambulants ou sédentaires, l'acte est rédigé par l'officier d'administration chargé du service administratif de l'hôpital.

A. La compétence du trésorier ne résulte pas de dispositions législatives désignant directement cet officier comme officier d'état civil. Elle est seulement la conséquence de décisions relatives à l'organisation de l'armée par suite desquelles il remplit les fonctions militaires précédemment exercées par le quartier-maître, à qui l'article 89 du Code civil a attribué les fonctions d'officier de l'état civil et qui a disparu des cadres. C'est ce qu'on va voir par les explications suivantes.

Au moment de la publication du titre du Code civil qui comprend l'article 89, lequel n'a jamais été abrogé explicitement, le quartier-maître était, aux termes du règlement du 8 floréal an VIII, l'officier chargé de payer la solde des hommes du régiment auquel il était attaché, ce qui entraînait pour lui l'obligation de tenir le contrôle nominatif des hommes présents au corps et des mutations journalières. La qualification de quartier-maître trésorier qui lui avait été donnée par décret du 3 août 1792, à cause de cette partie financière de son rôle militaire et qui a été confirmée par la loi du 21 février 1793, se retrouve encore, du reste, dans le texte de l'ordonnance royale du 20 janvier 1815, relative à la reconstitution de l'armée.

La loi du 21 février 1793 avait institué deux quartiers-maîtres par demi-brigade (appelée plus tard régiment). Le premier quartier-maître devait rester au dépôt du régiment. Par suite, c'est le second quartier-maître qui remplissait les fonctions d'officier d'état civil pour les hommes présents aux bataillons de guerre.

Un arrêté du 1er vendémiaire an XII, sur la réorganisation de l'armée, a statué ce qui suit : « Art. 4. Il y aura, dans chaque régiment, un major dont le grade sera intermé- « diaire entre celui de colonel et celui de chef de bataillon.—Art.5. Il sera spécialement « chargé des détails de l'instruction, de la tenue, de la discipline, de la police et de la « comptabilité du corps et des compagnies. Il sera chargé de la tenue des contrôles dont « il sera dépositaire. »

En raison de ce que la mission incombant au quartier-maître de tenir le contrôle du corps avait été le motif du choix fait de cet officier par le législateur pour remplir les fonctions d'officier de l'état civil, comme cela ressort de l'esprit d'une circulaire du ministre de la guerre du 24 brumaire an XII, ce ministre a, par une circulaire du 1er ventôse an XIII, enjoint aux conseils d'administration des corps de veiller à ce que, à partir de ce jour, les fonctions d'officier d'état civil fussent remplies par le major, aux lieu et place du quartier-maître.

Mais peu après, un décret impérial du 25 germinal an XIII, relatif à la réglementation des revues, de la solde et des masses, ayant, par son article 20, confié expressément aux quartiers-maîtres la tenue des registres de signalements et mutations, une nouvelle circulaire ministérielle du 20 vendémiaire an XIV a réglé qu'en conséquence de cette dernière attribution « les quartiers-maîtres devaient rentrer dans les fonctions qu'ils « remplissaient avant la circulaire du 1er ventôse an XIII, quant à la tenue des registres « matricules, à celles des registres de l'état civil, aux extraits à faire de chacun d'eux..., « le tout sous la surveillance des conseils d'administration. »

Depuis ce moment, le quartier-maître n'a pas cessé d'être, en fait et en droit, l'officier de l'état civil à l'armée pendant tout le temps de l'Empire.

L'ordonnance royale du 3 août 1815, qui a organisé des légions départementales à la place des régiments licenciés par l'ordonnance du 23 mars précédent, n'ayant compris dans les cadres ni le quartier-maître ci-dessus désigné ni le quartier-maître adjoint que conservait encore l'ordonnance du 20 janvier 1815, a fait disparaître de l'armée ces officiers qu'aucun acte législatif ou réglementaire postérieur n'y a rétablis.

Elle a bien maintenu un major dans le conseil d'administration de chaque légion, mais elle n'a augmenté ni son titre ni ses attributions. Par son article 7 elle a, au contraire, réduit le rang de cet officier à celui de chef de bataillon et décidé expressément que ses fonctions seraient seulement celles des anciens majors de régiments.

A l'encontre de la suppression des titres de quartier-maître et de quartier-maître adjoint, la même ordonnance du 3 août 1815 a introduit dans le cadre des officiers de chaque légion un trésorier et un officier payeur.

L'ordonnance royale du 19 mars 1823 a chargé le trésorier de payer la solde des hommes de son régiment, de tenir les registres matricules et états nominatifs de ces hommes, et décidé qu'en temps de guerre le trésorier du corps resterait au dépôt et serait remplacé aux bataillons de guerre par un officier payeur.

L'ordonnance royale du 10 mai 1844, sur l'administration et la comptabilité des corps de troupe, a chargé de nouveau le trésorier de la tenue des registres matricules et du registre de l'effectif pour le régiment auquel il était attaché, ou la portion centrale du corps en cas de division, et statué, en outre, que chaque portion de corps séparée de la portion centrale aurait un conseil d'administration éventuel dont ferait partie un officier payeur qui tiendrait le registre de l'effectif de cette portion détachée.

La loi du 13 mars 1875, relative à la constitution des cadres et des effectifs de l'armée, a introduit dans l'état-major du régiment un lieutenant adjoint au trésorier; mais cette loi, la loi modificative du 15 décembre 1875 et celle du 16 mars 1882 sur l'administration de l'armée n'ayant pas modifié les règles antérieures relatives à l'exercice des fonctions du trésorier, et n'ayant pas dit que son adjoint exercerait ses fonctions ailleurs qu'à la résidence du trésorier, l'officier payeur est resté en fait, jusqu'à la promulgation de la loi du 25 juillet 1887, seul en situation de remplir les fonctions d'officier de l'état civil aux bataillons de guerre, en raison de ce qu'il y remplissait seul les mêmes fonctions militaires que le trésorier, tant en vertu des ordonnances des 19 mars 1823 et 10 mai 1844 que du décret du 1ᵉʳ mars 1880, sur l'administration de l'armée.

Aujourd'hui, par suite de ce que la loi du 25 juillet 1887, en supprimant les compagnies de dépôt, a fait disparaître l'obstacle qui s'opposait à ce que le trésorier remplît les fonctions d'officier d'état civil attachées à l'exercice de ses fonctions militaires par l'article 89 du Code civil, c'est à lui de les remplir, à moins qu'il n'ait d'autre empêchement. En ce dernier cas, il serait remplacé de droit par son adjoint si les actes à faire concernent des individus appartenant à l'unité ou à la fraction centrale du régiment, ou par l'officier payeur s'ils concernent des individus appartenant à une fraction détachée du corps et qui a un conseil d'administration éventuel.

B. Les intendants et sous-intendants tiennent leur compétence de l'ordonnance royale du 29 juillet 1817, qui les a substitués aux inspecteurs aux revues désignés dans le même article 89.

C. Enfin, les officiers d'administration attachés aux hôpitaux sont compétents parce qu'ils tiennent la place du directeur d'hôpital désigné dans l'article 97 du Code civil, et dont le titre n'existe plus.

4. — *Lieu de la déclaration au cas de naissance ou décès pendant un voyage sur mer.*

Au cas d'une naissance ou d'un décès survenu pendant un voyage en mer, c'est sur le bâtiment de transport et à la suite du rôle d'équipage que l'acte en est dressé (art. 59 et 86 du Code civil).

5. — *Lieu de la déclaration en Algérie, dans les colonies françaises, dans les pays de protectorat et à l'étranger.*

Les déclarations d'état civil sont faites à la résidence officielle des personnes auxquelles les lois, décrets, ordonnances et règlements particuliers au pays ont conféré le titre d'officiers de l'état civil en Algérie, dans les colonies françaises, dans les pays de protectorat et, en ce qui concerne les pays étrangers, à la résidence des fonctionnaires français auxquels le Code civil a donné pouvoir de dresser acte desdites déclarations, savoir :

1° En Algérie : — Dans les communes de plein exercice où la loi du 5 avril 1884 est applicable d'après l'article 164 de cette loi, ce sont les maires ou, en ce qui concerne les indigènes musulmans lorsque la distance ne permet pas de faire la déclaration au siège de la commune ou d'une section française de ladite commune, c'est l'adjoint de la section indigène (art. 17 de la loi du 23 mars 1882); — Dans les communes mixtes, ce sont les commandants de place ou les adjoints civils délégués (arrêté du gouverneur général du 20 mai 1868); — Dans les douars, qui sont tous placés sous le régime militaire, c'est le secrétaire de la djemâa, ou, s'il existe dans le douar une école arabe-française, c'est le maître adjoint de cette école (même arrêté);

2° Dans la colonie de la Martinique, dans celle de la Guadeloupe, à laquelle est rattachée l'île Saint-Barthélemy, en vertu de la loi du 2 mars 1878 et du décret du 27 juillet suivant, et dans la colonie de la Réunion, colonies où le territoire est divisé en communes et où la loi du 5 avril 1884 est également applicable d'après l'article 165 de cette loi, ce sont aussi les maires;

3° Ce sont encore les maires dans les pays coloniaux ci-après désignés, où le régime municipal a été établi, savoir :

— A Saint-Pierre et Miquelon, suivant le décret du 13 mai 1872;

— A Saint-Louis, Gorée, Rufisque, Dakar (Sénégal), suivant décrets des 10 août 1872, 12 juin 1880 et 17 juin 1887;

— A Nouméa (Nouvelle-Calédonie), suivant décret du 8 mars 1879;

— A la Guyane, dont le territoire est divisé en communes, suivant décrets des 15 octobre 1879 et 16 mars 1880;

— Dans les établissements français de l'Inde, constitués aussi en communes, suivant décrets des 12 mars 1880 et 24 avril suivant;

— A Saïgon (Cochinchine), suivant décrets des 8 janvier 1877 et 20 avril 1881;

— A Mayotte et Nossi-Bé, suivant décret du 23 décembre 1887.

4° Dans certaines localités de la Nouvelle-Calédonie où le gouverneur a institué des commissions municipales (arrêtés du gouverneur du 2 juillet 1879), les officiers d'état civil sont les maires désignés par ces commissions (arrêté du gouverneur du 12 août 1881). Dans d'autres circonscriptions de la même colonie, constituées uniquement au point de vue de l'état civil (arrêtés du gouverneur des 2 juillet 1879, 28 janvier 1884, 11 juillet et 4 septembre suivants), les officiers d'état civil sont nommés par le gouverneur et n'ont pas d'autre titre de compétence.

5° Dans les localités de Cochinchine non érigées en communes et en ce qui concerne seulement les Européens et chrétiens, ce sont les inspecteurs des affaires indigènes dans les huyens de leurs circonscriptions, le commandant du pénitencier de Poulo-Condore sur le territoire de ce pénitencier, et, en cas d'empêchement de ces fonctionnaires ou commandant, ce sont les fonctionnaires ou le militaire les plus élevés en grade présents sur les lieux (arrêtés du gouverneur de la Cochinchine des 2 septembre 1865 et 23 août 1871).

En ce qui concerne les indigènes annamites et autres asiatiques habitant la Cochinchine, ce sont les personnes choisies et nommées par le gouverneur pour remplir la fonction (décret du 3 octobre 1883).

6° Dans les localités autres que celles organisées en communes ci-dessus désignées, qui dépendent du Sénégal ou des établissements français de la Côte-d'Or et du golfe de Bénin rattachés à la colonie du Sénégal par décret du 16 juin 1886, ce sont les administrateurs coloniaux pour tous les actes de l'état civil, et les chefs de poste pour les actes de l'état civil autres que les mariages (art. 11 et 12 du décret du 22 septembre 1887).

7° Dans les établissements français de l'Océanie, ce sont les personnes auxquelles le gouverneur a particulièrement conféré lesdites fonctions, conformément aux arrêtés d'organisation pris par lui, le 22 avril 1882, en ce qui concerne l'île de Tahiti et Mooréa; — les 13 février 1880, 28 juin 1887 et 4 février 1888, en ce qui concerne l'île Gambier; — les 14 avril 1882 et 14 février 1884, en ce qui concerne l'archipel des Marquises; — les 26 juin 1882 et 7 octobre 1886, en ce qui concerne l'archipel de Tuamotu; — le 3 mars 1884, en ce qui concerne Tubuaï et Raïvavaè; — le 15 novembre 1886, en ce qui concerne l'île Rapa.

8° Dans le Congo français, ce sont les officiers ou agents désignés par le commissaire général du gouvernement (décret du 28 juin 1889).

9° Au Cambodge, ce sont les résidents de province, suppléés en cas d'empêchement par le secrétaire de leur résidence, en ce qui concerne les Européens, — les maires des communes, suppléés en cas d'empêchement par l'adjoint de la commune, pour les autres habitants et les indigènes (arrêté du gouverneur de la Cochinchine du 27 octobre 1884).

10° En Annam et au Tonkin, — en ce qui concerne les Français et les étrangers, — ce sont les résidents, vice-résidents, chefs de poste et chanceliers français, en vertu de l'article 10 du traité conclu à Hué le 6 juin 1884, promulgué par décret du 2 mars 1886, et de l'article 1er du décret du 8 février 1886; — en ce qui concerne les indigènes, c'est la personne nommée dans chaque commune par l'autorité française (art. 1er du décret du 3 octobre 1883, rendu applicable à l'Annam et au Tonkin par l'arrêté du gouverneur général de l'Indo-Chine du 30 décembre 1888 qui leur a appliqué la législation en vigueur en Cochinchine).

11° En Tunisie, où le protectorat français a été établi en vertu du traité passé avec le bey de Tunis, le 12 mai 1881, approuvé par la loi du 27 même mois, et où la loi du 27 mars 1883 a organisé la juridiction française, — sont investis des fonctions d'officier de l'état civil les présidents des municipalités ou, si ces derniers ne sont pas Français, leurs adjoints de cette nationalité. Dans les villes où il n'y a pas de municipalités constituées, les fonctions d'officier de l'état civil sont remplies par les contrôleurs civils ou, en cas d'empêchement ou d'absence de ces derniers, par leurs adjoints, ou, à défaut, par l'autorité militaire française désignée dans l'article 89 du Code civil (art. 2 et 3 du décret beylical du 27 ramadan 1303 — 29 juin 1886, — inséré dans le *Journal officiel tunisien* du 1er juillet 1886).

12° A Madagascar, où le protectorat français a été établi par traité du 17 décembre 1885, approuvé par la loi du 6 mars 1886, ce sont (en ce qui concerne les Français) les résidents, vice-résidents et chanceliers (décret du 11 mars 1886).

13° A l'étranger, les Français doivent faire les déclarations d'état civil qui les concernent devant les agents diplomatiques et les consuls de France (art. 48 du Code civil).

Cependant, tout acte de l'état civil des Français et des étrangers fera foi s'il a été rédigé dans les formes usitées dans le pays (art. 47 du Code civil).

CHAPITRE II

FONCTIONNAIRE CHARGÉ DE LA RÉCEPTION ET DE L'ENREGISTREMENT DES DÉCLARATIONS D'ÉTAT CIVIL

6. — *Fonctionnaire compétent dans les communes de France pour tous les actes d'état civil.*

La loi du 20 septembre 1792 a chargé les municipalités de recevoir et conserver à l'avenir les actes destinés à constater les naissances, mariages et décès. La loi du 28 pluviôse an VIII, qui a établi les nouvelles circonscriptions administratives de la France et réorganisé l'administration, a attribué les fonctions administratives de l'état civil aux maires et adjoints, par son article 13 pour les communes autres que la ville de Paris, par son article 16 pour cette ville.

La loi du 5 avril 1884, qui régit aujourd'hui le mode d'administration des communes autres que Paris, a attribué au maire toutes les fonctions municipales et réglé dans quelles circonstances les adjoints et, à défaut d'adjoints, les conseillers municipaux, dans l'ordre du tableau, pourront remplir, soit la totalité, soit partie des fonctions du maire (art. 49 et 82 de cette loi).

C'est donc au maire dans ces communes, à l'exception toutefois de la ville de Lyon, à recevoir et enregistrer les déclarations concernant l'état civil. Cependant il peut déléguer, pour remplir à sa place les fonctions d'officier de l'état civil, soit un adjoint, soit, à défaut d'adjoint, un conseiller municipal. Et si le maire est empêché matériellement, soit par maladie, soit par absence, ou par l'accomplissement de quelqu'une de ses fonctions d'administrateur municipal, ou légalement, en raison de ce qu'il est personnellement partie ou témoin dans l'acte, les fonctions d'officier de l'état civil sont remplies de plein droit par le premier adjoint ou, en cas d'absence ou d'empêchement de celui-ci, par le second adjoint, et ainsi de suite pour les adjoints d'un rang plus éloigné, en cas d'absence ou d'empêchement des premiers; enfin, en cas d'absence ou d'empêchement du maire et des adjoints, par un conseiller municipal dans l'ordre indiqué par les articles 49, 82 et 84 de la loi du 5 avril 1884.

L'adjoint spécial, nommé en vertu de l'article 75 de la même loi pour le cas d'interruption des communications entre le chef-lieu de la commune et la fraction de commune où il réside, est également compétent dans la circonscription de cette fraction de commune. A la fin de l'année, il doit, conformément à la loi du 18 floréal an X, déposer au chef-lieu de la commune les registres qu'il a tenus.

Lorsqu'une délégation spéciale nommée par décret remplace un conseil municipal dissout, le président, et, en cas d'empêchement du président, le vice-président de cette délégation remplit les fonctions d'officier de l'état civil (art. 44 de la loi du 5 avril 1884).

Paris et Lyon font exception aux règles qui viennent d'être indiquées.

A Paris, les actes de l'état civil sont reçus par les maires et les adjoints concurremment (loi du 28 pluviôse an VIII, art. 16). Il y a, pour ce service, un maire et trois adjoints dans chacun des arrondissements d'une population de 120,000 âmes et au-dessous, un maire et cinq adjoints dans les arrondissements d'une population supérieure (lois des 14 avril 1871 et 9 août 1882). L'article 16 de la loi du 28 pluviôse an VIII est la seule disposition législative qui régisse les fonctions d'officier de l'état civil à Paris. Les maires et adjoints ayant été laissés en dehors de l'administration communale par les articles 2, 8, 9, 11 de ladite loi, confirmés par les articles 16 et 17 de la loi du 14 avril 1871, c'est le Préfet de la Seine qui administre seul les affaires et les intérêts de la Ville avec l'aide du Conseil municipal, tant en vertu des articles de lois cités ci-dessus que des articles 9 et 11 de la loi du 20 avril 1834. Il s'ensuit qu'aucune disposition des lois sur l'administration municipale, en vigueur ou abrogées, n'est et n'a jamais été applicable aux maires de Paris pour régler l'exercice de leur fonction d'officiers de l'état civil, et qu'en conséquence, les adjoints, comme l'a exprimé un avis du Conseil d'État du 8 mars 1808, n'ont pas besoin d'une délégation du maire de leur arrondissement pour exercer ces fonctions.

Le maire n'est que le premier des officiers de l'état civil de son arrondissement; à ce titre, il peut donner la direction utile à suivre par les adjoints pour qu'aucune des parties de l'état civil ne reste en souffrance, mais il ne lui appartient pas de les empêcher d'exercer les fonctions d'officier de l'état civil. Ainsi, dans chacune des mairies de Paris, rien n'empêche que, dans le même instant, un acte de naissance soit reçu par le maire ou l'un des adjoints, un acte de décès par un autre de ces officiers publics, et un mariage célébré par un troisième. Deux mariages même peuvent être célébrés simultanément si, en vertu d'une autorisation du ministre de la justice, le nombre des registres de mariage de l'année courante a été doublé, ce qui existe, du reste, dans plusieurs de ces mairies. (Voyez ci-après, n° 208.)

Aucun conseiller municipal de Paris ne peut remplir les fonctions d'officier de l'état civil, déférées exclusivement aux maires et adjoints (art. 17 de la loi du 14 avril 1871).

A Lyon, deux adjoints délégués par le maire sont chargés du service de l'état civil dans chacun des six arrondissements (loi du 5 avril 1884, art. 73). Un conseiller municipal ne pourrait donc exercer à Lyon les fonctions d'officier de l'état civil.

Le décret du 5 septembre 1870 ayant aboli le serment politique et la loi du 5 avril 1884, qui régit seule aujourd'hui l'administration municipale ailleurs qu'à Paris, n'astreignant les maires et adjoints à aucun serment professionnel, pas plus que les lois concernant la Ville de Paris, ces fonctionnaires peuvent exercer leurs fonctions dès qu'ils ont été élus ou nommés par décret. A Paris, à Lyon et ailleurs, les officiers de l'état civil ne sont pas sujets à l'application des dispositions de la loi du 21 nivôse an VIII, d'après laquelle les fonctionnaires publics ne peuvent commencer l'exercice de leurs fonctions ou emplois que préalablement ils n'aient prêté serment, non plus qu'aux dispositions de l'article 196 du Code pénal, portant que « tout fonctionnaire public qui sera entré en exercice de ses « fonctions sans avoir prêté le serment pourra être poursuivi et sera puni d'une amende « de seize francs à cent cinquante francs ».

Dans le cas où le maire refuserait ou négligerait de faire un des actes de sa compétence, le préfet peut, après l'en avoir requis, y procéder d'office par lui-même ou par un délégué spécial (art. 85 de la loi du 5 avril 1884).

Les officiers de l'état civil des communes de France égaux, quant au droit de recevoir et d'enregistrer les actes d'état civil et d'en délivrer des expéditions à tout requérant, ne le sont pas en ce qui concerne certaines attributions se rattachant aux formalités que les actes entraînent.

Ainsi :

1° Les maires et adjoints de Paris n'ont d'attribution de police que celle de délivrer le permis d'inhumer dont il est parlé dans l'article 77 du Code civil. L'article 16 de la loi du 28 pluviôse an VIII, dont ils tiennent tous et concurremment leurs droits d'officiers de l'état civil, ayant attribué toutes les fonctions de police, pour la ville de Paris, au préfet de police, ce magistrat a seul le droit de prendre et de faire exécuter, par les commissaires de police placés sous ses ordres, toutes les mesures qui ont pour objet de rechercher si l'abandon d'un enfant trouvé a été fait ou non dans un but criminel et par des personnes connues, si une mort subite ou violente résulte d'un crime, d'un accident ou de la volonté du défunt, enfin les mesures qui ont pour objet la salubrité du service des inhumations au domicile, au dehors et dans les cimetières.

N'ayant aucune part à l'administration des affaires et intérêts de la Ville, les maires et adjoints de Paris n'ont pas non plus compétence pour fixer les emplacements des sépultures dans les cimetières, ni pour y faire des concessions de terrains. Ce droit appartient au préfet de la Seine, en vertu des articles de lois qui viennent d'être indiqués.

Aussi, à cause des différences qui existent entre les maires et adjoints de Paris, d'une part, et les officiers de l'état civil des autres communes, d'autre part, quant à l'origine et à l'étendue de leurs droits, la forme des actes de l'état civil de Paris ne peut-elle être employée ailleurs qu'à Paris sans modifications, et les formalités qui précèdent, accompagnent ou suivent quelques-uns de ces actes sont-elles d'une autre espèce dans les autres communes. Ces dissemblances seront, du reste, signalées dans les parties du présent ouvrage où il sera question des circonstances qui y donnent lieu.

2° Les maires et adjoints des communes suburbaines du département de la Seine, quoique ayant, de plus que ceux de Paris, le titre d'officiers de police judiciaire, en vertu des articles 9 et 50 du Code d'instruction criminelle, ne peuvent faire usage de cette qualité qu'en cas de flagrant délit et d'urgence, pour rechercher les causes d'abandon d'enfants trouvés et celles de morts violentes, l'initiative de la constatation et de la poursuite des crimes et délits ayant été attribuée, dans toutes les communes du département de la Seine, au préfet de police par la loi du 10 juin 1853.

Les maires de ces communes sont également sans qualité, en ce qui concerne les mesures de police à prendre, conformément au n° 6 de l'article 97 de la loi du 5 avril 1884, pour que le service des inhumations n'occasionne ou n'aggrave des maladies épidémiques ou contagieuses, la police de la salubrité publique dans lesdites communes ayant été dévolue au préfet de police, tant par la susdite loi que par l'arrêté du gouvernement du 13 brumaire an IX.

3° Les maires des communes de Saint-Cloud, Meudon, Sèvres et Enghien, du département de Seine-et-Oise, quoique pouvant exercer dans leur plénitude leurs fonctions d'officier de police judiciaire, ont la même incompétence que les maires du département de la Seine pour la salubrité du service des inhumations, par suite des pouvoirs attribués à ce sujet, dans leurs communes, au préfet de police de Paris, tant par l'arrêté du gouvernement du 13 brumaire an IX, ci-dessus mentionné, que par la loi du 14 août 1850 qui a créé la commune d'Enghien.

4° A Lyon, Caluire-et-Cuire, Oullens, Sainte-Foy, Saint-Rambert, Villeurbanne, Vaux-en-Velin, Bron, Venissieux et Pierre-Bénite, du département du Rhône, et à Sathonay, du département de l'Ain, les maires (et les adjoints quand ils remplissent à l'exclusion du maire comme à Lyon, ou à la place du maire ailleurs, les fonctions d'officiers de l'état civil), quoique ayant aussi le titre d'officiers de police judiciaire, ne peuvent, pas plus que ceux du département de la Seine, exercer les fonctions attachées à ce titre, en ce qu'elles touchent aux formalités de l'état civil, à moins de flagrant délit ou d'urgence, l'article 104 de la loi du 5 avril 1884 ayant attribué, pour ces communes, au préfet du Rhône, les mêmes pouvoirs que ceux qui ont été attribués, pour les communes suburbaines de la Seine, au préfet de police de Paris par la loi du 10 juin 1853, ci-dessus énoncée.

Mais, en vertu de l'article 105 de ladite loi du 5 avril 1884, ils ont, de plus que les maires des communes de la Seine, le droit de régler et exécuter les mesures à prendre pour assurer la salubrité du service des inhumations.

5° L'adjoint spécial, chargé du service de l'état civil dans la fraction de commune séparée du chef-lieu, peut être chargé aussi de l'exécution des lois et des règlements de police dans cette partie de la commune; il n'a pas d'autres attributions (dernier paragraphe de l'article 75 de la loi du 5 avril 1884).

6° Les pouvoirs du président ou du vice-président de la délégation spéciale remplaçant un conseil municipal non constitué ou dissous sont, en matière d'état civil ou de police administrative, les mêmes que ceux des maires et adjoints dont ils tiennent la place, mais ils ne sont pas officiers de police judiciaire, et ils ne peuvent faire que des actes de pure administration conservatoire et urgente (art. 44 de la loi du 5 avril 1884).

7° Les maires de toutes les autres communes de France ne sont atteints, dans leurs fonctions d'officiers de l'état civil, d'officiers de police judiciaire, ou d'administrateurs des biens communaux, notamment des cimetières, par aucune des restrictions qui sont imposées aux officiers de l'état civil désignés sous les six paragraphes qui précèdent.

8° Quant aux conseillers municipaux qui, dans les communes de France autres que Paris et Lyon, peuvent être appelés par délégation du maire, ou par suite de l'absence ou de l'empêchement du maire et des adjoints, à remplir provisoirement les fonctions d'officier de l'état civil, en vertu de l'article 84 de la loi du 5 avril 1884, ils ne pourraient exercer les fonctions d'officier de police judiciaire conférées seulement par les articles 9 et 50 du code d'instruction criminelle aux maires et adjoints en titre.

7. — *Fonctionnaire compétent dans les lazarets pour naissances et décès.*

Le directeur de la Santé ou agent principal est compétent pour dresser actes des naissances et décès survenant dans le lazaret où il réside, ainsi qu'il est dit n° 2 ci-dessus, mais il doit transmettre expédition de ces actes, pour transcription, au maire de la commune dont dépend le lazaret, dans le délai de vingt-quatre heures. Il n'a pas compétence pour en délivrer expéditions aux particuliers; ce droit n'appartient qu'au maire officier de l'état civil de la commune et au greffier du tribunal de première instance, lesquels sont les dépositaires légaux dont parle l'article 45 du Code civil.

8. — *Fonctionnaire compétent, à l'armée, en dehors du territoire de la République, pour naissances, mariages et décès.*

Les capitaines trésoriers et, en cas d'empêchement, les lieutenants adjoints aux trésoriers, ou les officiers payeurs pour les corps réunissant un ou plusieurs bataillons ou escadrons; les capitaines commandants dans les autres corps, les intendants, sous-intendants et adjoints à l'intendance pour les officiers sans troupe et pour les employés de l'armée; les officiers d'administration attachés aux hôpitaux militaires ambulants ou sédentaires, en cas de décès survenus dans les hôpitaux, sont les fonctionnaires compétents en ce qui concerne les actes de naissance, mariage et décès à dresser à l'armée en dehors du territoire français, comme il est dit n° 3 ci-dessus. Ils n'ont pas compétence pour dresser des actes de naissance d'enfants naturels, ce qui sera expliqué ci-après, 2° partie, n° 125 ; ils n'ont pas compétence, non plus, pour délivrer expédition des actes aux particuliers ; les actes dressés par eux ne deviendront publics qu'en France, après qu'ils auront été transcrits sur les registres de l'état civil de la commune du domicile des parties ou du domicile des personnes décédées par l'officier de l'état civil, auquel ils devront être adressés en expédition, à cet effet, par les rédacteurs des actes ou, en ce qui concerne les décès survenus dans les hôpitaux, par le trésorier du corps ou l'intendant du corps d'armée dont le décédé faisait partie (art. 97 du Code civil), savoir : immédiatement pour les actes de mariage, dans les dix jours pour les actes de naissance et décès (art. 93, 95, 96, 97 et 98 du Code civil). Des expéditions pourront et devront alors être délivrées à tout réquérant par l'officier de l'état civil dépositaire du registre où l'acte aura été transcrit, et encore par le greffier du tribunal civil de première instance, lorsque le double de ce registre aura été déposé à son greffe, comme le prescrit l'article 43 du Code civil. Cela résulte tant de l'esprit des articles 50, 53, 76, 99, 156, 192 et 200 du Code civil, qui ont placé l'officier de l'état civil sous l'autorité des fonctionnaires de l'ordre judiciaire et attribué l'appréciation de ses actes aux tribunaux civils, que du texte de l'article 45 du même code assujettissant les expéditions de ces actes à la légalisation du président du tribunal de première instance, lequel n'a aucune relation de fonctions avec les officiers de l'armée et ne pourrait, par suite, légaliser leurs signatures.

Par une conséquence des dispositions du même article 45 du Code civil, le ministre de la guerre, fonctionnaire administratif dont la signature ne peut être légalisée par les magistrats de l'ordre judiciaire, n'aurait pas non plus qualité pour délivrer aux particuliers des expéditions des actes inscrits sur les registres d'état civil déposés dans les archives du ministère lors du retour des troupes en France. Mais, au cas où les copies transmises de l'armée à l'officier de l'état civil auraient été adirées ou n'auraient pas été transcrites sur les registres de la commune du domicile, le ministre de la guerre aurait qualité, sans aucun doute, pour tirer du registre à lui déposé une nouvelle copie certifiée ayant toute valeur pour rendre authentique l'acte de sa transcription sur les registres de ladite commune.

9. — *Fonctionnaire compétent au cas de naissance ou décès survenu pendant un voyage en mer.*

S'il naît un enfant ou s'il survient un décès pendant un voyage en mer, l'acte de naissance ou de décès sera rédigé, savoir : sur les bâtiments de l'Etat par l'officier d'administration de la marine, et sur les bâtiments appartenant à un armateur ou négociant par le capitaine, maître ou patron du navire, à charge, par le rédacteur de l'acte, d'en remettre deux expéditions au premier port où le bâtiment abordera, savoir : dans un port français, au bureau du préposé à l'inscription maritime, et, dans un port étranger, entre les mains du consul, outre l'obligation de déposer le rôle d'équipage sur lequel l'acte est inscrit au bureau du préposé à l'inscription maritime du port de désarmement, comme il sera dit n° 31 ci-après.

Les personnes compétentes pour dresser ces actes sur mer n'ont pas compétence pour dresser des actes de reconnaissance d'enfants naturels, ce qui sera expliqué dans la 2° partie, n° 125. Elles n'ont pas qualité, non plus, pour délivrer aux particuliers expédition des actes qu'elles ont mission de dresser. L'instruction du ministre de la marine du 2 juillet 1828, rédigée en vue d'être remise, lors du départ des navires, à ces personnes qu'elle appelle *officiers instrumentaires,* s'exprime nettement à ce sujet dans un article ainsi conçu : « Il est expressément défendu aux officiers instrumentaires de déli-« vrer aux personnes intéressées ou à toute autre des expéditions ou des extraits régu-« liers faisant preuve des actes de l'état civil inscrits sur les rôles d'équipage dont ils « sont dépositaires pendant leur embarquement, cette délivrance ne pouvant être faite « qu'à terre par les officiers de l'état civil qui ont inscrit ces actes sur leurs registres, et « ce, aux termes de l'article 45, livre Ier, titre II, chapitre Ier du Code civil. »

Les consuls ou préposés à l'inscription maritime ci-dessus désignés n'ont pas plus de droit à cet égard. Leur intervention légale se borne, en ce qui concerne le consul ou le préposé à l'inscription maritime auquel deux expéditions de l'acte ont été déposées lors du passage du navire dans le port du lieu de sa résidence, à conserver dans leurs archives une de ces expéditions et à transmettre l'autre au ministre de la marine, afin qu'une copie puisse en être transmise par le ministre à l'officier de l'état civil de la commune du domicile du père de l'enfant ou de la mère si le père est inconnu, lorsqu'il s'agit d'une naissance ; du domicile de la personne décédée, s'il s'agit d'un décès ; et, en ce qui concerne le préposé à l'inscription maritime du port de désarmement, à transmettre une copie dudit acte, tirée par lui du rôle d'équipage déposé en ses mains, au même officier d'état civil, afin qu'elle soit, ainsi que la copie transmise par le ministre, transcrite sur les registres de la commune (art. 59, 60, 61, 86 et 87 du Code civil).

Le ministre de la marine est également sans qualité pour délivrer aux particuliers expédition des actes dressés sur mer, dont les copies lui ont été transmises par les consuls ou par les préposés à l'inscription maritime.

Comme en ce qui concerne les actes dressés à l'armée et pour les mêmes motifs, l'officier de l'état civil de la commune du domicile est seul compétent pour délivrer aux particuliers des expéditions authentiques des actes de l'état civil dressés sur mer.

Cependant, si des expéditions tirées du rôle d'équipage par le commissaire à l'inscription maritime au bureau duquel il reste déposé n'ont pas force probante pour les particuliers, elles présentent, lorsqu'elles ont été certifiées conformes par lui, toutes les conditions nécessaires pour donner lieu à un acte de transcription authentique sur les registres de l'état civil de la commune du domicile. Il n'y a pas de différence à faire à ce sujet entre l'expédition extraite aussitôt après le désarmement, d'après les articles 61 et 87 du Code civil, si elle a été adirée sans avoir été transcrite, et une expédition délivrée ultérieurement. Et, dans le cas où le rôle d'équipage viendrait à être perdu ou détruit, les autres expéditions délivrées en cours de navigation par le rédacteur des actes aux fonctionnaires ci-dessus désignés auraient la valeur indiquée dans l'article 1335 du Code civil et pourraient, par suite, servir à la transcription légale sur les registres de la commune.

10. — *Fonctionnaire compétent en Algérie, dans les colonies françaises, dans les pays de protectorat et à l'étranger, pour tous les actes d'état civil.*

En Algérie, dans les colonies françaises et dans les pays de protectorat, les officiers compétents pour dresser les actes de l'état civil sont ceux qui ont été désignés nᵒ 5 ci-dessus. Ils peuvent aussi en délivrer des expéditions. Toutefois, les expéditions d'actes d'état civil d'Annamites et Asiatiques dressés dans la langue du pays, dans les établissements français de l'Inde, en Cochinchine, en Annam et au Tonkin, qui sont délivrées dans la même langue par les officiers d'état civil indigènes, doivent être revêtues des signatures de deux notables, indépendamment de celle de l'officier public (décrets des 24 avril 1880 et 3 octobre 1883, et arrêté du gouverneur général de l'Indo-Chine du 30 décembre 1888).

A l'étranger, ce sont les agents diplomatiques ou les consuls de France qui doivent dresser les actes de l'état civil concernant les Français, quand il s'agit de faits particuliers aux Français seulement. Ils ne sont pas compétents pour célébrer un mariage entre Français et étranger. Les actes des agents diplomatiques et des consuls doivent être dressés suivant les formes prescrites par le Code civil (art. 48 dudit Code), et soumis aux formalités indiquées par l'ordonnance royale du 23 octobre 1833. Les expéditions d'actes délivrées par ces fonctionnaires, lorsqu'elles ont été légalisées par le ministre des affaires étrangères, ont, en France, le caractère authentique requis.

Comme il est dit dans le nᵒ 5 ci-dessus, si l'acte a été dressé devant les autorités du pays, il fera également foi en France (art. 47 du Code civil).

11. — *Incompétence momentanée pour les actes dans lesquels le fonctionnaire agit à titre privé.*

Comme un juge est empêché de juger dans sa propre cause, le fonctionnaire chargé de l'état civil qui agit personnellement en qualité de déclarant, contractant, mandataire ou témoin, se trouve, par ce fait, légalement empêché dans ses fonctions publiques, ainsi qu'il a été dit nᵒ 6 ci-dessus. Un acte de naissance, mariage ou décès, où l'officier public aurait ainsi pris la place d'un particulier, ne pourrait être légalement reçu que par la personne appelée par la loi à tenir la place de l'officier de l'état civil au cas d'absence ou d'empêchement du titulaire. Des circulaires ministérielles en date des 25 février 1808, 21 juillet 1818, 16 novembre 1824, ont rappelé aux maires ces principes d'ordre public, dont la violation rendrait les actes susceptibles d'être annulés par les tribunaux.

CHAPITRE III

JOURS, HEURES ET DÉLAIS POUR LES DÉCLARATIONS D'ÉTAT CIVIL

12. — *Délai dans les communes de France.*

Le délai accordé par la loi pour déclarer une naissance au maire de la commune est de trois jours (art. 55 du Code civil).

Le délai est de vingt-quatre heures en ce qui concerne les décès arrivés dans les hôpitaux militaires, civils ou autres maisons publiques en France (art. 80 du Code civil). Le délai est le même pour le cas d'exécution de jugement portant condamnation à la peine de mort (art. 83 du Code civil).

La déclaration doit être faite immédiatement au cas de mort violente constatée par un officier de police autre que le maire, et encore en cas de décès dans les prisons ou maisons de réclusion et de détention (art. 81, 82, 84 du Code civil).

La loi n'a pas fixé de délai pour la déclaration du décès d'une personne décédée dans d'autres circonstances ou à son domicile, sans doute parce que souvent, surtout lorsque la personne était seule, sa mort a pu rester ignorée pendant un temps plus ou moins long, ou encore parce que le cadavre perdu dans les flots ou enseveli sous les éboulements d'une mine, d'une carrière, etc., a pu n'être découvert que longtemps après la mort ; mais cela n'empêche pas la responsabilité des personnes chargées par la loi de déclarer le décès, dans le cas où la déclaration, faite tardivement, par négligence ou calcul, aurait occasionné des maladies à des voisins, ou servi à recéler ou cacher le cadavre d'une personne homicidée ou morte des suites de coups ou blessures (art. 1382, 1383 du Code civil et art. 359 du Code pénal).

Il n'y a pas de délai légal à observer pour demander à l'officier de l'état civil de publier la promesse d'un mariage projeté, publication qui doit être faite le dimanche.

Il n'y en a pas non plus pour le choix, par les parties, du jour de la célébration du mariage, lorsque les futurs époux réunissent les conditions légales voulues et que toutes les formalités préalables ont été remplies. Cependant, les usages veulent que l'officier de l'état civil, à qui il appartient de fixer l'heure, soit prévenu, dans ce cas, deux ou trois jours à l'avance, pour qu'il puisse distribuer le temps de l'exercice de ses fonctions municipales de manière à faire face en temps opportun à tous les services dont il est chargé.

Sauf en ce qui concerne les actes de publications de mariage qui ne peuvent être faits que le dimanche, d'après l'article 63 du Code civil, et qui se font, du reste, hors de la présence des parties, le maire peut se refuser de dresser des actes d'état civil le dimanche et les jours de fête légale, attendu que le repos des fonctionnaires a été fixé par l'article 57 de la loi du 18 germinal an X aux jours de dimanche et de fêtes reconnues par le Concordat. Les jours légalement fériés sont, d'après l'indult publié par le gouvernement, le 29 germinal an X, les jours de l'Ascension, de l'Assomption, de la Toussaint et de Noël. Un ancien usage consacré par un avis du Conseil d'État du 13 mars 1810 a ajouté le 1ᵉʳ janvier. Les lois des 6 juillet 1880 et 8 mars 1886 ont encore ajouté la fête nationale du 14 juillet, le lundi de Pâques et le lundi de la Pentecôte.

Dans l'intérêt de la salubrité, il est accordé, néanmoins, dans les villes, certaines heures de la journée des dimanches et fêtes pour la déclaration des décès.

Les parties doivent tenir compte de la fermeture des bureaux de l'état civil les jours de dimanches et fêtes, pour ne pas s'exposer à voir écoulé le délai à elles accordé sans qu'elles se soient acquittées de leurs obligations.

En semaine, les bureaux sont ouverts aux heures fixées par le maire, suivant les exigences des services municipaux ; elles sont ordinairement indiquées par des inscriptions extérieures ou par affiche. En général, les heures pendant lesquelles les bureaux sont ouverts au public sont celles de la durée des jours les plus courts de l'année, c'est-à-dire de huit heures du matin à quatre heures du soir.

13. — *Délai dans les lazarets.*

Dans les lazarets, les naissances et décès doivent être déclarés immédiatement.

14. — *Délai à l'armée, en dehors du territoire de la République.*

A l'armée, en dehors du territoire de la République, le délai accordé pour les déclarations de naissance est de dix jours (art. 92 du Code civil). Le Code civil n'a pas fixé de délai pour la rédaction de l'acte constatant le décès d'un militaire à l'armée.

15. — *Délai en cas de naissance ou décès pendant un voyage en mer.*

Les actes constatant les naissances et décès survenus pendant un voyage en mer doivent être dressés dans les vingt-quatre heures (art. 59 et 86 du Code civil. — Voyez n°s 9 et 16 pour l'obligation de remettre expédition de ces actes au consul de France ou au préposé à l'inscription maritime de la résidence du premier port abordé).

16. — *Délai en Algérie, dans les colonies françaises, dans les pays de protectorat et à l'étranger.*

Les délais pour les déclarations d'état civil en Algérie, dans les colonies et dans les pays de protectorat ont été fixés par les actes législatifs ou administratifs relatifs à ces divers pays.

A. Ces délais sont les mêmes qu'en France dans les pays suivants, où le Code civil a été appliqué sans modification sous ce rapport :

— En Algérie, en ce qui concerne les Français et les autres individus chrétiens ou israélites, en vertu de l'ordonnance royale du 22 juillet 1834, qui a déclaré l'Algérie possession française, ce qui a emporté de plein droit l'application des lois françaises au sol conquis (sauf le statut personnel des indigènes musulmans maintenus par les termes de la capitulation), ainsi que l'a reconnu la Cour de cassation dans un arrêt du 25 janvier 1883 ;

— En Algérie encore, en ce qui concerne les naissances et décès des indigènes musulmans habitant le Tell, en vertu de la loi du 23 mars 1882 ;

(Observation. — Le mariage des indigènes musulmans, contracté sans le concours de l'officier de l'état civil, doit être déclaré dans les trois jours, conformément à la loi sus-indiquée du 23 mars 1882.)

— A la Martinique, en vertu de l'arrêté colonial, en date du 16 brumaire an XIV, qui a promulgué le Code civil dans la colonie ;

— A la Guadeloupe, en vertu de l'arrêté des trois magistrats représentant le gouvernement français, en date du 7 brumaire an XIV, qui a promulgué le Code civil dans la colonie ;

— A la Réunion, en vertu de l'arrêté du gouverneur, en date du 25 vendémiaire an XIV, qui a aussi promulgué le Code civil dans la colonie ;

— A la Guyane, en vertu de l'arrêté du gouverneur, en date du 1er vendémiaire an XIV, promulguant le Code civil ;

— A Saint-Pierre et Miquelon, en vertu de l'ordonnance royale du 26 juillet 1833 ;

— A Mayotte et Nossi-Bé, suivant l'ordonnance du 26 août 1847 ;

— Dans les établissements français de l'Inde, en ce qui concerne les individus autres que les natifs, les Asiatiques et les musulmans, suivant l'arrêté du gouverneur, en date du 6 janvier 1819 ;

— En Cochinchine, en ce qui concerne les Européens, les chrétiens ou Israélites et individus autres que les musulmans, Annamites et Asiatiques, suivant décret du 25 juillet 1864 et arrêtés du gouverneur, en date des 21 décembre 1864 et 23 août 1871 ;

— A la Nouvelle-Calédonie, en vertu d'un arrêté du gouverneur du 17 octobre 1862 et du décret du 28 novembre 1866 ;

— Dans les Établissements français de l'Océanie, aux termes des décrets des 18 août 1868 et 6 octobre 1882, et d'un arrêté du commandant des Établissements du 27 mars 1874.

B. Dans les Établissements français de l'Inde, les natifs ont un délai de dix jours pour les déclarations d'accouchement, de huit jours pour les déclarations de décès et de quinze jours pour la déclaration de leur mariage, contracté sans le concours de l'officier d'état civil (décret du 24 avril 1880).

C. En Cochinchine, les Annamites et les autres Asiatiques ont un délai de huit jours pour les déclarations de naissance, trois jours pour les déclarations de décès, et de trois jours aussi pour la déclaration de leur mariage, contracté également sans le concours de l'officier d'état civil (décret du 3 octobre 1883).

D. Au Cambodge, les déclarations d'état civil à faire par les Français et les Européens devant le résident de la province doivent être faites conformément à la loi française, suivant les prescriptions de l'article 48 du Code civil, la décision du gouverneur général de la Cochinchine, en date du 27 octobre 1884, n'ayant pas dérogé à la règle générale dans sa disposition relative à ce sujet (art. 18 de la décision).

— Le délai accordé aux natifs du même pays pour les déclarations de naissance et décès à faire par eux au maire de la commune, suivant l'article 42 de ladite décision, est déterminé par un arrêté du gouverneur (induction de cet article).

E. En Annam et au Tonkin, les règles à suivre par les indigènes et autres Asiatiques sont les mêmes que celles applicables aux indigènes et autres Asiatiques de la Cochinchine (arrêté du gouverneur général de l'Indo-Chine du 30 décembre 1888).

F. Au Sénégal, le délai accordé pour faire les déclarations de naissance est de cinq jours (arrêté du gouverneur, en date du 5 novembre 1830, promulguant le Code civil avec modification).

G. A Madagascar, les déclarations de naissance et décès à faire par les Français aux résidents, vice-résidents et chanceliers compétents, au lieu et place des consuls, aux termes de la loi du 6 mars 1886, qui a approuvé le traité conclu avec la reine de Madagascar le 17 décembre 1885, et du décret du 11 mars 1886, doivent être faites conformément aux règles du Code civil (art. 48 dudit Code).

H. En Tunisie, les déclarations de naissance et de décès doivent être faites dans un délai de trois jours, lequel est augmenté d'un jour par myriamètre de distance entre le lieu de la naissance ou du décès et celui de la résidence de l'officier de l'état civil (art. 21 et 41 du décret du bey de Tunis, en date du 27 ramadan 1303 — 29 juin 1886).

Quant aux délais pour les déclarations d'état civil à faire à l'étranger par les Français devant les consuls de France, ils sont aussi les mêmes qu'en France. Les capitaines des bâtiments qui abordent dans le port de la résidence de ces consuls ont, d'autre part, l'obligation de leur remettre immédiatement deux expéditions de chacun des actes de naissance et de décès rédigés pendant le cours de la navigation (art. 60 et 87 du Code civil ; art. 1ᵉʳ et 4 de l'ordonnance royale du 23 octobre 1833).

17. — *L'officier de l'état civil ne doit dresser aucun acte après l'expiration du délai légal des déclarations pour les naissances, ni après l'inhumation des défunts pour les décès.*

L'officier de l'état civil ne pouvant agir pour la rédaction des actes que par suite de la comparution des parties devant lui (art. 35 du Code civil) n'est pas responsable des retards quand les parties ne remplissent pas leurs obligations à cet égard. Il ne peut que les avertir officieusement lorsque quelques circonstances particulières lui font craindre qu'elles ne s'exposent involontairement aux conséquences fâcheuses d'une contravention.

Une fois le délai légal de déclaration expiré, l'acte de naissance ne peut plus être inscrit sur le registre, et l'officier de l'état civil engagerait gravement sa responsabilité s'il dressait l'acte après ce délai. L'omission des parties ne peut être réparée que par un jugement rendu en grande connaissance de cause (avis du conseil d'État du 12 brumaire an XI).

Quant à l'infraction aux prescriptions de la loi concernant le délai dans lequel un décès doit être déclaré, elle n'entraîne pas de plein droit défense à l'officier de l'état civil de dresser l'acte, et si le corps n'a pas encore été inhumé et se trouve toujours sur le territoire de sa commune, il doit même dresser l'acte de décès, avant la signature duquel il ne pourrait délivrer le permis d'inhumer indiqué en l'article 77 du Code civil. La responsabilité de la déclaration tardive ne sera encourue que par ceux à qui incombait le devoir de déclarer le décès. Ce n'est que lorsque l'inhumation a eu lieu ou que le corps a disparu d'une autre manière que l'officier de l'état civil n'est plus compétent pour dresser l'acte (1).

Le maire, en sa qualité d'officier de police judiciaire, a le droit et le devoir de signaler au procureur de la République l'omission d'une déclaration de naissance et l'omission de la déclaration du décès d'une personne déjà inhumée ou transportée hors de la commune, afin que cette omission puisse être réparée au plus tôt, l'ajournement ne pouvant que rendre la situation plus périlleuse pour les contrevenants et pour la famille de la personne dont la naissance ou le décès n'a pas été enregistré (art. 9 et 29 du Code d'instruction criminelle).

---

(1) Par exception, en Cochinchine, au Cambodge, en Annam, au Tonkin et dans d'autres établissements français de l'Inde, l'acte de décès d'un natif ou autre Asiatique peut être dressé dans le délai assigné par la loi, bien que l'inhumation ait déjà été faite en vertu de l'autorisation donnée par l'autorité compétente (autre que l'officier d'état civil).

CHAPITRE IV

DES REGISTRES DESTINÉS A L'INSCRIPTION DES ACTES DE L'ÉTAT CIVIL

18. — *Défense d'inscrire les actes sur des feuilles volantes.*

Les actes de l'état civil ne doivent pas être écrits sur des feuilles volantes (art. 52 du Code civil et art. 192 du Code pénal).

19. — *Obligation d'employer des registres.*

Les actes de naissance, mariage et décès doivent être inscrits sur des registres tenus, soit pour les trois sortes d'actes réunies, soit pour chaque sorte d'actes.

A l'armée, les registres n'ont qu'un exemplaire (art. 90 du Code civil).

Sur mer, les actes de naissance et décès sont dressés sur le rôle d'équipage (art. 59 et 86 du Code civil).

Aucune disposition législative ou d'administration publique n'a réglementé la tenue de l'état civil dans les lazarets. En général, dans tout lazaret, il n'y a qu'un registre qui ne sort pas du lazaret et qui reste toujours ouvert. Il n'est coté ni paraphé par aucune autorité avant d'être mis en usage, et les feuilles dont il est composé ont été timbrées à l'extraordinaire.

Dans les consulats, les registres sont tenus en double exemplaire (ordonnance royale du 23 octobre 1833, art. 2).

Dans les communes de France, et en Algérie pour ce qui concerne les individus autres que les indigènes musulmans, chaque sorte d'actes a ou n'a pas de registre distinct, suivant qu'elles ont ou n'ont pas une population nombreuse, et suivant qu'il en a été décidé par l'administration préfectorale ; mais, dans tous les cas, les actes de naissance, mariage et décès doivent y être écrits en registres doubles (art. 40 du Code civil).

En Algérie encore, pour l'état civil des indigènes musulmans, chaque sorte d'acte devant être dressée sur formule imprimée (art. 17 de la loi du 23 mars 1882) a nécessairement un registre spécial qui doit être aussi tenu double.

Dans les colonies françaises, les actes de naissance, mariage et décès sont dressés sur registres triples en exécution des prescriptions de l'article 10 de l'édit de juin 1776 concernant le dépôt des papiers publics des colonies, lesquelles prescriptions sont toujours en vigueur.

Dans les communes de France et d'Algérie, comme dans les consulats et dans les colonies, les actes de publications de mariage sont inscrits sur un registre simple (art. 63 du Code civil et art. 14 de l'ordonnance royale du 23 octobre 1833).

Les registres tenus à l'armée sont exempts du droit et de la formalité du timbre, conformément aux dispositions de l'article 16 de la loi du 13 brumaire an VII.

Ces derniers registres et les rôles d'équipage sur lesquels s'inscrivent les actes des naissances et décès survenus en mer restent ouverts tant que les corps de militaires auxquels ils sont affectés ne sont pas rentrés en France, ou tant que le navire n'est pas rentré au port de désarmement. Ils sont ensuite déposés en France dans les archives indiquées aux nᵒˢ 30 et 31 ci-après.

20. — *Les registres employés dans les communes de France et dans les consulats doivent être composés de papier timbré.*

Les feuilles dont les registres de l'état civil sont composés dans les communes du France et dans les consulats doivent être en papier timbré, comme le portait l'article 2 de titre 2 de la loi du 20 septembre 1792 et comme le prescrivent les termes généraux du dernier alinéa de l'article 12 de la loi du 13 brumaire an VII, actuellement en vigueur. L'inobservation de cette prescription ferait encourir par l'officier de l'état civil une amende de vingt francs pour chaque acte écrit sur les registres (même loi du 13 brumaire an VII, art. 26, nᵒ 5, modifiée sur ce point par l'article 10 de la loi du 16 juin 1824).

Sauf pour les grandes villes, où les registres sont formés de grand papier, les registres sont habituellement composés avec du moyen papier ou papier d'expédition dont le prix est actuellement de un franc quatre-vingts centimes la feuille d'après le tarif déterminé par la loi du 13 brumaire an VII (art. 8 et 15), par la loi du 2 juillet 1862 (art. 17) et par la loi du 23 août 1871.

21. — *Frais du timbre et du cartonnage des registres employés dans les communes.*

La dépense du papier timbré et du cartonnage dont les registres doivent être recouverts conformément aux instructions du ministre de l'intérieur du 7 août 1872 sont à la charge de la commune (loi du 5 avril 1884, art. 136, n° 4).

22. — *Cote et paraphe des registres avant leur emploi.*

Avant d'être mis en service, les registres doivent avoir été cotés par premier et dernier feuillet et paraphés sur chaque feuillet, savoir : ceux qui vont servir dans une commune de France par le président du tribunal de première instance, ou par le juge qui le remplacera (art. 41 du Code civil); ceux qui vont servir à l'armée, en dehors du territoire de la République, par le chef ayant l'administration du corps auquel le registre est affecté (art. 91 du Code civil); ceux qui vont servir dans les consulats par le consul (art. 2 de l'ordonnance royale du 23 octobre 1833). Dans les communes de France et dans les consulats, les registres doivent avoir été composés d'un nombre de feuilles suffisant pour l'enregistrement de tous les actes à recevoir du premier janvier au trente et un décembre suivant, époque à laquelle ils seront clos d'après l'article 43 du Code civil.

23. — *Registres supplémentaires employés dans les communes de France et dans les consulats.*

Dans le cas où, le nombre des actes reçus dans les communes de France ou dans les consulats ayant dépassé les prévisions, les registres deviendraient insuffisants, il y aurait lieu de se pourvoir de registres supplémentaires composés du nombre de feuilles de papier timbré du même format, jugé nécessaire pour le reste de l'année. Les feuillets de ces suppléments auraient également à être au préalable cotés et paraphés comme les registres primitifs auxquels ils seraient rattachés à la fin de l'année.

Si les actes de naissance, mariages et décès ont été dressés sur des registres différents, il faut que les suppléments soient également distincts par nature d'actes.

24. — *Soins à prendre par l'officier de l'état civil dans les communes pour que les registres soient prêts en temps utile.*

Il appartient à l'officier de l'état civil de prendre à l'avance les mesures nécessaires pour assurer le service dans sa commune sans interruption et en temps convenable, sous peine de dommages-intérêts envers les intéressés (art. 1382, 1383, 1384 du Code civil).

Si donc le préfet du département est du nombre de ceux qui laissent aux communes les soins des mesures en question, le maire de la commune où les registres sont à employer devra, au moyen de mandats délivrés au receveur municipal sur l'article du budget communal affecté à la dépense des registres de l'état civil, faire acheter les feuilles de papier timbré, les faire cartonner, mettre sur la première feuille le titre nécessaire, numéroter en toutes lettres chaque feuillet des registres et soumettre ces registres au visa et au paraphe du président du tribunal ou du juge délégué, en temps opportun.

Dans les colonies, c'est le Directeur de l'intérieur qui a mission de pourvoir aux mesures à prendre, sur la demande des maires, pour l'exécution du service, suivant les termes des ordonnances organiques des colonies, indiquées ci-après, n° 51, alinéa 6°.

25. — *Clôture des registres des communes et consulats à la fin de l'année, ou avant s'ils sont déjà entièrement remplis.*

En France et dans les consulats, dans la matinée du premier janvier, tous les registres qui étaient en service à la fin de l'année précédente seront clos et arrêtés par l'officier de l'état civil ou par le consul (art. 43 du Code civil, art. 9 de l'ordonnance royale du 23 octobre 1833) au moyen d'une mention, signée de lui et datée, indiquant le nombre des actes y contenus et mise immédiatement après l'inscription du dernier acte.

Une mention analogue doit être inscrite, avec la date du jour où le registre a cessé d'être employé, chaque fois qu'un registre est complètement rempli avant la fin de l'année.

S'il arrivait qu'aucun acte n'eût été inscrit depuis le commencement de l'année, le registre, resté en blanc, n'en devrait pas moins être clos et arrêté, avec mention qu'il n'y a eu dans l'année aucun acte à inscrire.

Mais si un registre supplémentaire est resté en blanc, parce que le registre primitif a suffi à la réception des actes de l'année entière, ce qui doit être constaté sur ce registre primitif par la date de sa clôture postérieure au trente et un décembre, le registre supplémentaire n'a pas besoin d'être revêtu d'une mention de clôture ou autre. Il peut, au moyen d'un nouveau visa préalable du président du tribunal (ou du consul, à l'étranger), servir dans une autre année.

26. — *Clôture des registres courants tenus dans la commune, en cas de décision judiciaire prescrivant de les produire au tribunal.*

Une mention de clôture devrait être mise aussi, avec indication de sa cause, à la suite du dernier acte inscrit sur un registre courant dont les cours ou tribunaux auraient ordonné l'apport à leurs greffes pour l'instruction des causes soit civiles, soit criminelles qui y sont portées (ordonnance royale du 18 août 1819, art. 1er et 2).

Dans ce cas et dans la quinzaine de la signification de la sentence de la justice, il y aurait lieu aussi à l'emploi de registres supplémentaires disposés comme dans les cas ci-dessus prévus (art. 1er de ladite ordonnance). Quant aux frais qu'ils occasionneraient, ils ne seraient qu'avancés par la commune : les cours et tribunaux devant les comprendre dans la liquidation des frais et dépens à payer par la partie qui succombe. Dans le cas d'insolvabilité de cette partie, la dépense serait remboursée par la Régie des Domaines et de l'Enregistrement (même ordonnance, art. 3 et 4).

(Voyez, pour la table des actes, le n° 28, paragraphe G ci-après.)

27. — *Numérotage des actes et inscription marginale des noms.*

A chaque page des registres et de leurs suppléments, il doit être laissé, à la gauche, une marge de la largeur du quart du papier, tant pour l'inscription des renvois et l'approbation des ratures prévus par l'article 42 du Code civil que pour les mentions à faire dans les cas indiqués en l'article 49 dudit Code.

Chaque acte inscrit doit être numéroté (art. 1er de l'ordonnance royale du 26 novembre 1823). Le numéro s'inscrit en tête et en marge de l'acte. Lorsqu'il y a des suppléments au registre, les numéros des actes inscrits sur ces suppléments doivent continuer la série des numéros du registre initial pour éviter toute confusion dans la table unique dont il va être parlé dans l'article 28.

Au-dessous du numéro d'ordre, il est d'usage de mettre le nom de l'individu qui fait l'objet de l'acte, soit pour les naissances le nom du nouveau-né, pour les mariages les noms des deux époux et pour les décès le nom du défunt. Cette indication, qui doit tenir très peu de place, en tête de l'acte, abrège le temps des recherches lorsqu'il y a lieu de recourir aux actes pour en faire des expéditions ou pour inscrire en marge quelqu'une des mentions dont il vient d'être parlé.

28. *Table des actes inscrits dans les communes et dans les consulats.*

A. Dans le mois qui suit la clôture des registres de l'année précédente, l'officier de l'état civil doit dresser la table alphabétique des actes contenus dans ces registres (art. 1er et 2 du décret du 20 juillet 1807). Il doit y avoir une table distincte pour chaque espèce d'actes (art 10 du même décret), et cette table doit comprendre dans un seul ordre alphabétique les actes inscrits, tant sur le registre commencé le 1er janvier que sur les suppléments qui peuvent y avoir été ajoutés jusqu'à la fin de l'année. Si les actes de naissance, mariage et décès sont inscrits sur un seul registre, la table sera divisée en trois parties, de manière à donner d'abord la table des naissances, ensuite la table des mariages et, dans la dernière partie, la table des décès (art. 10 du décret ci-dessus relaté). Pour les actes de mariage ou pour les actes de publications de mariage, le nom de chacun des époux ou des futurs époux doit être inscrit séparément à son rang alphabétique.

B. Lorsque les actes n'ont pas épuisé les feuilles dont le registre est composé, y compris ses suppléments, on écrit la table sur le dernier des feuillets restés blancs, ce qui a l'avantage de rendre cette table inséparable des actes auxquels elle se rapporte.

C. Dans le cas où le registre ne laisserait plus, à la suite du dernier acte inscrit et de la clôture rapportée immédiatement après, l'espace nécessaire pour dresser la table en question, en ce qui concerne les actes de naissance, mariage et décès, cette table devrait être faite sur une feuille de papier timbré, de même format, s'il est possible, que le registre, et fixée à ce registre. Ce papier doit être le papier timbré qui est débité par la Régie de l'Enregistrement et du Timbre (art. 17 et 18 de la loi du 13 brumaire an VII ; solution de l'Administration de l'Enregistrement et du Timbre du 12 octobre 1864). Les feuilles destinées à la confection de la table n'ont pas besoin d'être visées ou paraphées par le président du tribunal de première instance ou par le consul ; cette formalité ne s'applique qu'au papier destiné à l'inscription des actes.

D. La table des actes de publications de mariage n'est pas prescrite par la loi ; elle est néanmoins dressée pour rendre facile la vérification que doit faire, de tous les registres, le procureur de la République, en ce qui concerne les actes rédigés dans les communes, et pour faciliter les recherches en ce qui concerne les actes dressés dans les consulats ; mais, en raison de cette destination, elle n'est pas soumise au timbre. Si donc il n'y a plus assez de papier blanc sur le registre, à la suite de la clôture des actes de publications, cette table spéciale peut être faite sur papier libre. Elle doit être fixée à ce registre.

E. Dans tous les cas, les tables doivent être certifiées exactes et signées par l'officier de l'état civil.

F. L'adjoint spécial qui a rempli les fonctions d'officier de l'état civil dans sa circonscription, en conformité de l'article 75 de la loi du 5 avril 1884, doit le 1er janvier, comme il a été dit n° 6 ci-dessus, déposer au chef-lieu de la commune, après les avoir clos, les registres sur lesquels il a dressé les actes de l'année précédente, afin que le maire puisse remplir, à l'égard de ces registres, les formalités ci-dessus indiquées. Les pièces déposées par les parties, pour y être annexées, doivent y être jointes (loi du 18 floréal an X, art 4).

G. Lorsque les registres sont déposés au greffe du tribunal avant la fin de l'année, dans le cas de décision judiciaire indiqué n° 26 ci-dessus, la table est faite dans les conditions qui précèdent pour tous les actes qui ont été inscrits sur les registres jusqu'au jour de leur clôture. La table mise à la suite du nouveau registre employé à partir de ce moment jusqu'à la fin de l'année ne comprend alors que les actes inscrits dans ce nouveau registre, pour éviter un double emploi.

H. Les tables décennales, dont parle l'article 1er du décret du 20 juillet 1807, sont dressées par les greffiers des tribunaux de première instance (art. 3 du même décret). Une expédition timbrée en est délivrée à la commune qui doit en payer les frais (art. 7 du même décret).

29. — *Dépôt des registres tenus dans les communes de France et des pièces y annexées. Exception pour les expéditions d'actes propres à la reconstitution de l'état civil de Paris.*

A. Avant la fin du mois de janvier, le maire doit avoir fait parvenir au greffe du tribunal de première instance de l'arrondissement, tant pour ce qui concerne le chef-lieu de la commune que pour la fraction dans laquelle un adjoint spécial a rempli les fonctions d'officier de l'état civil lorsqu'il y a lieu (loi du 18 floréal an X), l'un des doubles des registres des naissances, mariages et décès, et le registre des actes de publications de mariage ; l'autre double des naissances, mariages et décès, reste déposé aux archives de la commune (art. 43 du Code civil). Ces registres doivent avoir été préalablement complétés par les tables alphabétiques annuelles dont il est question ci-dessus.

Par suite de ce dépôt, le greffier du tribunal de première instance peut délivrer des expéditions authentiques des actes de l'état civil (art. 45 du Code civil).

B. Les procurations et autres pièces qui ont été produites, conformément à la loi, pour la confection des actes, doivent être jointes aux registres envoyés au greffe du tribunal (art. 44 du Code civil), sauf l'exception résultant de l'accomplissement des lois des 12 février 1872, 5 juin 1875 et 3 août suivant, sur la reconstitution des actes de l'état civil de Paris, lesquelles exigent de transmettre au président de la commission instituée pour cette reconstitution les expéditions d'actes détruits, qui sont déposées aux fonctionnaires publics pour en faire usage. (Voyez n° 54 ci-après.)

Les pièces annexées aux actes font partie intégrante des registres. En conséquence, le greffier du tribunal de première instance, qui en est dépositaire, pourra en délivrer des expéditions qui auront la valeur déterminée par l'article 1335 du Code civil.

C. Les pièces annexées aux actes ne pouvant pas, matériellement, en raison de leurs formats différents et de leur volume, être fixées aux registres, dont ils rendraient, d'ailleurs, le rangement et l'emploi impossibles, il est d'usage d'en composer trois liasses correspondant aux trois espèces d'actes pour lesquelles elles ont été produites.

D. Il importe que chaque pièce, qui a dû, au moment de sa production, être paraphée par la partie produisante et par l'officier de l'état civil, conformément à l'article 44 du Code civil, porte sur la première page, en signes de formes et, au besoin, de couleurs différentes du contexte, pour ne pas être confondus avec lui, ou, en cas d'obstacles, sur une fiche y adaptée, le nom de l'individu, le numéro et l'espèce de l'acte auxquels elle se rapporte. Dans les communes importantes où ces pièces sont nombreuses, elles sont, pour éviter toute chance de perte, accompagnées d'un bordereau indiquant, pour chaque registre, le nombre des pièces produites et le numéro de l'acte auquel elles se rattachent.

E. En cas de retard dans le dépôt des registres et pièces au greffe, l'officier de l'état civil serait exposé à être poursuivi devant le tribunal de première instance, et condamné à une amende pouvant s'élever jusqu'à cent francs (art. 50 du Code civil).

F. Le greffier doit constater le dépôt sur un registre spécial, dont la tenue a été prescrite par décision du ministre de la justice, en date du 24 décembre 1814, et la personne qui a fait le dépôt a droit d'assister à cet enregistrement, qui couvre la responsabilité de l'officier de l'état civil, à moins que le greffier ne donne immédiatement récépissé du dépôt. Ce récépissé a été déclaré exempt de la formalité du timbre par deux décisions du ministre des finances, en date des 24 septembre 1808 et 28 juin 1822.

G. Il est d'usage que le maire, dans tous les cas, informe de l'accomplissement de ce dépôt le procureur de la République, avec lequel il peut correspondre en franchise par lettre mise à la poste sous bandes contresignées, en vertu de l'ordonnance royale du 17 novembre 1844.

Observation. — C'est en déposant au greffe du tribunal ces registres et pièces, qu'on a l'habitude d'y déposer aussi, conformément à l'article 10 de la loi du 15 juillet 1889 et à l'article 63 du Code civil auquel cette loi renvoie, le registre de publication de recensement des jeunes gens de vingt ans qui ont été appelés, dans l'année écoulée, à prendre part au tirage au sort de la classe à laquelle ils appartiennent, pour le recrutement de l'armée.

30. — *Dépôt des registres tenus à l'armée.*

A l'armée, en dehors du territoire de la République, les registres tenus comme il est dit aux nᵒˢ 3 et 19 ci-dessus sont conservés de la même manière que les autres registres des corps et états-majors, et déposés aux archives de la guerre à la rentrée des corps ou armées sur le territoire de la République (art. 90 du Code civil).

En ce qui concerne les officiers publics compétents pour délivrer des expéditions des actes inscrits sur ces registres, voyez nᵒ 8 ci-dessus.

31. — *Dépôt des rôles d'équipage contenant des actes de l'état civil dressés sur mer.*

Les rôles d'équipage sur lesquels ont été dressés les actes constatant des naissances ou décès survenus pendant un voyage en mer sont, à l'arrivée du bâtiment dans le port de désarmement, déposés au bureau du préposé à l'inscription maritime, qui envoie expédition des actes à l'officier de l'état civil du domicile du père de l'enfant nouveau-né, ou de la mère si le père est inconnu, et à l'officier de l'état civil du domicile de la personne décédée (art. 61 et 87 du Code civil).

Les rôles d'équipage tenus sur les navires de l'Etat sont exempts de timbre d'après l'article 16 de la loi du 13 brumaire an VII.

Les feuilles des rôles d'équipage des bâtiments de commerce sont vendues au profit de la caisse des invalides de la marine et frappées du timbre de soixante centimes, institué par l'art. 11 de la loi de finances du 21 mai 1885.

Le droit de délivrer des expéditions des actes inscrits sur ces rôles n'appartient qu'à l'officier de l'état civil qui a transcrit sur ses registres les expéditions à lui transmises, ainsi qu'il a été dit ci-dessus, nᵒ 9.

32. — *Dépôt des registres de l'état civil tenus dans les consulats, en Algérie, dans les colonies françaises et dans les pays de protectorat.*

Les registres des actes de naissance, mariage et décès concernant des Français en résidence à l'étranger sont arrêtés par les consuls le 1ᵉʳ janvier de l'année suivante, comme il est dit nᵒ 25 ci-dessus. Un double de chaque registre reste déposé à la chancellerie du consulat avec les procurations, consentements et autres pièces produites par les parties. L'autre double des registres est transmis, dans ledit mois, au ministre des affaires étrangères (art. 9 et 16 de l'ordonnance royale du 23 octobre 1833).

Le registre des publications de mariage, tenu simple, coté et paraphé comme les registres de naissance, mariage et décès, clos et arrêté comme eux à la fin de l'année, reste, en l'absence de prescriptions réglementaires, également déposé aux archives du consulat, en vertu d'un usage dont témoignent MM. de Clercq et de Vallat dans leur *Guide pratique des consulats.*

Il convient de remarquer que le dépôt des registres des consuls, au ministère des affaires étrangères, n'étant pas l'exécution d'une loi, le ministre est dépourvu du titre de dépositaire légal et, par suite, n'est pas compétent pour délivrer des expéditions authentiques des actes contenus dans ces registres : les expéditions délivrées par lui ne peuvent valoir que comme renseignement.

Les registres tenus en Algérie restent déposés : un double dans les archives du bureau du fonctionnaire qui a dressé les actes; l'autre double et le registre des publications, au greffe du tribunal de première instance de la circonscription dans laquelle se trouve la localité, ou de la circonscription la plus voisine si cette localité appartient au territoire militaire (arrêté du gouverneur général du 29 septembre 1848).

Les registres tenus dans les colonies sont déposés à la fin de chaque année : un exemplaire aux archives de la localité où les actes ont été dressés, et un autre exemplaire au greffe du tribunal de première instance. Le troisième exemplaire, déposé entre les mains du fonctionnaire délégué à cet effet par le gouvernement, est transmis par ses soins au ministre dans le département duquel est placé le service des colonies pour être rangé, conformément à l'édit de juin 1776, au dépôt des archives coloniales (établi à Paris), où des expéditions authentiques peuvent en être délivrées à tous ceux qui le demandent, contre le remboursement des droits de timbre et d'un droit d'expédition. Le tarif fixé par le décret du 12 juillet 1807 (dont il sera question sous le nᵒ 72 ci-après) n'étant applicable qu'aux expéditions délivrées en France par les officiers d'état civil et par les greffiers des tribunaux de première instance, il semble que le droit d'expédition à percevoir ici par l'Etat doit être celui de 75 centimes du rôle, fixé par l'article 37 de la loi du 7 messidor an II, concernant les expéditions tirées des dépôts publics. Les expéditions délivrées dans les colonies par les fonctionnaires dépositaires des registres sont payées au taux fixé par le décret du 12 juillet 1807, à moins que le gouverneur de la colonie où la pièce est délivrée, usant de ses pouvoirs, n'ait établi un tarif particulier, comme l'a fait, par un arrêté du 11 juillet 1865, le gouverneur de la Cochinchine, qui a fixé le droit dû à 75 centimes pour l'expédition d'un acte de naissance, de décès ou de publication de mariage, et à 1 fr. 50 pour l'expédition d'un acte de mariage ou d'adoption.

Les registres tenus dans les pays de protectorat sont déposés aux lieux indiqués par les lois et décrets qui régissent le pays. Ces lois et décrets déterminent aussi les conditions à observer dans la délivrance des expéditions desdits actes pour qu'elles aient le caractère authentique, et ils en fixent le prix. En Tunisie, ce prix a été fixé par un décret beylical du 15 moharrem 1304 (13 octobre 1886). Il est, en ce qui concerne les expéditions émanant des contrôleurs civils français et du greffier du tribunal de première instance, de 1 franc pour les actes de naissance et décès, de 1 fr. 50 pour les actes de mariage. Le droit à payer, pour la légalisation faite par le président du tribunal, est fixé à 25 centimes.

CHAPITRE V

DES ÉNONCIATIONS QUI DOIVENT ÊTRE INSÉRÉES DANS TOUS LES ACTES, DE LA LANGUE
A EMPLOYER ET DES FORMES A SUIVRE POUR LA VALIDITÉ ET LA RÉGULARITÉ DES
ACTES.

33. — *Langue à employer dans les actes.*

Nul acte public ne peut, dans quelque partie que ce soit du territoire de la République, être écrit qu'en langue française, sous peine de six mois d'emprisonnement et de destitution contre le fonctionnaire ou officier public contrevenant (loi du 2 thermidor an II).

REMARQUE. — En Algérie, les déclarations d'état civil des indigènes musulmans sont faites en arabe (art. 17 de la loi du 23 mars 1882). Dans les colonies et dans les pays de protectorat, les actes concernant les indigènes sont rédigés dans la langue du pays. Une traduction française en est faite, dans l'Inde, sur le double registre déposé au greffe du tribunal (décret du 20 avril 1880). Il en est de même en Cochinchine, en Annam et au Tonkin (décret du 3 octobre 1883 et arrêté du gouverneur général de l'Indo-Chine du 30 décembre 1888). Cependant, en Tunisie, les actes d'état civil sont dressés en langue française (décret beylical du 27 ramadan 1303 — 29 juin 1886, art. 4).

34. — *Date et heure de l'acte.*

Les actes de l'état civil, autres que ceux de mariage, doivent être dressés immédiatement lorsque les déclarants et témoins qui se présentent devant l'officier de l'état civil ont rempli les obligations auxquelles ils sont tenus, c'est-à-dire s'ils représentent l'enfant nouveau-né, pour une naissance ou pour l'enregistrement de l'accouchement d'un enfant actuellement sans vie, ou si le décès a été régulièrement constaté, quand il s'agit d'un décès, ou si l'acte qu'ils représentent pour en faire la transcription (acte de mariage passé en pays étranger, acte, jugement et arrêt d'adoption, jugement de divorce, etc.) se trouve dans les conditions requises pour être transcrit.

L'officier de l'état civil qui ajournerait la rédaction d'un acte pour lequel les parties et les témoins ont satisfait aux prescriptions de la loi commettrait un délit (Voyez nᵒ 62 ci-après). Il en commettrait un autre en donnant à l'acte une autre date que celle où il est véritablement lu par lui aux parties et témoins et signé par eux. Il s'exposerait ainsi à être poursuivi comme coupable de faux et condamné comme tel (Voyez le nᵒ 62 ci-dessus indiqué.)

Les actes de mariage doivent aussi être dressés à date fixe et signés à cette date ; mais l'officier de l'état civil se réserve ordinairement la fixation de l'heure pour se donner la possibilité de préparer à tête reposée cet acte prévu longtemps à l'avance et qui est trop long pour être dressé en présence des parties.

Tous les actes de l'état civil doivent énoncer l'année, le mois, le quantième du mois et l'heure du jour où ils sont reçus (art. 34 du Code civil). Les actes de publications de mariage doivent encore énoncer le jour de semaine, qui ne peut être qu'un dimanche (art. 63 du Code civil).

35. — *Lieu où l'acte est dressé.*

Ainsi qu'il est dit sous le numéro 1 ci-dessus, c'est à l'hôtel de ville, appelé aussi maison commune, mairie ou municipalité, que doivent être reçus tous les actes d'administration concernant les habitants de la commune.

La loi sur l'état civil, dans ses dispositions applicables à l'intérieur de la France, indique formellement (art. 74 du Code civil) que les mariages seront célébrés dans la maison commune ; elle veut (art. 63 du Code civil) que les publications de mariage soient faites à la porte de la maison commune, et rien, dans les dispositions spéciales aux actes de naissance et de décès ne tend à excepter ces actes de la règle générale d'administration communale dont on vient de parler. Tous les actes de l'état civil doivent donc être dressés à la mairie, comme l'a décidé le jugement du tribunal civil de Laon, en date du 19 janvier 1883, rappelé sous ledit nᵒ 1.

Pour que l'acte de l'état civil, quelle qu'en soit l'espèce, porte en lui-même la preuve qu'il a été passé régulièrement et ne donne prise à aucune attaque admissible sur ce point, il semble en conséquence rationnel d'y énoncer que c'est à la mairie, dite maison commune, ou, lorsque la loi l'autorise (art. 75 de la loi du 5 avril 1884), au domicile de l'adjoint spécial, que la lecture de l'acte a été faite et que les signatures ont été apposées.

36. — *Prénoms, nom et qualité de l'officier de l'état civil, avec indication de la commune, ainsi que du canton, de l'arrondissement et du département dont elle dépend.*

D'après l'article 34 du Code civil, les actes de l'état civil doivent énoncer les prénoms, noms, âges, profession et domicile de tous ceux qui y seront dénommés.

Ces prescriptions ont pour but d'établir aussi bien l'identité de ces personnes que la qualité qu'elles doivent posséder pour figurer dans les actes.

La qualité d'officier de l'état civil ne pouvant être acquise que dans des conditions déterminées par la loi, l'énoncé de cette qualité indique suffisamment que l'âge, la profession et le domicile personnel de celui qui la possède n'ont rien de contraire aux fonctions qu'il exerce. Comme ces circonstances d'état n'ajoutent rien à la compétence du fonctionnaire, il est inutile de les énoncer, l'indication de la qualité d'officier de l'état civil devant en tenir lieu.

Mais en raison de ce que la fonction d'officier de l'état civil peut être exercée à une même époque, soit par le titulaire, soit par la personne qu'il délègue ou par celle qui le remplace de droit en cas d'empêchement (Voyez nᵒˢ 6 et 11 ci-dessus) ; en raison encore de ce que la fonction est exercée souvent par plusieurs titulaires dans une courte période de temps et que le titre qui la confère est un document dont la publicité est limitée à un petit rayon d'étendue et peu retentissante, en sorte que la plupart de ceux qui ont à se servir de l'expédition d'un acte d'état civil ignorent quelle est la personne qui était investie de la fonction au moment où l'acte a été passé, il importe à l'authenticité de la signature apposée par le fonctionnaire au bas de l'acte que l'identité de cette signature soit établie par l'indication, dans l'acte, des prénoms, nom et qualité du fonctionnaire qui a dressé cet acte. Cette indication, conforme à la lettre de l'article 34 du Code civil, rappelé ci-dessus, a été recommandée particulièrement aux maires de Paris par une circulaire de M. le préfet de la Seine, en date du 20 décembre 1880.

Lorsque le fonctionnaire qui agit n'est pas le maire ou, à Paris, un adjoint, il doit énoncer la circonstance (indiquée sous le nᵒ 6 ci-dessus) qui lui donne qualité d'officier de l'état civil.

Quant à l'indication de la commune où l'officier de l'état civil exerce sa fonction, ainsi que celles du canton, de l'arrondissement et du département dont elle dépend, elle est le complément nécessaire de l'énoncé de la qualité du fonctionnaire et doit être portée dans tous les actes qu'il dresse.

Il faut remarquer à ce sujet que si, pour les originaux des actes tous inscrits sur un registre portant, en tête, le nom de la commune, celui de l'arrondissement et celui du département où il est employé, il n'y a pas de doute sur la localité à laquelle ils se rapportent, le même moyen de certitude n'existe pas pour les expéditions, seules pièces dont les intéressés puissent se servir, lesquelles ne font foi, d'après l'article 45 du Code civil que pour ce qui est conforme au texte des actes inscrits sur le registre. Il est donc nécessaire que cette copie contienne dans la reproduction du texte de l'acte ce qui établit l'identité de la commune aussi bien que l'identité de l'officier public.

Cependant, à cause de l'espace restreint que devra occuper sur le registre une mention d'acte quand on l'inscrira en marge d'un acte déjà inscrit, cette mention ne désignera l'officier de l'état civil signataire que par son nom, sa qualité et le nom seul de la commune. (Voyez à ce sujet le nᵒ 59 ci-après. Voyez aussi, pour l'énoncé des titres honorifiques qui peuvent appartenir à l'officier de l'état civil le nᵒ 38 ci-après.)

37. — *Prénoms, noms, âges, professions et domiciles des parties et de leurs manda-dataires, ainsi que des témoins (Remarque sur leur identité).*

Par application du même article 34 et des articles 36 et 37 du Code civil, on doit énoncer les prénoms, noms, âges, professions et domiciles des parties, de leurs fondés de procuration, lorsqu'elles ont la faculté de ne pas comparaître en personne, et des témoins, lorsqu'il doit y en avoir, ce qui est indiqué nᵒ 39 ci-après.

Si quelqu'une de ces personnes possède régulièrement un titre honorifique, on l'énoncera aussi en se conformant aux indications du nᵒ 38 ci-après.

On doit indiquer pour les étrangers le lieu de leur origine ou domicile à l'étranger (circulaire du ministre de l'intérieur du 28 juin 1876). Le lieu où ils séjournent en France ne peut être, du reste, considéré que comme une simple résidence s'ils n'ont pas été admis par autorisation du Président de la République à établir leur domicile en France (art. 13 du Code civil).

Toutes les personnes qui figurent dans les actes ne peuvent y prendre d'autres prénoms et noms que ceux qui se trouvent dans leurs actes de naissance. On ne doit ajouter aucun surnom (loi du 6 fructidor an II).

Cependant l'enfant naturel qui n'a été reconnu par son père que par un acte postérieur à son acte de naissance doit porter le nom de son père quoique ce nom ne soit pas dans l'acte de naissance, et quand même l'acte de reconnaissance n'aurait pas été mentionné en marge de l'acte de naissance où il convient de le faire mentionner. (Voyez nᵒˢ 56 et 58 ci-après.)

Un enfant naturel, qui n'a été reconnu ni par son père ni par sa mère et qu'on n'a désigné que par des prénoms dans son acte de naissance, a aussi le droit de porter le nom de la personne désignée dans cet acte, comme étant sa mère, tant que celle-ci ne s'y est pas opposée par un acte extrajudiciaire, auquel l'enfant a la faculté de contredire, en vertu de l'article 341 du Code civil.

Une personne qui a été adoptée peut encore ajouter à son nom celui de la personne qui l'a adoptée (art. 347 du Code civil).

Enfin, une personne qui a été autorisée à changer de nom, soit par un arrêté du Gouvernement pris en vertu de la loi du 11 germinal an XI et soumis ensuite au tribunal, qui en a ordonné la transcription, soit par jugement définitif des tribunaux, a nécessairement aussi le droit de porter le nouveau nom qui lui a été donné à la place du nom inscrit en son acte de naissance.

Mais, en général, ces additions et modifications sont mentionnées à la réquisition des parties en marge des actes de naissance, en vertu de l'article 49 du Code civil, en sorte que les expéditions d'actes de naissance délivrées postérieurement et reproduisant ces mentions comme le veut la loi (Voyez nᵒ 55 ci-après) suffisent pour constater authentiquement le nom auquel a droit la personne qui a fait l'objet de l'acte de naissance.

L'officier de l'état civil qui craint de voir ses fonctions servir à un faux compromettant les intérêts et l'honneur d'une famille peut essayer discrètement de s'assurer de l'identité des comparants et des témoins, lorsqu'ils ne sont pas connus de lui, et user des moyens à sa disposition pour les retrouver au besoin et pour être renseigné exactement et promptement à leur égard.

Cependant le législateur n'ayant pas donné à l'officier de l'état civil, comme il l'a donné aux notaires par l'article 11 de la loi du 25 ventôse an XI, le droit d'obliger le comparant à se faire assister de témoins qui connaissent celui-ci et qui soient établis dans une localité peu éloignée; d'autre part, l'article 35 du Code civil défendant à l'officier de l'état civil de rien insérer dans les actes que ce qui doit être déclaré par les comparants, ce qui exclut toute mention sur le doute ou la certitude de l'individualité tant des comparants que des témoins, il s'ensuit que l'officier de l'état civil n'est pas responsable du faux qui serait commis par ces personnes à son insu, et qu'il ne pourrait refuser de dresser l'acte de sa compétence faute de justification d'identité, si les comparants se disent habitants de la commune et indiquent leur adresse. Ce n'est que s'il était sûr que les déclarants se présentent sous des noms et avec un domicile supposés qu'il devrait refuser de recevoir leur déclaration et instruire de ce fait le procureur de la République.

En raison de la possibilité de fraudes de ce genre, il est à propos que l'officier de l'état civil ne reçoive pas d'actes lorsque son ministère n'est pas prescrit; par exemple, qu'il ne se prête pas à une déclaration de reconnaissance d'enfant naturel de la part d'une personne non domiciliée dans sa commune, ce qui, au cas de fausses indications dans l'individualité du déclarant, pourrait mettre l'enfant, ceux qui sont intéressés à son état et la personne dont le nom aurait été emprunté dans la nécessité, et peut-être dans l'impossibilité, de faire annuler une reconnaissance pouvant porter atteinte à leurs intérêts les plus chers et à leur considération. Le droit qu'a l'officier de l'état civil de refuser son concours pour une telle reconnaissance sera établi dans la deuxième partie du présent ouvrage. (Voyez nᵒ 125.)

38.—*Indication des titres honorifiques témoignant de services rendus à l'État, et d'autres dûment justifiés.*

La qualité de membre de la Légion d'honneur, celle de décoré de la médaille militaire et tous les autres titres honorifiques témoignant de services rendus à l'État doivent être indiqués à la suite de la désignation des noms de l'officier de l'état civil, des parties, de leurs mandataires et des témoins lorsqu'il y a lieu (circulaire du ministre de la justice du 3 juin 1807 et autres postérieures). On répond à l'esprit de ces instructions en énonçant les titres d'officier d'académie, officier de l'instruction publique, chevalier du Mérite agricole.

Les titres nobiliaires peuvent être aussi énoncés dans les actes quand les personnes qui portent ces titres justifient des actes authentiques qui les leur ont conférés et, en ce qui concerne les décorations étrangères, de l'autorisation de les porter accordée par le Gouvernement français (loi du 28 mai 1858, modificative de l'article 259 du Code pénal, et décret du 5 mars 1859). Il ne suffit pas que le père ait été qualifié d'un titre nobiliaire pour que le fils désigné dans l'acte de naissance ait droit de porter ce titre ou un titre d'un degré inférieur. A moins d'exception, le titre n'est pas héréditaire, et l'exception doit être avant tout vérifiée par la chancellerie du ministère de la justice qui, sur la demande de l'intéressé, délivrera, s'il y a lieu, une pièce en vertu de laquelle le fils pourra porter le titre nobiliaire auquel il a droit. (Circulaire du ministre de la justice du 8 juillet 1874. Voyez ci-après, au sujet des droits de sceau et d'enregistrement applicables aux pièces justificatives des titres nobiliaires, les observations qui suivent le paragraphe 13 du nᵒ 47.)

39. — *Conditions à remplir pour être témoin dans les actes.*

Les témoins, qui doivent toujours être choisis par les parties, ne peuvent être que du sexe masculin et doivent être âgés de vingt et un ans au moins; ils peuvent être parents ou non entre eux ou avec les parties (art. 37 du Code civil). Il ne convient pas de les prendre parmi les employés ou agents attachés à la mairie, lesquels étant les auxiliaires du maire ne doivent agir que pour accomplir la mission de celui-ci vis-à-vis du public, et non pour prendre la place du public vis-à-vis du maire. D'autre part, prendre pour témoins d'actes de l'état civil des employés dont la mission consiste à dresser ces actes au nom de l'officier de l'état civil, ce serait, en définitive, faire une déclaration sans témoins, par conséquent contraire à la loi. Les Parquets ont souvent recommandé aux officiers de l'état civil de ne pas laisser s'établir dans leurs communes une pratique aussi vicieuse.

L'article 37 du Code civil n'exigeant pas que les témoins produits aux actes de l'état civil soient français, un étranger peut être choisi pour témoin.

Sont incapables d'êtres témoins : 1ᵒ les individus condamnés aux travaux forcés à perpétuité ou à la déportation (art. 18 du Code pénal) ; 2ᵒ les individus qui ont été condamnés aux travaux forcés à temps, à la détention, à la réclusion, au bannissement où à la dégradation civique, même après l'expiration de leur peine (art. 8, 28, 34 Code pénal) ; 3ᵒ les individus condamnés en police correctionnelle auxquels, par application de l'article 42, n° 7 du Code pénal, il a été interdit d'être employés comme témoins dans les actes.

Il faut, outre le déclarant, deux témoins pour un acte de naissance (art. 56 du Code civil). Il faut aussi, outre le déclarant, deux témoins pour un acte de présentation d'enfant sans vie, lequel ne peut être régulièrement dressé que sur la déclaration du père ou d'une personne ayant assisté à l'accouchement, aux termes du même article 56 du Code civil (arrêt de la Cour de cassation du 27 juillet 1872). Deux témoins sont également nécessaires pour assister le déclarant dans un acte de reconnaissance d'enfant naturel par induction du même article 56. Enfin, comme il sera expliqué 2ᵉ partie, n° 119, il faut, aussi par induction de l'article 56 du Code civil, deux témoins pour le procès-verbal de l'exposition d'un enfant trouvé ou pour l'acte de transcription de ce document (acte de transcription qui tient lieu d'acte de naissance), à cause de l'imposition de noms faite à l'enfant.

Un acte de décès exige la présence de deux témoins, qui sont à la fois témoins et déclarants (art. 78 du Code civil).

Quatre témoins sont nécessaires pour un acte de mariage (art. 75 du Code civil).

Il n'en faut aucun pour les actes de publication de mariage (art. 63 du Code civil).

40. — *Mandataires pouvant représenter les parties intéressées.*

Excepté dans les actes de mariage où les futurs époux doivent être présents devant l'officier de l'état civil pour entendre la lecture qu'il fait de la loi et répondre personnellement à ses interpellations (art. 75 et 76 du Code civil), les parties peuvent se faire représenter dans les actes de l'état civil par un fondé de procuration spéciale et authentique (art. 36, même Code. Voyez, en ce qui concerne l'authenticité, le n° 47 ci-après).

Ainsi le père peut charger un mandataire de déclarer la naissance de son enfant. En ce cas, l'expédition de la procuration doit rester annexée à l'acte de naissance, après avoir été paraphée par le mandataire et par l'officier de l'état civil et relatée dans cet acte (art. 44 du Code civil).

Aussi bien que les hommes majeurs, les femmes et les mineurs émancipés peuvent, pour une déclaration de naissance, être choisis comme mandataires (art. 1990 du Code civil). Dans ce cas, ils n'ont pas besoin pour remplir leur mandat de l'assistance de leur mari ou curateur.

Le conjoint et les héritiers d'une personne décédée étant au nombre des parties intéressées dont il est question dans l'article 36 du Code civil peuvent, sous ce rapport, se faire aussi représenter par mandataires pour la déclaration d'un décès.

Toutefois, l'article 78 du Code civil exigeant que l'acte de décès soit signé par deux témoins, ils ne peuvent être mandants que s'ils ont eux-mêmes les qualités nécessaires pour être témoins, c'est-à-dire s'ils sont du sexe masculin et âgés de vingt et un ans au moins (art. 37 du Code civil), et, par une conséquence naturelle, leurs mandataires doivent aussi être du sexe masculin et majeurs. Deux parents pourraient donner procuration par un seul acte à leurs deux mandataires.

Mais, en raison de ce que les formalités d'une procuration authentique, que les mandataires auraient également à produire, entraînent presque toujours plus de démarches et de dérangements qu'une déclaration directe à la mairie, et une perte de temps souvent incompatible avec la brièveté du délai accordé pour l'inhumation, il n'y a guère d'exemple qu'un conjoint ou des héritiers aient usé de la faculté de se faire représenter pour la signature d'un acte de décès.

Quant aux actes de mariage, où les seules parties intéressées ayant le droit de ne pas comparaître sont les personnes auxquelles les futurs époux ont demandé leur consentement, ils ne donnent pas lieu à procuration. La production de l'acte notarié qui contient le consentement formellement donné par ces personnes est seul nécessaire et dispense de toute comparution. Cependant, si l'acte contient surabondamment mission à un tiers de réitérer ce consentement devant l'officier de l'état civil, la loi ne s'oppose pas à ce que le concours de ce mandataire soit admis dans ce sens.

L'obligation imposée aux parties, par l'article 36 du Code civil, de se faire représenter par un mandataire porteur d'une procuration spéciale et authentique quand elles ne comparaissent pas elles-mêmes, ne s'applique pas à certaines formalités qui ont pour objet l'exécution ou la sanction des actes et qui sont à remplir sur leur réquisition d'après l'article 49 du Code civil. Si les parties ne peuvent requérir en personne l'accomplissement de ces formalités, elles peuvent transmettre leur réquisition par les moyens qui seront indiqués sous le n° 57 ci-après.

41. — *Obligation, pour certaines personnes, de venir faire leurs déclarations elles-mêmes.*

Mais les personnes qui n'ont pas un intérêt direct dans les actes qu'il s'agit de faire dresser doivent se présenter elles-mêmes quand la loi les a désignées pour la formalité de la déclaration, telles que les docteurs en médecine ou en chirurgie, sages-femmes, officiers de santé ou autres personnes qui auraient assisté à un accouchement et qui, à défaut du père, doivent faire la déclaration de naissance (art. 56 du Code civil).

Dans ce dernier cas, la personne déclarante peut être une femme, un mineur, un étranger. Il suffit qu'elle soit en état de rendre un témoignage digne de confiance.

42. — *Obligation de n'insérer dans les actes que ce qui doit être déclaré par les comparants, outre la mention du paraphe et de l'annexe des pièces produites.*

Les énonciations qui doivent composer les actes de l'état civil sont indiquées par la loi dans les chapitres consacrés aux actes de naissance, de mariage et de décès ; les déclarations des comparants doivent être limitées à ces énonciations, et il est interdit aux officiers de l'état civil de ne rien insérer dans les actes que ce qui doit être déclaré par les comparants (art. 35 du Code civil). Cependant, quand des procurations ou autres pièces ont été produites, l'officier de l'état civil doit énoncer que ces pièces ont été paraphées par les parties produisantes et par lui et sont demeurées annexées aux registres, ces énonciations étant nécessaires pour justifier que les prescriptions de l'article 44 du Code civil ont été remplies. (Voyez ci-après le nᵒ 47 pour l'application de cet article 44.)

43. — *Interdiction des abréviations, dates chiffrées, blancs, grattages et surcharges. Approbation des ratures.*

Il ne doit y avoir dans les actes de l'état civil rien d'écrit par abréviation, et aucune date ne doit y être mise en chiffres ; les énonciations doivent se suivre sans aucun blanc (art. 42 du Code civil). Les actes eux-mêmes doivent se suivre sans laisser d'intervalles au-dessous des signatures de l'acte précédent (même article).

Les grattages et surcharges d'écriture sont défendus ; ils peuvent entraîner pour l'officier de l'état civil les plus graves conséquences. Ils peuvent toujours faire croire à ceux qui auront sous les yeux les actes dans lesquels ils se trouvent que ces actes ont été altérés après coup, et ils enlèvent ainsi la foi due aux actes authentiques. En outre, si quelqu'un des intéressés vient à penser que ces altérations lui portent préjudice, l'officier de l'état civil pourra être appelé devant les tribunaux pour se défendre des dommages-intérêts réclamés en vertu des articles 1382 et suivants du Code civil, et des peines dégradantes portées en l'article 145 du Code pénal.

Les mots qui auraient été mal écrits ou écrits par erreur doivent être rayés d'un trait de plume horizontal laissant le mot encore lisible. Une mention mise en marge, au pied de l'acte, indique en toutes lettres le nombre des mots qui ont été rayés dans le corps de l'acte. La signature des parties, des témoins et de l'officier de l'état civil, au bas de cette mention, rend ensuite l'acte régulier sous ce rapport (art. 42 du Code civil). Un simple paraphe ne répondrait pas aux prescriptions de la loi.

44. — *Intercalations interdites. Approbation des renvois.*

Aucune énonciation ne doit être écrite par intercalation ou en interligne. Si un ou plusieurs mots ont été omis dans la rédaction d'un acte de l'état civil, ils sont mis en renvoi en marge de l'acte, et le renvoi doit être approuvé par les signatures entières des parties, des témoins et de l'officier de l'état civil, apposées immédiatement au-dessous (art. 42 du Code civil). Il est hors de propos d'écrire sous le renvoi le mot approuvé : l'approbation résulte de la signature mise sous le texte de ce renvoi.

45. — *Lecture et signature de l'acte.*

L'officier de l'état civil donnera lecture de l'acte aux parties comparantes ou à leur fondé de procuration et aux témoins. Il y sera fait mention de cette formalité. L'acte sera signé par les comparants, ensuite par les témoins, et en dernier lieu par l'officier de l'état civil (art. 38 et 39 du Code civil). Les père et mère ou tuteur *ad hoc* qui assistent les futurs époux pour l'acte du mariage sont compris dans le terme de comparants et doivent, par conséquent, apposer leurs signatures sur l'acte. En cas où quelqu'un des comparants ou témoins ne signerait pas, mention sera faite de la cause qui l'a empêché de signer (art. 39 susvisé.)

Aucune autre signature ne doit être apposée au bas de l'acte (art. 35 et 39 du Code civil).

46. — *Annulation de projets d'actes incrits sur les registres et restés imparfaits.*

Si un acte préparé n'a pu être réalisé, soit par suite d'une inscription faite par mégarde sur un registre destiné aux actes d'une autre espèce, soit parce que les parties se seraient retirées, soit par tout autre motif, l'officier public doit le bâtonner et, par une mention en marge ou au pied, signée de lui, expliquer pourquoi l'acte est resté imparfait.

CHAPITRE VI

DES PIÈCES A ANNEXER AUX REGISTRES ET DES CONDITIONS DE FORME EXIGÉES POUR LEUR VALIDITÉ ET LEUR RÉGULARITÉ

47. — *Obligation d'annexer aux registres les pièces produites. Marques du caractère authentique qu'elles doivent avoir.*

L'énoncé de la qualité et de l'état que les parties se sont fait attribuer dans les actes de l'état civil sur le vu des pièces par elles produites ne mérite foi que parce qu'il repose sur ces pièces ; la transcription et la mention, sur les registres de l'état civil, de pièces provenant du dehors ne tiennent leur valeur que de l'existence de ces pièces. Il faut donc que les pièces produites soient toujours à la portée de l'officier de l'état civil et des parties, aussi bien que du public, pour maintenir la force probante des énonciations et des actes auxquels elles ont donné lieu. C'est pourquoi elles devront être paragraphées par les parties produisantes et par l'officier de l'état civil et rester annexées, conformément à l'article 44 du Code civil, au registre où elles auront été énoncées, transcrites ou mentionnées. (On verra ci-après, nᵒ 56, qu'il y a intérêt à transcrire et annexer à l'acte de transcription les pièces produites pour être mentionnées.)

Elles doivent elles-mêmes être revêtues du caractère authentique indiqué par les articles 43, 45, 47, 48, 1317 du Code civil. Elles doivent, en conséquence, émaner :

1ᵒ Des maires, officiers de l'état civil en France, ou des greffiers des tribunaux civils de première instance aux greffes desquels le double des registres de l'état civil et les pièces à l'appui ont été déposés, — en ce qui concerne les expéditions d'acte de naissance, mariage, décès, d'actes de transcription de procès-verbal d'exposition d'enfants trouvés, d'actes supplétifs de jugements d'adoption et de divorce, d'actes dressés par des officiers d'état civil pour reconnaissance d'enfants naturels. (Voyez ci-dessus nᵒˢ 6 et 29.) Cette compétence exclusive des maires, officiers de l'état civil, et des greffiers des tribunaux civils s'étend aux actes dressés dans les lazarets, à l'armée ou sur mer, dont les expéditions ont été transcrites par les maires, conformément à la loi, puisque les personnes qui ont dressé ces actes n'avaient pas mission d'en délivrer des expéditions aux particuliers, et que les dépositaires des registres tenus à l'armée et sur mer n'ont pas non plus qualité pour délivrer des expéditions de ces actes au public, ce qui a été expliqué ci-dessus sous les nᵒˢ 7, 8, 9 ;

2ᵒ Des maires ou des greffiers des tribunaux civils de première instance aux greffes desquels le double des registres de l'état civil et les pièces à l'appui ont été déposés, pour les localités de l'Algérie et des colonies françaises qui ont été érigées en communes, ainsi que des fonctionnaires désignés par les lois et règlements spéciaux à chaque pays pour remplir les fonctions d'officier de l'état civil dans les autres localités de l'Algérie et des colonies et dans les pays de protectorat, — ou encore du ministre au département duquel est rattaché le service des colonies, s'il s'agit d'extraits de registres d'état civil des colonies déposés aux archives coloniales conformément à l'édit de juin 1776, — en ce qui concerne les documents des espèces comprises sous le paragraphe 1ᵉʳ qui précède (Voyez le premier alinéa du nᵒ 10 ci-dessus et le nᵒ 32) ;

3ᵒ Des consuls de France, — en ce qui concerne les expéditions des actes de naissance d'enfants naturels, mariage et décès dressés par eux (art. 48 du Code civil. Voyez l'avant-dernier alinéa du nᵒ 10 ci-dessus).

OBSERVATION. — A. Le ministre des affaires étrangères, dépositaire du double des registres des consulats en vertu d'une simple ordonnance royale (celle du 23 octobre 1833), n'a pas la qualité nécessaire pour donner l'authenticité aux expéditions qui seraient tirées des registres à lui ainsi déposés, comme il a été dit ci-dessus, nᵒ 32. — B. La transcription des actes d'état civil des consulats faites sur les registres d'état civil des communes du domicile des parties en France, par suite de transmissions parties du ministère des affaires étrangères, n'étant pas davantage l'exécution d'une prescription de la loi, n'a pas non plus le caractère authentique de l'acte resté aux archives du consulat. Dès lors, une expédition de cette transcription serait dépourvue de la force probante attachée seulement aux expéditions délivrées par les dépositaires légaux que l'article 45 du Code civil a eus en vue.

4° Des maires des communes de France, d'Algérie ou des colonies, des administrateurs auxquels ont été attribuées les fonctions d'officiers de l'état civil dans les localités des colonies et des pays de protectorat où il n'y a pas de maires, et des consuls de France à l'étranger, — en ce qui concerne les certificats constatant l'accomplissement des formalités de publications de mariage remplies par ces officiers publics et attestant la non-existence d'oppositions (art. 69 du Code civil);

5° Des notaires français, — en ce qui concerne : A. L'expédition d'une procuration donnée par le père pour déclarer la naissance ou la reconnaissance qu'il fait de son enfant naturel, laquelle procuration spéciale doit avoir été conservée en minute par le notaire; la procuration (en expédition ou en original) donnée aussi spécialement pour une autre sorte d'acte d'état civil; l'acte portant consentement par les ascendants ou tuteurs ad hoc au mariage de leurs enfants ou pupilles, lequel acte peut être délivré en original ou brevet aussi bien qu'en expédition, et les expéditions des actes respectueux qui doivent aussi être conservés en minute par le notaire (loi du 25 ventôse an XI, loi du 21 juin 1843). — B. L'expédition de l'acte de reconnaissance d'un enfant naturel faite devant un notaire, qui doit aussi en conserver minute, et le certificat (pouvant être délivré sur papier libre), constatant l'existence d'un contrat de mariage (lois susdites et loi du 10 juillet 1850).

OBSERVATION. — Dans la Guyane française, les secrétaires de mairie exercent les fonctions de notaire dans les conditions fixées par le décret du 28 août 1862 (art. 6 du décret du 21 juin 1880 (1).

6° Des chanceliers des consulats de France à l'étranger, — en ce qui concerne les pièces des espèces indiquées paragraphe 5-A ci-dessus et les expéditions d'actes dressés en chancellerie de consulat pour reconnaissance d'enfants naturels, lorsque ces divers actes ont été faits sur les déclarations ou réquisitions de Français résidant à l'étranger (Ordonnance sur la marine d'août 1681 ; Ordonnance du 24 mai 1728 ; Edit de juin 1778 ; Ordonnance du 3 mars 1781, et Instruction du ministre des affaires étrangères du 30 novembre 1833);

7° Des fonctionnaires publics étrangers faisant fonctions d'officier de l'état civil, — en ce qui concerne les actes de naissance, reconnaissance d'enfants naturels, mariages et décès, ou faisant fonctions de notaire en ce qui concerne les espèces indiquées sous l'alinéa 5° ci-dessus, — qui peuvent avoir été dressés par eux.

OBSERVATION. — A. L'acte dressé à l'étranger par le fonctionnaire compétent du pays pour la célébration du mariage d'un Français ne peut être produit en France qu'à l'officier de l'état civil de la commune du domicile choisi par le Français à son retour, pour être transcrit sur le registre de l'état civil de cette commune, conformément à l'article 171 du Code civil, et y rester annexé conformément à l'article 44 du même code. L'officier de l'état civil de ladite commune pourra délivrer ensuite des expéditions authentiques de cet acte de transcription (art. 45 dudit Code). — B. La transcription qui serait faite dans une commune de France, soit en exécution de conventions diplomatiques ou consulaires, soit en exécution de décisions administratives, d'un acte de naissance, de reconnaissance d'enfant naturel, de mariage ou décès dressé à l'étranger devant les autorités compétentes du pays, n'aurait d'autre effet que d'assurer la conservation de cet acte et de le rendre public. Les expéditions de l'acte de cette transcription n'auraient pas la force probante attachée seulement, comme il a été déjà dit ci-dessus, aux seules expéditions tirées par les officiers de l'état civil des registres où ils n'ont inscrit ou transcrit que les actes désignés par la loi pour être l'objet de cette formalité et en se conformant aux conditions indiquées (art. 45 du Code civil);

8° Des greffiers de justice de paix : en ce qui concerne les expéditions d'un acte de notoriété suppléant l'acte de naissance (art. 70, 71 et 72 du Code civil), d'un acte de notoriété constatant l'absence d'ascendants (art. 155 du Code civil), d'une délibération du conseil de famille autorisant le mariage d'un mineur, ou nommant le tuteur ad hoc

(1) Les articles 30 et 31 du décret du 28 août 1862 imposent aux fonctionnaires qui remplissent les fonctions de notaire à la Guyane les obligations auxquelles les notaires sont soumis par la loi du 25 ventôse an XI sur le notariat, et par l'ordonnance du 31 décembre 1828 sur la tenue d'un répertoire.

qui donnera son consentement au mariage (art. 159, 160, 405, 406, 415 et 416 du Code civil); d'un acte dressé devant le juge de paix, portant consentement à adoption, conformément à l'article 353 du Code civil (art. 4 de la loi du 26 frimaire an IV).

OBSERVATION. — Dans la Guyane française, les secrétaires de mairie exercent les fonctions de greffiers de justice de paix (art. 5 du décret du 21 juin 1880).

9° Du président de la Commission administrative de l'hospice, quand cet hospice ne dépend pas de l'Assistance publique de Paris : en ce qui concerne l'expédition de la délibération de la Commission administrative de l'hospice, portant autorisation au mineur élève de cet hospice pour contracter mariage (art. 159, 160 du Code civil; art. 1, 2, 3 de la loi du 15 pluviôse an XIII; art. 3 de la loi du 21 mai 1873).

OBSERVATION. — L'expédition en question peut être délivrée sur papier libre comme acte de l'administration publique. 16 de la loi du 13 brumaire an VII; décision du ministre des finances des 3 et 8 février 1836). Elle est exempte d'enregistrement en vertu de l'article 70, § 3, n° 2 de la loi du 22 frimaire an VII. Une décision de l'administration de l'enregistrement du 11 juin 1842 a déclaré cette expédition passible du timbre au moment où il va en être fait usage, mais cette opinion insoutenable ne paraît pas avoir été jamais soutenue ;

10° Du directeur de l'administration générale de l'assistance publique de Paris : en ce qui concerne l'acte du consentement au mariage d'un mineur élevé dans un établissement hospitalier de cette administration (loi du 10 janvier 1849, remise en vigueur par la loi du 21 mai 1873).

OBSERVATION. — Cette pièce est également exempte des formalités du timbre et de l'enregistrement, en vertu des lois indiquées sous le paragraphe 9 ci-dessus.

11° Du ministre de la justice : en ce qui concerne les dispenses d'âge, de parenté et d'alliance pour mariage, accordées par décret du Président de la République (art. 145, 164 du Code civil; art. 3 de la loi constitutionnelle du 25 février 1875). Néanmoins, dans les pays situés au delà de l'océan Atlantique, les consuls généraux sont autorisés à accorder aussi des dispenses d'âge (art. 18 de l'ordonnance du 23 octobre 1833) ;

12° Du procureur de la République : en ce qui concerne la dispense de seconde publication pour mariage (art. 169 du Code civil). Néanmoins, à l'étranger, elle peut être accordée par les consuls (art. 17 de l'ordonnance de 23 octobre 1833). Cette dispense étant un acte de l'autorité publique n'est pas assujettie au timbre (art. 16 de la loi du 13 brumaire an VII; solution de l'administration de l'Enregistrement du 14 novembre 1842). Par les mêmes raisons, elle est exempte de la formalité de l'enregistrement, en vertu de l'article 70, § 3, n° 2 de la loi du 22 frimaire an VII ;

13° Du ministre de la justice : en ce qui concerne les titres nobiliaires accordés par lettres patentes ou décrets du chef de l'État (charte constitutionnelle de 4 juin 1814, art. 71).

OBSERVATION. — A. Les droits du sceau et le droit d'enregistrement auxquels donnent lieu ces lettres patentes ou décrets sont déterminés au tableau joint à l'article 55 de la loi de finances du 28 avril 1816. — B. Les titres décernés par les gouvernements étrangers ne peuvent être portés par un Français, qu'autant qu'il en a obtenu l'autorisation du gouvernement français, comme il a été dit n° 38 ci-dessus. Cette autorisation donne lieu à la perception des droits qui seraient dus pour la collation des titres de même espèce en France, d'après le tableau ci-dessus mentionné (décret du 5 mars 1859). — C. Les lettres patentes, décrets et autorisations dont il s'agit n'ont pas besoin d'être visés dans les actes de l'état civil ni d'y être annexés.

14° Du ministre de la guerre ou de la marine : en ce qui concerne les permissions pour mariage accordées aux officiers de l'armée de terre ou de mer (décrets des 16 juin, 3 et 28 août 1808) ;

15° Du conseil d'administration du corps de troupes : en ce qui concerne les permissions de mariage accordées aux sous-officiers et soldats (mêmes décrets).

OBSERVATION. — Pour les sous-officiers et soldats attachés à un service séparé, à la tête duquel il n'y a pas de conseil d'administration, la permission est valablement donnée par l'officier qui a le commandement ou la direction supérieure de ce service ;

16° De l'agent diplomatique au consul de la nation de l'étranger : en ce qui concerne les certificats constatant l'aptitude légale d'un étranger pour contracter mariage, délivrés conformément à la circulaire du ministre de la justice du 4 mars 1831, lorsque l'officier de l'état civil juge utile au respect de son caractère de suivre la doctrine de cette circulaire. (Voyez, à ce sujet, 3° partie, n° 222 ci-après.)

17° Du greffier du tribunal français qui a rendu le jugement, ou encore du ministre dans le département duquel est placé le service des colonies, pour les jugements rendus dans les colonies dont l'expédition a été transmise au dépôt des archives coloniales, conformément à l'édit de juin 1776 : en ce qui concerne tout jugement touchant à l'état civil de personnes françaises (art. 138, 139 du Code de procédure civile; art. 13 et 14 de la loi du 21 ventôse an VII ; décret du 2 septembre 1871).

OBSERVATION SPÉCIALE. — Les jugements concernant l'état civil des étrangers ont autant de valeur en France que dans le pays étrangers où ils ont été rendus.

OBSERVATION GÉNÉRALE APPLICABLE AUX DIX-SEPT PARAGRAPHES QUI PRÉCÈDENT.

En outre, les pièces produites doivent avoir été soumises, suivant les cas, aux formalités indiquées aux quatre numéros ci-après.

48. — *Timbre et enregistrement des pièces à annexer aux registres.*

Les pièces qui ont été produites par des particuliers doivent, pour être susceptibles d'être reçues et d'être annexées aux registres, avoir été écrites sur papier timbré ou revêtues de l'empreinte du timbre français, conformément aux articles 12 et 13 de la loi du 13 brumaire an VII, ou visées pour timbre gratis, conformément à la loi du 10 décembre 1850 (Voy. les n°s 77 à 80 ci-après), sauf les pièces visées paragraphes 9, 10, 12 du n° 47 ci-dessus.

Elles doivent encore avoir été soumises à la formalité de l'enregistrement en France lorsqu'elles contiennent : consentement à mariage donné pour des futurs époux autres que les pupilles d'hospices dont il est question ci-dessus, n° 47, paragraphe 9 et 10 (loi du 28 avril 1816, art. 43, n° 7) ; procuration (même art. n° 17) ; reconnaissance d'enfant naturel par acte de célébration de mariage (même article, n° 22) ; reconnaissance d'enfant naturel autrement que par acte de mariage (même loi, art. 45, n° 7) ; adoption (même loi, art. 49, n° 1) ; divorce (même article, n° 2) ; dispense d'âge ou de parenté pour mariage (même loi, art. 55 et tableau y joint).

Si les pièces produites sont des actes sous seing privé, tels que certificats de médecins constatant l'état de grave maladie de l'un des futurs époux (Voy. ci-après n° 207), ou constatant l'aliénation mentale de l'ascendant de l'un des futurs époux (Voy. ci-après n° 220, alinéa C et n° 234), elles devront être également soumises à la formalité de l'enregistrement, conformément à l'article 23 et aux n°s 10, 17 et 51 de l'art. 68 de la loi susvisée du 22 frimaire an VII.

OBSERVATION. — Le droit d'enregistrement fixé par chacun des articles de loi ci-dessus indiqués a été augmenté de moitié par l'article 4 de la loi du 28 février 1872, et il faut encore ajouter au total de chaque droit les deux décimes et demi ajoutés à tous les droits d'enregistrement par la loi du 6 prairial an VII, que confirme chaque année la loi de finances, par l'article 1er de la loi du 23 août 1871 et par l'article 2 de la loi du 30 décembre 1873.

Les actes ou jugements dressés ou prononcés en pays étrangers sont soumis en France auxdites formalités (loi du 13 brumaire an VII, art. 13, et loi du 22 frimaire, même année, art. 23).

Un avis consultatif des finances du 20 septembre 1833, approuvé le 17 octobre suivant et dont l'administration de l'Enregistrement a maintenu l'application aux termes de solutions datées des 22 juillet, 19, 21, 23 août 1871, 11 mars et 27 juillet 1872, a déclaré que les officiers de l'état civil ne sont pas au nombre de ceux que l'article 24 de la loi du 13 brumaire an VII et les articles 41, 42 et 47 de la loi du 22 frimaire an VII rendent responsables pécuniairement des droits de timbre et d'enregistrement dus pour les pièces qui auraient été annexées aux registres sans avoir été soumises aux formalités donnant lieu au paiement de ces droits. Mais l'officier de l'état civil méconnaîtrait ses devoirs de représentant de la loi si, par incurie, insouciance ou volonté, il négligeait de veiller à ce que lesdites formalités aient été remplies, et il s'exposerait aux mesures de rigueur que l'administration supérieure tient des articles 86 et 92 de la loi du 5 avril 1884.

Quant aux pièces qui ont été transmises administrativement à l'officier de l'état civil pour être transcrites sur ses registres, elles peuvent être annexées à ces registres sans avoir été soumises au timbre ou à l'enregistrement. (Voy. n° 81 ci-après.)

49. — *Règles spéciales aux jugements rendus en France.*

Les jugements rendus par les tribunaux français doivent être revêtus de la formule exécutoire déterminée par le décret du 2 septembre 1871, remplaçant l'ancien article 146 du Code de procédure civile, et signés par le greffier du tribunal (art. 545 du Code de procédure civile). Ils doivent encore, s'il y a des parties contraires en cause, être accompagnés du certificat de l'avoué de la partie poursuivante, contenant la date de la signification faite au domicile de la partie condamnée, et d'une attestation du greffier constatant qu'il n'existe contre le jugement ni opposition ni appel (art 548 du Code de procédure civile). Le recours en cassation ne peut suspendre l'exécution des jugements rendus en matière civile (loi du 1er décembre 1790, art. 16), sauf en ce qui concerne le divorce (art. 248 du Code civil, nouveau texte fixé par la loi du 18 avril 1886).

Les jugements ne sont pas sujets à la légalisation et sont exécutoires dans toute la France (art. 547 du Code de procédure civile).

50. — *Traduction des pièces écrites en langue étrangère.*

Les actes passés à l'étranger devant les fonctionnaires du pays et les jugements (tels que les jugements de divorce) rendus par les tribunaux étrangers, en ce qui concerne les étrangers, doivent, s'ils ont été écrits en langue étrangère, avoir été traduits en français par un interprète assermenté.

Les consuls de l'Italie, de l'Autriche-Hongrie, du Portugal, du grand-duché de Luxembourg et de la Russie ont été déclarés compétents pour la traduction des actes originaires de leurs pays respectifs, aux termes de conventions consulaires conclues par la France avec les gouvernements de ces pays ; savoir : 1° avec l'Italie, le 26 juillet 1862 (décret approbatif du 24 septembre suivant) ; 2° avec l'Autriche, le 11 décembre 1866 (décret du 19 du même mois) ; 3° avec le Portugal, le 11 juillet 1866 (décret du 27 juillet 1867) ; 4° avec le Grand-Duché de Luxembourg, le 24 décembre 1867 (décret du 28 du même mois) : 5° avec la Russie, le 1er avril 1874 (loi du 17 juin 1874).

Par les mêmes conventions, chacun des consuls de ces pays a été déclaré compétent pour légaliser tous les actes émanant des fonctionnaires du pays représenté par lui.

Il est dans les traditions du ministère des affaires étrangères d'insérer dans toutes les conventions diplomatiques ou consulaires une clause portant que les consuls de la nation avec laquelle traite la France jouiront des avantages accordés par la France aux consuls de la nation la plus favorisée. Par suite, les consuls de tous les pays avec lesquels la France a passé des conventions jouissent des droits de traduction et de légalisation ci-dessus mentionnés, et comme il ne serait pas sans inconvénient pour les intérêts français, au point de vue de la réciprocité, d'exclure les pays dont les gouvernements n'ont pas signé de convention, une lettre adressée par le ministre de la justice au procureur de la République, à Paris, le 30 septembre 1883, contient le conseil aux officiers de l'état civil d'admettre les traductions et légalisations des consuls de tous les pays où les consuls français ont les mêmes avantages en ce qui concerne les actes d'origine française.

51. — *Légalisation des pièces à annexer.*

1° La légalisation par le juge de paix du canton ou par le président du tribunal de première instance dans la circonscription duquel se trouve la résidence du signataire peut être exigée pour toute expédition d'acte d'état civil produite par des particuliers, dont il est fait usage hors de cette résidence.

Le droit qui résulte de l'article 45 du Code civil ne fait pas doute pour ceux qui, considérant qu'un fonctionnaire n'a d'autorité que dans sa circonscription, jugent qu'il n'a pas l'occasion de publier sa signature au dehors, où elle reste généralement inconnue, et que, par suite et nonobstant l'opinion plus ou moins péremptoire exprimée à ce sujet par un membre des corps qui ont préparé l'article 45 du Code civil, cette signature ne peut être imposée, sans garantie d'authenticité, autrement que par une disposition formelle de la loi, comme cela a été fait pour les actes des notaires de canton par l'article 28 de la loi du 25 ventôse an XI. En cela, ils se trouvent d'accord avec plusieurs jurisconsultes qui ont traité ce sujet, notamment Duranton, Coin-Delisle, Aubry et Rau, Demolombe, Massé et Vergé, Laurent, Mersier, Jean Sirey.

Mais, dans les limites de l'arrondissement et même dans celle de la circonscription du tribunal de première instance quand elle est plus étendue, les officiers de l'état civil, les fonctionnaires et les administrations publiques acceptent habituellement lesdits actes sans légalisation, d'abord parce que presque tous ces fonctionnaires connaissent les signatures les uns des autres, ensuite parce que la légalisation des signatures n'est pas une formalité indispensable pour assurer l'authenticité des expéditions d'actes, d'après la jurisprudence (arrêt de la Cour de cassation du 22 octobre 1812), et que le ministre de la justice a donné son approbation à cet usage par une lettre du 8 septembre 1848, rapportée en substance dans le recueil analytique des circulaires, instructions et décisions du ministère de la justice publié par Gillet et Demoly.

2° Quand l'acte de l'état civil dressé en France est transmis pour transcription par les fonctionnaires administratifs, il n'a pas besoin d'être légalisé s'il est envoyé par le sous-préfet de l'arrondissement ou par le préfet du département d'où il sort. S'il est transmis par d'autres que par ces supérieurs hiérarchiques directs du signataire, il doit avoir été légalisé par l'un ou par l'autre des deux.

L'acte ainsi transmis devant être employé à l'exécution d'une mesure de service général qui a un caractère purement administratif est, à cause de cette destination, assimilé à un acte administratif pour la légalisation duquel les fonctionnaires administratifs supérieurs sont compétents (avis du Conseil d'Etat du 26 novembre 1819 ; circulaire du ministre de l'intérieur du 29 octobre 1844). La légalisation faite de cette manière dispense encore de payer le droit de légalisation qui est dû, dans tous les cas, aux greffiers des tribunaux de première instance quand on se sert de leur intermédiaire.

3° Les actes des notaires doivent être légalisés par le juge de paix ou par le président du tribunal de première instance, s'ils sont produits hors du département où le notaire a sa résidence, quand cette résidence n'est pas le siège de la Cour d'appel, ou s'ils sont produits hors du ressort de la Cour d'appel, quand la résidence du notaire est celle du siège de la Cour (loi du 25 ventôse an XI, art. 28 ; loi du 20 avril 1861).

4° N'ont été astreintes par le législateur à aucune légalisation les expéditions d'actes de naissance, mariage ou décès dressés à l'armée, en dehors du territoire de la République, par l'officier qui a remplacé le quartier-maître (actuellement le capitaine-trésorier, suppléé en certains cas par le lieutenant adjoint au trésorier ou par l'officier payeur ; voyez n° 3 ci-dessus), dans chaque corps d'un ou plusieurs bataillons ou escadrons ; par le capitaine commandant pour les autres corps ; par les intendants militaires, sous-intendants ou sous-intendants adjoints pour les officiers sans troupe et pour les employés de l'armée, et encore par les officiers d'administration remplissant les fonctions de directeur d'hôpital pour les décès arrivés dans les hôpitaux militaires ambulants ou sédentaires, conformément aux articles 89 et 97 du Code civil, aux articles 1, 5 et 9 de l'ordonnance royale du 29 juillet 1817, à l'ordonnance royale du 10 mai 1844, à la loi du 13 mars 1875, à celle du 25 juillet 1887 et au décret du 1er mars 1880.

Cependant, les expéditions qui n'émanent pas d'un sous-intendant militaire doivent, aux termes de la circulaire du ministre de la guerre du 8 mars 1823, avoir été visées par ce fonctionnaire.

L'envoi de ces expéditions se fait habituellement, du reste, aux municipalités par l'intermédiaire du ministre de la guerre et des préfets, ce qui équivaut à une nouvelle légalisation par eux des signatures se trouvant sur les documents transmis.

5° Les expéditions d'actes de naissance ou de décès dressés pendant un voyage sur mer, conformément aux articles 59 et 86 du Code civil, par l'officier d'administration de la marine, le capitaine, maître ou patron du navire, seront certifiées par le ministre de la marine, si elles sont transmises par lui, conformément à l'article 60 dudit Code, ou signées par le préposé à l'inscription maritime, si elles sont transmises par ce fonctionnaire, conformément aux articles 61 et 87 du Code civil.

6° Les actes qui viennent des colonies françaises doivent être légalisés par le président du tribunal civil dans les localités où ce tribunal existe, en vertu de l'article 45 du Code civil, et par le gouverneur de la colonie, lequel tient ses pouvoirs, à cet égard, des actes qui ont organisé l'administration des colonies, notamment de l'article 50 de l'ordonnance royale du 21 avril 1825 en ce qui concerne l'île de la Réunion, de l'article 53 de l'ordonnance royale du 9 février 1827 en ce qui concerne la Martinique et la Guadeloupe, de l'article 52 de l'ordonnance du 27 août 1828 en ce qui concerne la Guyane, de l'article 35 de l'ordonnance royale du 23 juillet 1840 en ce qui concerne les établissements français de l'Inde, de l'article 40 de l'ordonnance du 7 septembre 1840 (Sénégal), de l'article 61 du décret du 12 décembre 1874 (Nouvelle-Calédonie), de l'article 48 du décret du 28 décembre 1885 (Établissements français de l'Océanie). Faculté est donnée par ces deux derniers décrets, au gouverneur, de se faire suppléer pour la formalité de législation par le chef de son secrétariat. Les actes sont ensuite visés par le ministre sous l'autorité duquel le gouverneur est placé. La légalisation par le gouverneur et le visa par le ministre ne sont pas applicables aux actes originaires de l'Algérie, dont le gouverneur général se trouve, comme les préfets de France, sous l'autorité de tous les ministres (décret du 26 avril 1881), et n'a pas reçu du législateur pouvoir de légaliser les actes d'ordre judiciaire ou autres n'appartenant pas à l'ordre purement administratif. Les actes délivrés en Algérie par les officiers d'état civil et par les greffiers de première instance ne sont astreints à aucune législation extraordinaire ; ils sont soumis, sous ce rapport, au droit commun comme les actes de l'espèce délivrés en France.

7° Les actes faits devant les consuls français à l'étranger doivent être légalisés par le ministre des affaires étrangères de France (art. 9 de l'ordonnance royale du 25 octobre 1833).

8° Quand les actes passés à l'étranger devant les fonctionnaires du pays ont été délivrés dans le Grand-Duché de Luxembourg, en Alsace-Lorraine ou en Belgique, il suffit qu'ils aient été légalisés par le président du tribunal civil ou par le juge de paix, ainsi qu'il a été stipulé dans les conventions diplomatiques conclues entre la France et ces pays, savoir : avec le Grand-Duché de Luxembourg le 24 décembre 1867 (décret approbatif du 28, même mois), avec l'Allemagne pour l'Alsace-Lorraine le 14 juin 1872 (décret du 5 juillet suivant), avec la Belgique le 18 octobre 1879 (approuvée par décret du 22 du même mois). Cette dernière convention a été conclue spécialement en vue des pièces à produire pour contracter mariage.

9° Si les actes proviennent d'autres pays étrangers, ils doivent, ou bien avoir été légalisés par le consul de France de la circonscription et par le ministre des affaires étrangères de France, ou bien avoir été légalisées en France par le consul ou agent représentant le pays dont la pièce est originaire, et par le ministre des affaires étrangères de France. Cette doctrine, conforme aux conventions consulaires indiquées n° 50 ci-dessus, conclues avec l'Italie, l'Autriche-Hongrie, le Portugal et la Russie, est aussi, conforme à l'avis exprimé par la lettre citée sous le même n° 50, adressée par le ministre de la justice au procureur de la République, à Paris, le 30 septembre 1883, rapportée au *Bulletin officiel* du ministère de la justice de l'année 1883. Cependant, à défaut d'existence d'un représentant du pays en France, de tels actes peuvent être admis sans légalisation quand aucune circonstance ne donne à douter de leur sincérité.

52. — *De la non-recevabilité des copies de copies d'actes dont la minute existe.*

En raison de ce que le dernier alinéa de l'article 1,335 du Code civil n'attribue aux copies de copies que la valeur d'un simple renseignement, lorsque la minute dont la copie a été tirée existe entre les mains des fonctionnaires compétents, l'officier de l'état civil ne doit pas accepter comme suffisamment authentique la copie d'un acte de l'état civil délivrée par un notaire à qui une expédition aurait été déposée ou produite et qui l'aurait annexée à ses minutes. De telles copies ne peuvent avoir aucune foi en justice et ne doivent pas servir de base aux actes à dresser par les officiers d'état civil. Une circulaire du ministre de la justice, en date du 23 mai 1862, a, du reste, signalé aux chambres de notaire le danger qui s'attache au dépôt, dans les études de notaire, d'expéditions d'actes de l'état civil dont ces officiers ministériels ne peuvent reconnaître ni l'exactitude ni la sincérité, en même temps qu'il invitait les procureurs impériaux à prescrire aux maires de ne recevoir aucune copie de ce genre lorsqu'ils procèdent à un mariage ou à tout autre acte de leur ministère.

Par les mêmes raisons, l'officier de l'état civil ne doit pas accepter, pour être annexée à ses registres, une copie d'acte de l'état civil dressé en France qui aurait été délivrée par un fonctionnaire autre que le dépositaire du registre où l'acte a été dressé ; non plus qu'une expédition d'acte dressé en consulat qui aurait été délivrée par un autre fonctionnaire que le chancelier de ce consulat ; ni une expédition de jugement délivrée par un autre que le greffier du tribunal ou de la cour qui a prononcé le jugement ; ni une expédition d'acte notarié ou administratif délivrée par un autre que le dépositaire de la minute. Une copie contenue dans une signification faite par huissier ne serait ni valable ni acceptable.

EXCEPTIONS. — Il n'y a d'exception qu'en ce qui concerne les actes d'état civil dressés dans les lazarets, à l'armée, en dehors du territoire de la République, et sur un navire pendant un voyage en mer. Ces actes n'étant devenus publics que par leur transcription faite par l'officier de l'état civil auquel les ont adressés les fonctionnaires rédacteurs desdits actes pour être l'objet de cette formalité, c'est l'acte de cette transcription qui prend la valeur d'une minute, et il ne peut être délivré d'expéditions valables desdits actes que par l'officier de l'état civil qui a opéré cette transcription, comme il a été déjà dit ci-dessus nᵒˢ 7, 8, 9, et sous le premier paragraphe du n° 47.

CHAPITRE VII

PRESCRIPTIONS A OBSERVER EN VUE DE LA CONSERVATION DES PREUVES D'EXISTENCE ET DE LA RECONSTITUTION ÉVENTUELLE DES ACTES DE L'ÉTAT CIVIL

53. — *Mention de l'acte sur le livret de famille.*

Conformément à la recommandation faite par le ministre de l'intérieur dans une circulaire en date du 18 mars 1877, il a été créé un livret de famille qui est remis par l'officier de l'état civil à l'époux, lors de la célébration de son mariage. Il porte, à la première page, l'extrait de l'acte de mariage et contient des cases ménagées sur les pages suivantes pour l'inscription des naissances et des décès qui pourront survenir.

Le législateur a adopté cette création dans la vue de conserver trace des actes de l'état civil qui viendraient à être détruits, et d'éviter des erreurs de noms et prénoms dans les déclarations nouvelles faites par les parties. Il a même, par le n° 4 de l'article 136 de la loi du 5 avril 1884, rendu obligatoire, pour les communes, la dépense de fourniture de ces livrets, afin que l'usage en soit général dans toutes les communes.

Lors donc qu'une déclaration d'état civil se produit concernant, soit des personnes qui se sont mariées depuis cette création, soit leurs enfants, l'officier de l'état civil doit inviter les déclarants à produire ce livret, et lorsque le nouvel acte a été dressé (naissance ou décès), il doit le mentionner sur ledit livret avant de rendre celui-ci aux déclarants.

54. — *Transmission des expéditions propres à la reconstitution des actes d'état civil de Paris.*

D'après les prescriptions des articles 6 et 7 de la loi du 12 février 1872, de la loi du 13 février 1873 et du décret du 30 décembre suivant, toute personne qui détient un extrait authentique d'un acte de naissance, de reconnaissance d'un enfant naturel, de mariage, de divorce ou de décès, dressé antérieurement au 1ᵉʳ janvier 1860 à Paris ou dans les communes qui ont été annexées à Paris en 1859, ou du 1ᵉʳ janvier 1870 au 25 mai 1871 dans le XIIᵉ arrondissement de Paris (Bercy), aurait dû en avoir effectué le dépôt au bureau central de la reconstitution de l'état civil de Paris avant le 31 décembre 1874, ou l'avoir soumis à l'estampille de la commission. La peine prononcée par l'article 19 de la loi du 12 février 1872 pour inaccomplissement de cette prescription a été levée par l'article premier de la loi du 5 juin 1875, mais l'obligation de déposer cette pièce subsiste.

D'autre part, l'article 9 de la loi du 12 février 1872, toujours en vigueur, oblige l'officier public auquel sera remis, pour en faire usage, un extrait, non revêtu de l'estampille, d'un des actes indiqués ci-dessus, à effectuer la remise ou l'envoi de cette pièce au bureau central de la reconstitution dans le délai de trente jours, sous peine de l'application de l'amende de seize francs à trois cents francs prononcée, pour ce cas, par l'article 19 de ladite loi.

Lorsqu'une expédition de l'espèce est présentée à l'officier de l'état civil à l'occasion d'une déclaration de naissance, de reconnaissance d'enfant naturel ou de décès, sans qu'il y ait lieu de l'annexer à l'acte de cette déclaration, il est à propos de délivrer au détenteur de la pièce, s'il y consent, une copie sur papier libre de cette pièce, conformément au dernier alinéa de l'article 6 de la loi du 12 février 1872, mais sans aucune promesse d'échange (Voyez loi du 5 juin 1875), et d'envoyer ladite pièce au président de la commission de reconstitution de l'état civil de Paris.

Si la pièce en question est produite à l'appui d'un acte de mariage ou autre pour y être nécessairement annexée, l'officier de l'état civil, devenu détenteur légal de ce document, est personnellement obligé d'en faire l'envoi comme il vient d'être dit et comme il est mentionné au n° 29 ci-dessus, après l'avoir remplacée à l'annexe du registre par une copie certifiée conforme par lui, sur papier libre. L'envoi du document sera remplacé par l'envoi d'une copie dans le cas où la commission en aurait donné l'autorisation, en vertu de l'article 3 de la loi du 3 août 1875.

CHAPITRE VIII

DES RECTIFICATIONS D'ACTES DE L'ÉTAT CIVIL

55. — *Interdiction de toucher au texte des actes signés, malgré leurs défauts. Moyens à employer pour leur rectification.*

Le législateur a attaché tant d'importance à l'immutabilité du contexte des actes de l'état civil qu'il a soumis les officiers de l'état civil à l'application de l'article 145 du Code pénal, édictant la peine des travaux forcés à perpétuité contre tout fonctionnaire et officier public qui, dans l'exercice de ses fonctions, aura commis un faux, soit par fausses signatures, soit par altération des actes, écritures et signatures ; soit par supposition de personnes, soit par des écritures faites ou intercalées sur des registres ou autres actes publics, depuis leur confection ou clôture.

Quelles que soient les erreurs qui peuvent se trouver dans les actes devenus définitifs par les signatures des parties, des témoins et de l'officier de l'état civil, ce fonctionnaire n'y peut plus apporter aucune modification, pas même à la demande et avec les signatures des parties et des témoins qui l'ont signé, ni par mention en marge (lettre du ministre de la justice du 29 prairial an XIII).

Les rectifications ne peuvent être faites que par un jugement du tribunal de première instance rendu, sauf appel, sur la requête de tout intéressé (art. 99 du Code civil ; art. 855 du Code de procédure civile).

Dans le cas où ces rectifications seraient nécessaires pour la célébration du mariage d'un indigent, elles pourraient être demandées par le procureur de la République (loi du 10 décembre 1850).

Aucune rectification, aucun changement ne pourront être faits sur l'acte, mais les jugements de rectification seront inscrits sur les registres par l'officier de l'état civil aussitôt qu'ils lui auront été remis : mention en sera faite en marge de l'acte réformé, et l'acte ne sera plus délivré qu'avec les rectifications ordonnées, à peine de tous dommages-intérêts contre l'officier public qui l'aurait délivré (art. 101 du Code civil et art. 857 du Code de procédure civile).

CHAPITRE IX

DES TRANSCRIPTIONS A FAIRE SUR LES REGISTRES DE L'ÉTAT CIVIL

56. — *Actes et jugements à transcrire. Conditions à observer. Forme de l'acte de transcription.*

A. L'officier de l'état civil à qui sont remises par les parties ou transmises par les fonctionnaires compétents, pour être transcrites sur ses registres, des expéditions d'actes ou de jugements réunissant les conditions ci-après déterminées, doit en opérer immédiatement la transcription sur le registre courant des naissances, des mariages ou des décès, suivant que les documents à transcrire se rapportent à l'une ou à l'autre de ces espèces d'actes.

En ce qui concerne l'acte constatant le mariage d'un Français en pays étranger (7° ci-dessous), il faut qu'il soit présenté par le mari, lequel doit déclarer à l'officier de l'état civil son domicile actuel, l'époque de son retour en France, et, si l'acte de mariage n'en fait pas mention, les lieux et dates des publications qui ont pu précéder le mariage.

Quant aux transcriptions d'actes et jugements inscrits ci-après sous les alinéas numérotés 9 à 16, elles peuvent être faites sur le vu d'une réquisition émanant de l'une des parties intéressées, écrite sur papier timbré, légalisée par le maire du domicile du signataire et jointe aux pièces en question, si la partie intéressée ne demeure pas dans la commune où la transcription est à faire.

L'officier de l'état civil ne peut exiger la signification par huissier qu'en ce qui concerne les jugements de divorce énoncés sous l'alinéa 8°. Une signification par huissier, quoique contenant le texte de l'acte ou du jugement à transcrire, ne dispenserait pas, du reste, de produire l'acte ou le jugement en bonne forme pour rester annexé à l'acte de transcription, ainsi qu'il est dit sous le n° 52 ci-dessus.

Les documents à transcrire sont :

1° L'expédition d'un acte de naissance ou de décès dressé dans un lazaret, quand elle est adressée dans les vingt-quatre heures par le directeur de la santé, remplissant provisoirement dans cet établissement les fonctions d'officier de l'état civil, à l'officier ordinaire de l'état civil de la commune dont dépend le lazaret (loi sur la police sanitaire du 3 mars 1822, art. 19) ;

2° L'expédition d'un acte constatant une naissance ou un décès survenu pendant un voyage en mer, quand elle est transmise à l'officier de l'état civil du domicile du père de l'enfant ou de la mère si le père est inconnu, ou du dernier domicile de la personne décédée, par le ministre de la marine lorsqu'il s'agit de la copie d'acte déposée en cours de navigation entre les mains du consul français ou du commissaire à l'inscription maritime en résidence dans le premier port abordé, ou bien par le préposé à l'inscription maritime du port de désarmement du bâtiment lorsqu'il s'agit de l'expédition tirée par ce fonctionnaire du rôle d'équipage dont il est constitué dépositaire. Cette dernière expédition devra être transcrite, bien que celle dont il est question en premier lieu ait pu être transcrite précédemment, ce dont la seconde transcription ferait mention (art. 60, 61, 86, 87 du Code civil, et art. 4 de l'ordonnance royale du 23 octobre 1833);

3° L'expédition d'un acte de naissance, mariage ou décès concernant des Français, dressé en pays étranger par un consul de France, transmise par celui-ci au ministre des affaires étrangères et adressée hiérarchiquement par les autorités françaises au maire du lieu d'origine des Français que cet acte concerne : dernier domicile des père et mère s'il s'agit d'une naissance, dernier domicile de l'un ou de l'autre des époux s'il s'agit d'un mariage, dernier domicile du défunt, s'il s'agit d'un décès (art. 2 de l'ordonnance royale du 23 octobre 1833 et circulaire du ministre de la justice du 11 mai 1875. — Voyez l'observation qui suit le paragraphe 15° ci-après);

4° L'expédition d'un acte de naissance, mariage ou décès concernant des Français, dressé en pays étranger par les fonctionnaires locaux, transmise, en exécution de conventions diplomatiques ou consulaires, par le Gouvernement de ce pays au ministre des affaires étrangères de France, et adressée hiérarchiquement par les autorités françaises au maire du lieu d'origine des Français que cet acte concerne (Circulaire du ministre de la justice du 11 mai 1875 et conventions conclues par la France : 1° avec l'Italie le 13 janvier 1875, approuvée et publiée par décret du 17 février 1875; — 2° avec le grand-duché de Luxembourg le 14 juin 1875, approuvée et publiée par décret du 17 juin 1875; — 3° avec la Belgique, le 25 août 1876, approuvée et publiée par décret du 3 décembre 1876; — 4° avec la principauté de Monaco le 24 mai 1881, approuvée et publiée par décret du 30 mai 1881. — Voyez l'observation qui suit le paragraphe 14° ci-après);

5° Les expéditions des actes de naissance, mariage et décès, transmises de l'armée en dehors du territoire français à l'officier de l'état civil du dernier domicile du père de l'enfant ou de la mère, si le père est inconnu, ou des époux, ou de la personne décédée, par l'officier chargé de la tenue des registres de l'état civil au corps, ou, en cas de décès survenu dans un hôpital militaire ambulant ou sédentaire, le trésorier du régiment ou le sous-intendant militaire auquel elles ont dû être remises dans ce but par l'officier d'administration faisant fonction de directeur dudit hôpital (art. 93, 95, 96, 97, 98 du Code civil).

Il est à propos de remarquer qu'aux termes de l'article 98 du Code civil, l'officier de l'état civil du domicile des parties n'est tenu de transcrire un acte d'état civil dressé à l'armée que s'il lui a été transmis en expédition, c'est-à-dire si c'est une copie entière et littérale qui lui en a été envoyée. C'est par une fausse interprétation des articles 93 et 96 du Code civil que l'instruction du ministre de la guerre du 8 mars 1823 prescrit de transmettre à l'officier de l'état civil du domicile des extraits dont elle donne le modèle sous les n°s 4 et 5. Cette instruction a attribué par erreur le sens d'extrait d'acte à l'expression extrait de registre qui est celle des deux articles en question, comme à tous les articles où il s'agit d'actes d'état civil à délivrer par les dépositaires des registres. En effet, d'après l'article 45 du Code civil, les extraits *délivrés conformes aux registres*, ce qui a nom *expédition* dans le langage juridique, ainsi qu'on le verra au n° 66 ci-après, font seuls foi jusqu'à inscription de faux. C'est encore seulement sur les expéditions que les actes de naissance, mariage et décès dressés en dehors de l'armée autre part qu'à domicile doivent être transcrits dans la commune du domicile, aux termes des articles de lois rappelés sous les cinq alinéas qui précèdent et sous les alinéas 6° et 7° ci-après. D'après l'article 95 du Code civil, c'est également la copie entière de l'acte de mariage dressé à l'armée qui doit être envoyée à l'officier de l'état civil du domicile, quoique cet acte soit cinq ou six fois plus long qu'un acte de naissance ou de décès. L'interprétation donnée par la circulaire ministérielle crée donc une exception dont il est difficile de découvrir le motif. Aussi, pour éviter les transcriptions sans effet légal ou un refus de transcription de la part des officiers d'état civil auxquels seraient adressés des extraits sans valeur, est-il à souhaiter que les dispositions de l'instruction du 8 mars 1823, qui viennent d'être citées, ne soient pas plus longtemps maintenues en vigueur.

6° L'expédition de l'acte de décès d'une personne décédée dans les hôpitaux militaires, civils ou autres maisons publiques, ou, par suite de mort violente, transmise à l'officier de l'état civil du dernier domicile de la personne décédée par l'officier de l'état civil qui a dressé l'acte (art. 80 et 82 du Code civil);

7° L'expédition de l'acte de célébration du mariage contracté par un Français en pays étranger, dans la forme usitée dans le pays, si elle est présentée à l'officier de l'état civil

du domicile du Français dans les trois mois du retour de celui-ci sur le territoire français (art. 171 du Code civil);

8° Le dispositif du jugement ou de l'arrêt qui prononce le divorce de deux époux dont
le mariage a été célébré dans la commune, ou qui avaient leur dernier domicile en cette
commune, s'ils se sont mariés en pays étranger. Cette transcription est opérée sur le vu
de la signification qui doit être faite à l'officier de l'état civil dans les deux mois de la
décision à partir du jour où elle est devenue définitive. A cette signification doivent
être joints : 1° le certificat de l'avoué de la partie poursuivante contenant la date de la
signification du jugement faite au domicile de la partie condamnée; 2° l'attestation du
greffier constatant qu'il n'y a eu ni opposition ni appel. S'il y a eu un arrêt d'appel il
faut joindre encore un certificat de non pourvoi. Ladite transcription est faite par les
soins de l'officier de l'état civil le cinquième jour de la réquisition, non compris les jours
fériés, sous les peines édictées par l'article 50 du Code civil (art. 251 et 252 du Code
civil, texte nouveau fixé par la loi du 18 avril 1886);

9° L'expédition, en forme, de l'acte passé devant le juge de paix, par lequel une personne en a adopté une autre, et l'expédition, également en forme, de l'arrêt de cour de
d'appel portant admission de l'adoption, si la transcription en est requise par l'une ou
par l'autre des parties, dans les trois mois qui suivent cet arrêt et pourvu que ce soit à
la municipalité du domicile de l'adoptant. Cette transcription doit être faite sur le
registre des naisssances (art. 359 du Code civil et circulaire du ministre de l'intérieur du
3 nivôse an IX).

Observation. — La question de transcrire à la mairie du lieu de naissance de l'adopté
l'expédition de l'acte de transcription, qui fait l'objet du présent paragraphe 9°, sera traitée
plus loin, 2e partie, n° 135.

10° L'expédition d'un jugement de première instance ou d'un arrêt de cour d'appel
portant rectification d'un acte de l'état civil inscrit sur le registre de la commune où
cette expédition est présentée, ainsi qu'il a été déjà dit ci-dessus n° 55 (art. 101 du Code
civil). — S'il existe un contradicteur dans la cause, la transcription du jugement de
première instance ne pourra être opérée que sur le vu d'un certificat de l'avoué de la
partie poursuivante contenant la date de la signification du jugement, faite au domicile
de la partie condamnée, et sur l'attestation du greffier constatant qu'il n'existe contre le
jugement ni opposition ni appel (art. 548 du Code de procédure civile).

11° L'expédition d'un arrêt de cour d'appel qui réformerait un jugement rectifiant un
acte inscrit sur les registres de l'état civil de la commune où elle est présentée. Le
pourvoi en cassation n'étant pas suspensif, en matière civile, sauf pour le cas de divorce
(art. 16 de la loi du 1er décembre 1790; art. 248 du Code civil modifié par la loi du
18 avril 1886), ne peut empêcher la transcription immédiate de l'arrêt, conformément à
l'article 101 du Code civil;

12° L'expédition d'un jugement ordonnant l'inscription sur les registres de l'état civil
de la commune où elle est présentée d'un acte de naissance, mariage ou décès qui n'aurait pas été porté sur ces registres dans les délais légaux (avis du Conseil d'Etat du
12 brumaire an XI);

13° L'expédition d'un jugement prononçant la nullité d'un mariage, d'un acte de
reconnaissance d'enfant naturel, ou admettant un désaveu de paternité, lorsque le jugement se rattache à un acte de l'état civil inscrit sur les registres de l'état civil où il est
présenté;

14° L'expédition d'un jugement autorisant un individu à ajouter à son nom un prénom,
lorsqu'il ne lui en a pas été donné dans son acte de naissance inscrit sur les registres de
la commune où l'expédition est présentée, ou l'autorisant à changer le prénom inscrit
dans cet acte et choisi, contrairement aux prescriptions de la loi du 11 germinal an XI,
en dehors des noms en usage dans les différents calendriers et de ceux des personnages
connus de l'histoire ancienne (art. 1, 2 et 3 de ladite loi);

15° L'expédition d'un acte notarié portant reconnaissance d'un enfant naturel dont la
naissance a été inscrite sur les registres de la commune, lorsqu'elle est présentée par les
parties pour être mentionnée en marge de l'acte de naissance de l'enfant (art. 62 du
Code civil). — N. B. — Il est à remarquer que cette transcription, prescrite par l'article 62 du Code civil et qui a pour but de rendre l'acte de reconnaissance public, comme
le professent les jurisconsultes Demante, Zachariæ, Aubry et Rau, Demolombe, Marcadé, Mourlon, Grün, Puibusque, est le seul moyen qui donne aux tiers la faculté d'obtenir de l'officier de l'état civil une expédition de cet acte. Faute de cette transcription,
il ne serait possible d'avoir d'expédition qu'au greffe du tribunal de première instance
où, comme toutes les autres pièces produites à l'appui des actes ou mentions, l'acte doit
être déposé à la fin de l'année, et où, faute d'être rattaché, par suite de transcription,

au registre de l'année courante, il serait exposé à s'égarer, ainsi qu'il va être expliqué sous l'observation ci-après.

OBSERVATION. — On voit par les indications mises à la fin de chacun des paragraphes qui précèdent qu'à l'exception des transcriptions énoncées sous les paragraphes 3° et 4°, toutes les transcriptions, dont le détail vient d'être donné, ont été prescrites par une disposition de loi, ou sont la conséquence forcée d'une prescription légale.

En raison de ce que les transcriptions indiquées sous les deux paragraphes en question n'ont pas été prescrites expressément ou tacitement par une disposition législative, on peut inférer avec presque certitude que ces transcriptions n'auront pas la vertu de faire donner force probante aux expéditions qui pourront en être délivrées par l'officier de l'état civil résidant en France, dépourvu ici du titre de dépositaire légal exigé par l'article 45 du Code civil. Mais elles auraient grande valeur si les minutes des actes venaient à disparaître de leur dépôt légal à l'étranger (art. 1335 du Code civil). L'officier d'état civil qui se conforme aux instructions du ministre de la justice, à un décret ou bien à une ordonnance du chef de l'Etat en transcrivant ces expéditions, ne peut encourir, du reste, aucune responsabilité sérieuse au sujet de la légalité ou de l'efficacité de cette transcription.

Par suite de ce qu'un acte déjà inscrit sur les registres de l'état civil a sa publicité assurée, les motifs qui viennent d'être énoncés sous le paragraphe 15°, en ce qui concerne l'obligation de transcrire l'acte avant de le mentionner sur les registres de l'état civil, n'existent pas, il est vrai, lorsqu'il s'agit de mentionner en marge d'un acte de naissance, inscrit sur les registres de la commune, la reconnaissance que les parents ont faite de l'enfant devant un autre officier d'état civil, soit par acte spécial, soit par l'acte de leur mariage; et si l'on envisage la mention comme un simple renseignement, on peut dire que la transcription n'est pas indispensable, parce que les particuliers possesseurs de l'expédition d'acte de naissance annoté ont la ressource de recourir à l'officier de l'état civil qui a passé cet acte de reconnaissance pour en avoir une expédition authentique. Mais si l'on considère que la mention étant faite par le dépositaire légal de l'exposition mentionnée aura force probante, en vertu des articles 49 et 62 du Code civil, comme a force probante l'expédition d'un acte dressé sur mer ou à l'armée quand elle a été tirée de la transcription faite en la mairie du domicile (paragraphes 2° et 5° ci-dessus), on jugera que l'officier de l'état civil requis de faire ladite mention doit transcrire l'expédition sur le registre de l'année courante et l'y annexer, comme le prescrit l'article 44 du Code civil, pour établir sa compétence comme officier instrumentaire. Les jurisconsultes Mourlon, Grün, Puibusque et les graves auteurs d'articles publiés récemment dans les répertoires du droit administratif ou civil sont même d'avis que les termes de l'article 62 du Code civil obligent de faire cette transcription. En l'opérant, l'officier de l'état civil, autorisé par d'aussi bons répondants, assurera encore le classement rationnel et la conservation de l'expédition transcrite qui, autrement, serait à annexer au registre contenant l'acte de naissance déjà déposé probablement au greffe du tribunal de première instance, et serait, par suite de son entrée isolée et tardive en ce greffe, fort exposée à n'avoir pas de place réservée; il exonérera, en même temps, les particuliers de l'obligation de lever les expéditions de deux actes, et il leur donnera la possibilité de se faire délivrer aussi, sans déplacement, une expédition de l'acte de reconnaissance, s'ils veulent en avoir le texte.

Pour l'application de ces manières de voir, favorables à l'intérêt du public, il y a lieu de poursuivre ainsi la nomenclature des actes à transcrire :

16° L'expédition dûment enregistrée (Voyez n° 76 ci-après pour l'enregistrement) d'un acte dressé par un autre officier d'état civil (acte spécial ou acte de mariage), portant reconnaissance d'un enfant naturel dont la naissance a été inscrite sur les registres de l'état civil de la mairie où cette expédition est présentée par les parties à fin de mention en marge de cet acte de naissance.

B. Avant de déterminer la forme de l'acte de transcription et d'indiquer s'il doit être fait ou non avec l'assistance de témoins, il convient de faire les remarques suivantes :

L'acte qui constitue ou modifie l'état civil d'une personne doit être fait avec solennité, c'est-à-dire avec le concours plus ou moins grand du public, représenté par des témoins, pour avoir le caractère d'authenticité désigné dans l'article 1317 du Code civil.

C'est par application de ces principes que l'article 56 dudit code a prescrit la présence de deux témoins pour un acte de naissance; que les articles 75 et 165 ont prescrit la célébration publique d'un mariage, outre la présence de quatre témoins; que l'article 78 exige le concours de deux témoins pour la constatation d'un décès qui modifie les droits civils des enfants et autres parents du défunt; que l'article 139 nouveau (loi du 18 avril 1886) porte qu'un divorce sera prononcé par jugement public; que l'article 358 exige aussi la publicité d'un arrêt de cour d'appel pour ajouter, par une adoption, de nouveaux droits civils à ceux de la personne adoptée.

C'est encore par application de ces principes qu'en l'absence de disposition législative à ce sujet, il est d'usage dans les mairies, lorsque les parties réclament le ministère de l'officier de l'état civil pour dresser acte d'une reconnaissance d'enfant naturel, qui a toujours pour effet de modifier ou compléter un acte de naissance, d'exiger la présence de deux témoins comme la loi l'exige pour l'acte de naissance, et comme elle l'exige encore pour l'acte de reconnaissance que les parties font dresser par un notaire (loi du 21 juin 1843).

Mais les actes qui ne sont qu'une formalité, soit pour annoncer une prochaine modification d'état civil, comme une publication de mariage, soit pour mettre à la portée et à la disposition du public des actes déjà publiquement et régulièrement faits, n'ont pas besoin du concours de témoins pour produire leur effet, et la loi ne l'exige pas.

Les documents désignés sous les seize paragraphes qui précèdent étant de cette espèce doivent donc être l'objet d'actes de transcription signés seulement par l'officier de l'état civil et par les parties réquérantes quand il y en a.

Il est utile d'ajouter que le procès-verbal de l'exposition d'un jeune enfant trouvé n'est pas compris dans les seize paragraphes précédents, parce que la transcription d'un tel procès-verbal est un acte qui doit tenir lieu d'acte de naissance et qui est soumis à des règles particulières dont l'explication sera donnée dans la deuxième partie du présent ouvrage, consacrée aux actes de naissance.

L'acte de transcription se rapportant à l'un ou l'autre des documents désignés sous les seize paragraphes numérotés ci-dessus doit être dressé comme suit :

Il indique en tête : 1° l'année, le quantième du jour où il est dressé (n° 34 ci-dessus); 2° les prénoms, nom, titres honorifiques s'il y a lieu, et qualité de l'officier de l'état civil qui opère la transcription (n°s 36 et 38 ci-dessus); 3° les prénoms, noms, âges, professions et domicile de la personne ou des personnes requérantes (n°s 37 et 38 ci-dessus); 4° l'énoncé de leur réquisition appuyée des explications qui la justifient dans certains cas, comme la date du retour des époux en France, lorsqu'il s'agit de la transcription d'un acte de mariage dressé à l'étranger; 5° ou l'indication du fonctionnaire qui a transmis la pièce à transcrire, quand la loi n'exige pas la réquisition des parties.

À la suite de la copie littérale de l'acte ou du jugement, énonciation est faite, quand il y a eu réquisition verbale des parties, qu'il a été donné lecture de l'acte de transcription à celles-ci et qu'elles l'ont signé ou ont déclaré ne savoir ou ne pouvoir signer (n° 45 ci-dessus).

Dans tous les cas, la pièce à transcrire doit être paraphée par les parties produisantes quand elle sont présentes et par l'officier de l'état civil, et elle doit être ensuite annexée au registre pour être déposée avec lui, à la fin de l'année, au greffe du tribunal civil de première instance (art. 44 C. civ.), ainsi que la réquisition ou la lettre administrative qui en tient lieu (n° 47 ci-dessus). L'inaccomplissement de ces formalités rendrait l'officier de l'état civil passible des poursuites et de l'amende déterminées par l'article 50 du Code civil.

Lorsqu'un jugement portera rectification d'actes inscrits en plusieurs communes, la partie poursuivante aura à remplir les formalités prescrites par l'article 854 du Code de procédure civile pour obtenir plusieurs expéditions exécutoires de ce même jugement.

CHAPITRE X

DES MENTIONS A FAIRE SUR LES REGISTRES DE L'ÉTAT CIVIL

57. — *Nécessité, en général, de la réquisition des parties, et conséquences de l'inaccomplissement de l'enregistrement préalable des actes à mentionner.*

Quand il y a lieu de mentionner un acte relatif à l'état civil en marge d'un acte déjà inscrit, ce qu'on verra sous le n° 58 ci-après, la mention doit être faite par l'officier de l'état civil sur les registres courants ou sur ceux qui auront été déposés aux archives de la commune, et par le greffier du tribunal de première instance sur les registres déposés au greffe ; à l'effet de quoi l'officier de l'état civil en donnera avis, dans les trois jours, au procureur de la République près ledit tribunal, qui veillera à ce que la mention soit faite d'une manière uniforme sur les deux registres (art. 49 Code civil).

Dans tous les cas où une mention de ce genre doit avoir lieu, elle sera faite à la requête des parties intéressées (même art. 49).

La loi n'ayant pas prescrit de formes particulières pour cette réquisition, celle-ci peut être faite sur une simple feuille de papier timbré de la plus petite dimension, et dans le cas où les parties ne sauraient signer, elle pourrait être rendue valable par l'attestation de deux témoins et du maire. Elle pourrait être faite aussi par un exploit d'huissier. Toutefois, si l'huissier peut être accepté dans ce cas, en raison du caractère de ses fonctions, comme mandataire sans justification de mandat, il doit produire dans leur forme authentique, déterminée n° 47 ci-dessus, les pièces que les parties qu'il représente auraient eu elles-mêmes à produire. Des copies insérées dans son exploit, quoique certifiées par lui ou même par un avoué, n'en pourraient tenir lieu, étant dépourvues de force probante comme il est expliqué sous le n° 52.

La disposition de l'article 49 du Code civil, ci-dessus visée, qui rend nécessaire l'intervention des parties pour mentionner un acte d'état civil, accentue le rôle passif déjà assigné à l'officier de l'état civil par l'article 35 du même Code en ce qui concerne la rédaction des actes.

Elle est, du reste, en harmonie avec les dispositions d'autres lois qui assujettissent les intéressés aux payement de droits d'enregistrement pour plusieurs des actes à mentionner, tels qu'actes de reconnaissance d'enfants naturels, actes de mariage comportant reconnaissance et légitimation d'enfants, actes de transcription de jugements de divorce, lesquels droits sont indiqués au n° 76 *bis* ci-après.

Des difficultés ou ennuis pouvant résulter de l'inaccomplissement de ces lois en temps opportun, l'officier de l'état civil doit essayer de les prévenir en donnant aux parties les éclaircissements utiles sur la manière d'accomplir lesdites lois pour le mieux.

Si les actes à mentionner ont été dressés au dehors, il ne peut y avoir de divergence de vues : il faut que les expéditions qui en sont présentées aient été soumises à la formalité de l'enregistrement, au bureau d'enregistrement de la circonscription du lieu de leur origine, par l'officier de l'état civil qui les a délivrés, et la relation de l'enregistrement dans la mention empêchera toute difficulté de surgir (Voyez ci-dessus n°s 47 et 56, en ce qui concerne l'obligation d'annexer au registres les pièces produites et l'utilité de les transcrire).

Si les actes à mentionner ont été dressés dans la mairie où la mention est à faire, le moyen le plus sûr d'éviter des désagréments ultérieurs et le plus régulier en même temps est de lever également l'expédition de l'acte à mentionner et de la soumettre à la formalité de l'enregistrement avant d'en requérir la mention, afin que la relation de la formalité soit aussi comprise dans cette mention. De cette manière, les parties seront débarrassées de tout souci au sujet de l'obligation de faire enregistrer l'acte au jour où elles voudront en posséder l'expédition, et elles seront mises à l'abri de toutes réclamations nouvelles de frais auxquelles pourrait donner lieu la disparition des traces d'un enregistrement qui n'aurait été fait que postérieurement à la mention.

Mais si les parties, dans cette hypothèse d'acte dressé dans la mairie où il est à mentionner, ne jugent pas à propos d'employer le moyen qui vient d'être indiqué et requièrent d'opérer la mention sur le vu de l'original de l'acte, l'officier de l'état civil, après s'être fait remettre la réquisition des parties exprimant cette résolution, devra déférer à ladite réquisition, d'où résultera : 1° que, faute de relater l'enregistrement de l'acte sujet à cette formalité, la première expédition qui sera délivrée de l'acte où il aura été mentionné deviendra passible de la formalité et du droit d'enregistrement à sa place ; 2° que toute expédition qui sera ultérieurement demandée de l'un ou de l'autre de ces deux actes ne pourra être exempte du droit et de la formalité d'enregistrement que si l'officier de l'état civil a pris soin d'attacher à chacun des registres qui contiennent les actes un certificat donnant la teneur de la quittance des droits, mise par le receveur d'enregistrement sur la pièce enregistrée, et s'il reproduit le texte de ce certificat au pied de la nouvelle expédition à délivrer.

Il faut bien remarquer, en effet, que si une relation de quittance de droit d'enregistrement peut être insérée dans une mention d'acte faite en vertu des articles 49, 62 et 251 du Code civil, une telle relation faite en mention isolée constituerait contre l'officier de l'état civil une contravention à l'article 35 dudit Code.

58. — *Actes et jugements à mentionner*.

Les documents à mentionner en marge des actes de l'état civil sont :

A. D'abord les actes et jugements désignés ci-dessus n° 56, paragraphes numérotés 10, 11, 12, 13, 14, 15, 16, qui ont été transcrits sur les registres de la commune en vertu de réquisition expresse ou tacite, en vue de la mention à en faire.

La mention, en ce qui concerne l'arrêt de Cour d'appel (§ 11), réformant un jugement de rectification sera faite au-dessous de la première mention de rectification.

Quant à la mention du jugement (§ 12) ordonnant l'inscription d'un acte omis, elle sera faite à côté de l'un des actes inscrits déjà à la date où il aurait dû être inscrit.

B. Le dispositif du jugement de divorce dont la transcription a été faite conformément au paragraphe 8 du n° 56 ci-dessus, après que la partie poursuivante aura produit une réquisition à laquelle elle aura joint une expédition de l'acte de cette transcription dûment enregistrée, ou dans laquelle elle aura exprimé qu'elle n'a pas, quant à présent, l'intention de lever cette expédition.

C. L'adoption faisant l'objet des actes transcrits conformément au paragraphe 9 dudit n° 56, si l'acte de naissance de l'adopté se trouve inscrit sur les registres de la mairie où ladite transcription a eu lieu, et si l'adopté ou l'adoptant requiert de faire ladite mention en marge de cet acte de naissance.

D. Les expéditions d'actes de reconnaissance et de mariage dont il est question sous les paragraphes 15 et 16 du susdit n° 56, bien que l'officier de l'état civil ait pu ne pas juger à propos de les transcrire.

E. Enfin, l'acte dressé par l'officier de l'état civil du lieu de la naissance, portant reconnaissance ou légitimation d'un enfant inscrit dans sa commune, si les parties l'en requièrent par écrit, en lui remettant une expédition enregistrée de l'acte à mentionner, ou bien en exprimant dans cette réquisition qu'elles n'ont pas, quant à présent, l'intention de lever et faire enregistrer l'expédition dudit acte.

Observation. L'officier de l'état civil doit mentionner sur le registre des publications, en marge de l'inscription des oppositions faites au mariage, la mainlevée de ces oppositions. Mais, pour la mention de cette mainlevée, il n'a pas besoin de la réquisition des parties, pas plus qu'il n'en a eu besoin pour inscrire l'opposition sur le registre. L'article 67 du Code civil lui prescrit de faire lesdites inscriptions et mentions dès que les actes lui sont remis.

59. — *Formes de la mention.*

La mention, opérée d'après les principes rappelés n° 57 ci-dessus, doit exprimer seulement en quoi consiste le changement apporté à l'acte en marge duquel elle est faite, énoncer la date de l'acte ou jugement qui emporte ce changement, le lieu où l'acte ou jugement a été fait ou rendu, et relater l'enregistrement lorsque la mention est faite sur la production de l'expédition d'un acte de reconnaissance d'enfant naturel passé devant un officier d'état civil ou d'un acte de mariage comportant reconnaissance ou d'un acte de transcription de jugement de première instance emportant divorce. La mention doit elle-même être datée, avec indication du nom et de la qualité de l'officier de l'état civil, dont la signature est apposée au-dessous, ainsi qu'il est dit au n° 36 ci-dessus.

Mais l'acte en marge duquel la mention est faite ne doit pas être touché, la loi défendant sous des peines sévères la plus légère altération. Lorsqu'il en sera délivré copie, cette copie devra simplement reproduire le texte de la mention mise en marge. (Voyez n° 55 ci-dessus.)

CHAPITRE XI

DE LA VÉRIFICATION DES REGISTRES ET DE LA SURVEILLANCE DE LEUR TENUE

60. — *Autorité du procureur de la République pour l'application et l'interprétation urgente des lois concernant l'état civil.*

Les actes de l'état civil assurent aux individus qui en sont l'objet une propriété inviolable, inséparable de leurs personnes, en quelque lieu qu'ils se transportent.

L'officier de l'état civil dont les actes ont un tel caractère remplit bien des fonctions circonscrites, il est vrai, à l'étendue de sa commune, mais il ne remplit pas à cette occasion de fonctions communales. Il n'est ici ni agent administratif ni agent du gouvernement : il est le délégué de la loi (avis du Conseil d'État du 30 nivôse an XIII).

En cette qualité, il est placé sous la surveillance du procureur de la République près le tribunal civil de première instance de son ressort et de ses délégués, du procureur général près la Cour d'appel et du ministre de la justice.

D'après l'article 53 du Code civil, le procureur de la République sera tenu de vérifier l'état des registres lors du dépôt qui en sera fait au greffe; il dressera un procès-verbal sommaire de la vérification, dénoncera les contraventions ou délits commis par les officiers de l'état civil et requerra contre eux la condamnation aux amendes.

Ces dispositions sont rappelées dans l'ordonnance royale du 26 novembre 1823, d'après laquelle la vérification dont il s'agit doit être faite dans les quatre premiers mois de l'année.

Ladite ordonnance porte à l'article 5 : « Nos procureurs pourront, lorsqu'ils le « jugeront nécessaire, se transporter sur les lieux et vérifier les registres de l'année « courante. Ils pourront, dans le même cas, déléguer le juge de paix du canton dans « lequel sera située la commune dont les registres devront être vérifiés. »

Aussitôt que le procureur de la République aura terminé sa vérification annuelle, il adressera à l'officier de l'état civil ses instructions sur les contraventions qui auront été commises dans les actes vérifiés et sur les moyens de les éviter. Il enverra copie de ces instructions au procureur général (art. 3 de la même ordonnance).

Quant aux peines encourues par les officiers de l'état civil, les pouvoirs publics ont toujours été d'accord pour ne les faire appliquer qu'en cas de fautes graves, et, conformément à un avis du Conseil d'État du 31 juillet 1806, le ministre de la justice a, par plusieurs circulaires, recommandé expressément aux procureurs de la République de n'exercer de poursuites qu'après avoir pris l'avis du procureur général et du garde des sceaux.

Les procureurs de la République ne se considèrent pas uniquement, du reste, comme juges des officiers de l'état civil. Le rôle qu'il leur convient surtout de remplir est d'être le conseil de ces magistrats modestes, dévoués à leurs fonctions si importantes, quoique exercées gratuitement, et ceux-ci seront toujours bien accueillis lorsqu'ils consulteront le procureur de la République de leur ressort sur des cas embarrassants.

CHAPITRE XII

DROITS ET DEVOIRS DU MAGISTRAT REMPLISSANT LES FONCTIONS D'OFFICIER DE L'ÉTAT CIVIL EN CAS D'INFRACTIONS COMMISES PAR DES PARTICULIERS AUX LOIS ET RÈGLEMENTS CONCERNANT LES ÉVÉNEMENTS DE L'ÉTAT CIVIL.

61. — *Constatations à faire et avis à donner des infractions commises par des particuliers aux lois et règlements concernant les événements de l'état civil.*

Dans les communes de France, sauf à Paris, où une exception a été faite par l'article 16 de la loi du 28 pluviôse an VIII, l'officier de l'état civil a, comme maire ou adjoint, le titre et les fonctions d'officier de police judiciaire, auxiliaire du procureur de la République (articles 9 et 50 du Code d'instruction criminelle).

A ce titre, dès qu'il a connaissance d'une infraction aux lois concernant l'état civil, telle que la non-déclaration d'une naissance ou d'un décès, une déclaration notoirement fausse, faite pour la rédaction d'un acte, une supposition de personne, une inhumation faite sans l'autorisation de l'officier de l'état civil, crimes et délits prévus par les articles 147, 345, 346, 358, 359 du Code pénal, il doit en donner immédiatement avis au procureur de la République et transmettre à ce magistrat tous les renseignements, procès-verbaux, copies et actes relatifs au crime ou délit commis (art. 29, 48, 49, 50 du Code d'instruction criminelle).

En outre, en cas où un particulier commettrait une contravention de police se rattachant aux événements de l'état civil, telle que le refus de livrer le corps d'un défunt au moment fixé par le maire pour l'inhumation, en vertu des articles 91, 93, 94, 96 et 97 de la loi du 5 avril 1884, ou la fourniture illicite d'objets destinés à l'inhumation d'une personne récemment décédée, à la pompe ou la décence de ses funérailles, ou à la réinhumation d'une personne exhumée, contravention prévue par l'article 24 du décret du 23 prairial an XII, le maire ou adjoint aurait, d'après les prescriptions des articles 11,

14 et 15 du Code d'instruction criminelle, à constater cette contravention par un procès-verbal et à transmettre ce procès-verbal, dans le délai de trois jours, au tribunal de simple police pour l'application de l'article 471, n° 15, du Code pénal.

CHAPITRE XIII

RESPONSABILITÉ DES OFFICIERS DE L'ÉTAT CIVIL CONCERNANT LES ACTES EN GÉNÉRAL

62. — *Responsabilité des officiers de l'état civil en rapport avec le caractère de leur fonction. Précautions qu'elle commande.*

Les officiers de l'état civil ayant le double caractère de délégués de la loi (Voyez n° 60 ci-dessus) et d'officiers de police judiciaire (Voyez n° 61 ci-dessus) ne peuvent se refuser à dresser les actes de l'état civil qui doivent être inscrits sur les registres de leurs mairies, d'après les dispositions des articles 34 à 101 du Code civil, ni à remplir les formalités à eux prescrites concernant ces actes, sous les peines portées par l'article 185 du Code pénal, pour déni de justice (amende de deux cents francs à cinq cents francs et interdiction de l'exercice des fonctions publiques depuis cinq ans jusqu'à vingt). Dans le cas où le maire refuserait ou négligerait de dresser un tel acte, le préfet pourrait de plus, après l'avoir requis de remplir sa mission, procéder d'office à la réception de cet acte par lui-même ou par un délégué spécial, comme il a été déjà dit n° 6 ci-dessus, sans préjudice de l'application de l'article 86 de ladite loi, en vertu duquel le maire peut être suspendu pendant un mois par le préfet et révoqué ensuite par décret du Président de la République.

En outre, les officiers de l'état civil et les dépositaires des registres sont soumis à une double responsabilité.

1° Ils sont soumis à une action en dommages-intérêts de la part des particuliers auxquels ils auraient pu porter préjudice, soit par des énonciations insérées dans les actes en dehors de celles qui doivent seulement y être portées ou par l'omission de celles prescrites par la loi, soit par des altérations qui auraient été faites dans les actes par des personnes dont ils sont civilement responsables, soit par des altérations diverses, soit par suite d'inscription d'actes sur des feuilles volantes (art. 51, 52, 1382, 1383, 1384 du Code civil);

2° Ils sont soumis à une action pénale de la part du procureur de la République, sous la surveillance duquel la loi a placé plus particulièrement les registres de l'état civil (art. 53 du Code civil).

Sous ce dernier rapport, la responsabilité varie dans ses conséquences suivant la qualification légale de la faute commise :

S'il s'agit seulement d'infraction aux règles indiquées aux articles 34 à 49 du Code civil, concernant la forme et la rédaction des actes, le dépôt des pièces qui doivent y être annexées, la forme des expéditions à délivrer et la relation d'actes à mentionner en marge d'actes déjà inscrits, la peine qui sera prononcée par les tribunaux sera une amende qui n'excédera pas cent francs (art. 50 du Code civil);

S'il s'agit d'inscription d'actes sur des feuilles volantes, la peine sera, indépendamment des dommages-intérêts indiqués au paragraphe numéroté 1° ci-dessus, celle d'un emprisonnement de un à trois mois et d'une amende de seize francs à deux cents francs (art. 192 du Code pénal);

S'il s'agit de destruction, suppression, soustraction ou détournement de tout ou partie des registres de l'état civil ou de pièces y annexées, que le fait ait été commis par l'officier de l'état civil ou avec sa coopération, la peine est celle des travaux forcés à temps (art. 59, 173 du Code pénal);

S'il s'agit de faux ou altérations commis par lui-même dans les actes, la peine est celle des travaux forcés à perpétuité (art. 145 du Code pénal).

La responsabilité du maire, considéré comme officier de l'état civil, en raison de la garde et de la conservation des registres qui lui sont confiés, est telle qu'il ne saurait prendre trop de précautions pour empêcher leur altération, et que, s'il s'aperçoit d'un faux, d'une altération, de la lacération d'un des feuillets des registres ou de leur disparition, il doit, sans le moindre retard, en avertir le procureur de la République, afin que ce magistrat puisse immédiatement aviser.

Dans le cas où l'officier de l'état civil négligerait de constater et signaler les infractions commises par des particuliers aux lois concernant l'état civil, il s'exposerait à être suspendu ou révoqué de ses fonctions (art. 85 et 86 de la loi du 5 avril 1884. Voyez nᵒ 61 ci-dessus).

CHAPITRE XIV

PUBLICITÉ DES ACTES ET DES PIÈCES Y ANNEXÉES. — OBLIGATION D'EN DÉLIVRER EXPÉDITION AUX PARTICULIERS QUI LE DEMANDENT ET A DIVERS FONCTIONNAIRES. — DES EXTRAITS ET RELEVÉS D'ACTES UTILES AUX SERVICES PUBLICS.

63. — *De la communication des registres de l'état civil dans les mairies. Précautions et restrictions.*

Les registres de l'état civil doivent être communiqués dans les mairies, sans déplacement, aux préposés de l'Enregistrement, à toute réquisition, pourvu que ce ne soit pas les jours de repos et que les séances dans chaque jour ne durent pas plus de quatre heures (loi du 22 frimaire an VII, art. 54, et loi du 16 juin 1824, art. 10).

Ils doivent aussi être communiqués aux fonctionnaires publics légalement autorisés, tels que les préfets, les sous-préfets, ainsi qu'aux tribunaux (Voyez pour ce dernier cas le nᵒ 26 ci-dessus).

Quelques auteurs sont d'avis qu'en vertu de l'article 37 de la loi du 7 messidor an II, visé au nᵒ 72 ci-après, la publicité des registres doit aller jusqu'à donner au public le moyen de connaître quels sont les actes contenus dans les registres, afin d'en pouvoir obtenir expédition. Il appartient au maire, à qui une grande responsabilité est imposée pour le cas d'altération des actes (voyez nᵒ 62 ci-dessus), de juger dans quelle limite il lui est possible de donner communication des registres à ceux qui désireraient y faire des recherches. Les tables annuelles et décennales pour les années écoulées paraissent être les documents à consulter pour obtenir un résultat utile. Quant aux registres de l'année courante, il semble qu'une table chronologique, constamment tenue à jour par les bureaux de la mairie et qui pourrait être communiquée à tout requérant sans inconvénient pour le service, remplirait le but cherché.

64. — *Obligation pour les dépositaires des registres de l'état civil dans les mairies, aux greffes des tribunaux de première instance et dans les consulats, de délivrer l'expédition d'un acte à toute personne qui la demande.*

Toute personne pourra se faire délivrer par les dépositaires des registres de l'état civil, c'est-à-dire, en France, les maires, les greffiers des tribunaux civils de première instance (Voyez ci-dessus nᵒ 47, § 1ᵒ), à l'étranger, les consuls de France (Voyez même numéro 47, § 3ᵒ); des extraits de ces registres (art. 45 du Code civil). Cette personne n'est pas tenue de dire pour qui ni pour quel motif quand elle paye les frais de cet extrait. Elle n'aurait à s'expliquer à cet égard que si elle demandait un extrait sur papier non timbré. En ce cas, elle aurait à faire connaître l'usage auquel l'extrait est destiné, afin que le fonctionnaire dépositaire du registre puisse remplir les conditions de la loi qui exempte l'extrait du timbre à cause de sa destination.

Les dépositaires de ces registres ne pourront se refuser à délivrer l'extrait demandé à charge du payement des droits, sous peine de dépens, dommages et intérêts (art. 853 du Code de procédure civile.)

65. — *Expéditions de pièces annexées aux registres de l'état civil. Remarques touchant la force probante de certaines expéditions.*

Les pièces qui ont été déposées à l'officier de l'état civil et annexées aux actes dressés par lui font partie intégrante des registres (art. 44 du Code civil.) — Sauf l'exception portée au nᵒ 29 ci-dessus, en ce qui concerne les expéditions d'actes de l'état civil de Paris dont les minutes ont été détruites dans l'incendie de 1871, lesquelles, si elles ne sont pas revêtues de l'estampille de la commission de reconstitution, doivent être envoyées au président de cette commission (art. 9 de la loi du 12 février 1872), tant que le double registre auquel les pièces sont annexées est en la possession de l'officier de l'état civil, ce qui a lieu jusqu'au moment fixé par les articles 43 ou 44 du Code civil pour le dépôt au greffe du tribunal de ce registre et des pièces qui l'accompagnent, ce fonctionnaire peut et doit, d'après l'article 853 du Code de procédure civile, en délivrer l'expédition lorqu'il en est requis, comme l'a enseigné le ministre de la justice dans une décision d'octobre 1848. La copie doit être littérale et être terminée par une mention indiquant la nature et la date de l'acte auquel la pièce est annexée, afin qu'on puisse toujours retrouver celle-ci et la rapprocher de la copie en cas de contestation. Les règles concernant les expéditions des actes de l'état civil, et qui vont être indiquées dans les numéros suivants, sont applicables à ces copies ou expéditions de pièces. Toutefois, le droit d'expédition sera de 75 centimes du rôle si la pièce dont la copie est délivrée n'est pas un acte d'état civil, ainsi qu'il sera expliqué sous le n° 72 ci-après. La signature de l'officier de l'état civil ne donne, du reste, à ces copies de pièces que la valeur déterminée suivant les cas par les articles 1334 et 1335 du Code civil. Si ce sont des copies d'actes dont les minutes se trouvent en possession d'autres fonctionnaires, elles peuvent n'être considérées que comme simples renseignements. Les parties ont donc intérêt à réclamer l'expédition au dépositaire de la minute pour s'épargner des difficultés dont il convient de les avertir. (Voyez n° 52 ci-dessus.)

66. — *Forme des expéditions à délivrer aux particuliers.*

L'extrait qu'un particulier a le droit d'obtenir, comme il est dit sous le n° 64 ci-dessus, doit être délivré conforme au registre (art. 45 du Code civil), c'est-à-dire qu'il doit contenir la teneur littérale et fidèle de l'acte, ainsi que des mentions le concernant qui peuvent se trouver en marge. Cet extrait de registre est l'expédition d'acte dont parle l'article 7 (dernier alinéa) de la loi du 22 frimaire an VII sur l'enregistrement. Il est aussi appelé expédition dans les articles 19, 20, 23, 26, n° 5 de la loi du 13 brumaire an VII sur le timbre. La qualification d'expédition lui est uniquement donnée par le décret du 12 juillet 1807, fixant la taxe à percevoir des personnes auxquelles il est délivré. C'est du reste l'équivalent de ce que l'article 21 de la loi du 25 ventôse ad XI nomme expédition, en ce qui concerne les actes notariés. Il sera toujours nommé expédition dans le présent ouvrage pour éviter de confondre cet extrait de registre avec un extrait d'acte qu'un notaire peut délivrer légalement aux parties qui ont contracté devant lui, mais que l'officier de l'état civil n'a pas le droit de délivrer, si ce n'est pour des usages exceptionnels intéressant l'ordre public ou l'État, tels qu'un extrait d'acte de mariage en forme de certificat pour servir à la célébration du mariage religieux, un extrait d'acte de naissance pour le service de la protection de l'enfance du premier âge, un extrait d'acte de décès pour permis d'inhumer, etc. Excepté le certificat de mariage, ces extraits sont exemptés du timbre ; on en verra l'énumération sous le n° 81 ci-après.

Les mentions mises en marge d'un acte étant le seul indicateur des rectifications et changements dont il a été l'objet depuis sa confection ne doivent jamais être omises dans l'expédition de cet acte, à peine de tous dommages-intérêts contre l'officier public qui aurait délivré l'expédition ainsi laissée incomplète (Voir n° 55 ci-dessus). Il n'en doit être omis aucune, encore bien que les dernières puissent contredire les premières ou les rendre sans effet. De même, l'expédition doit reproduire l'acte avec toutes les fautes, erreurs et fausses énonciations qu'il renferme, signalées ou non par ces mentions, et n'omettre aucune des parties de son contexte, encore bien que plusieurs puissent se rapporter à des formalités, titres ou qualifications supprimées par des lois postérieures.

Les énonciations qui ont été écrites lors de la confection de l'acte dans des renvois approuvés par les signatures des parties, des témoins et du fonctionnaire compétent, n'ont pas besoin d'être signalées particulièrement dans l'expédition ; elles doivent y être écrites à la place indiquée par le renvoi comme si elles se trouvaient dans le corps du texte. Il n'y a pas lieu, non plus, de répéter dans l'expédition la mention qui peut avoir été mise en marge de l'acte pour approuver les ratures contenues dans l'acte, lorsque cette mention a été suivie des mêmes signatures. Dans ce cas, les mots rayés sont considérés comme n'ayant jamais été écrits. Mais les mots rayés dont la rature n'aurait pas été rendue régulière par une mention de cette espèce devraient être reproduits dans l'expédition avec leur rature. La copie serait, dans ce cas, figurative et certifiée comme telle.

L'expédition doit porter en tête l'indication de son titre d'extrait des registres des actes de l'état civil de la commune où l'acte a été dressé, et quand elle est délivrée pour service public sur papier libre, l'indication du service spécial auquel elle est destinée. (Voyez n° 81 ci-après.)

Le texte entier de l'acte doit être rapporté sans laisser aucun blanc (art. 42 du Code civil).

Si, contrairement à la loi, des blancs ont été laissés dans la minute, l'espace de ces blancs, reproduit sur l'expédition, doit être rempli par un gros trait de plume empêchant qu'il ne soit ultérieurement rempli par de l'écriture. A la suite du texte de l'acte et de la mention des signatures qui le closent, l'expédition est certifiée conforme avec indication du nom et de la qualité du fonctionnaire qui la délivre, datée du jour de la délivrance et signée par ledit fonctionnaire (Voyez nᵒ 36 ci-dessus et nᵒ 67 ci-après). La date de cette délivrance a pour effet de constater que la pièce a été signée à une époque où le signataire était bien revêtu des fonctions qui lui donnent le droit de la délivrer. Elle assure ainsi l'authenticité de l'expédition et permet d'en obtenir la légalisation, à quelque époque que ce soit. Au point de vue de la responsabilité du fonctionnaire qui a délivré la pièce, la date a encore pour effet de permettre de constater que la recette du droit d'expédition revenant à la commune a bien été inscrite à la date de son encaissement.

Si l'expédition contient des mots rayés à cause d'erreurs faites par le copiste, la mention, en toutes lettres, du nombre des mots rayés doit être mise en marge et signée par le fonctionnaire.

Si, par erreur de copiste, des mots écrits sur la minute ont été omis sur l'expédition, les mots omis doivent être mis en renvois en marge de l'expédition et chacun des renvois doit être approuvé par la signature du fonctionnaire. Un paraphe ne suffirait pas en présence des prescriptions de l'article 42 du Code civil, qui sont applicables aussi bien pour l'expédition que pour la minute.

D'après l'article 20 de la loi du 13 brumaire an VII, l'expédition, quand, n'étant pas destinée à un service public, elle doit être écrite sur papier timbré, ne peut contenir, compensation faite d'une feuille à l'autre, plus de vingt-cinq lignes par page de moyen papier, celui dont le prix est actuellement de un franc quatre-vingts centimes la feuille (Voyez nᵒ 77 ci-après). Le décret du 16 février 1807, qui a fixé le tarif des frais et dépens pour le ressort de la Cour d'appel de Paris et qui, dans la disposition spéciale dont il est ici question, a été rendu applicable à toute la France par un autre décret du même jour, porte (article 174) que les expéditions de tous les actes reçus par les notaires contiendront vingt-cinq lignes à la page et quinze syllabes à la ligne. L'indication du nombre de syllabes n'a pas été reproduite dans le décret du 12 juillet 1807, fixant le tarif des expéditions d'actes de l'état civil. Il n'y a pas de règle imposée par la loi à cet égard. Cependant cette indication est ordinairement suivie pour régler la dimension du corps d'écriture à employer dans ces expéditions.

Sauf les exceptions déterminées par la loi et qui sont indiquées au nᵒ 81 ci-après, toute expédition doit être faite sur papier timbré de un franc quatre-vingts centimes la feuille et entraîne, outre le paiement de ce droit de timbre, le droit d'expédition fixé par le décret du 12 juillet 1807. En certains cas, elle doit en outre être soumise à la formalité et au droit d'enregistrement, ainsi qu'à la formalité de la légalisation. (Voyez ci-après, pour ces sujets, les chapitres XV, XVI et XVII.)

67. — *L'officier de l'état civil doit seul signer les expéditions. Le secrétaire de la mairie n'a pas qualité pour y apposer sa signature.*

Avant la loi du 28 pluviôse an VIII (17 février 1800), qui a fixé sur leurs bases actuelles les divisions administratives du territoire de la France et réorganisé l'administration, une loi du 18 septembre 1789 avait donné un caractère officiel aux secrétaires de mairies, et un décret du 19 vendémiaire an IV, sur la division du territoire de la France, le placement et l'organisation des autorités administratives et judiciaires, portait (art. 12) : « Dans les communes au-dessous de 5,000 habitants, l'agent municipal ou son adjoint remplira les fonctions d'officier de l'état civil. Dans les autres communes chaque municipalité nommera l'un de ses membres pour exercer lesdites fonctions. — Art. 13. Les secrétaires en chef des administrations départementales, municipales et de bureau central, seront nommés et destituables par les membres desdites administrations, de l'agrément des autorités supérieures. Le secrétaire en chef nommera et pourra révoquer les employés. »

La loi du 13 brumaire an VII sur le timbre, toujours en vigueur dans ses dispositions pénales, sauf les atténuations apportées par des lois postérieures, a dénommé, dans son article 17, les secrétaires des administrations municipales parmi les fonctionnaires responsables de l'inexécution des prescriptions indiquées dans cet article de loi. Les articles 26, 29, 36, 41 et 54 de la loi du 22 frimaire an VII sur l'enregistrement, dont les prescriptions n'ont été qu'adoucies depuis par le législateur, leur a imposé une responsabilité du même genre.

Lorsque a paru la loi du 28 pluviôse an VIII les secrétaires de mairie avaient donc un caractère public et une responsabilité propre leur permettant de signer valablement les expéditions des actes de l'administration municipale et de l'état civil.

Mais cette loi, sans dire expressément qu'elle retranchait les secrétaires de mairie de la catégorie des fonctionnaires publics, les a supprimés de fait et complètement en attribuant désormais l'administration municipale et l'état civil aux maires et adjoints seuls.

Néanmoins, les maires ayant continué de se servir des secrétaires de mairie pour les aider dans leur tâche, ce que ladite loi ne leur défendait pas, la suppression légale du titre officiel est passée inaperçue dans beaucoup de localités. Ceux qui le croyaient subsistant ont pu le croire d'autant mieux qu'un arrêté du gouvernement du 8 messidor an VIII (27 juin 1800), réglant le costume officiel des maires et adjoints dans les villes de 5,000 âmes et au-dessus, réglait en même temps le costume des secrétaires de mairie attachés à ces mêmes villes, et, presque généralement, les secrétaires de mairie ont continué de signer les expéditions des actes de l'état civil et autres dressés dans leurs communes respectives.

Cette pratique vicieuse s'étant prolongée pendant plusieurs années, un avis du Conseil d'Etat, en date du 6 juin 1807, approuvé par l'empereur le 2 juillet suivant, a conféré le caractère de l'authenticité à ces actes irréguliers faits et acceptés de bonne foi, afin de ne pas rendre nuls des documents civils et judiciaires appuyés sur ces actes. Mais, en même temps, considérant que la loi du 28 pluviôse an VIII n'a point recréé les secrétaires des administrations municipales supprimées ni donné de signature à aucun des employés des mairies actuelles, le Conseil d'État a déclaré que les employés de mairie qui se qualifient de secrétaires ou de secrétaires généraux n'ont point de caractère public ; qu'ils ne peuvent rendre authentique aucun acte, aucune expédition ni aucun extrait des actes des autorités ; que, notamment, les extraits des actes de l'état civil ne peuvent être délivrés que par le fonctionnaire public dépositaire des registres ; qu'enfin l'administrateur étant seul responsable, sa signature seule est nécessaire, et qu'il ne doit point y en avoir apposé d'autres.

Le ministre de l'intérieur, en notifiant cet avis aux préfets des départements par une circulaire du 30 juillet 1807, a fait observer que les employés qui se permettraient d'apposer encore leur signature à des actes quelconques d'administration seraient répréhensibles et susceptibles d'être poursuivis, soit d'office, soit par les parties qui n'auraient pu faire usage de ces actes.

Aujourd'hui, comme à la date de cette circulaire, les secrétaires et employés de mairie ne tenant leurs fonctions que du maire qui les nomme et peut les révoquer (loi du 5 avril 1884, art. 88) sont de simples employés sans caractère public, et il a été jugé que l'article 31 de la loi sur la presse, du 29 juillet 1881, qui rend justiciable de la cour d'assises et des peines désignées dans cet article la diffamation commise par des discours publics ou par la voie de la presse envers un citoyen chargé d'un service ou d'un mandat public temporaire ou permanent, n'est pas applicable à la diffamation commise envers un secrétaire de mairie. (Arrêt de la cour de Douai du 15 janvier 1883, confirmé par arrêt de la Cour de cassation du 22 juin suivant.)

Le rôle du secrétaire de mairie, en ce qui concerne les expéditions, consiste donc à les écrire ou à les faire écrire et à en vérifier l'exactitude, de manière à ne pas exposer le maire, qui doit seul les signer, à la responsabilité que ce dernier encourrait, en cas d'irrégularité, envers les particuliers aussi bien que vis-à-vis des représentants du Pouvoir et des agents du Gouvernement (art. 82, 91 et 92 de la loi du 5 avril 1884).

68. — *Expéditions d'actes de l'état civil à délivrer administrativement pour les autorités d'Alsace-Lorraine.*

En exécution d'une convention conclue entre la France et l'Allemagne le 4 novembre 1872, approuvée et publiée par décret du 8 du même mois, les officiers de l'état civil doivent délivrer sur papier libre, c'est-à-dire en la forme administrative, l'expédition de tout acte de l'état civil qui leur est réclamée par leurs supérieurs hiérarchiques pour être envoyée par l'intermédiaire de ceux-ci aux autorités d'Alsace-Lorraine qui en ont fait la demande au Gouvernement français.

69. — *Expéditions d'actes de l'état civil concernant des étrangers à dresser et transmettre administrativement pour le Gouvernement ou l'agent diplomatique de leur pays.*

A. En exécution des conventions conclues par la France avec l'Italie, le grand-duché de Luxembourg, la Belgique et la principauté de Monaco, pour la communication réciproque des actes de l'état civil, lesquelles conventions sont énoncées sous le paragraphe 4 du nᵒ 56 ci-dessus, et en exécution des circulaires du ministre de l'intérieur des 30 juin, 7 octobre et 27 décembre 1875, 28 juin, 16 octobre, 28 décembre 1876, 4 mars 1879 et 11 juillet 1883, concernant l'application de ces conventions, l'officier de l'état civil doit, lorsqu'il a dressé un acte de naissance, mariage ou décès concernant un étranger qui appartient à l'un ou à l'autre des quatre pays ci-dessus désignés, et encore lorsqu'il a dressé un acte de reconnaissance d'enfant naturel concernant un Belge ou un sujet de la principauté de Monaco, en adresser une expédition régulière au sous-préfet de l'arrondissement, ou au préfet, s'il n'y a pas de sous-préfet, pour qu'elle soit transmise au ministre de l'intérieur qui l'enverra au ministre des affaires étrangères, lequel la fera parvenir au Gouvernement de l'étranger. L'envoi de l'officier de l'état civil devra avoir lieu immédiatement ou aux époques fixées par instructions préfectorales ; dans tous les cas assez tôt pour que le préfet puisse se conformer aux conventions internationales ci-dessus mentionnées portant, pour la principauté de Monaco, obligation d'envoi par trimestre, les 1ᵉʳ janvier, avril, juillet, octobre, et, pour les autres pays, obligation d'envoyer semestriellement, les 1ᵉʳ janvier et 1ᵉʳ juillet.

Cette expédition est exempte du droit et de la formalité du timbre, en vertu des dispositions légales indiquées n° 81 ci-après. '

Elle est légalisée par le préfet du département comme document administratif, en vertu d'autres dispositions légales ou réglementaires énoncées au n° 84 ci-après.

En général, les instructions préfectorales reproduisant les instructions ministérielles prescrivent aux maires d'envoyer ensemble, désignées dans un bordereau y joint, les expéditions des actes des diverses sortes indiquées ci-dessus, dressés dans la même période, concernant les nationaux des pays qui viennent d'être nommés ; elles prescrivent aussi d'envoyer, à la fin de cette période, un bordereau ou certificat négatif s'il n'a été dressé aucun acte de l'espèce. Il n'y a qu'à se conformer à ces instructions.

B. En exécution de circulaires de M. le ministre de l'intérieur en date des 26 janvier 1836, 10 mars 1855, 4 juin 1863, 17 mai 1864, l'officier de l'état civil doit transmettre, en outre, immédiatement au sous-préfet, ou, à défaut de sous-préfet dans l'arrondissement, au préfet, l'expédition de l'acte de décès de tout individu non Français décédé dans sa commune, à quelque nation qu'il appartienne.

Cette expédition est également exempte du droit et de la formalité du timbre et sera légalisée aussi par le préfet, qui la transmettra au ministre de l'intérieur pour qu'elle soit adressée, par la voie ordinaire du ministre des affaires étrangères, à l'agent diplomatique du pays du défunt.

Il est essentiel que cette expédition porte en tête l'objet de sa délivrance, pour qu'elle jouisse de l'immunité relative au timbre et encore pour qu'elle ne soit pas égarée en route, faute de cette indication.

70. — *Expéditions d'actes de l'état civil à dresser et transmettre administrativement pour des fonctionnaires français.*

A. L'officier de l'état civil, qui a dressé l'acte de décès d'une personne décédée dans les conditions indiquées au paragraphe 6 du n° 56 ci-dessus, c'est-à-dire d'une personne décédée dans un hôpital militaire ou civil, ou dans une autre maison publique ou de cause violente, doit en dresser immédiatement l'expédition et la faire parvenir au sous-préfet, pour qu'elle soit transmise par ce fonctionnaire au préfet qui la légalisera et la fera parvenir au maire de la commune où le défunt avait son domicile, afin qu'elle soit transcrite sur les registres de l'état civil de cette dernière commune, conformément aux articles 80 et 82 du Code civil.

Cette expédition devra indiquer en tête l'objet de sa délivrance pour jouir de l'exemption de timbre accordée aux documents administratifs par les dispositions légales énoncées au n° 81 ci-après.

B. En d'autres circonstances prévues par la loi, l'officier de l'état civil aura encore à délivrer des expéditions sur papier libre, et légalisées par le préfet, pour des usages intéressant les services publics ; par exemple : l'expédition à produire aux autorités compétentes de l'acte de naissance d'un jeune homme qui se propose de contracter un engagement pour le service dans l'armée de terre ou de mer (art. 59 et 60 de la loi du 15 juillet 1889) ; ou l'expédition de l'acte de naissance d'un jeune soldat, l'acte de mariage de ses père et mère et l'acte de décès du père pour justifier des droits de ce militaire à la dispense temporaire du service actif, conformément aux articles 21, 22 et 23 de la loi sur le recrutement du 15 juillet 1889.

Ces expéditions devront porter en tête l'objet de leur délivrance et leur destination pour ne pas être assujetties au droit de timbre.

71. — *Des extraits et relevés d'actes utiles aux services publics et ayant valeur de renseignement.*

Les officiers de l'état civil doivent délivrer administrativement, c'est-à-dire sur papier libre et sans frais, et les transmettre aux fonctionnaires français qui en ont besoin, ou les délivrer aux parties que les actes concernent, les extraits d'actes de l'état civil dont la production est nécessaire pour l'exécution de divers services publics.

Ces extraits ne sont pas des documents authentiques ; ils ne feraient pas foi en justice, et ils ne peuvent servir que comme renseignement. Cela résulte des termes de l'article 45 du Code civil, ainsi conçus : « Toute personne pourra se faire délivrer par les dépositaires « des registres de l'état civil des extraits de ces registres. Les extraits, *délivrés conformes* « *aux registres* et légalisés par le président du tribunal de première instance ou par le « juge qui le remplacera, feront foi jusqu'à inscription de faux. » Cette disposition, d'après laquelle une copie littérale, autrement dit l'expédition d'un acte d'état civil tel qu'il est inscrit sur le registre, fait seule foi pour tous, ne souffre aucune exception, ainsi qu'il a déjà été établi sous le n° 56 qui précède.

Mais l'administration supérieure n'ayant à produire ces extraits pour justification à qui que ce soit se contente de leur valeur réduite au titre de simple renseignement.

Il y a donc lieu de délivrer à elle ou pour elle :

1° Extrait de l'acte de naissance d'un enfant pour son placement en nourrice (loi du 23 décembre 1874 et décret du 27 février 1877) ;

2° Extrait de l'acte de naissance d'un enfant pour son admission dans une école publique (loi du 28 mars 1882) ;

3° Extrait d'acte de naissance d'un enfant pour son placement dans une manufacture (art. 2 de la loi du 22 mars 1841 et art. 10 de la loi du 19 mai 1874) ;

4° Extrait d'acte de naissance pour obtention de livret d'ouvrier (art. 2 de la loi du 22 mars 1841 et loi du 22 juin 1854) ;

5° Extrait d'acte de naissance pour établir l'âge d'un électeur (art. 24 du décret organique du 2 février 1852) ;

6° L'extrait d'acte de naissance d'un jeune homme de vingt ans pour servir à son inscription sur le tableau de recensement de sa classe, conformément à la loi du 15 juillet 1889 ;

7° L'extrait d'un acte de naissance, mariage ou décès, pour le service de la caisse d'épargne postale (art. 20 de la loi du 9 avril 1881) ;

8° Extrait d'acte de décès, en forme de permis d'inhumer (art. 77 du Code civil) ;

9° Les officiers de l'état civil doivent encore envoyer au sous-préfet ou au préfet, qui doit le transmettre à l'agent diplomatique ou au consul de la nation du défunt, conformément aux circulaires de M. le ministre de l'intérieur des 28 janvier 1865 et 21 juin 1869, un extrait, en forme d'avis, de tout acte constatant le décès d'un étranger, sujet d'un pays dont les consuls ont la compétence nécessaire pour le règlement de la succession de leurs nationaux décédés en France, aux termes des traités internationaux. (Voir l'énoncé de ces traités dans la 4° partie, relative aux décès).

10° En outre, les officiers de l'état civil ont à faire les relevés d'actes d'état civil demandés par l'autorité supérieure dans l'intérêt de la statistique, notamment le relevé numérique annuel des naissances, mariages et décès prescrit par la circulaire du ministre de l'agriculture, du commerce et des travaux publics, en date du 24 septembre 1853, rapportée au *Bulletin du ministère de l'intérieur*. Ce relevé se fait sur des imprimés spéciaux transmis d'avance à cet effet par les soins des préfets, auxquels il doit être envoyé dans le mois de janvier.

CHAPITRE XV

DROIT D'EXPÉDITION DU PAR LES PARTICULIERS

72. — *Droit d'expédition à payer pour obtenir l'expédition d'un acte.*

Lorsque l'expédition d'un acte d'état civil est délivrée à un particulier en dehors des cas où elle doit lui être délivrée sur papier libre et qui sont indiqués au n° 81 ci-après, en dehors aussi de l'application de l'article 16 de la loi du 22 février 1851 sur l'assistance judiciaire (délivrance gratuite), ou en dehors de l'application de la loi du 10 décembre 1850 concernant les mariages d'indigents, il est dû pour cette délivrance un droit d'expédition qui a été fixé ainsi qu'il suit par décret du 12 juillet 1807 :

1° Pour chaque expédition d'acte de naissance, de décès ou de publication de mariage (1) :

Dans les communes ayant moins de 50,000 âmes...................	30 centimes.
Dans les villes de 50,000 âmes et au-dessus......................	50 —
A Paris...	75 —

2° Pour chaque expédition d'acte de mariage, d'adoption ou de divorce :

Dans les communes ayant moins de 50,000 âmes...................	60 centimes.
Dans les villes de 50,000 âmes et au-dessus......................	1 franc.
A Paris...	1 fr. 50

Ce droit appartient à la commune et doit figurer dans les recettes ordinaires du budget communal. (Loi du 5 avril 1884, art. 133, n° 11.)

A Paris, il est dû, en outre, un droit de un franc vingt centimes pour toute expédition d'acte reconstitué, conformément à la loi du 12 février 1872, constatant une naissance, une reconnaissance d'enfant naturel, un mariage, un décès, une adoption ou un divorce ayant eu lieu dans la période de 1792 à 1859 inclus, et encore du 1ᵉʳ janvier 1870 au 25 mai 1871 pour le XIIᵉ arrondissement. Ce droit, fixé par la loi du 5 juin 1875, doit être versé à la caisse municipale pour venir en déduction des dépenses de la reconstitution des actes de l'état civil de Paris, laquelle reconstitution se poursuit toujours par les soins de la commission instituée à cet effet. (Voyez n° 54 ci-dessus.)

Si l'expédition d'acte de l'état civil est destinée à servir à la célébration du mariage d'un indigent, il n'est dû, quelle que soit l'importance de la commune et quelle que soit la nature de l'acte, qu'un droit d'expédition de 30 centimes perçu sur la production du certificat d'indigence dressé dans les formes indiquées par la loi du 10 décembre 1850.

Lorsque l'expédition délivrée consiste en la copie d'une pièce annexée aux registres de l'état civil, l'un ou l'autre des droits ci-dessus indiqués est dû, suivant la nature de l'acte, quand il s'agit d'un acte d'état civil. Mais si la pièce n'est pas un acte d'état civil, il est dû un droit d'expédition fixé à 75 centimes du rôle par l'article 37 de la loi du 7 messidor an II. Ce dernier droit appartient aussi à la commune et doit également figurer dans les recettes ordinaires du budget communal. (Loi du 5 avril 1884, art. 133, n° 11 ci-dessus indiqué. — Voyez n° 65 ci-dessus en ce qui concerne le défaut de force probante des copies de copies.)

Les droits d'expédition qui font l'objet du présent numéro sont indépendants du droit de timbre de un franc quatre-vingts centimes dû pour toute expédition ordinaire, et du droit d'enregistrement dû en cas où l'expédition délivrée serait celle d'un acte contenant reconnaissance ou légitimation d'enfant naturel ou de divorce. (Voyez nᵒˢ 76 bis, 77 et 80 ci-après.)

REMARQUE. — Les explications contenues dans le présent n° 72, en ce qui concerne la redevance et l'encaissement d'un droit d'expédition, s'appliquent toutes aux expéditions qui sont délivrées par les officiers d'état civil.

Cependant les particuliers qui s'adresseraient au greffier du tribunal civil de première instance de l'arrondissement pour obtenir de lui l'expédition d'un acte d'état civil inscrit sur le double registre déposé à son greffe, en vertu des articles 43 et 45 du Code civil, auraient de même à payer le droit d'expédition en question, basé alors sur le chiffre de la population de la ville où est le siège du tribunal. En effet, quoique le décret du 12 juillet 1807 n'ait statué que pour les expéditions délivrées par les officiers d'état civil, le tarif qu'il renferme a toujours été appliqué aussi aux expéditions délivrées par les greffiers. L'État ne prétendant à aucun droit de greffe à ce sujet a abandonné à ces officiers publics le produit du tarif à titre d'émolument (Décision du 2 janvier 1836. Instr. enreg., 24 décembre 1836, n° 1528, § 22). Toutefois, la recette des expéditions délivrées par le greffier du tribunal civil de la Seine fait exception : en vertu d'un décret du 23 août 1807, elle revient à la Ville de Paris, qui rétribue le greffier d'après un taux fixé d'accord avec lui.

73. — *Le droit d'expédition n'est dû que pour les copies entières d'actes.*

Il est essentiel de remarquer que le décret du 12 juillet 1807, qui tarifie les expéditions

(1) Il est rare qu'il y ait lieu de délivrer l'expédition d'un acte de publication de mariage. Le certificat dont il est question en l'article 69 du Code civil dispense de la produire.

d'actes de l'état civil, ne s'applique qu'aux expéditions, c'est-à-dire aux copies entières et littérales d'actes délivrées conformes aux registres, comme l'indique l'article 45 du Code civil, et dressées sur papier timbré. En effet, le décret ajoute au droit d'expédition le prix du timbre, qui était alors de 83 centimes (il est aujourd'hui de 1 fr. 80).

Serait donc illégale et pourrait donner lieu à des poursuites contre ceux qui l'aurait opérée la perception d'un droit d'expédition ou toute autre perception, à quelque titre que ce soit, pour les expéditions délivrées en la forme administrative (Voyez nᵒˢ 68, 69 et 70 ci-dessus), pour les extraits délivrés à fin de services publics, comme il est dit nᵒ 71, et même pour les extraits dressés sur papier timbré, tels que les affiches de publication de mariage, les certificats de publication de mariage et les certificats de mariage, lesquels ne peuvent donner lieu qu'au remboursement de l'avance du droit de timbre du papier employé, qui peut être celui de la plus petite dimension, dont le prix est actuellement de 60 centimes.

74. — *Interdiction de demander ou recevoir d'autres sommes que celles fixées par le tarif.*

Il est défendu d'exiger d'autres taxes et droits que ceux fixés par la loi, à peine de concussion. (Art. 4 § 1 du décret du 12 juillet 1807.)

Celui qui, sans les avoir demandées, recevrait d'autres taxes ou des taxes supérieures serait passible des mêmes peines. (Art. 174 et 177 du Code pénal.)

Le décret du 12 juillet 1807, qui fixe les droits d'expédition à percevoir, doit rester constamment affiché en placard et en gros caractères dans chacun des bureaux ou lieux où les déclarations relatives à l'état civil sont reçues, et dans tous les dépôts de registres. (Art. 5 du même décret.)

75. — *Comptabilité du droit d'expédition perçu pour la commune.*

Un registre doit être tenu dans chaque mairie pour l'inscription de la recette du droit d'expédition d'actes de l'état civil et d'actes administratifs, et un extrait de ce registre doit être remis au receveur municipal en même temps que les sommes reçues, à des époques périodiques plus ou moins rapprochées, suivant l'importance de la commune, mais ne devant pas dépasser un trimestre. (Décret du 31 mai 1862, art. 484, § 12, et instruction générale du ministère des finances du 20 juin 1859, art. 928.)

L'administration municipale n'a pas le droit d'abandonner cette recette au secrétaire de la mairie à titre de gratification. Si elle veut lui allouer une gratification, ce doit être d'une somme déterminée et par un vote du Conseil municipal. (Circulaire du ministre de l'intérieur du 16 août 1880; loi du 5 avril 1884, art. 61 et art. 68, nᵒˢ 9 et 10.)

CHAPITRE XVI

SUR LE TIMBRE ET L'ENREGISTREMENT DES ACTES, DES EXPÉDITIONS D'ACTES ET DES PROCÈS-VERBAUX, AFFICHES ET CERTIFICATS CONCERNANT L'ÉTAT CIVIL

76. — *Actes et procès-verbaux concernant l'état civil exempts d'enregistrement sur la minute.*

Tous les actes de l'état civil ont été déclarés exempts de l'enregistrement sur la minute par l'article 70, § 3, nᵒ 8 de la loi du 22 frimaire an VII. Cette immunité générale subsiste.

Les procès-verbaux constatant l'exposition d'enfants trouvés sont également exempts de la formalité de l'enregistrement, en vertu des nᵒˢ 2 et 9 du même paragraphe 3 du susdit article 70.

Sont de même exempts de la formalité de l'enregistrement, en vertu de ces dispositions législatives, tout procès-verbal ayant pour objet de constater, soit un des crimes ou délits mentionnés dans les deux premiers alinéas du nᵒ 61 ci-dessus, soit les circonstances de mort violente dont il est question dans l'article 81 du Code civil.

(Voyez le nᵒ 81 ci-après pour l'exemption de la formalité du timbre.)

La disposition du nᵒ 8 du même paragraphe 3 a, en outre, déclaré les actes de l'état civil exempts d'enregistrement sur l'expédition. Cette seconde immunité ne profite pas à toutes les expéditions d'actes, comme on va le voir sous le n° 76 *bis* ci-après.

76 *bis.* — *Formalité d'enregistrement prescrite sur la première expédition de certains actes de l'état civil.*

1° Aux termes de la loi du 28 avril 1816, les actes qui contiennent reconnaissance d'enfants naturels et les actes de transcription de jugement de divorce sont soumis à la formalité de l'enregistrement sur la première expédition qui en est délivrée.

A. Le droit pour les actes contenant reconnaissance est de 9 fr. 38, quel que soit le nombre d'enfants reconnus, quand la reconnaissance est faite par un acte spécial. Il est de la même somme pour l'acte de naissance contenant reconnaissance, atteint par le même article de loi d'après la jurisprudence de l'administration de l'enregistrement.

Ce droit est ainsi composé :

Droit principal fixé par l'article 45, n° 7, de la loi du 28 avril 1816.........	5 fr. »
Demi-droit en sus fixé par l'article 4 de la loi du 28 février 1872..........	2 fr. 50
Soit pour droit principal.......................	7 fr. 50
Décime de guerre appliqué à tous les droits d'enregistrement par le n° 1 de la loi du 6 prairial an VII, confirmé annuellement par la loi de finances.	0 fr. 75
Second décime ajouté par l'article 1 de la loi du 23 août 1871.............	0 fr. 75
Cinq pour cent ajoutés par l'article 2 de la loi du 30 décembre 1873.......	0 fr. 38
Total...	9 fr. 38

Quand la reconnaissance (emportant dans ce cas légitimation) est comprise dans un acte de mariage, le droit d'enregistrement, fixé à 2 francs par l'article 43, n° 22 de la loi du 28 avril 1816, augmenté de moitié par l'article 4 de la loi du 28 février 1872, et encore de deux décimes et demi par les trois autres lois ci-dessus indiquées, est maintenant de 3 fr. 75 . . . . 3 fr. 75

Toutefois, si la reconnaissance faite pour légitimation dans l'acte de mariage répète et mentionne une reconnaissance déjà faite par actes devant notaire ou devant un officier de l'état civil par l'un et l'autre des deux époux, ces actes de reconnaissance antérieurs sont seuls passibles de la formalité de l'enregistrement, et la légitimation ne donne lieu à aucune formalité de cette espèce.

Le droit d'enregistrement se perçoit par le receveur de l'enregistrement du canton où les actes ont été passés, sur la présentation de la première expédition de chacun de ces actes.

Si la mention de reconnaissance ou légitimation a été inscrite en marge des actes de naissance des enfants reconnus avant que la première expédition de l'acte de reconnaissance ait été enregistrée, le droit est perçu par le receveur de l'enregistrement sur chaque première expédition d'acte de naissance revêtue de cette mention de reconnaissance.

Lorsque l'expédition de l'acte de reconnaissance est présentée à l'enregistrement accompagnée du certificat délivré en vue d'un mariage d'indigents, conformément à la loi du 10 décembre 1850, la formalité de l'enregistrement est donnée gratis (art. 4 de ladite loi). Elle serait donnée également gratis sur la production d'un certificat d'indigence ordinaire, en vertu de l'article 77 de la loi du 15 mai 1818.

B. Le droit d'enregistrement dû pour la première expédition de l'acte de transcription d'un jugement de divorce qui n'a pas été suivi d'un arrêt de cour d'appel est de 187 fr. 50, composés comme suit :

Droit principal fixé par l'article 49 de la loi du 28 avril 1816.............	100 fr. »
Augmentation de moitié, prononcée par l'article 4 de la loi du 28 février 1872......	50 fr. »
Soit pour le droit principal.....................	150 fr. »
Deux décimes et demi ajoutés par les lois des 6 prairial an VII, 23 août 1871 et 30 décembre 1873................	37 fr. 50
Total...	187 fr. 50

Dans le cas où cet acte de transcription de jugement de divorce aurait été mentionné en marge de l'acte de mariage sans relater l'enregistrement dudit acte de transcription, la première expédition de l'acte de mariage ainsi annoté deviendrait passible du paiement de ce droit de 187 fr. 50.

2° Le droit d'enregistrement à percevoir sur la première expédition de l'acte d'un divorce, prononcé avec ou sans l'intervention de l'autorité judiciaire, était, antérieurement à la loi du 28 avril 1816, celui de 15 francs fixé par l'article 68, § 6, n° 1 de la loi du 22 frimaire an VII. Le principal du droit étant toujours celui du tarif en vigueur lors de la rédaction de l'acte serait donc encore de 15 francs pour l'expédition qui serait délivrée aujourd'hui, pour la première fois, d'un acte de divorce antérieur au 28 avril 1816. En y ajoutant les deux décimes et demi imposés, sur tous les droits d'enregistrement, par les lois du 6 prairial an VII, du 23 août 1871 et 30 décembre 1873, le droit s'élèverait au total à 18 fr. 75.

3° L'acte d'adoption passé devant l'officier d'état civil antérieurement à la promulgation du titre VIII du livre Iᵉʳ du Code civil était soumis, par l'article 68, § 1, n° 9 de la dite loi du 22 frimaire an VII, à un droit d'enregistrement de 1 franc. Par application du principe rappelé ci-dessus, l'expédition qui serait délivrée aujourd'hui, pour la première fois, de cet acte d'adoption donnerait donc lieu à un droit d'enregistrement s'élevant à 1 fr. 25, y compris les deux décimes et demi ajoutés à tous les droits d'enregistrement par les lois qui viennent d'être indiquées.

4° Dans le cas où les premières expéditions d'actes d'état civil désignées au présent numéro seraient demandées pour une instance, en raison de laquelle la partie demanderesse aurait obtenu l'assistance judiciaire, elles seraient visées pour timbre et enregistrées en débet, conformément à l'article 16 de la loi du 22 janvier 1851.

5° Par ses articles 29 et 30, la loi du 22 frimaire an VII a imposé aux secrétaires des administrations municipales l'obligation d'acquitter les droits d'enregistrement des actes de l'état civil à enregistrer, sauf leur droit de poursuivre les parties pour en obtenir le remboursement.

Cette obligation a cessé d'être applicable aux secrétaires de mairies depuis que la loi du 28 pluviôse an VIII, qui a modifié l'organisation administrative des communes, ne leur a conservé aucun caractère public, comme il est dit au n° 67 ci-dessus.

Toutes les fonctions publiques communales ayant été attribuées au maire par ladite du 28 pluviôse an VIII et par la loi du 5 avril 1884, c'est au maire que cette obligation incombe aujourd'hui, en vertu de l'article 6 de la loi du 27 ventôse an IX, laquelle stipule que les dispositions de la loi du 22 frimaire an VII, relatives aux administrations civiles, sont applicables aux fonctionnaires civils remplaçant celles-ci.

Néanmoins, en raison de ce que les maires exercent gratuitement leurs fonctions, il a été reconnu qu'ils ne peuvent être tenus de faire l'avance des droits, et que les parties doivent les leur consigner.

Par suite, le maire qui délivrerait une expédition sujette à l'enregistrement avant de l'avoir fait enregistrer manquerait à ses devoirs professionnels indiqués en l'article 92 de la loi du 5 avril 1884, et il s'exposerait au paiement des droits dus dont il est responsable, sans préjudice de l'application des articles 85 et 86 de ladite loi, suivant les circonstances.

D'autre part, tout autre officier public qui se servirait de cette expédition avant qu'elle eût été enregistrée contreviendrait à la défense portée en l'article 41 de la loi du 22 frimaire an VII, et si par une interprétation bienveillante de la loi, l'Administration de l'Enregistrement ne lui faisait supporter de ce chef l'amende prononcée par l'article 10 de la loi du 16 juin 1824, plus les deux décimes et demi ajoutés à toutes les amendes par les lois sur l'enregistrement, l'Administration supérieure pourrait tout au moins le blâmer d'avoir négligé une mesure intéressant les finances de l'Etat. (Voyez, à ce sujet, ce qui a été dit ci-dessus, n° 48.)

6° Pour éviter qu'un acte de l'état civil sujet à l'enregistrement sur la première expédition ne donne lieu plusieurs fois à la perception du droit dû pour cet enregistrement, il est essentiel que le maire, officier de l'état civil, attache au registre où a été inscrit l'acte en question un certificat reproduisant le texte de la quittance des droits, mise par le receveur de l'enregistrement au bas de l'expédition enregistrée, et qu'il reproduise ce certificat sur chaque nouvelle expédition qu'il délivrera dudit acte. Il contreviendrait à l'article 35 du Code civil, et s'exposerait aux peines prononcées par l'article 50 dudit Code, ainsi qu'il a été déjà dit n° 57 ci-dessus, en rapportant cette indication par une mention inscrite sur le registre.

77. — *Droit de timbre dû pour les expéditions délivrées aux particuliers.*

Toutes les expéditions d'actes de l'état civil (sauf les exceptions prononcées par des lois spéciales et indiquées n°ˢ 80 et 81 ci-après) sont soumises au timbre, comme les registres d'où elles sont tirées (Voyez n° 20 ci-dessus), en exécution de l'article 12 de la loi du 13 brumaire an VII portant : « Sont assujettis au droit de timbre établi en raison « de la dimension tous les papiers à employer pour les actes et écritures, soit publics, « soit privés, savoir : ... et généralement tous actes, écritures, extraits, copies ou expé- « ditions, soit publics, soit privés, devant ou pouvant faire titre, ou être produits pour « obligation, décharge, justification, demande ou défense. »

La dimension du papier à employer pour ces expéditions ne peut être inférieure, d'après l'article 19 de la loi du 13 brumaire an VII, à celle du moyen papier dont les dimensions ont été fixées ainsi qu'il suit par l'article 3 de la même loi : la feuille, déployée, doit avoir en hauteur 0ᵐ,2997, en largeur 0ᵐ,4204, en superficie 0ᵐ,1250. Le prix de ce papier, fixé à 75 centimes par l'article 8 de ladite loi, est aujourd'hui de 1 fr. 80 par suite des augmentations de tarif prononcées par l'article 63 de la loi du 28 avril 1816, par l'article 17 de la loi du 2 juillet 1862 et par l'article 2 de la loi du 23 août 1871.

Le papier timbré employé aux expéditions ne pourra contenir, compensation faite d'une feuille à l'autre, plus de vingt-cinq lignes par page de moyen papier (art. 20 de la loi du 13 brumaire an VII). Il est d'usage de régler le corps de l'écriture de manière à ce qu'il y ait, en moyenne, quinze syllabes à la ligne, comme pour les expéditions d'actes de notaires. (Voyez n° 66 ci-dessus les explications données sur la forme des expéditions.)

L'empreinte du timbre ne pourra être couverte d'écriture ni altérée, ce qui s'applique aussi aux registres comme à toute autre pièce portant l'empreinte du timbre (art. 21 de ladite loi). Il ne s'agit ici que de la face du timbre, qui est toujours placé sur la gauche du recto et qui doit se trouver dans la marge de l'expédition si l'on a observé la règle de faire cette marge du quart de la largeur du papier, comme au registre (Voyez n° 27 ci-dessus). Il n'y a pas de contravention à écrire au verso sur le revers du timbre.

Le papier timbré qui aura été employé à l'expédition d'un acte quelconque ne pourra plus servir pour un autre acte, quand même le premier n'aurait pas été achevé. (Art. 22 de la loi susindiquée.)

Il ne pourra être expédié deux actes à la suite l'un de l'autre sur la même feuille. (Art. 23 idem.)

Indépendamment des frais de procès-verbal et de poursuites, toute contravention aux prescriptions rapportées ci-dessus entraînerait contre le signataire de l'expédition une amende de 20 francs pour emploi de papier non timbré, une amende de la même somme pour chacune des contraventions aux deux dernières dispositions ci-dessus, fai- sant l'objet des articles 22 et 23 de la loi du 13 brumaire, une amende de 10 francs pour emploi de papier timbré d'une dimension inférieure à celui du moyen papier, une amende de 5 francs en cas d'altération du timbre par de l'écriture ou autrement. Le montant de ces amendes, fixé à des sommes plus fortes par l'article 26 de la loi du 13 brumaire an VII, a été réduit à ces limites par l'article 10 de la loi du 16 juin 1824.

Dans le cas où l'expédition serait délivrée sur le vu d'un certificat produit conformé- ment à la loi du 10 décembre 1850 pour servir à la célébration d'un mariage d'indigents, elle serait visée pour timbre gratis par le receveur de l'enregistrement, sur la production dudit certificat (Art. 4 de ladite loi.)

Dans toutes autres circonstances que celles qui font l'objet de la loi du 10 décembre 1850, les expéditions d'actes de l'état civil délivrées aux indigents sont soumises au droit de timbre. (Voir n° 80 ci-après.)

(Voyez pour l'espèce de papier timbré à employer le n° 79 ci-après.)

78. — *Droit de timbre dû pour les affiches et certificats concernant l'état civil.*

Les affiches de publications de mariage apposées conformément à l'article 64 du Code civil, lorsqu'elles ne contiennent que l'extrait indiqué dans cet article, les certificats de publications de mariage et de non-opposition délivrés conformément à l'article 69 du même Code, les certificats de mariage délivrés aux ministres des cultes en conformité de l'article 1ᵉʳ du décret du 9 décembre 1810, doivent, lorsqu'ils ne s'appliquent pas aux mariages d'indigents, être écrits sur papier timbré, suivant les prescriptions de l'article 12 de la loi du 13 brumaire an VII. Ils peuvent l'être sur papier de toutes dimensions, et le nombre de lignes de chaque page n'est pas limité. Rien n'empêche donc d'employer à ces documents le papier timbré de la plus petite dimension, dont le prix est actuellement de 60 centimes d'après les lois de tarif énoncées au n° 77 ci-dessus.

Mais si les affiches ou les certificats reproduisaient le texte entier des actes de publi- cation, ils constitueraient de véritables expéditions et seraient, dans ce cas, passibles du timbre de 1 fr. 80, en vertu de l'article 19 de la loi du 13 brumaire an VII.

(Voyez pour l'espèce de papier timbré à employer le n° 79 ci-après.)

Ces documents ne sont pas soumis au droit de timbre lorsqu'ils concernent un mariage pour la célébration duquel les parties ont produit le certificat d'indigence prescrit par la loi du 10 décembre 1850. Le certificat de publication et de non-opposition doit seulement être soumis à la formalité du visa pour timbre gratis, laquelle est donnée par le receveur de l'enregistrement sur la production à lui faite dudit certificat. (Art. 4 de ladite loi. — Voyez l'avant dernier alinéa du nᵒ 77 ci-dessus.)

79. — *Obligation d'employer du papier timbré débité par l'Administration du timbre pour les expéditions d'actes de l'état civil. Faculté d'employer des formules timbrées à l'extraordinaire ou revêtues de timbres mobiles pour les affiches et certificats concernant les formalités de l'état civil.*

A. Le papier employé aux expéditions d'actes de l'état civil doit être du papier timbré débité par la régie du Timbre et de l'Enregistrement, conformément aux articles 17 et 18 de la loi du 13 brumaire an VII. La faculté accordée par l'article 7 de cette loi aux citoyens, et par l'article 18 aux administrations publiques, d'employer d'autre papier en le faisant timbrer avant d'en faire usage ne s'applique pas aux expéditions de ces actes, lesquels ne sont pas des actes d'administration. (Solution de l'administration de l'Enregistrement et du Timbre du 17 mai 1873. — Voir nᵒˢ 60, 61 et 62 ci-dessus en ce qui concerne le caractère des fonctions de l'officier de l'état civil.) Néanmoins, ces expéditions pourraient être faites sur du parchemin préalablement soumis par l'officier de l'état civil à la formalité du timbre extraordinaire (même article 18 de la loi du 13 brumaire an VII). L'emploi de formules imprimées ne doit pas être appliqué, du reste, aux expéditions d'actes d'état civil, lesquelles ne doivent contenir ni blanc, ni interligne, ni surcharge, et doivent avoir un corps d'écriture uniforme, comme il est dit nᵒ 66 ci-dessus.

B. Quant aux affiches et certificats concernant les formalités d'état civil énoncées sous le nᵒ 78 ci-dessus, ils ne sont pas compris dans les prescriptions de l'article 17 de la loi du 13 brumaire an VII, et, par leur objet, ils rentrent dans la catégorie des actes d'administration dont il est question dans l'article 18 de la même loi. Ils peuvent, en conséquence, être dressés, soit sur des formules du timbre extraordinaire créé par l'arrêté du Gouvernement du 9 prairial an IX, soit sur des formules que l'administration du Timbre a revêtues du timbre mobile, conformément à l'article 6 de la loi de finances du 6 juillet 1870.

80. — *Les expéditions d'actes de l'état civil délivrées aux indigents et aux personnes qui ont obtenu l'assistance judiciaire sont soumises au timbre ou au visa pour timbre.*

Les expéditions d'actes de l'état civil, quand elles sont délivrées pour servir aux mariage des indigents, à la légitimation de leurs enfants naturels ou au retrait de ces enfants déposés dans les hospices, conformément aux dispositions de la loi du 10 décembre 1850, doivent être soumises au visa pour timbre gratis, en exécution de l'article 4 de cette loi.

Lorsqu'elles n'ont pas cette destination ou qu'elles ne sont pas non plus destinées à l'un des services publics indiqués ci-après nᵒ 81, paragraphes 11 et suivants, les expéditions d'actes de l'état civil délivrées aux indigents sont soumises au timbre, conformément à l'article 12 de la loi du 13 brumaire an VII, ainsi que l'ont rappelé deux décisions ministérielles des 10 février 1817 et 22 janvier 1830, la première citée par Dalloz, la seconde par Grün.

On ne pourrait valablement invoquer ici l'exemption portée en l'article 80 de la loi du 15 mai 1818 pour certaines expéditions délivrées aux indigents. En effet, cette exemption s'applique seulement aux expéditions d'actes, arrêtés et décisions des autorités administratives qui sont exempts de timbre sur la minute et d'enregistrement sur l'expédition. Or, on a vu, sous les nᵒˢ 20 et 76 *bis* ci-dessus, que le législateur, loin d'assimiler aux actes des autorités administratives les actes émanant des officiers de l'état civil, a appliqué à tous ces derniers la formalité et l'impôt du timbre sur la minute, comme à tous les actes qui intéressent avant tout les particuliers, et qu'il a, de plus, soumis à la formalité et au droit d'enregistrement les expéditions des actes de reconnaissance d'enfants naturels, les actes de mariage comportant légitimation d'enfants et les expéditions d'actes de transcription de jugements de divorce.

Quant aux expéditions délivrées aux personnes qui ont obtenu l'assistance judiciaire pour justifier de leurs droits et qualités, elles doivent être visées pour timbre en débet. (Art. 14 de la loi du 22 janvier 1851.)

81. — *Exemption du droit et de la formalité du timbre pour quelques expéditions, extraits, certificats, autorisations et procès-verbaux concernant l'état civil.*

Sont exceptés du droit et de la formalité du timbre par l'article 16 de la loi du 13 bru·

maire an VII : 1° les minutes de tous les actes, arrêtés, décisions et délibérations de l'administration publique en général, dans tous les cas où aucun de ces actes n'est sujet à l'enregistrement sur la minute, et les extraits, copies et expéditions qui s'expédient ou se délivrent par une administration ou un fonctionnaire public à une administration publique ou à un fonctionnaire public, lorsqu'il est fait mention de cette destination ; 2° les registres de toutes les administrations publiques et des établissements publics pour ordre et administration générale.

En conséquence de ces dispositions, les procès-verbaux qui constatent l'exposition d'enfants trouvés et qui sont destinés à être transcrits sur le registre des naissances conformément à l'article 58 du Code civil, les procès-verbaux ayant pour objet de constater, soit un des crimes ou délits mentionnés dans les deux premiers alinéas du n° 61 ci-dessus, soit les circonstances de mort violente dont il est question dans l'article 81 du Code civil, sont exempts du droit et de la formalité du timbre.

En vertu des susdites dispositions, sont délivrées et doivent être acceptées sur papier libre les pièces suivantes, pourvu qu'elles portent mention de leur destination :

1° La table du registre des publications de mariage (Voyez n° 28-D ci-dessus) ;

2° Les expéditions des actes de naissance et de décès dressés dans les lazarets, transmises à l'officier ordinaire de l'état civil de la commune où est situé cet établissement sanitaire, conformément à la loi du 3 mars 1822 (Voyez n° 56-1° ci-dessus) ;

3° Les expéditions des actes de naissance et de décès dressés pendant un voyage sur mer, transmises pour transcription aux officiers de l'état civil du domicile, conformément aux articles 60, 61, 86 et 87 du Code civil et à l'article 4 de l'Ordonnance royale du 23 octobre 1833 (Voir ci-dessus n° 56-2°) ;

4° Les expéditions des actes de naissance et de décès de Français, dressés par les consuls de France à l'étranger, et transmises à l'officier de l'état civil du domicile pour être transcrites conformément à l'article 2 de l'Ordonnance royale du 23 octobre 1833 et à la circulaire du ministre de la justice du 11 mai 1875 (Voir ci-dessus n° 56-3°) ;

5° Les expéditions des actes de naissance, mariage ou décès de Français, dressés en pays étranger par les fonctionnaires locaux dans les formes usitées dans le pays, transmises par le ministre des affaires étrangères pour transcription sur les registres de l'état civil du lieu d'origine des Français que ces actes concernent, conformément à la circulaire du ministre de la justice du 11 mai 1875 (Voir n° 56-4° ci-dessus) ;

6° Les expéditions des actes de naissance, mariage ou décès transmises de l'armée, en dehors du territoire français, à l'officier de l'état civil du domicile des Français que ces actes concernent, pour transcription, conformément aux articles 93, 95, 96 et 98 du Code civil (Voir ci-dessus n° 56-5°) ;

7° Les expéditions des actes de décès de personnes décédées dans les hôpitaux militaires, civils ou autres maisons publiques, ou par suite de cause violente, transmises pour transcription au maire du domicile de ces personnes, conformément aux articles 80 et 82 du Code civil (Voir ci-dessus n° 56-6° et n° 70-A) ;

8° Les expéditions des actes de l'état civil délivrées en France aux fonctionnaires français compétents pour être transmises aux autorités d'Alsace-Lorraine qui les auront demandées, en vertu de la convention diplomatique du 4 novembre 1872, conclue entre la France et l'Allemagne et mentionnée n° 68 ci-dessus ;

9° Les expéditions des actes de naissance, reconnaissance d'enfants naturels, mariage et décès concernant les Italiens, les Belges, les nationaux du grand-duché de Luxembourg et ceux de la principauté de Monaco, à transmettre par le gouvernement français aux légations des pays de ces étrangers, en exécution des conventions internationales indiquées au n° 69-A ci-dessus ;

10° Les expéditions des actes de décès concernant les étrangers, de quelque nation qu'ils soient, délivrées pour être transmises par le Gouvernement français aux agents diplomatiques de leurs nations, en exécution des circulaires ministérielles des 26 janvier 1836, 10 mars 1855, 4 juin 1863 et 17 mai 1864 (Voir n° 69-B ci-dessus) ;

11° L'expédition de l'acte de naissance d'un jeune homme qui se propose de contracter un engagement pour le service dans l'armée de terre ou de mer, conformément aux articles 59 et 60 de la loi du 15 juillet 1889 (Voir ci-dessus n° 70-B) ;

12° Les expéditions des actes de naissance, mariage et décès à produire à l'autorité militaire pour faire accorder à un jeune soldat la dispense du service actif prononcée en sa faveur, en certains cas, par la loi du recrutement du 15 juillet 1889, notamment dans les cas prévus aux articles 21, 22 et 23 de ladite loi (Voir n° 70-B ci-dessus) ;

13° L'extrait ou bulletin d'acte de naissance d'un enfant nouveau-né pour son placement en nourrice ou en garde, conformément à la loi du 23 décembre 1874 (Voir n° 71-1$_0$ ci-dessus) ;

14° L'extrait de l'acte de naissance d'un enfant de six à treize ans pour son inscription sur les registres scolaires, conformément à la loi du 28 mars 1882 (Voir n° 71-2° ci-dessus);

15° L'extrait ou bulletin d'acte de naissance d'un jeune homme de vingt ans pour servir à son inscription sur les tableaux de recensement de sa classe (Voir ci-dessus n° 71-6);

16° L'extrait, en forme d'avis, destiné à l'agence diplomatique ou au consul de la nation du défunt, de tout acte constatant le décès d'un étranger sujet d'un pays dont les consuls ont la compétence nécessaire pour le règlement de la succession de leurs nationaux décédés en France, aux termes des traités internationaux (Voyez n° 71, alinéa 9 ci-dessus).

Sont, en outre, exempts de timbre, en vertu de lois spéciales, les documents suivants, à la condition de porter en tête l'indication de leur destination :

A. Les publications civiles et les certificats constatant la célébration civile du mariage des indigents (loi du 10 décembre 1850, art. 4, 2° alinéa);

B. L'autorisation d'inhumer un défunt (art. 77 du Code civil);

C. Les expéditions d'actes de l'état civil délivrées dans les mairies du dehors pour la reconstitution des actes de l'état civil de la ville de Paris de 1792 à 1859 inclus, et, pour le douzième arrondissement de cette ville, du 1er janvier 1870 au 25 mai 1871 (loi du 3 mai 1875, art. 3);

D. Les extraits d'actes de naissance délivrés pour faire obtenir des livrets aux enfants qui vont être placés dans les manufactures, ou aux ouvriers qui veulent travailler chez des patrons (lois des 22 mars 1841, art. 2, et 19 mai 1874, art. 10);

E. Les expéditions d'actes de l'état civil délivrées en exécution de la loi du 10 juin 1850 sur la caisse de retraites pour la vieillesse (art. 11 de cette loi);

F. Les extraits d'actes de naissance délivrés pour établir l'âge des électeurs (Décret organique du 2 février 1852, art. 24);

G. Les expéditions d'actes concernant les sociétés de secours mutuels approuvées (art. 11 du décret du 26 mars 1852);

H. Les expéditions ou extraits d'actes de l'état civil nécessaires pour le service de la Caisse d'épargne postale. (Art. 20 de la loi du 9 avril 1881.— Voyez n° 71, alinéa 7 ci-dessus.)

82. — *Enregistrement en débet des procès-verbaux qui constatent des contraventions de police se rattachant aux événements de l'état civil et des expéditions délivrées en exécution de la loi sur l'assistance judiciaire.*

Les procès-verbaux dressés par le maire ou un adjoint (ailleurs qu'à Paris), en exécution des articles 11, 14 et 15 du Code d'instruction criminelle, pour constater des contraventions de police relatives aux événements de l'état civil, telles que le refus de livrer le corps d'un défunt au moment fixé pour son inhumation, ou la fourniture illicite d'objets destinés à une inhumation, contraventions dont il est question dans le troisième alinéa du n° 61 ci-dessus, doivent être visées pour timbre et enregistrées en débet, en vertu de l'article 74 de la loi du 25 mars 1817. Cette formalité doit être remplie dans les quatre jours de la date du procès-verbal. (Loi du 22 frimaire an VII, art. 20, premier alinéa.)

Doivent aussi être enregistrées en débet, conformément à l'article 14 de la loi du 22 janvier 1851, toutes expéditions d'actes assujetties à l'enregistrement par les lois indiquées n° 76 *bis* ci-dessus, et qui seraient réclamées par des personnes ayant obtenu l'assistance judiciaire.

CHAPITRE XVII

LÉGALISATION DES EXPÉDITIONS ET CERTIFICATS DÉLIVRÉS PAR L'OFFICIER DE L'ÉTAT CIVIL

83. — *Légalisation des expéditions d'actes et des certificats d'état civil délivrés aux particuliers pour intérêt privé.*

Quoique, généralement, les fonctionnaires et officiers publics admettent sans légalisation toute pièce délivrée par un officier de l'état civil résidant dans l'arrondissement où il en est fait usage, comme il est dit sous le n° 51 ci-dessus, lorsqu'une pièce d'état civil (expédition d'acte ou certificat) doit être produite en dehors de la commune où elle est délivrée, la légalisation peut en être exigée. (Voyez ci-dessus, n° 51, alinéa 1°.)

Cette légalisation est donnée, soit par le président du tribunal de première instance dans le ressort duquel se trouve la résidence du fonctionnaire signataire de la pièce, soit par le juge de paix du canton, si ce juge n'a pas siège dans la même ville que ledit tribunal. (Art. 45 du Code civil. — Loi du 21 avril 1861.)

Le coût de la légalisation à payer au greffier est de 25 centimes. (Loi susdite et article 14 de la loi du 21 ventôse an VII.)

Ce droit est réduit à 20 centimes pour les expéditions d'actes délivrés en conformité de la loi du 10 décembre 1850. (Art. 5 de cette loi.)

Aucune disposition légale n'oblige l'officier de l'état civil à faire faire cette légalisation lorsqu'elle est demandée. Mais il est d'usage de ne pas refuser ce service et de ne faire payer aucune rétribution à ce sujet quand le magistrat législateur réside dans la même commune. Dans le cas, au contraire, où cette formalité oblige à des frais de poste ou de déplacement, il est juste de les laisser à la charge du demandeur.

Pour que la légalisation soit possible, il faut que le fonctionnaire signataire ait préalablement déposé sa signature au greffe du tribunal de première instance ou de la justice de paix où la légalisation est demandée. Aussi est-il recommandé aux maires et adjoints de déposer leurs signatures à ces greffes dès qu'ils entrent en fonction, pour éviter des obstacles préjudiciables aux parties. Ce dépôt se fait d'ailleurs sans frais. (Loi du 20 avril 1861, art. 2 ; circulaire du ministre de la justice du 9 septembre 1861.)

Par exemple, une expédition qui aurait été signée en l'absence du maire et des adjoints par un conseiller municipal remplissant en cette circonstance accidentelle les fonctions de maire ne pourrait être légalisée faute de la formalité du dépôt préalable de la signature de ce conseiller au greffe.

L'expédition d'un acte de l'état civil dont il sera fait usage dans les colonies françaises doit, après avoir été légalisée par le juge de paix ou par le président du tribunal civil de première instance, être soumise à la légalisation du ministre de la justice, puis à celle du ministre dans les attributions duquel sont placées les affaires relatives aux colonies. Quant aux expéditions qui doivent être mises en usage dans l'Algérie, où le ministre de la justice a autorité directe pour les affaires de son département (décret du 26 août 1881), la signature qu'il a pu donner pour légaliser celle du président du tribunal n'a besoin d'être visée par aucun autre ministre. La signature du ministre de la justice n'est même pas indispensable, et l'expédition délivrée en France peut être employée en Algérie sans être soumise à aucune légalisation extraordinaire, comme peuvent l'être en France les expéditions délivrées en Algérie, ainsi qu'il a été dit ci-dessus, n° 51, alinéa 6.

Les expéditions qui doivent être produites par les Français pour contracter mariage dans le grand-duché de Luxembourg, en Alsace-Lorraine ou en Belgique n'ont pas besoin d'autre légalisation que celle du juge de paix ou du président du tribunal de première instance, si aucune circonstance ne met en doute l'authenticité de la pièce produite. Cela résulte des conventions conclues par la France avec le grand-duché de Luxembourg le 24 décembre 1867 (approuvées par décret du 28 du même mois), avec l'Allemagne le 14 juin 1872 (approuvées par décret du 5 juillet suivant), avec la Belgique le 18 octobre 1879 (approuvées par décret du 22 du même mois).

Pour être reconnue valable dans les pays étrangers autres que ceux qui viennent d'être désignés, l'expédition délivrée par un officier de l'état civil devra, outre la légalisation ci-dessus indiquée, être soumise à la légalisation : 1° du ministre de la justice ; 2° de celle du ministre des affaires étrangères ; 3° du consul ou agent diplomatique, résidant à Paris, du pays où l'acte devra être produit.

Toutefois, en ce qui concerne les actes dont il doit être fait usage en Italie, en Autriche-Hongrie, en Portugal ou en Russie, l'expédition qui n'aurait pas reçu cette dernière légalisation pourrait être employée après avoir été légalisée par le consul de France résidant dans le pays, en vertu des conventions internationales énoncées n° 50 ci-dessus.

84. — *Légalisation des expéditions d'actes de l'état civil délivrées administrativement.*

Les expéditions d'actes de l'état civil délivrées administrativement pour service public à des fonctionnaires français, comme il est dit n° 70 ci-dessus, deviennent par leur destination des actes administratifs dont la légalisation est valablement faite par le sous-préfet ou le préfet, conformément à l'avis du conseil d'Etat du 26 novembre 1819 et à une circulaire du ministre de l'intérieur du 29 octobre 1844.

Les expéditions d'actes de l'état civil délivrées en la forme administrative à destination des gouvernements étrangers, en exécution des conventions diplomatiques ou consulaires, ou des usages réciproquement adoptés (Voyez n°ˢ 68 et 69 ci-dessus), sont légalisées aussi par le sous-préfet et le préfet, en vertu des mêmes dispositions réglementaires. L'envoi officiel qui en est fait ensuite par le ministre des affaires étrangères tient lieu de la légalisation ministérielle dont il est question sous le n° 83 ci-dessus.

N. B. — La table alphabétique et analytique est placée en tête de l'ouvrage, à la suite du sommaire général.

LA SCIENCE

PRATICIEN DE L'ÉTAT CIVIL

DEUXIÈME PARTIE

Naissances. Exposition d'enfants trouvés. Reconnaissance d'enfants naturels. Acte supplétif de l'adoption. Formalités que lesdits actes entraînent. Expéditions, extraits et relevés de ces actes. Protection de l'enfance du premier âge.

OBSERVATION PRÉLIMINAIRE

Dans la première partie ont été exposées, sous les n°s 1 à 84, les règles générales applicables à tous les actes de l'état civil, aux documents qui servent à les préparer et aux expéditions qui sont à en délivrer.

La deuxième partie, commençant au n° 85 et finissant au n° 161, exposera les règles relatives aux actes de naissance, aux actes constatant la présentation d'enfants trouvés, aux actes de reconnaissance d'enfants naturels, aux actes supplétifs d'adoption. Elle donnera, en outre, les explications utiles en ce qui concerne les formalités particulières à remplir à la suite des actes dont il s'agit, et sur les transcriptions et mentions à faire sur le registre des naissances. Elle rappellera les règles spéciales aux expéditions de quelques-uns des actes en question, tant sous le rapport de l'exécution des lois sur le timbre et l'enregistrement et sur divers services publics que pour l'exécution des conventions internationales relatives à la communication des actes de l'état civil. Enfin elle exposera les mesures à prendre pour l'exécution de la loi sur la protection de l'enfance du premier âge.

Ainsi que la remarque en a été faite dans l'introduction qui précède la première partie de cet ouvrage, les règles spéciales à la rédaction des actes dont il s'agit seront exposées dans l'ordre des énonciations qui doivent former le texte desdits actes, de manière à éclairer et justifier les formules comprises dans la deuxième partie du *Formulaire du praticien de l'état civil*, joint à notre ouvrage.

Le sommaire ci-après va donner immédiatement l'intelligence du contenu de notre exposé.

SOMMAIRE DE CETTE DEUXIÈME PARTIE

CHAPITRE PREMIER. — Obligations des particuliers concernant la déclaration d'une naissance, la présentation d'un enfant nouveau-né sans vie et l'exposition d'un enfant trouvé.

85. Lieu où la déclaration de naissance doit être faite.
86. Fonctionnaire auquel doit être faite la déclaration de naissance.
87. Délai dans lequel une naissance doit être déclarée.
88. Par qui doit être faite la déclaration de la naissance d'un enfant présenté vivant.
89. Par qui doit être déclaré l'accouchement pour un enfant nouveau-né qui est sans vie au moment de la déclaration.
90. Obligation pour ceux qui ont trouvé un enfant abandonné d'en faire immédiatement la déclaration.

CHAPITRE II. — Conséquence de l'omission de déclaration dans le délai légal pour naissance ou accouchement et pour l'exposition d'un enfant trouvé.

91. Conséquence du défaut de déclaration pour la naissance d'un enfant encore vivant.
92. Conséquence du défaut de déclaration pour l'accouchement dont provient un enfant actuellement sans vie.
93. Conséquence du·défaut de déclaration pour l'exposition d'un enfant trouvé.

CHAPITRE III. — Mode d'enregistrement des déclarations pour : 1° la naissance d'un enfant présenté vivant ; 2° l'accouchement d'un enfant nouveau-né actuellement sans vie ; 3° l'exposition d'un enfant trouvé ; 4° la reconnaissance d'un enfant naturel ; 5° l'acte supplétif d'une adoption.

94. Mode d'enregistrement de la déclaration de naissance d'un enfant présenté vivant.
95. Mode d'enregistrement de la déclaration d'accouchement pour un enfant actuellement sans vie.
96. Mode d'enregistrement de la déclaration relative à l'exposition d'un enfant trouvé.
97. Mode d'enregistrement d'une reconnaissance d'enfant naturel.
98. Mode d'enregistrement de l'acte supplétif d'une adoption.

CHAPITRE IV. — Énonciations a insérer dans l'acte de naissance et règles concernant chacune d'elles.

99. Date, mois, année et heure où l'acte est dressé.
100. Prénoms donnés à l'enfant.
101. Son nom de famille.
102. Le sexe de l'enfant.
103. La date du jour et l'heure de sa naissance.
104. Le lieu de sa naissance.
105. Enonciations spéciales lorsqu'il s'agit d'un enfant posthume.
106. ᴌnonciations spéciales lorsqu'il s'agit d'un enfant jumeau.
107. La filiation de l'enfant:
     A. Selon qu'il est enfant légitime.
     B. Selon qu'il est enfant naturel reconnu par son père, la mère étant désignée.
     C. Selon qu'il est enfant naturel reconnu par son père, la mère n'étant pas désignée.
     D. Selon qu'il est enfant naturel non reconnu, la mère étant désignée.
     E. Selon qu'il est enfant naturel non reconnu, la mère n'étant pas désignée.
108. Les prénoms, nom, titres honorifiques, s'il y a lieu, et qualité de l'officier de l'état civil, avec indication de la commune où il est en fonction, ainsi que du canton, de l'arrondissement et du département dont elle dépend.
109. La présentation de l'enfant à l'officier de l'état civil.
110. Si la déclaration est faite par suite de l'absence du père quand elle n'est pas faite par lui.
111. Désignation de la personne qui fait la déclaration, avec mention de ses titres honorifiques s'il y a lieu.
112. Qualité en vertu de laquelle agit la personne déclarante.
113. Les prénoms, noms, âges, professions et domiciles des deux témoins, leur degré de parenté avec les père et mère lorsqu'ils sont parents.
114. La lecture de l'acte à la partie comparante ou à son fondé de procuration et aux témoins.
115. Le lieu où l'acte est dressé.
116. L'indication de ceux des déclarants et témoins qui ont signé avec l'officier de l'état civil.
117. L'indication de ceux qui n'auraient pas signé et la cause de leur empêchement.

CHAPITRE V. — Constatation de l'exposition d'un enfant trouvé.

118. Procès-verbal à dresser, en dehors des registres de l'état civil, pour constater l'exposition d'un enfant trouvé et la recherche infructueuse de ses parents.
119. Acte de la transcription faite, avec assistance de témoins s'il y a lieu, du procès-verbal de l'exposition d'un enfant trouvé, lorsqu'il a été dressé par l'officier de l'état civil.
120. Acte de la transcription faite avec impositions de noms et en présence de témoins, du procès-verbal de l'exposition d'un enfant trouvé, lorsqu'il a été dressé par un officier de police autre que l'officier de l'état civil.
121. Choix des prénoms et du nom à donner par l'officier de l'état civil à l'enfant trouvé.
122. Tutelle sous laquelle l'enfant a été placé par l'officier de l'état civil.

CHAPITRE VI. — DE LA RÉCEPTION DES DÉCLARATIONS DE RECONNAISSANCE D'ENFANTS NATURELS.

123. Nécessité d'un acte de reconnaissance pour donner aux père et mère des droits sur leur enfant naturel, et à celui-ci des devoirs et des droits envers eux.
124. Exception à la faculté de reconnaissance. Enfants qui ne peuvent pas être reconnus.
125. Fonctionnaire compétent pour donner l'authenticité à la reconnaissance.
126. Incompétence de l'officier de l'état civil pour dresser un acte portant reconnaissance d'un enfant dont la mère est encore enceinte et pour transcrire ou mentionner un tel acte avant ou après la naissance.
127. Circonstances dans lesquelles l'officier de l'état civil, quoique compétent, doit refuser de dresser, transcrire ou mentionner un acte de reconnaissance.
128. Période de temps pendant laquelle il peut être dressé acte de la reconnaissance d'un enfant naturel.
129. Capacité légale pour reconnaître un enfant naturel.

CHAPITRE VII. — DE LA FORME DE L'ACTE DE RECONNAISSANCE D'UN ENFANT NATUREL ET DES FORMALITÉS QUI SUIVENT L'ACTE.

130. Enonciations que doit contenir l'acte de reconnaissance fait devant l'officier de l'état civil.
131. Formalités à remplir pour assurer l'effet de l'acte de reconnaissance.
132. Transcription d'actes de reconnaissance d'enfants naturels dressés par d'autres officiers de l'état civil ou devant notaires.
133. Mention de la reconnaissance d'un enfant naturel à inscrire en marge de son acte de naissance.

CHAPITRE VIII. — ACTE SUPPLÉTIF D'UNE ADOPTION.

134. Transcription à faire de l'acte d'adoption et de l'arrêt confirmatif sur le regitre des naissances du domicile de l'adoptant.
135. Mention d'adoption à faire en marge de l'acte de naissance de l'adopté.

CHAPITRE IX. — CHANGEMENT DE NOM. FORMALITÉS A REMPLIR POUR LE FAIRE INSCRIRE SUR LES REGISTRES DE L'ÉTAT CIVIL.

136. Nécessité d'un jugement pour faire inscrire sur le registre des naissances un décret autorisant une personne à changer de nom.

CHAPITRE X. — NOMENCLATURE DES DOCUMENTS A TRANSCRIRE ET MENTIONNER ET FORME DES TRANSCRIPTIONS ET MENTIONS A FAIRE SUR LE REGISTRE DES NAISSANCES.

137. Nomenclature des documents à transcrire sur le registre des naissances à la réquisition des parties.
138. Nomenclature des documents à transcrire sur le registre des naissances par suite de transmissions faites administrativement.
139. Nomenclature des documents à mentionner sur le registre des naissances.
140. Forme des transcriptions.
141. Forme des mentions.

CHAPITRE XI. — EXPÉDITIONS, EXTRAITS ET RELEVÉS DES ACTES INSCRITS OU TRANSCRITS SUR LE REGISTRE DES NAISSANCES. DROITS ET FRAIS A PAYER. LÉGALISATION.

142. Extraits à délivrer immédiatement et gratuitement aux parties en vue de l'application de la loi sur la protection de l'enfance du premier âge.
143. Extrait à inscrire immédiatement et gratuitement sur le livret de famille.
144. Expéditions à délivrer aux particuliers lorsqu'ils le demandent. Droit d'expédition dû.
145. Timbre et enregistrement des expéditions délivrées aux particuliers extraites du registre des naissances.
146. Légalisation des expéditions délivrées aux particuliers.
147. Expéditions à délivrer administrativement, dans les délais réglementaires, des actes concernant les étrangers dont les Gouvernements ont traité avec la France pour la communication réciproque des actes de l'état civil.
148. Expéditions à délivrer administrativement lorsqu'elles sont demandées pour service public.
149. Légalisation des expéditions délivrées administrativement.
150. Extraits à délivrer d'office administrativement des actes de naissance antérieurs à l'année courante, pour services publics, instruction primaire obligatoire, recrutement de l'armée, etc.
151. Relevé des naissances pour la statistique générale de France et autres services publics.

CHAPITRE XII. — PROTECTION DE L'ENFANCE DU PREMIER AGE. APPLICATION DE LA LOI DU 23 DÉCEMBRE 1874 A PARTIR DE L'ENREGISTREMENT DE LA NAISSANCE.

152. Production à faire par les parents pour l'enregistrement de la déclaration du placement de leur enfant en nourrice ou en garde.
153. Conditions à remplir pour avoir le droit de prendre un enfant en nourrice ou en garde. Carnet obligatoire.
154. Formalités et conditions à remplir pour être nourrice sur lieu.

155. Réception et enregistrement de la déclaration de placement faite par les parents. Suite à donner par le maire.
156. Réception et enregistrement de la déclaration de prise en entretien, autrement dit : élevage fait par la nourrice pour un enfant dont les parents ont fait la déclaration de placement dans la même commune. Suite à donner par le maire.
157. Réception et enregistrement des déclarations ultérieures faites par la nourrice. Suite à donner par le maire.
158. Enfants mis en nourrice dans la commune sans que leur placement ait été déclaré par leurs parents à la mairie de cette commune. Déclarations à faire par les nourrices. Devoirs du maire.
159. Commission locale de patronage. Son fonctionnement. Documents à lui soumettre.
160. Nomenclature officielle des documents qui composent le service de la protection de l'enfance du premier âge.
161. Responsabilité du maire concernant la protection des enfants du premier âge. Rémunération du secrétaire chargé du service.

CHAPITRE PREMIER

OBLIGATIONS DES PARTICULIERS CONCERNANT LA DÉCLARATION D'UNE NAISSANCE, LA PRÉSENTATION D'UN ENFANT NOUVEAU-NÉ SANS VIE ET L'EXPOSITION D'UN ENFANT TROUVÉ.

85. — *Lieu où la déclaration de naissance doit être faite.*

A. Pour une naissance survenue dans une commune de France, la déclaration doit être faite à la mairie de cette commune, puisque, aux termes de l'article 55 du Code civil, elle doit être faite à l'officier de l'état civil du lieu, et que c'est là le siège des fonctions de cet officier public. (Voyez à ce sujet, première partie nº 1 du présent ouvrage les explications données.)

B. Pour une naissance survenue dans un lazaret. (Voyez première partie, nº 2.)

C. Pour une naissance survenue à l'armée, en dehors du territoire de la République. (Voyez première partie, nº 3.)

D. Pour une naissance survenue pendant un voyage sur mer. (Voyez première partie, nº 4.)

E. Pour une naissance survenue en Algérie, dans les colonies françaises ou dans les pays de protectorat ou à l'étranger. (Voyez première partie, nº 5.)

86. — *Fonctionnaire auquel doit être faite la déclaration de naissance.*

A. Si la naissance a eu lieu dans une commune de France, le fonctionnaire compétent pour recevoir la déclaration est l'officier de l'état civil de cette commune (art. 55 du Code civil).

Les fonctions d'officier de l'état civil sont remplies, ainsi qu'il a été dit ci-dessus nº 6 :

A Paris, par le maire et les adjoints de chacun des vingt arrondissements de la ville, lesquels ont tous un titre égal à ce sujet (loi du 28 pluviôse an VIII, art. 16 ; loi du 14 avril 1871 et loi du 9 août 1882) ;

A Lyon, dans chacun des six arrondissements de la ville, par deux adjoints délégués à cet effet par le maire (art. 73 de la loi du 5 avril 1884) ;

Dans les autres communes, par le maire (loi du 28 pluviôse an VIII, art. 13 ; loi du 5 avril 1884, art. 82 et 92). Le maire peut déléguer ces fonctions à un de ses adjoints, et, en cas d'absence ou d'empêchement des adjoints, à un conseiller municipal (même article 82 de la loi du 5 avril 1884). En cas d'absence ou d'empêchement du maire, les fonctions d'officier de l'état civil sont remplies par l'adjoint ou, à défaut d'adjoint, par le conseiller municipal qui remplit les fonctions de maire (art. 84 de ladite loi).

Dans les fractions de commune séparées du chef-lieu communal par la mer ou un autre obstacle, les fonctions d'officier de l'état civil sont remplies par l'adjoint spécial nommé à cet effet (art. 75 de la loi du 5 avril 1884).

Le président ou le vice-président de la délégation spéciale nommée en cas de dissolution d'un conseil municipal ou de démission de tous ses membres remplit aussi les fonctions d'officier de l'état civil (art. 44 et 87 de la loi du 5 avril 1884).

(Pour ce qui concerne l'incompétence des maires de Paris en fait de police, et la compétence différente des autres officiers publics des divers groupes désignés ci-dessus, quant à l'exercice des fonctions d'officiers de police judiciaire jointes à leurs fonctions d'officiers de l'état civil, voyez les explications données sous le n° 6 ci-dessus rappelé).

B. Si la naissance a eu lieu dans un lazaret, voyez première partie, n° 7.

C. Si la naissance a eu lieu à l'armée, voyez première partie, n° 8.

D. Si la naissance a eu lieu pendant un voyage en mer, voyez première partie, n° 9.

E. Si la naissance a eu lieu en Algérie, dans les colonies, dans les pays de protectorat ou à l'étranger, voyez première partie n° 10.

OBSERVATION. — Voyez première partie, n° 11, en ce qui concerne l'incompétence momentanée du fonctionnaire, lorsqu'il agit dans un acte d'état civil en qualité de déclarant ou de témoin.

87. — *Délai dans lequel une naissance doit être déclarée.*

A. Si la naissance a eu lieu dans une commune de France, elle doit être déclarée dans les trois jours de l'accouchement. (Art. 55 du Code civil. — Voyez ci-dessus, première partie, n° 12, l'observation faite sur l'imputation des jours de fête dans le délai de déclaration.)

B. Si elle a eu lieu dans un lazaret, voyez première partie, n° 13.

C. Pour une naissance survenue à l'armée, voyez première partie, n° 14.

D. Pour une naissance survenue pendant un voyage sur mer, voyez première partie, n° 15.

E. Pour les déclarations de naissance en Algérie, dans les colonies françaises, dans les pays de protectorat ou à l'étranger, voyez première partie, n° 16.

OBSERVATION. — En ce qui touche l'interdiction de dresser l'acte d'une naissance après l'expiration du délai légal, voyez première partie, n° 17.

88. — *Par qui doit être faite la déclaration de la naissance d'un enfant présenté vivant.*

D'après les prescriptions de l'article 56 du Code civil, la naissance de l'enfant sera déclarée :

A. Par le père.

B. Ou s'il a chargé quelqu'un de le représenter, par son mandataire porteur d'une procuration spéciale et authentique. (Art. 36 du Code civil.)

On a vu ci-devant (première partie, n° 40) qu'une femme mariée ou non, et que les mineurs émancipés, sans distinction de sexe, peuvent être choisis pour mandataires aussi bien qu'un homme majeur. Quant aux conditions exigées pour que la procuration soit revêtue du caractère authentique exigé par l'article 36 du Code civil, elles ont été indiquées sous le n° 47, alinéas 5, 6, 7.

C. A défaut du père, lorsque la mère est accouchée chez elle, la déclaration doit être faite par les docteurs en médecine ou en chirurgie, sage-femme, officier de santé ou autre personne ayant assisté à l'accouchement.

La déclaration de l'une ou de l'autre de ces personnes doit être reçue, quels que soient la nationalité, le sexe et l'âge de la personne déclarante, si elle est en état de porter un témoignage digne de confiance, la loi ne portant aucune rectriction à ce sujet.

En cas de non déclaration, la responsabilité encourue, avec les conséquences qui seront indiquées ci-après (Voyez n° 91), atteindrait chacune de ces personnes. (Arrêts de la Cour de cassation des 2 novembre 1859 et 28 février 1867.)

D. A défaut du père, lorsque la mère sera accouchée hors de chez elle, la déclaration de naissance sera faite par l'une ou l'autre des personnes indiquées sous le paragraphe C ci-dessus, ou par la personne au domicile de laquelle l'accouchement a eu lieu, quels que soient aussi, pour cette dernière, sa nationalité, son sexe et son âge, si elle est capable de témoigner d'une manière digne de foi. La responsabilité de la non-déclaration serait également encourue par chacune des personnes susdésignées, sans distinction. (Arrêt de la Cour de cassation du 28 février 1867 ci-dessus énoncé.)

OBSERVATIONS. — 1° Quoique le père soit principalement tenu, aux termes de l'article 56 du Code civil, de faire la déclaration de naissance de l'enfant, la loi n'a pas déchargé d'obligation les autres personnes désignées en cet article lorsque le père est présent et non empêché. Si donc il est à leur connaissance que le père, soit par ce qu'il a l'intention de désavouer l'enfant, soit par tout autre motif, refuse de faire cette déclaration, elles sont tenues de la faire pour ne pas encourir la responsabilité ci-dessus indiquée (arrêt de la Cour de Rennes du 30 décembre 1863).

2° La loi n'a donné à la mère ni la mission ni la faculté de faire, ou faire faire en son nom, la déclaration de son accouchement, ainsi que l'a reconnu un arrêt de la Cour de cassation du 10 septembre 1847. Il en résulte qu'elle ne peut faire elle-même ni faire faire par mandataire, dans l'acte de naissance, aucune déclaration la concernant, pas même attester sa reconnaissance de maternité (arrêt de la cour de Lyon du 20 avril 1853), et que, dans le cas où elle serait accouchée hors domicile sans témoins, le père étant absent ou inconnu, la déclaration d'accouchement pourrait être faite, soit par la personne qui a recueilli la mère ou lui a donné des soins aussitôt après son accouchement, soit par toute autre ayant connaissance de cet accouchement. Cependant si aucune de ces personnes ne voulait faire cette déclaration à laquelle aucune d'elles n'est tenue, et si la mère se présentait à la mairie dans le délai légal, il semble qu'elle pourrait être exceptionnellement admise à faire la déclaration de la naissance de son enfant, sauf à mentionner dans l'acte la cause de sa comparution. Les tribunaux apprécieraient la valeur de cet acte au cas où il serait ultérieurement attaqué par des personnes intéressées.

89. — *Par qui doit être déclaré l'accouchement pour un enfant nouveau-né qui est sans vie au moment de la déclaration.*

Que l'enfant soit venu au monde vivant ou non, qu'il ait continué ou non à vivre, il doit être déclaré dans les trois jours de l'accouchement par les personnes désignées sous le nᵒ 88 ci-dessus. Les articles 55 et 56 du Code civil s'appliquent à l'un et à l'autre cas. (Arrêt de la Cour de cass. du 27 juillet 1872.)

Seulement si l'enfant n'est pas vivant au moment de la déclaration de l'accouchement, cette déclaration ne sera pas inscrite sur le registre des naissances ; elle devra être inscrite sur le registre des décès, comme le prescrit le décret du 4 juillet 1806. (Voyez 4ᵉ partie, nᵒ 301.)

C'est à la mairie du lieu de l'accouchement que la déclaration doit être faite, comme il a été dit au nᵒ 85, et l'officier de l'état civil d'une autre commune où l'enfant aurait été transporté ne pourrait légalement dresser d'acte de décès de cet enfant dans les trois jours de l'accouchement, au cas où l'enfant n'aurait pas été l'objet d'un acte de naissance dans la commune où il est né. Il importe donc aux familles qui ne veulent pas s'exposer à des embarras judiciaires de ne pas sortir l'enfant de la commune où il est venu au monde avant qu'il ait été dressé acte de sa naissance.

90. — *Obligation pour ceux qui ont trouvé un enfant abandonné d'en faire immédiatement la déclaration.*

D'après l'article 58 du Code civil, toute personne qui aura trouvé un enfant nouveauné sera tenue de le remettre à l'officier d'état civil, ainsi que les vêtements et autres effets trouvés avec l'enfant, et de déclarer toutes les circonstances du temps et du lieu où il aura été trouvé.

La loi ne portant pas de délai, la déclaration et la présentation de l'enfant doivent être faites immédiatement, vu l'urgence.

CHAPITRE II

CONSÉQUENCE DE L'OMISSION DE DÉCLARATION, DANS LE DÉLAI LÉGAL, POUR NAISSANCE OU ACCOUCHEMENT ET POUR L'EXPOSITION D'UN ENFANT TROUVÉ.

91. — *Conséquences du défaut de déclaration pour la naissance d'un enfant encore vivant.*

Toute personne qui, ayant assisté à un accouchement, n'aura pas fait la déclaration à elle prescrite par l'article 56 du Code civil au maire de la commune et dans les trois jours de l'accouchement, comme il est dit aux nᵒˢ 86, 87, 88 et 89 ci-dessus, sera poursuivie devant les tribunaux pour s'y voir appliquer la peine portée en l'article 346 du Code pénal, consistant en un emprisonnement de six jours à six mois et un amende de seize francs à trois cents francs.

La peine serait également encourue par celui qui, ayant déclaré la naissance de l'enfant sans le présenter à l'officier de l'état civil, aurait négligé de remplir cette formalité conformément aux indications qui lui auraient été données par cet officier public, et aurait ainsi empêché que l'acte fût dressé dans le délai légal.

Défense étant faite à l'officier de l'état civil de dresser aucun acte de l'état civil après l'expiration du délai légal, l'omission des parties ne peut plus être réparée que par un jugement rendu en grande connaissance de cause par le tribunal civil de première instance (Avis du Conseil d'Etat du 12 brumaire an XI). Les frais de ce jugement seront à la charge des personnes qui ont ont omis de faire la déclaration à elles imposée.

Avis de l'omission devra être donné par l'officier de l'état civil, dès qu'il en aura connaissance, au procureur de la République, afin que l'omission puisse être réparée au plus tôt dans l'intérêt de tous. (Voyez pour les droits et devoirs du maire en cette circonstance les nᵒˢ 17 et 61 de la 1ʳᵉ partie du présent ouvrage.)

92. — *Conséquences du défaut de déclaration pour l'accouchement dont provient un enfant actuellement sans vie.*

La responsabilité encourue par les personnes présentes à l'accouchement serait la même que celle indiquée nᵒ 91 ci-dessus, pour défaut de déclaration dans les trois jours de l'accouchement, encore bien que l'enfant actuellement sans vie puisse être sorti du sein de sa mère sans avoir eu le souffle, et les mêmes formalités de justice auraient à être remplies.

De plus, l'acte constatant la venue au monde de cet enfant et sa présentation à l'officier de l'état civil, si elle a lieu peu de temps après l'expiration du délai de trois jours, c'est-à-dire avant que l'enfant ait pu développer ses organes d'une manière très apparente, ne devant pas exprimer si l'enfant a eu vie ou non (décret du 4 juillet 1806), il n'est pas permis à l'officier de l'état civil de dresser un acte de décès pour cet enfant. Il s'ensuit que le permis d'inhumer dont il est question en l'article 77 du Code civil ne peut être délivré par l'officier d'état civil, et que l'inhumation ne peut être faite qu'avec l'autorisation du procureur de la République, à la suite d'un procès-verbal dressé suivant les indications de l'article 81 du Code civil.

Dans le cas où le long laps de temps écoulé depuis l'accouchement permettrait de dresser un acte de décès, il devrait aussi être sursis à l'inhumation jusqu'à ce que le procureur de la République ait pu apprécier l'âge apparent de l'enfant, soit sur le vu du procès-verbal dressé comme il est dit au paragraphe précédent, soit par l'examen du cadavre, et autoriser l'inhumation. Cette question sera du reste traitée dans la 4ᵉ partie. (Voyez nᵒ 301.)

93. — *Conséquences du défaut de déclaration pour l'exposition d'un enfant trouvé.*

Toute personne qui, ayant trouvé un enfant nouveau-né, ne l'aura pas remis à l'officier de l'état civil, ainsi qu'il est prescrit par l'article 58 du Code civil, sera punie d'un emprisonnement de six jours à six mois et d'une amende de seize francs à trois cents francs. Cette peine n'est point applicable à celui qui aurait consenti à se charger de l'enfant et qui aurait fait sa déclaration à cet égard devant la municipalité du lieu où l'enfant a été trouvé. (Art. 347 du Code pénal.)

CHAPITRE III

MODE D'ENREGISTREMENT DES DÉCLARATIONS POUR : 1ᵒ LA NAISSANCE D'UN ENFANT PRÉSENTÉ VIVANT; 2ᵒ L'ACCOUCHEMENT DONT PROVIENT UN ENFANT ACTUELLEMENT SANS VIE; 3ᵒ L'EXPOSITION D'UN ENFANT TROUVÉ; 4ᵒ LA RECONNAISSANCE D'UN ENFANT NATUREL; 5ᵒ L'ACTE SUPPLÉTIF D'UNE ADOPTION.

94. — *Mode d'enregistrement de la déclaration de naissance d'un enfant présenté vivant.*

La déclaration de la naissance d'un enfant qui est encore vivant est inscrite sur le registre des naissances tenu double si, dans la commune, il y a des registres distincts pour les naissances, les mariages et les décès. (Art. 40 du Code civil. — Voyez 1ʳᵉ partie, chapitre IV.)

95. — *Mode d'enregistrement de la déclaration d'accouchement pour un enfant actuellement sans vie.*

Ainsi qu'il a été dit sous le nᵒ 89 ci-dessus, c'est sur le registre des décès (si les décès ont un registre spécial dans la commune) que doivent être inscrites les déclarations d'accouchement lorsque, au moment de la déclaration, l'enfant nouveau-né est sans vie, et l'acte ne doit pas préjuger la question de savoir si l'enfant a eu vie ou non. (Décret du 4 juillet 1806.)

96. — *Mode d'enregistrement de la déclaration relative à l'exposition d'un enfant trouvé.*

Il est dressé, conformément à l'article 58 du Code civil, un procès-verbal détaillé des circonstances du temps et du lieu où l'enfant a été trouvé. Ce procès-verbal qui tiendra lieu d'acte de naissance est dressé sur papier libre (Voyez 1ʳᵉ partie, n° 81); il est ensuite transcrit sur le registre des naissances de la commune où l'enfant a été trouvé si, dans cette commune, les naissances, les mariages et les décès sont inscrits sur des registres distincts. (Voyez 1ʳᵉ partie, chapitre IV.)

97. — *Mode d'enregistrement d'une reconnaissance d'enfant naturel.*

Aux termes de l'article 334 du Code civil, la reconnaissance d'un enfant naturel sera faite par un acte authentique lorsqu'elle ne l'aura pas été dans son acte de naissance.

L'acte de reconnaissance est donc le complément de l'acte de naissance. Par suite, c'est sur le registre des naissances qu'il doit être inscrit.

98. — *Mode d'enregistrement de l'acte supplétif d'une adoption.*

L'adoption ayant pour effet d'ajouter le nom de l'adoptant à celui de l'adopté et devant, par suite, être mentionnée en marge de l'acte de naissance de ce dernier, c'est sur le registre des naissances que doit être transcrite l'adoption, comme le dit la circulaire du ministre de l'intérieur du 3 nivôse an IX, si, dans la commune, les naissances, les mariages et les décès ont des registres distincts. (Voyez 1ʳᵉ partie, chapitre IV.)

CHAPITRE IV

ÉNONCIATIONS A INSÉRER DANS L'ACTE DE NAISSANCE ET RÈGLES CONCERNANT CHACUNE D'ELLES

99. — *Date, mois, année et heure où l'acte est dressé.*

C'est l'exécution des prescriptions de l'article 34 du Code civil (exposées 1ʳᵉ partie, n° 13).

La date ne peut être postérieure à trois jours après l'accouchement. (Art. 55 du Code civil.)

Passé ce délai, l'acte ne peut plus être dressé qu'en vertu d'un jugement. (Voyez n° 91 ci-dessus.)

100. — *Prénoms donnés à l'enfant.*

Les noms en usage dans les différents calendriers et ceux des personnages connus de l'histoire ancienne peuvent seuls être donnés pour prénoms. Il est défendu de donner comme prénom le nom d'une famille existante. L'officier de l'état civil n'a pas le droit d'admettre des prénoms qui ne rentrent pas dans ces prescriptions légales. (Art. 1 et 2 de la loi du 11 germinal an XI.)

Il est dans l'intérêt des familles de ne pas donner les mêmes prénoms à des frères et sœurs, l'identité des prénoms prêtant à la confusion dans l'identité des personnes.

101. — *Son nom de famille.*

Quand le nouveau-né est un enfant légitime ou un enfant naturel reconnu par son père, on doit toujours indiquer à la suite de ses prénoms le nom de son père qui devient le sien d'une manière immuable, à moins de circonstances exceptionnelles et rares. Si le père s'attribue des titres ou qualifications nobiliaires qui ne figurent pas dans son acte de naissance, ils ne pourront être inscrits sur le registre que s'il justifie des actes authentiques qui les lui confèrent. (Loi du 28 mai 1858, modifiant l'article 259 du Code pénal.)

L'officier de l'état civil qui désignerait le père sous d'autres prénoms et nom que ceux qui lui ont été attribués par son acte de naissance et par des actes authentiques postérieurs encourrait la peine de destitution et celle d'amende prononcées par la loi du 6 fructidor an II.

Lorsque le nouveau-né est déclaré comme enfant naturel avec indication de la mère, sans désigation du père, il suffit de désigner l'enfant par des prénoms. L'indication, dans son acte de naissance, du nom de la personne déclarée comme étant sa mère lui donne, du reste, la faculté de prendre ce nom et de le conserver tant que cette personne ne s'y sera pas opposée par un acte extrajudiciaire, auquel l'enfant aura encore le droit de contredire. Mais, comme il s'agit d'un droit précaire, il est à propos de ne pas donner, par une inscription dans l'acte, à la possession de ce nom l'apparence d'un droit incontestable. L'indication des prénoms satisfait d'ailleurs à la lettre des prescriptions de l'article 57 du Code civil, en ce qui concerne les enfants dont la filiation est énoncée.

D'autre part, il ne conviendrait pas d'attribuer à l'enfant un autre nom qui mettrait en doute la maternité déclarée.

Mais si le déclarant ne fait connaître ni le père ni la mère, il doit donner à l'enfant, outre des prénoms, un nom de famille pour remplir la prescription de l'article 34 du Code civil, lequel exige que les actes de l'état civil énoncent les prénoms et noms de tous ceux qui y sont dénommés. Dans ce cas, il est dans l'intérêt du déclarant de donner à l'enfant un nom qui n'appartienne pas déjà à une famille existante. Il évitera ainsi les réclamations de cette famille dont le nom est une propriété que la loi protège comme inviolable.

102. — *Le sexe de l'enfant.*

Prescription de l'article 57 du Code civil.

103. — *La date du jour et l'heure de sa naissance.*

Exécution du même article 57 du Code civil.

104. — *Le lieu de sa naissance.*

Prescription faite par le même article du Code civil.

Le lieu doit être indiqué par la désignation précise de la maison où la mère est accouchée. Cette indication seule justifie l'intervention de déclarants autres que le père, en certains cas, dans la déclaration de naissance (Voyez n° 88 ci-dessus). Elle servirait d'éléments d'appréciation en cas d'instance judiciaire pour quelque cause que ce soit.

105. — *Enonciations spéciales lorsqu'il s'agit d'un enfant posthume.*

D'après l'article 312 du Code civil, l'enfant né moins de trois cents jours après la dissolution du mariage est réputé légitime.

Si une femme veuve depuis moins de trois cents jours accouche d'un enfant vivant, l'officier de l'état civil pourra, en conséquence, recevoir la déclaration à lui faite désignant le nouveau-né comme enfant du mari de la mère; il ajoutera, dans ce cas, à la suite des noms de celui-ci, l'indication de la date et du lieu de son décès, au lieu d'indiquer son domicile.

106. — *Enonciations spéciales lorsqu'il s'agit d'un enfant jumeau.*

Il doit être dressé un acte pour chacun des enfants jumeaux, en commençant par le premier-né. On désignera dans le premier acte l'enfant par l'indication d'enfant jumeau premier-né; le second acte désignera le nouveau-né comme enfant jumeau deuxième-né. Ces indications, quoique non prescrites, doivent être insérées pour empêcher de donner lieu de croire à une erreur ou à un double emploi.

Si les jumeaux sont l'un et l'autre vivants et du même sexe, il peut être utile d'indiquer dans l'acte de naissance de chacun les signes ineffaçables qu'il porte sur la figure, les mains ou les autres parties découvertes du corps, pour le distinguer de l'autre, en évitant toutefois toute remarque susceptible de provoquer des réflexions malséantes.

Si l'un des jumeaux est vivant et l'autre sans vie au moment de la déclaration de l'accouchement, le premier sera inscrit sur le registre des naissances et le second sur le registre des décès, conformément aux indications des n°s 94 et 95 ci-dessus.

107. — *La filiation de l'enfant.*

Cette indication, demandée par l'article 57 du Code civil, ne peut être faite uniformément pour toutes les naissances; il faut distinguer :

A. Si le nouveau-né est enfant légitime, — dans ce cas on indiquera les prénoms, nom, profession, titres honorifiques, s'il y a lieu, et âge du père; les prénoms, nom, profession, âge de la mère, à laquelle on donnera la qualification d'épouse ; le domicile des père et mère. A moins que le titre honorifique ne soit de notoriété publique en la possession de la personne qui se l'attribue, comme celui de membre de la Légion d'honneur, il ne devra être énoncé que sur justification produite, comme il a été dit ci-dessus, 1re partie, n° 38.

L'officier de l'état civil n'a pas à exiger la justification de la qualité d'épouse donnée à la mère par le déclarant, sauf à user ultérieurement de ses droits d'officier de police judiciaire en cas de fausse déclaration évidente. (Voir 1re partie, n° 61.)

Si le livret de famille lui est présenté (Voir en ce qui concerne ce livret le n° 53 de la 1re partie), ou bien l'acte de mariage, il y prendra les prénoms et noms des père et mère pour prévenir toute nécessité ultérieure de rectification sur ce point.

Bien que le livret de famille et l'acte de mariage contiennent d'autres renseignements sur les père et mère, tels que le lieu et la date de leur naissance, l'officier de l'état civil s'abstiendra de les énoncer, de même qu'il s'abstiendra d'énoncer le lieu et la date du mariage ; ces énonciations constitueraient une contravention aux prescriptions de l'article 35 du Code civil.

B. Si le nouveau-né est enfant naturel, reconnu par son père, la mère étant désignée par le déclarant, — dans ce cas, d'après la déclaration du comparant, qui doit être le mandataire du père, en cas d'absence de celui-ci, on indiquera les prénoms, nom, profession, âge et domicile du père, ajoutant, *s'il est présent :* qu'il déclare se reconnaître le père ; *s'il n'est pas présent :* qu'il s'est reconnu le père de l'enfant, aux termes d'une procuration authentique qu'on énoncera en désignant sa date, le lieu où elle a été passée, le notaire, le chancelier de consulat ou l'officier public étranger qui l'a dressée. — On indiquera aussi les prénoms, nom, profession, âge et domicile de la mère ; et on ajoutera, à la suite de la désignation des père et mère, la mention : non mariés.

Quoique le père et la mère puissent demeurer ensemble, il est convenable d'éviter de le relater dans l'acte. On indiquera le domicile de chacun d'eux, sauf à dire, en ce qui concerne la mère, qu'elle demeure dans la même maison que le père.

Observations spéciales. — En l'absence du père, celui-ci, eût-il reconnu déjà l'enfant par acte authentique, ne peut être désigné dans l'acte de naissance d'un enfant naturel qu'autant que la déclaration de naissance est faite par un mandataire à qui il a donné à cet effet une procuration spéciale authentique (art. 36 du Code civil), cette procuration doit rester annexée à l'acte de naissance (art. 44 du Code civil). — Voyez pour le caractère authentique des actes le n° 47 de la 1re partie du présent ouvrage). Faute de quoi, le comparant, qui ne peut être qu'une des autres personnes désignées dans l'article 56 du Code civil, n'a pas qualité pour faire mentionner dans l'acte de naissance une reconnaissance antérieure, même publique, l'article 49 du Code civil ayant réservé aux parties intéressées le droit de faire mentionner en marge des actes existants tous actes de l'espèce qui les concerne ; d'autre part, l'article 35 du Code civil interdisant à l'officier de l'état civil d'insérer dans les actes d'autres énonciations que celles légalement faites par les déclarants, cet officier public contreviendrait à cet article en insérant une énonciation ainsi faite sans mandat.

Il est à remarquer que la procuration authentique donnée par le père, comme il est dit ci-dessus, aurait son effet, parce que l'article 56 du Code civil désigne le père comme étant chargé de déclarer la naissance. Il n'en serait pas de même d'une procuration donnée par la mère, soit pendant sa grossesse, soit depuis son accouchement. La mère, n'étant pas comprise dans le nombre des personnes tenues de déclarer la naissance, ne peut être représentée par un fondé de pouvoir dans l'acte qui constate cette naissance, ainsi qu'il a été déjà dit sous le n° 88 ci-dessus.

C. Si le nouveau-né est enfant naturel reconnu par son père, la mère n'étant pas désignée. — Dans ce cas, on énoncera les prénoms, nom, profession, âge et domicile du père, ajoutant, *s'il est présent :* qu'il déclare se reconnaître le père ; *s'il n'est pas présent :* qu'il s'est reconnu le père de l'enfant aux termes d'une procuration qu'on relatera en désignant sa date, le lieu où elle a été passée, l'officier public qui l'a dressée. Il ne sera question de la mère que de cette manière : mère désignée.

Les observations inscrites sous le paragraphe B ci-dessus sont encore ici applicables.

D. Si le nouveau-né est enfant naturel non reconnu, la mère étant désignée. — Dans ce cas énoncer les prénoms, nom, âge, profession et domicile de la mère, ajoutant qu'elle est ou non mariée (s'il y a lieu).

E. Si le nouveau-né est enfant naturel non reconnu, la mère n'étant pas désignée. — Dans ce cas énoncer qu'il est enfant de père et mère non désignés.

Observation générale. — On voit que les prescriptions de l'article 57 du Code civil, d'après lesquelles on doit indiquer dans un acte de naissance les prénoms, âges, professions et domicile des père et mère, ne sont pas toujours à appliquer. Il n'est pas, du reste, loisible à l'officier de l'état civil d'exiger que les déclarants lui donnent ces indications.

Ces prescriptions, applicables à la filiation légitime qui est celle du plus grand nombre des naissances, ne portent pas atteinte, en effet, aux principes de la législation d'après lesquels : 1° la recherche de la paternité est interdite (art. 340 du Code civil); 2° la reconnaissance ne peut avoir lieu au profit des enfants nés d'un commerce incestueux ou adultérin (art. 335 du Code civil); 3° les personnes dépositaires, par état ou profession, des secrets qu'on leur confie sont passibles de peine si elles révèlent ces secrets (art. 378 du Code pénal).

Quand les déclarants, agissant en connaissance de cause et sous leur responsabilité, ne veulent pas faire connaître les père et mère ou l'un d'eux, l'officier de l'état civil doit se borner à recevoir la déclaration qui lui est faite comprenant seulement les autres énonciations indiquées audit article 57.

L'officier de l'état civil doit même s'abstenir, en dressant l'acte de naissance d'un enfant naturel, d'y désigner, sur déclaration, le père, si celui-ci n'est pas le déclarant ou s'il n'est pas représenté par un fondé de pouvoir spécial et authentique, sous peine d'être actionné en dommages-intérêts par l'individu ainsi indûment désigné (art. 1382, 1383, 1384 du Code civil), et même d'être poursuivi en diffamation.

Toute mention qui, dans un acte de l'état civil, énoncerait la paternité d'un enfant naturel non reconnu ou la filiation d'un enfant incestueux ou adultérin serait, en outre, une contravention à l'article 35 du Code civil et rendrait l'officier de l'état civil passible des peines indiquées en l'article 50 du même Code.

Mais l'officier de l'état civil doit désigner la mère quand le déclarant la fait connaître, attendu que la recherche de la maternité est admise (art. 341 du Code civil). La mère doit être désignée seule et seulement sous ses prénoms et son nom patronymique, s'il résulte des explications du déclarant que l'enfant est né d'un commerce incestueux ou adultérin.

108. — *Les prénoms, nom, titres honorifiques, s'il y a lieu, et qualité de l'officier de l'état civil, avec indication de la commune où il est en fonction, ainsi que du canton, de l'arrondissement et du département dont elle dépend.*

Ces indications doivent être insérées par les motifs qui ont été expliqués ci-devant, 1ʳᵉ partie, nᵒˢ 6, 11, 36 et 38.

109. — *La présentation de l'enfant à l'officier d'état civil.*

Prescription de l'article 55 du Code civil.

A la rigueur, l'officier de l'état civil peut exiger que l'enfant lui soit présenté au bureau de l'état civil où l'acte est dressé.

Mais si la loi lui en donne le droit, elle ne lui en fait pas un devoir, et comme il est souvent dangereux de faire faire au nouveau-né le trajet du domicile de naissance au siège de l'officier de l'état civil, celui-ci peut, dans l'intérêt de la vie du nouveau-né, le faire présenter, au domicile de naissance, soit à lui-même, soit à un délégué.

A Paris, en vertu d'un arrêté du préfet de la Seine remplissant les fonctions de maire central de la ville, la visite est faite à domicile par les médecins délégués dans chaque arrondissement pour constater les naissances et les décès.

Une circulaire adressée par le ministre de l'intérieur aux préfets le 9 avril 1870, et communiquée aux maires par insertion dans le *Recueil des actes administratifs du département*, a recommandé l'adoption d'une mesure semblable partout où elle pouvait être appliquée.

Mais, faute de ressources pour rétribuer un délégué, beaucoup de municipalités se contentent du bulletin du médecin ou de la sage-femme qui a fait l'accouchement, quand ces praticiens leur sont connus et ont leur confiance.

Lorsque l'officier de l'état civil accepte ces intermédiaires et qu'il prend la responsabilité du fait affirmé par eux, la loi est satisfaite et l'acte peut dire que la présentation de l'enfant a été faite par le déclarant. Il n'est pas indispensable d'ajouter si c'est à l'officier de l'état civil ou à une personne déléguée par lui, et il n'y a pas lieu de le dire, attendu que la loi ne donne charge qu'à l'officier public et que celui-ci ne peut se décharger de sa responsabilité légale sur qui que ce soit.

110. — *Si la déclaration est faite par suite de l'absence du père quand elle n'est pas faite par lui.*

D'après l'article 56 du Code civil, le père est le premier tenu de faire la déclaration de naissance de son enfant.

S'il s'agit de la naissance d'un enfant légitime, lorsque le déclarant n'est pas le père ou son mandataire porteur d'une procuration authentique, on doit donc indiquer l'empêchement ou l'absence du père.

111. — *Désignation de la personne qui fait la déclaration et mention de ses titres honorifiques s'il y a lieu.*

Quand la déclaration est faite par le père, dont les prénoms, nom, âge, profession et domicile ont déjà été indiqués conformément aux dispositions du n° 107 ci-dessus, on se borne à inscrire dans l'acte que la déclaration a été faite *par le père susnommé.*

Autrement, on doit désigner la personne déclarante par ses prénoms, nom, âge, profession et domicile, conformément à la prescription générale de l'article 34 du Code civil. Si elle a droit à des titres honorifiques, on les énoncera aussi, après s'être fait représenter les documents qui justifient du droit de les porter, comme il a été dit ci-dessus, 1re partie, n° 38.

112. — *Qualité en vertu de laquelle agit la personne déclarante.*

Indiquer cette qualité qui doit être une de celles désignées n° 88 ci-dessus, soit :

A. Père de l'enfant. Dans ce cas, elle est indiquée comme il vient d'être dit ci-dessus, n° 111.

B. Mandataire du père. En ce cas, relater la procuration, en désignant la date de cet acte, le nom et la résidence de l'officier ministériel qui l'a dressé, et mentionner qu'elle est restée annexée au registre après avoir été paraphée par la partie produisante et par l'officier de l'état civil. (Art. 44 du Code civil.)

La présence du mandataire du père étant l'équivalent de la présence de celui-ci, il n'y a pas lieu, dans ce cas, de parler d'absence du père.

C. Docteur en médecine ou en chirugie, sage-femme, officier de santé ou autre personne ayant assisté à l'accouchement. } à défaut du père, lorsque la mère est accouchée chez elle.

D. Comme au paragraphe ci-dessus, et encore la personne chez qui la mère est accouchée. } à défaut du père lorsque la mère est accouchée hors de chez elle.

113. — *Les prénoms, noms, âges, professions et domiciles des deux témoins, leur degré de parenté avec les père et mère lorsqu'ils sont parents.*

Prescriptions des articles 34 et 37 du Code civil.

Les témoins doivent être du sexe masculin, âgés de 21 ans au moins, parents ou autres, et avoir été choisis par les personnes intéressées (même article 37). S'ils ont des titres honorifiques, on les énoncera conformément aux indications données ci-dessus, n° 111.

114. — *La lecture de l'acte à la personne déclarante et aux témoins.*

Exécution de l'article 38 du Code civil.

115. — *Le lieu où l'acte est dressé.*

(Voyez première partie, n° 35.)

116. — *L'indication de ceux des déclarants et témoins qui ont signé avec l'officier de l'état civil.*

(Art. 39 du Code civil.)

117. *L'indication de ceux qui n'auraient pas signé et la cause de leur empêchement.*

(Même article 39 du Code civil.)

CHAPITRE V

CONSTATATION DE L'EXPOSITION D'UN ENFANT TROUVÉ

118. — *Procès-verbal à dresser en dehors des registres de létat civil pour constater l'exposition d'un enfant trouvé et la recherche infructueuse de ses parents.*

La loi veut qu'un enfant trouvé ne reste pas sans état civil.

C'est pourquoi l'article 58 du Code civil impose à toute personne qui aura trouvé un enfant nouveau-né l'obligation de le remettre à l'officier de l'état civil, et de déclarer toutes les circonstances du temps et du lieu où il a été trouvé, afin que l'officier public puisse, tout en prenant les mesures nécessaires pour lui conserver l'existence, lui donner des noms et l'inscrire sur les registres de l'état civil.

A l'égard des enfants abandonnés qui, sans être nouveau-nés, ne sont connus de personne et sont incapables de faire connaître leur identité, on leur applique, lorsqu'ils n'ont pas encore atteint l'âge de sept ans, les dispositions du titre 3 de la loi du 20 septembre 1792 portant ce qui suit : — « Article 9. En cas d'exposition d'enfant, le juge de « paix ou l'officier de police qui en aura été instruit, sera tenu de se rendre sur le lieu « de l'exposition, de dresser procès-verbal de l'état de l'enfant, de son âge apparent, des « marques extérieures, vêtements et autres indices qui peuvent éclairer sa naissance; « il recevra aussi la déclaration de ceux qui auraient quelques connaissances relatives à « l'exposition de l'enfant. — « Article 10. Le juge de paix ou l'officier de police sera tenu « de remettre, dans les vingt-quatre heures, à l'officier public, une expédition du procès-« verbal qui sera transcrit sur le registre double des actes de naissance. — Article 11. « L'officier de l'état civil donnera un nom à l'enfant. »

L'article 7 de la loi du 30 ventôse an XII, sur la réunion des lois qui forment le Code civil, n'ayant pas abrogé les lois postérieures à la Révolution de 1789, et le Code civil ne s'étant pas occupé de la question de savoir comment devra être réglé l'état civil des enfants en bas âge autres que les nouveau-nés qui sont abandonnés, les trois articles de la loi du 20 septembre 1792 ci-dessus rapportés sont encore, en effet, applicables.

Ces dispositions sont complétées par les articles 348 à 353 du Code pénal, aux termes desquels les personnes qui ont délaissé ou exposé un enfant âgé de moins de sept ans sont passibles des peines portées en ces articles.

La loi n'a pas fixé le délai dans lequel celui qui aura trouvé un enfant inconnu nouveau-né ou ayant moins de sept ans, délaissé ou exposé, devra en faire la déclaration. On peut en induire qu'elle doit être faite immédiatement. Il appartiendra au procureur de la République, averti par l'envoi de la copie du procès-verbal (Voyez n° 61 de la première partie), d'apprécier si les circonstances d'une déclaration tardive rendent passibles de la peine édictée par l'article 347 du Code pénal (emprisonnement de six jours à six mois et amende de seize francs à trois cents francs) la personne qui avait à faire la déclaration prescrite. Quant à l'officier de police, il doit, tant que l'enfant n'a pas atteint l'âge de sept ans, recevoir la déclaration qui lui est faite.

L'article 9 du Code d'instruction criminelle (qui a été publié cinq ans après le Code civil) ayant attribué aux maires et adjoints, en les conservant aussi aux juges de paix, les fonctions d'officiers de police judiciaire, ces magistrats municipaux sont aujourd'hui au nombre des officiers de police dont parle la loi du 20 septembre 1792 ci-dessus visée.

En raison de ce que la déclaration d'exposition d'un enfant trouvé révèle une action condamnée et punie par le Code pénal, le magistrat municipal auquel elle est faite n'a plus le rôle passif de l'officier de l'état civil. Il a à remplir d'abord, dans les termes du titre III de la loi du 20 septembre 1792 ci-dessus rappelés, les fonctions d'officier de police judiciaire dont l'exercice lui est imposé, dans l'espèce, vu le flagrant délit ou l'urgence, par l'article 50 du Code d'instruction criminelle.

En conséquence, sans avoir à se préoccuper des avis exprimés dans la préparation et le vote de l'article 58 du Code civil, alors que le Code d'instruction criminelle et le Code pénal n'existaient pas encore, il doit se rendre, accompagné, s'il est possible, de deux témoins du sexe masculin, âgés de vingt et un ans au moins, sur les lieux où l'enfant a été trouvé, y faire les constatations et recherches laissées à son initiative de magistrat judiciaire.(Voyez le n° 61 de la première partie, déjà visé) et ne faire acte d'officier d'état civil que si ces recherches ne lui font pas découvrir les parents de l'enfant délaissé.

Dans ce cas négatif, il imposera des noms à l'enfant, en les choisissant comme il sera dit au n° 121 ci-après, pourvoira aux soins nécessaires pour lui conserver la vie, le fera déposer dans un hospice ou le confiera à une personne sûre qui se chargerait de l'élever sous la tutelle et surveillance de l'hospice désigné, suivant les dispositions de l'article 58 du Code civil et de l'article 15 de la loi du 19 janvier 1811. (Voyez n° 122 ci-après.)

Le procès-verbal dressé par le maire au plus vite, au besoin sur place, doit relater les faits et circonstances de l'espèce indiquée ci-dessus, et toutes les autres indications prescrites par les articles 9 et 11, titre III, de la loi du 20 septembre 1792, ci-dessus rapportés. Il doit indiquer encore, d'après l'article 58 du Code civil, le sexe de l'enfant, l'autorité civile ou la personne à laquelle l'enfant aura été remis. Il sera signé immédiatement, après lecture, par toutes les personnes entendues dans l'enquête, par la personne à qui l'enfant aura été remis, par les témoins, s'il y en a eu, et par le maire.

Etant le compte rendu d'opérations qui ne se sont pas toutes faites au même endroit et au même moment, le procès-verbal doit porter en tête l'indication de la date, de l'heure et du lieu de son commencement et être clos par l'indication des lieu, jour et heure auxquels il a été signé.

Ce procès-verbal est un acte d'administration publique et de police générale. Par suite, il est exempt du droit et de la formalité du timbre, conformément à l'article 16 de la loi du 13 brumaire an VII (Voyez 1re partie, n° 81). Il est également exempt de la formalité de l'enregistrement d'après les dispositions de la loi du 22 frimaire an VII, article 70, § 3, n°s 2 et 9, comme il est dit sous le n° 76 ci-dessus.

Il sera immédiatement transcrit sur le registre des naissances dans les conditions indiquées sous le n° 119 ci-après.

Les maires de Paris n'exerçant aucune fonction de police, ainsi qu'il a été dit première partie n° 6, suivant les dispositions de l'article 16 de la loi du 28 pluviôse an VIII, ce sont les commissaires de police qui s'occupent, à Paris, de la constatation des abandons d'enfants trouvés.

Si le procès-verbal de constatation et de recherches, au lieu d'avoir été fait par un maire ou adjoint, l'a été par un autre officier de police auquel se serait adressée la personne qui a trouvé l'enfant (ou dans le cas de l'alinéa qui précède), l'officier de l'état civil devra, aussitôt que ce procès-verbal lui sera remis, remplir les formalités indiquées sous le n° 120 ci-après.

119. — *Acte de la transcription faite, avec assistance de témoins s'il y a lieu, du procès-verbal de l'exposition d'un enfant trouvé, lorsqu'il a été dressé par l'officier de l'état civil.*

La transcription du procès-verbal dressé par le maire, officier de l'état civil, doit être par lui faite le même jour sur le registre des actes de naissance. (Art. 58 du Code civil.)

Il faut remarquer que cette transcription tiendra lieu d'un acte de naissance pour l'enfant trouvé.

Sous ce rapport, par application des principes qui ont été exposés ci-dessus, première partie n° 56, il est nécessaire qu'elle contienne tout ce que les articles 37, 39 et 56 du Code civil exigent pour la validité d'un acte de naissance quant à la solennité de la forme.

Si donc le procès-verbal, qui a été dressé par suite de l'intervention d'un déclarant, a été fait en outre avec le concours de deux personnes ayant les qualités requises pour être témoins, c'est-à-dire du sexe masculin et âgées de vingt et un ans au moins, il réunit les conditions voulues, et puisque, d'une part, il a été lu au déclarant et aux témoins qui y ont apposé leurs signatures ou ont fait mentionner qu'ils ne savent ou ne peuvent signer et, d'autre part, qu'il doit rester annexé au registre, il suffit que la transcription en soit faite par l'officier de l'état civil, sans nouvelle assistance de déclarant et de témoins.

Mais si, outre la personne déclarante, deux hommes majeurs n'ont pas assisté aux opérations constatées au procès-verbal, la transcription faite d'office par l'officier du l'état civil devra l'être en présence de deux témoins.

L'acte de cette transcription doit porter, en tête, l'année, le mois, le quantième du jour et l'heure où il est dressé. Il porte, lorsqu'il est dressé en présence de témoins, dans le cas ci-dessus indiqué, les prénoms, noms, âges, professions et domicile de ces deux témoins, la mention de la lecture qui leur a été faite de l'acte par l'officier de l'état civil. Il mentionne encore si ces témoins ont signé ou déclaré ne savoir ou pouvoir signer. Il relate aussi que le procès-verbal transcrit est demeuré annexé à l'acte de transcription, conformément à l'article 44 du Code civil.

120. — *Acte de la transcription faite, avec imposition de noms et en présence de témoins, du procès-verbal de l'exposition d'un enfant trouvé lorsqu'il a été dressé par un officier de police autre que l'officier de l'état civil.*

Le procès-verbal dressé, soit par un juge de paix, soit par un commissaire de police, pour constater l'exposition d'un enfant trouvé, ne pouvant relater que les circonstances de l'abandon et des recherches qui en ont été la suite, sans pouvoir jamais attribuer à cet enfant des noms pour l'imposition desquels l'officier de l'état civil est seul compétent, la simple transcription de ce procès-verbal serait un acte incomplet sous le rapport de l'état civil. C'est la désignation des noms conférés à l'enfant qui donnera à l'acte de transcription la valeur d'un acte de naissance. Dès lors et pour les motifs qui viennent d'être indiqués nᵒ 119 ci-dessus, il convient de revêtir l'acte des formes extérieures exigées par la loi pour les actes de naissance. Cet acte de transcription devra donc comporter l'intervention d'un déclarant, porteur du procès-verbal, et la présence de deux témoins. A la suite du texte du procès-verbal, l'acte de transcription indiquera les prénoms et noms donnés par l'officier de l'état civil à l'enfant, et si le procès-verbal transcrit ne constate pas que l'enfant a déjà été envoyé dans un hospice, l'acte de transcription indiquera encore à quelle autorité civile ou à quelle personne cet enfant a été remis par l'officier de l'état civil (art. 58 du Code civil). Le procès-verbal, paraphé par le déclarant, demeurera annexé à l'acte de transcription, conformément à l'article 44 du Code civil.

121. — *Choix des prénoms et du nom à donner par l'officier de l'état civil à l'enfant trouvé.*

Lorsque aucune note indicatrice n'aura été trouvée sur l'enfant et que celui-ci sera hors d'état de faire connaître les prénoms et nom qui lui auraient été déjà donnés, l'officier de l'état civil devra lui donner un ou deux prénoms choisis suivant les règles ordinaires (Voyez nᵒ 100 ci-dessus) et un nom de famille. Des instructions du ministre de l'intérieur, en date du 30 juin 1812, ont recommandé d'éviter de donner un nom connu pour appartenir à des familles existantes ou qui aurait été déjà donné à d'autres enfants trouvés, et si le nom est pris soit dans l'histoire des temps passés, soit en s'inspirant des circonstances particulières à l'enfant, comme sa conformation, ses traits, son teint, le pays, le lieu, l'heure où il a été trouvé, d'éviter toute dénomination qui serait indécente ou ridicule, ou propre à rappeler, à toute occasion, que celui à qui on la donne est un enfant trouvé.

122. — *Tutelle sous laquelle l'enfant a été placé par l'officier de l'état civil.*

L'enfant dont l'état civil aura été ainsi assuré restera jusqu'à sa majorité sous la tutelle de l'hospice où il aura été placé ou qui aura été chargé de l'élever (loi du 15 pluviôse an XIII, décret du 19 janvier 1811, loi du 10 janvier 1849), sauf le cas où, venant à être reconnu par ses parents, il serait repris par eux, après qu'ils auraient rempli les conditions exigées pour la justification de leur moralité et pour le remboursement des dépenses d'entretien faites par l'administration, suivant leur situation de fortune.

CHAPITRE VI

DE LA RÉCEPTION DES DÉCLARATIONS DE RECONNAISSANCE D'ENFANTS NATURELS

123. — *Nécessité d'un acte de reconnaissance pour donner aux père et mère des droits sur leur enfant naturel et à celui-ci des devoirs et des droits envers eux.*

L'enfant naturel n'a aucun droit sur la personne qui a été désignée dans son acte de naissance comme étant sa mère, lorsque celle-ci n'a pas appuyé cette désignation d'un acte de reconnaissance, et, en cas de décès de celle-ci, il n'aurait aucun droit sur ses biens, d'après l'article 756 du Code civil. Si, n'ayant pas été reconnu par son père, il porte le nom de la mère désignée dans son acte de naissance, il n'aurait pas même le droit de continuer à porter ce nom dans le cas où elle s'y opposerait par un acte extrajudiciaire, comme il a été dit ci-dessus, 1ʳᵉ partie, nᵒ 37. L'indication du nom de la mère dans l'acte de naissance, fût-elle du père, n'a aucun effet pour elle (art. 336 du Code civil). De même, l'enfant n'a aucun droit sur le nom et la personne de celui qui a pu être désigné, dans son acte de naissance, comme étant son père, si celui-ci n'était pas l'époux de la mère et si, n'étant pas présent à l'acte de naissance, il n'avait donné, dans ce cas, par acte authentique, mission de le déclarer père de l'enfant (Voyez n° 107-B ci-dessus). L'insertion dans l'acte de naissance d'un enfant naturel du nom d'un homme avec la qualification de père sans l'aveu de celui-ci pourrait donner lieu de sa part à des poursuites en dommages-intérêts contre le déclarant qui se serait indûment servi de son nom.

Quelles que soient aussi les indications de l'acte de naissance touchant la filiation, le père et la mère d'un enfant naturel n'ont de droit sur lui que s'ils l'ont légalement reconnu. Sans cela, ils n'ont pas même le droit de consentir ou s'opposer à son mariage. (Art. 159 du Code civil.)

124. — *Exception à la faculté de reconnaissance. Enfants qui ne peuvent pas être reconnus.*

Des exceptions ont été édictées en ce qui concerne la faculté de reconnaître des enfants naturels. Aux termes de l'article 335 du Code civil, un enfant né d'un commerce incestueux ou adultérin ne peut être reconnu.

L'officier de l'état civil qui dresserait sciemment acte de la reconnaissance d'un tel enfant contreviendrait à l'article 35 du Code civil et se rendrait passible des peines portées en l'article 50 du même Code, comme il a été dit première partie, n° 62, du présent ouvrage.

125. — *Fonctionnaire compétent pour donner l'authenticité à la reconnaissance.*

Aux termes de l'article 334 du Code civil, la reconnaissance d'un enfant naturel sera faite par un acte authentique, lorsqu'elle ne l'aura pas été dans son acte de naissance.

En plaçant cet article dans le titre VII du livre Iᵉʳ du Code civil, c'est-à-dire loin du titre II qui traite des actes de l'état civil, et en traçant, par l'article 2 de la loi du 21 juin 1843, les règles que les notaires doivent suivre pour la rédaction d'un acte de reconnaissance, le législateur a assez montré que cet acte n'est pas un acte d'état civil, et que l'article 62 du Code civil, aux termes duquel l'acte doit être inscrit sur les registres à sa date, n'a chargé l'officier de l'état civil que de rendre cet acte public par son inscription, à la date où il lui est présenté, sur les registres qui sont publics de leur nature.

Cependant, comme une reconnaissance d'enfant naturel se rattache encore d'un autre côté aux attributions de l'officier de l'état civil, puisque faite dans l'acte de naissance de l'enfant elle a la même valeur qu'une reconnaissance passée devant notaire ; comme, d'autre part, l'officier de l'état civil est, dans sa commune, le fonctionnaire délégué, conformément à l'article 92 de la loi du 5 avril 1884, pour l'exécution des lois qui astreignent les habitants à des charges envers l'État, telles que les lois sur le recrutement, ou qui leur assurent l'exercice de leurs droits civiques, comme les lois sur l'électorat, et qu'un acte dressé par lui pour une personne attachée par le domicile à son territoire, qui se borne à l'enregistrement d'une déclaration civile de cette personne, qui est inscrit sur registre d'état civil et dressé en présence de deux témoins connus de l'officier public, reçoit la marque du caractère public territorial du fonctionnaire rédacteur et présente des garanties de sincérité égales à celles que la loi du 21 juin 1843 assure aux actes de reconnaissance faits devant notaire, il est partout admis que le maire, à cause de sa double qualité d'officier de l'état civil et de magistrat municipal, a compétence pour donner, dans cette forme, l'authenticité à cette reconnaissance, laquelle touchant à l'état d'une autre personne ne peut être abandonnée au ministère d'officiers publics dont les fonctions sont étrangères aux questions de ce genre ou sous la juridiction desquels les parties n'ont pas été placées.

Il est vrai que les cours et tribunaux, appelés à statuer sur des cas particuliers, ont déclaré authentiques et valables, *d'après les circonstances*, certaines reconnaissances d'enfants naturels faites *incidemment* devant des juges de paix, des greffiers ou autres magistrats et officiers ministériels dont les attributions ne comprennent ni l'état civil ni la rédaction des actes et contrats civils, et qu'aucune disposition de loi ne déclare *nul de plein droit* un acte de reconnaissance dans lequel serait partie comparante un habitant d'une commune autre que celle de l'officier de l'état civil qui l'aurait dressé. Mais il ne faut pas en induire qu'une personne qui veut faire un acte de reconnaissance ait la faculté de choisir celui des juges, greffiers, magistrats, officiers ministériels et officiers d'état civil qui lui convient, outre le droit de faire recevoir l'acte par le maire de sa commune ou par un notaire : ce serait méconnaître et fausser l'harmonie que le législateur a établie entre les dispositions de l'article 102 du Code civil, assurant à tout Français l'exercice de ses droits civils à son domicile, et les lois instituant les officiers publics chargés de l'accomplissement des formes prescrites pour donner à cette action sa valeur juridique.

Obliger un officier de l'état civil à dresser un acte de reconnaissance d'enfant naturel à la requête d'une personne non domiciliée dans sa commune serait, en même temps, dangereux pour les citoyens. En effet, ce serait exposer l'enfant à l'état duquel touche cet acte et tous ceux qui sont intéressés à son état à subir une situation mensongère, déshonorante, à eux faite par une personne inconnue, insaisissable, inconsciente ou criminelle, à qui son état civil ou son état mental interdisait peut-être un pareil acte.

Il est donc raisonnable de dire que l'officier d'état civil, fonctionnaire modeste, qui ne peut dresser d'actes de naissance ou décès que si la naissance ou le décès ont eu lieu sur son territoire, qui ne peut dresser d'acte de mariage que si l'un ou l'autre des époux demeure dans sa commune, qui ne peut assurer aux citoyens l'exercice de leurs droits civiques que s'ils habitent cette commune, ne peut être rangé parmi les fonctionnaires dont la clientèle est universelle ; qu'il ne peut, en conséquence, jamais être tenu de dresser un acte de reconnaissance pour une personne domiciliée dans l'une des circonscriptions des 36,000 collègues qui ont des attributions semblables aux siennes, et que s'il juge à propos d'instrumenter, en raison des circonstances, pour une personne non domiciliée dans sa commune, lorsqu'il connaîtra le déclarant et les témoins, ce sera en s'attribuant une compétence contestable, à ses risques et périls et au risque d'exposer cet acte à être annulé pour défaut d'authenticité.

Au point de vue de la compétence de l'officier public pour la rédaction d'un acte de reconnaissance d'enfant naturel, il y a encore une remarque à faire en ce qui concerne les fonctionnaires ou délégués chargés de dresser les actes d'état civil à l'armée ou sur mer.

On vient de voir que si, par exception, un maire peut dresser un acte de reconnaissance d'enfant naturel, c'est surtout parce qu'il a en mains les registres ou les actes qui modifient l'état civil d'une personne doivent être inscrits pour devenir publics et être mis à la disposition de tout requérant.

Cette considération ne pouvait être invoquée pour attribuer la compétence exceptionnelle dont il s'agit aux fonctionnaires et délégués chargés de la tenue de l'état civil à l'armée et sur mer. En effet, leurs registres ne sont pas publics et, ainsi qu'on l'a expliqué déjà (Voyez nᵒˢ 8 et 9 ci-dessus), ils n'ont pas qualité pour délivrer aux particuliers des expéditions authentiques des actes qui y sont inscrits, non plus que les fonctionnaires auxquels les registres seront déposés. D'autre part, il n'y avait pas lieu de déroger aux principes à l'égard de cet acte sous le rapport de l'urgence, attendu qu'une reconnaissance d'enfant naturel peut être faite devant notaire pendant la durée de la grossesse de la mère et qu'aucune limite de délai n'est fixée pour faire dresser l'acte après l'accouchement.

Il n'y avait donc pas nécessité absolue de conférer le pouvoir de dresser des actes de reconnaissance d'enfants naturels auxdits fonctionnaires et délégués. Aussi le législateur ne l'a-t-il pas fait. C'est ainsi que l'a jugé le ministre de la guerre dans l'instruction du 8 mars 1823, par laquelle il a tracé leurs devoirs aux fonctionnaires militaires chargés, d'après les dispositions du chapitre V, titre II, livre Iᵉʳ du Code civil, de rédiger les actes de naissance, mariage et décès concernant les militaires à l'armée, en dehors du territoire de la République. C'est aussi ce qui a été admis, quoique moins catégoriquement, par le ministre de la marine dans une Instruction du 2 juillet 1828, indiquant les formes dans lesquelles doivent s'acquitter de leurs fonctions les officiers d'administration et les capitaines, maîtres ou patrons de navires que les articles 59, 60, 61, 86 et 87 du Code civil ont chargés de la rédaction des actes constatant les naissances et décès survenus sur mer, laquelle Instruction, après avoir enseigné que ces personnes, appelées par le ministre *officiers instrumentaires*, peuvent dresser un acte de reconnaissance d'enfant naturel, exprime ainsi son doute sur la valeur de cet acte : « Toutefois, comme le Code civil est muet sur la compétence des officiers instrumentaires quant à ce dernier acte, il est recommandé à ces officiers d'inviter ceux qui auront fait dresser de pareils actes à bord à les renouveler à terre aussitôt que les navires auront abordé un port du royaume, des colonies françaises ou de pays étrangers résidences d'agents diplomatiques, de consuls ou vice-consuls de Sa Majesté, ayant pouvoir de dresser des actes de l'état civil. »

Des actes de reconnaissance d'enfants naturels qui auraient été dressés à l'armée ou sur mer pourraient donc être considérés comme manquant du caractère authentique exigé par l'article 334 du Code civil.

126. — *Incompétence de l'officier de l'état civil pour dresser un acte portant reconnaissance d'un enfant dont la mère est encore enceinte, et pour transcrire ou mentionner un tel acte avant ou après la naissance.*

Les actes de l'état civil, ayant pour objet d'assurer l'identité des individus et de déterminer leur situation civile vis-à-vis de leurs familles et de la société, ne peuvent s'appliquer à un embryon. On ne peut établir l'identité et la situation de l'être humain qui n'est que conçu, ne sachant pas s'il sortira vivant du sein de sa mère, s'il sera garçon ou fille, seul à naître ou jumeau. Il faut qu'il ait acquis par la naissance une personnalité. C'est ce qui résulte de l'ensemble du titre II du livre Iᵉʳ du Code civil, et particulièrement de l'article qui commence ce chapitre et qui forme l'article 34 du Code, aux termes duquel les actes de l'état civil doivent énoncer les prénoms, noms et âges de tous ceux qu'ils concernent, ainsi que de l'article 35, ne permettant d'énoncer dans les actes que ce que les comparants doivent déclarer à l'officier de l'état civil, conformément aux divers articles de ce chapitre, lesquels excluent ce qui touche les êtres humains en germe, puisqu'ils n'en font pas même mention.

Dès lors, l'officier de l'état civil n'est pas compétent pour dresser acte d'une déclaration de grossesse faite avec ou sans le concours du père de l'enfant conçu. Un acte de l'espèce ne peut être dressé que devant notaire, et les dispositions de l'article 35 du Code civil ne permettent pas de l'inscrire ou mentionner sur les registres de l'état civil ni avant ni après la naissance. C'est ce qu'a formellement décidé un arrêt rendu par la Cour de Lyon le 20 avril 1853.

Mais si l'acte passé devant notaire contenait une procuration donnée par le père pour réitérer sa déclaration au moment de la naissance, cette procuration pourrait servir au mandataire à déclarer alors la naissance au nom du père, pourvu que celui-ci fût encore vivant. (Voyez à ce sujet l'observation mise à la suite du paragraphe B du nᵒ 107 ci-dessus.)

127. — *Circonstances dans lesquelles l'officier de l'état civil, quoique compétent, doit refuser de dresser, transcrire ou mentionner un acte de reconnaissance.*

L'officier de l'état civil, dans l'intérêt de l'ordre public et des bonnes mœurs, doit refuser de dresser acte de la déclaration de reconnaissance d'un enfant naturel à lui faite par un homme, lorsque l'acte de naissance de cet enfant constate dans son texte ou par mention écrite en marge une précédente reconnaissance de paternité ; de même, il doit se refuser à recevoir la déclaration de reconnaissance faite par une femme si, d'après les énonciations de l'acte de naissance ou des mentions marginales, une personne s'est déjà déclarée mère de l'enfant.

Par les mêmes motifs, il devra rejeter la réquisition qui lui serait faite de transcrire des actes de reconnaissance reçus par d'autres officiers publics, et de les mentionner en marge d'un acte de naissance dressé et déposé à sa mairie, si cet acte porte déjà mention de reconnaissances paternelle et maternelle.

Dans ces cas, les nouvelles parties auraient à faire annuler préalablement par les tribunaux, en vertu de l'article 339 du Code civil, les reconnaissances déjà inscrites.

Quant aux actes qui, contrairement à la loi, constateraient la reconnaissance d'enfants incestueux ou adultérins, il n'est pas plus permis de les mentionner ou transcrire que de les dresser. (Voyez nᵒ 124 ci-dessus.)

128. — *Période de temps pendant laquelle il peut être dressé acte de la reconnaissance d'un enfant naturel.*

La reconnaissance d'un enfant naturel peut avoir lieu en faveur d'un enfant simplement conçu, l'article 334 du Code civil n'ayant pas fixé de terme de rigueur à cet égard (arrêt de la Cour de cassation du 16 décembre 1811). Mais, dans ce cas, l'officier de l'état civil n'a pas qualité pour en dresser acte (Voyez nᵒ 126 ci-dessus). Elle peut être faite pendant toute la vie de l'enfant. Elle peut avoir lieu même après son décès, qu'il ait ou non laissé des enfants. (Arrêts de la Cour de Douai des 23 janvier 1819 et 20 juillet 1852.)

129. — *Capacité légale pour reconnaître un enfant naturel.*

Le père et la mère peuvent reconnaître individuellement, par actes séparés, un enfant naturel. Ils peuvent aussi faire cette reconnaissance ensemble par un seul acte, et ce mode, qui est le plus simple, offre l'avantage de favoriser la netteté des registres, de ménager les frais de timbre et d'enregistrement et d'empêcher les difficultés auxquelles peut toujours donner lieu une reconnaissance faite à l'insu ou sans l'aveu de la mère d'après les termes des articles 336 et 339 du Code civil.

La reconnaissance peut être faite pendant le mariage par l'un des époux au profit d'un enfant naturel qu'il aurait eu avant son mariage d'un autre que de son époux ; elle produira son effet après la dissolution du mariage s'il ne reste pas d'enfants de ce mariage (art. 337 du Code civil). La femme n'a pas besoin de l'autorisation de son mari pour un tel acte qui n'est pas de la catégorie de ceux pour lesquels les articles 215 et 217 du Code civil rendent cette autorisation nécessaire.

Deux époux ont la faculté de reconnaître pendant leur mariage l'enfant naturel précédemment issu de leurs œuvres communes, s'ils ne l'ont pas reconnu par l'acte de leur mariage ; mais par application des règles portées en l'article 337 du Code civil, cette reconnaissance tardive n'aura d'effet qu'après la dissolution du mariage, s'il ne reste pas d'enfants de ce mariage.

Enfin toute personne majeure ou mineure, même n'ayant pas atteint l'âge requis pour contracter mariage, peut reconnaître un enfant naturel si elle agit librement et jouit de la plénitude de sa raison. (Arrêt de la Cour de cassation du 4 novembre 1835.)

CHAPITRE VII

DE LA FORME DE L'ACTE DE RECONNAISSANCE D'UN ENFANT NATUREL ET DES FORMALITÉS QUI SUIVENT L'ACTE

130. — *Énonciations que doit contenir l'acte de reconnaissance fait devant l'officier de l'état civil.*

L'acte de reconnaissance étant un acte qui modifie et complète l'acte de naissance doit, d'après les principes exposés ci-dessus, 1ʳᵉ partie, n° 56, être dressé, comme l'acte de naissance, en présence de deux témoins (art. 56 du Code civil). Il est dressé devant l'officier de l'état civil du domicile des déclarants (Voyez n° 125 ci-dessus), et il doit énoncer, lorsque le père et la mère y comparaissent :

1° L'année, le mois, le jour et l'heure où il est dressé (art. 34 du Code civil) ;

2° Les prénoms, nom et qualité de l'officier public, ainsi que l'indication de la commune où il remplit ses fonctions, le canton, l'arrondissement et le département dont elle dépend (Voyez 1ʳᵉ partie, nᵒˢ 6 et 11) ;

3° Les prénoms, noms, âges, professions et domicile des personnes qui se déclarent le père et la mère de l'enfant (art. 34 du Code civil) ;

4° Le sexe de l'enfant, la date du jour de sa naissance, la commune où il est né, les prénoms qu'il porte et la filiation qui lui a été attribuée par son acte de naissance ;

5° Les prénoms, noms, âges, professions et domicile des deux témoins, leur degré de parenté s'ils sont parents des comparants (art. 34 et 37 du Code civil) ;

6° La lecture de l'acte aux déclarants et aux témoins, le lieu où l'acte est passé (Voyez 1ʳᵉ partie n° 35), la signature donnée à l'acte tant par les parties que par les témoins et par l'officier de l'état civil, avec mention de la cause qui aurait empêché quelqu'une des parties ou quelque témoin de signer (art. 38 et 39 du Code civil).

Si quelqu'une des personnes désignées dans l'acte porte un titre honorifique, on énoncera ce titre à la suite de l'inscription de son nom en prenant les précautions indiquées ci-dessus, n° 111.

N. B. La mère, d'après les articles 336 et 339 du Code civil, a toujours qualité pour contester la reconnaissance faite par le père sans son concours (arrêt de la Cour d'Aix du 22 décembre 1852). Il y a donc avantage à faire reconnaître l'enfant par le père et la mère dans un seul acte, comme on l'a déjà fait remarquer ci-dessus n° 129.

Quand le père seul où la mère seule comparaît pour reconnaître son enfant, la forme de l'acte est la même, sauf que les énonciations du paragraphe 3° ne comprennent que les prénoms, nom, âge, profession et domicile de celui ou celle qui comparaît.

En général, la reconnaissance de l'enfant naturel devant l'officier de l'état civil se fait par les parties elles-mêmes. Cependant, une procuration notariée peut avoir été donnée par le père pendant la grossesse de la mère. Dans ce cas, si le mandataire n'a pas comparu dans l'acte de naissance pour faire établir la filiation (Voyez ci-dessus les observations qui terminent le n° 107) et si la mort du père n'a pas mis fin au mandat (art. 2003 du Code civil), il peut agir plus tard en vertu de cette procuration pour faire la reconnaissance au nom du père. On énoncerait alors cette procuration, ainsi que les prénoms, nom, profession, âge et domicile du mandataire. Une procuration émanant de la mère ne serait valable que si elle avait été donnée postérieurement à la naissance, qui établit seule, à son égard, l'identité de l'enfant. Mais quel que soit le mandant ou la mandante, quelle que soit l'époque du mandat, la procuration doit être spéciale, avoir été donnée par acte authentique, en minute (Voyez n° 112 ci-dessus), et l'expédition doit rester annexée à l'acte de reconnaissance (art. 44 du Code civil), comme il a été déjà dit ci-dessus, 1ʳᵉ partie, n° 47.

131. — *Formalités à remplir pour assurer l'effet de l'acte de reconnaissance.*

Pour produire tout son effet, l'acte de reconnaissance doit être mentionné en marge de l'acte de naissance s'il en existe. (Art. 62 du Code civil).

En aucun cas l'acte de reconnaissance ne peut suppléer l'acte de naissance. Si, par suite d'omission, il n'existe pas d'acte de naissance, les parties devront immédiatement se pourvoir auprès du tribunal de première instance du lieu de la naissance pour faire ordonner l'inscription, sur les registres, de l'acte de naissance omis. (Avis du Conseil d'Etat du 12 brumaire an XI.)

Il n'appartient pas à l'officier de l'état civil de provoquer administrativement la mention de cette reconnaissance par l'officier de l'état civil compétent, si l'enfant est né dans une autre commune : l'article 62 du Code civil n'ayant pas modifié à cet égard l'obligation imposée aux parties intéressées par l'article 49 du Code civil, c'est à elles de remplir les formalités nécessaires pour faire faire cette mention. (Lettre du ministre de la justice au préfet de la Seine en date du 6 mai 1886, signalée par le préfet aux maires du département par une circulaire du 13 août suivant.)

En conséquence, les parties doivent se faire délivrer une expédition du présent acte de reconnaissance, dûment timbrée et enregistrée (Voyez n° 145 ci-après), légalisée au besoin (Voyez n° 146 ci-après), et la joindre à la réquisition écrite sur papier timbré, signée par elles et légalisée, qu'elles doivent remettre ou faire parvenir à l'officier de l'état civil de la commune où se trouve inscrit l'acte de naissance, lequel officier public fera la mention requise suivant les règles applicables. (Voyez à ce sujet les nᵒˢ 132 et 133 ci-après.)

Si l'acte de reconnaissance a été dressé devant l'officier de l'état civil de la commune où est inscrit l'acte de naissance, cet officier public ne pourrait exiger, pour faire la mention de reconnaissance en marge dudit acte, que l'expédition de l'acte de reconnaissance, dûment enregistrée, lui fût produite par les parties. En présence de l'article 62 du Code civil, il peut, sans contrevenir aux lois sur l'enregistrement, faire cette mention sur le vu de la minute de l'acte de reconnaissance, et il doit le faire si les parties l'en requièrent.

Mais il est de l'intérêt des parties de faire, dès à présent, lever et enregistrer l'expédition de cet acte de reconnaissance et de faire relater cet enregistrement dans la mention à mettre en marge de l'acte de naissance, pour éviter plus tard l'éventualité du payement de droits d'enregistrement sur les expéditions dudit acte de naissance. (Voyez ci-dessus, 1ʳᵉ partie, nᵒˢ 57 et 76 *bis*.)

132. — *Transcriptions d'actes de reconnaissance d'enfants naturels dressés par d'autres officiers de l'état civil ou devant notaire.*

Ainsi qu'il a été dit ci-dessus (1ʳᵉ partie n° 56, observation), une mention de reconnaissance d'enfant naturel faite en marge de l'acte de naissance n'a que la valeur d'un renseignement si elle a été inscrite sans que l'acte de reconnaissance ait été déposé légalement dans les mains de l'officier de l'état civil qui a fait la mention, et sans qu'il ait été mis, par son annexe aux registres, à la disposition du public, tandis qu'elle a force probante si elle est appuyée de cet acte de reconnaissance transcrit et annexé à ce registre. Ce dernier mode d'exécution est donc le meilleur, et il est recommandé par d'éminents juristes. Il est aussi le seul moyen de tenir sur place, à la disposition du public, l'expédition de cet acte de reconnaissance, qui ne pourrait, même s'il s'agit d'un acte notarié, lui être délivrée par le dépositaire de la minute, lequel ne doit communiquer ses actes qu'aux parties intéressées en nom direct, à leurs héritiers ou ayant cause, d'après l'article 23 de la loi du 25 ventôse an XI.

L'officier de l'état civil, quoique n'étant astreint à cette formalité, par l'article 62 du Code civil, qu'en ce qui concerne les actes d'officiers publics autres que les officiers d'état civil, comme il a été dit ci-dessus (n° 56, alinéa 15° et observation à la suite), fera donc bien de transcrire sur le registre courant des naissances et d'y annexer, suivant les prescriptions de l'article 44 du Code civil, l'acte de reconnaissance authentique, quel que soit l'officier public dont il émane, c'est-à-dire sans distinguer s'il s'agit d'un acte spécial de reconnaissance dressé par un autre officier de l'état civil, d'un acte de mariage dressé ailleurs comportant reconnaissance, ou d'un acte de reconnaissance dressé en France devant un notaire, à l'étranger devant le chancelier ou le consul de France, ou devant le fonctionnaire local ayant dans le pays compétence d'officier d'état civil ou de notaire. On a vu ci-dessus n°s 47 et 125 les caractères dont l'acte de reconnaissance doit être revêtu pour être authentique.

133. — *Mention de la reconnaissance d'un enfant naturel à inscrire en marge de son acte de naissance.*

L'acte de reconnaissance d'un enfant dont la naissance a été enregistrée doit être mentionné en marge de l'acte de naissance. (Art. 62 du Code civil.)

Toutefois, cette mention ne sera faite qu'autant qu'elle aura été requise par les parties, conformément à l'article 49 du Code civil.

Il est conforme aux principes que la mention soit toujours basée sur un acte dressé ou transcrit sur les registres de l'état civil de la commune où elle est faite, comme il est dit ci-dessus, n°s 131 et 132.

Dans le cas où les parties n'auraient pas levé et fait enregistrer l'expédition de l'acte de reconnaissance dressé dans la même commune et dont elles requièrent la mention, il est à propos de leur faire déclarer dans leur réquisition (écrite sur timbre) qu'elles n'ont pas, quant à présent, l'intention de lever et faire enregistrer cette expédition. L'officier de l'état civil sera mis, de cette manière, à l'abri des réclamations que ce mode de procéder pourrait occasionner par la suite, comme il a été expliqué ci-dessus, 1re partie, n° 57.

Conformément à l'article 49 du Code civil rappelé sous le n° 57, l'officier de l'état civil transmettra, dans les trois jours, au procureur de la République, une copie de la mention faite, afin que ce magistrat puisse la faire reproduire sur le double registre déposé au greffe du tribunal de première instance.

CHAPITRE VIII

ACTE SUPPLÉTIF D'UNE ADOPTION

134. — *Transcription à faire de l'acte d'adoption et de l'arrêt confirmatif sur le registre des naissances du domicile de l'adoptant.*

L'acte par lequel une personne en adoptera une autre sera passé devant le juge de paix du domicile de l'adoptant, homologué par jugement du tribunal civil de première instance, et confirmé par arrêt de la Cour d'appel. (Art. 353 à 358 du Code civil.)

Dans les trois mois qui suivront cet arrêt, l'adoption sera inscrite, à la requête de l'une ou de l'autre des parties, sur les registres de l'état civil du lieu où l'adoptant sera domicilié. Cette inscription n'aura lieu que sur le vu d'une expédition en forme du jugement de la Cour d'appel ; et l'adoption restera sans effet si elle n'a été inscrite dans ce délai. (Art. 359 du Code civil.)

L'adoption conférera le nom de l'adoptant à l'adopté en l'ajoutant au nom propre de ce dernier. (Art. 347 du Code civil.)

L'adoption devant donner lieu à mention en marge de l'acte de naissance de l'adopté, dont elle augmente le nom, sera inscrite sur le registre des naissances. (Circulaire du ministre de l'intérieur du 3 nivôse an IX.)

Cette inscription consistera en la transcription de l'acte passé devant le juge de paix et de l'arrêt de la Cour d'appel.

L'acte de cette transcription indique en tête : 1° l'année, le mois, le quantième du jour et l'heure où il est dressé ; 2° les prénoms, nom, titres honorifiques, s'il y a lieu, et qualité de l'officier de l'état civil qui opère la transcription ; 3° les prénoms, nom, âge, profession et domicile de la personne requérante ; 4° la présence de cette personne ou l'indication de la date et de la forme de sa réquisition, ainsi que du mode suivant lequel cette réquisition est parvenue dans les mains de l'officier de l'état civil.

A la suite de la transcription littérale de ces pièces et de l'indication des signatures y apposées, l'acte de transcription mentionne que les pièces transcrites et, si le requérant n'est pas présent, sa réquisition écrite sont demeurées annexées à cet acte après ᵤᵤ été paraphées par qui de droit (art. 44 du Code civil); enfin que l'acte a été signé par l'officier de l'état civil et, après lecture, par le requérant s'il a fait sa réquisition en personne.

La transcription n'étant qu'une formalité qui ne modifie en rien les pièces transcrites et n'y ajoute qu'une publicité nouvelle, l'acte qui la constate est régulièrement dressé sans assistance de témoins, comme il a été expliqué ci-dessus nᵒ 56.

135. — *Mention d'adoption à faire en marge de l'acte de naissance de l'adopté.*

L'adoption, lorsqu'elle a été rendue définitive par la transcription qui fait l'objet du nᵒ 134 ci-dessus, donne à l'adopté le droit d'ajouter à son nom celui de l'adoptant. L'officier de l'état civil qui a opéré cette transcription fera en conséquence, et en vertu de la réquisition des parties (comme il a été dit sous le nᵒ 59 de la 1ʳᵉ partie), mention de cette adoption en marge de l'acte de naissance de l'adopté, si cet acte se trouve inscrit sur les registres de l'état civil de sa commune.

Si l'acte de naissance de l'adopté se trouve inscrit dans une autre commune, la mention de l'adoption pourra y être faite, à la réquisition des parties, sur la production de l'expédition de l'acte de transcription d'adoption, laquelle expédition sera également transcrite sur le registre courant des naissances et restera annexée au registre sur lequel elle aura été transcrite, si l'on suit la doctrine rappelée nᵒ 133 ci-dessus.

Pour se conformer aux prescriptions de l'article 49 du Code civil rappelées dans la 1ʳᵉ partie du présent ouvrage sous le nᵒ 57 et ci-dessus nᵒ 133, l'officier de l'état civil qui aura opéré la mention d'adoption devra transmettre, dans les trois jours, au procureur de la République, une copie de ladite mention, afin que ce magistrat puisse la faire reproduire sur le double registre déposé au greffe du tribunal de première instance.

CHAPITRE IX

CHANGEMENT DE NOM. — FORMALITÉS A REMPLIR POUR LE FAIRE INSCRIRE SUR LES REGISTRES DE L'ÉTAT CIVIL

136. — *Nécessité d'un jugement pour faire inscrire sur le registre des naissances un décret autorisant une personne à changer de nom.*

Une personne qui a été autorisée, par un décret rendu conformément aux dispositions de la loi du 11 germinal an XI, à changer son nom de famille peut, sans contravention à la défense édictée en la loi du 6 fructidor an II, énoncée au nᵒ 37 de la 1ʳᵉ partie, porter, à l'expiration du délai d'un an, s'il n'y a pas eu d'opposition, le nom que lui attribue ce décret au lieu du nom inscrit en son acte de naissance. Mais, pour que ce changement puisse être inscrit sur les registres de l'état civil, il faut qu'un jugement du tribunal civil de première instance ait prescrit cette inscription, les tribunaux étant seuls compétents pour autoriser une modification aux actes de l'état civil. Du reste, la nécessité de faire ordonner par les tribunaux l'inscription dudit jugement résulte du décret même portant toujours la mention suivante : « L'impétrant ne pourra se pourvoir devant les tribunaux pour faire opérer sur les registres de l'état civil le changement résultant du présent décret qu'après l'expiration du délai fixé par la loi du 11 germinal an XI et en justifiant qu'aucune opposition n'a été formée devant le Conseil d'Etat. »

CHAPITRE X

NOMENCLATURE DES DOCUMENTS A TRANSCRIRE ET MENTIONNER, ET FORME DES
TRANSCRIPTIONS ET MENTIONS A FAIRE SUR LE REGISTRE DES NAISSANCES

137. — *Nomenclature des documents à transcrire sur le registre des naissances, à la réquisition ou sur la déclaration des parties.*

Les actes et procès-verbaux qui doivent être transcrits par l'officier de l'état civil sur le registre des naissances, en vertu des réquisitions faites par les parties, conformément à l'article 49 du Code civil, ou en vertu des déclarations obligatoires des personnes intéressées, sont :

1° Un procès-verbal constatant la découverte de l'exposition d'un enfant trouvé (Voyez ci-dessus, nᵒˢ 119 et 120) ;

2° Un acte notarié ou dressé par un autre officier de l'état civil portant reconnaissance d'un enfant dont l'acte de naissance est inscrit dans la commune (Voyez ci-dessus nᵒ 132) ;

3° Un acte d'adoption avec l'arrêt qui le confirme (Voyez ci-dessus nᵒ 134) ;

4° Un jugement ordonnant les rectifications d'un acte inscrit sur le registre des naissances (Voyez 1ʳᵉ partie nᵒˢ 56-10°) ;

5° Un arrêt de Cour d'appel qui réformerait un jugement de rectification de l'espèce indiquée au paragraphe qui précède (Voyez 1ʳᵉ partie, nᵒˢ 56-11°) ;

6° Un jugement ordonnant l'inscription d'un acte de naissance omis (Voyez 1ʳᵉ partie nᵒˢ 56-12°) ;

7° Un jugement autorisant une personne dont l'acte de naissance se trouve sur les registres de la commune à ajouter un prénom à son nom (Voyez 1ʳᵉ partie, nᵒˢ 56-14), ou à changer de nom. (Voyez ci-dessus nᵒ 136.)

138. — *Nomenclature des documents à transcrire sur le registre des naissances par suite de transmissions faites administrativement.*

L'officier de l'état civil doit encore transcrire sur le registre des naissances les documents suivants, dès qu'ils lui ont été transmis par les fonctionnaires compétents, savoir :

1° L'expédition d'un acte de naissance provenant du lazaret situé sur le territoire de la commune (Voyez ci-dessus nᵒ 56-1° et nᵒ 86, § B) ;

2° L'expédition d'un acte de naissance dressé sur mer, concernant des Français domiciliés dans la commune, transmise par le ministre de la marine, d'après l'envoi du consul français si le premier port où le bâtiment a abordé était à l'étranger ; d'après l'envoi du préposé à l'inscription maritime si le port était français ; et encore par le préposé à l'inscription maritime du port de désarmement (Art. 59, 60 et 61 du Code civil. — Voyez ci-dessus nᵒ 56, § 2 et nᵒ 86, § D) ;

3° L'expédition d'un acte de naissance ou reconnaissance concernant des Français originaires de la commune, transmise par le ministre des affaires étrangères, d'après l'envoi du consul qui a dressé l'acte à l'étranger (Voyez 1ʳᵉ partie, nᵒ 56, § 3). Cette transcription, toutefois, n'aura pas la valeur d'un acte authentique (Voyez l'observation mise à la suite du paragraphe 15 dudit nᵒ 56) ;

4° L'expédition d'un acte de naissance ou reconnaissance concernant des Français ayant leur origine ou leur dernier domicile dans la commune, transmise par le ministre des affaires étrangères, d'après l'envoi des autorités locales étrangères qui ont dressé cet acte (Voyez 1ʳᵉ partie, nᵒ 56, § 4). Cette transcription n'a pas non plus la valeur d'un acte authentique, ainsi que le fait remarquer l'observation mise à la suite du paragraphe 15 du susdit nᵒ 56 ;

5° L'expédition d'un acte de naissance concernant aussi des Français domiciliés dans la commune, transmise par les fonctionnaires militaires qui ont dressé l'acte à l'armée, en dehors du teritoire de la République. (Voyez ci-dessus nᵒ 56, § 5 et nᵒ 86, § C.)

Ainsi qu'il a été dit sous le nᵒ 56 de la première partie, c'est l'expédition textuelle de l'acte de naissance qui est seule à transcrire d'après l'article 98 du Code civil. Un extrait délivré dans la forme du modèle nᵒ 4 annexé à la circulaire du ministre de la guerre du 8 mars 1823, ou dans toute autre forme, n'est pas susceptible de transcription.

6ᵒ L'expédition d'un jugement qui ordonne l'inscription d'un acte de naissance omis, ou rectification d'un acte de naissance défectueux, transmise par le procureur de la République, agissant dans l'intérêt de l'ordre public ou de l'Etat, par exemple pour l'exécution de la loi du 15 juillet 1889 sur le recrutement de l'armée et pour l'exécution de la loi du 28 mai 1858 modificative de l'article 259 du Code pénal, ou agissant dans l'intérêt d'indigents en vertu de la loi du 10 décembre 1850. (Voyez 1ʳᵉ partie, nᵒ 56, paragraphes 10, 11, 12.)

139. — *Nomenclature des documents à mentionner sur le registre des naissances.*

L'officier de l'état civil doit mentionner sur le registre des naissances, à la réquisition des parties (ou du procureur de la République en ce qui concerne les jugements rendus à la requête de ce magistrat), en marge des actes qui ont été visés dans les documents à mentionner ou, lorsqu'il s'agit de l'inscription d'un acte omis, à côté de la place que l'acte aurait dû occuper s'il eût été fait à sa date légale, les documents dont la nomenclature suit :

1ᵒ Un acte notarié, ou un acte dressé par un officier de l'état civil, portant reconnaissance d'enfant naturel (Voyez nᵒ 133 ci-dessus) ;

2ᵒ Un acte d'adoption (Voyez nᵒ 135 ci-dessus) ;

3ᵒ Tout jugement transcrit sur le registre des naissances, conformément aux indications du nᵒ 137, §§ 4, 5, 6 et 7, et au nᵒ 138, § 6 ci-dessus).

140. — *Forme des transcriptions.*

La forme des actes de transcription a été indiquée sous le nᵒ 56 de la 1ʳᵉ partie.

141. — *Forme des mentions.*

Les actes et jugements doivent être mentionnés dans la forme indiquée sous le nᵒ 58 de la première partie.

CHAPITRE XI

EXPÉDITIONS, EXTRAITS ET RELEVÉS DES ACTES INSCRITS OU TRANSCRITS SUR LE REGISTRE DES NAISSANCES. — DROITS ET FRAIS A PAYER. — LÉGALISATION

142. — *Extrait à délivrer immédiatement et gratuitement aux parties, en vue de l'application de la loi sur la protection de l'enfance du premier âge.*

Aux termes de l'article 20 du décret du 27 février 1877, tout officier de l'état civil qui reçoit une déclaration de naissance doit rappeler au déclarant les dispositions édictées par l'article 7 de la loi du 23 décembre 1874 sur la protection les enfants du premier âge, lequel article 7 est ainsi conçu : « Toute personne qui place un enfant en nourrice, en sevrage ou en garde moyennant salaire est tenue, sous les peines portées par l'article 346 du Code pénal (1), d'en faire la déclaration à la mairie de la commune où a été faite la déclaration de naissance de l'enfant, ou à la mairie de la résidence actuelle du déclarant, en indiquant, dans ce cas, le lieu de la naissance de l'enfant, et de remettre à la nourrice ou à la gardeuse un bulletin contenant un extrait de l'acte de naissance de l'enfant qui lui est confié. »

Le meilleur moyen de ne pas faire d'omission à cet égard est de remettre immédiatement et gratuitement (Voyez nᵒ 71 de la première partie du présent ouvrage) à la personne qui a déclaré une naissance le bulletin en question, portant imprimé au verso le texte dudit article 7, comme le recommande la circulaire de M. le ministre de l'intérieur du 15 juin 1877.

Ce bulletin étant délivré en vue d'être remis à la nourrice, il est à propos d'ajouter le texte des deux premiers alinéas de l'article 9 de la loi, qui indiquent les formalités à remplir par celle-ci dès que le nourrisson lui sera confié. Il convient d'indiquer, à la

_____

(1) Six jours à six mois de prison et amende de 16 francs à 300 francs.

suite, en quoi consiste la peine prononcée par l'article 346 du Code pénal auquel les articles 7 et 9 se réfèrent.

143. — *Extrait à inscrire immédiatement et gratuitement sur le livret de famille.*

Si les père et mère de l'enfant se sont mariés depuis l'année 1876, il leur a été probablement délivré, lors de leur mariage, un livret de famille comme celui qui a été recommandé par la circulaire de M. le ministre de l'intérieur du 18 mars 1877 et dont la dépense a été rendue obligatoire pour les communes par l'article 136, nᵒ 4 de la loi du 5 avril 1884. Dans ce cas, si le déclarant présente ce livret comme c'est de son intérêt, l'officier de l'état civil y inscrira la naissance de l'enfant dans la case ménagée à cet effet, ainsi qu'il a été dit sous le nᵒ 53 de la première partie du présent ouvrage.

144. — *Expéditions à délivrer aux particuliers lorsqu'ils le demandent. Droit d'expédition dû.*

L'expédition d'un acte inscrit sur le registre des naissances doit être délivrée, comme celle de tout autre acte d'état civil, à toute personne qui la demande à charge du payement des droits de timbre et en certains cas d'enregistrement dus, ainsi qu'il est dit sous le nᵒ 145 ci-après, et du droit d'expédition dû à la commune, lequel est, ainsi qu'on l'a vu sous le nᵒ 72 ci-dessus, pour un acte de naissance, de 30 centimes dans les communes ayant moins de 50,000 âmes, de 50 centimes dans les villes de 50,000 âmes et au-dessus, de 75 centimes à Paris ; pour un acte d'adoption le droit est le double de ces sommes.

145. — *Timbre et enregistrement des expéditions délivrées aux particuliers, extraites du registre des naissances.*

Toute expédition délivrée à un particulier dans son intérêt privé doit être dressée sur papier timbré du prix de 1 fr. 80, ainsi qu'il est dit sous les nᵒˢ 77 et 79 de la première partie du présent ouvrage, à moins que cette expédition ne soit destinée à la célébration du mariage d'un indigent, cas auquel elle serait visée pour timbre gratis en vertu de l'article 4 de la loi du 10 décembre 1850. Le prix du timbre et le droit d'expédition fixé comme on vient de le voir doivent avoir été versés d'avance par le demandeur, ainsi que le montant du droit d'enregistrement, dans les cas ci-après indiqués, où l'expédition est assujettie à la formalité de l'enregistrement.

S'il s'agit d'un acte de reconnaissance d'enfant naturel dont la première expédition n'ait pas encore été enregistrée, il y a lieu, pour le maire, de soumettre l'expédition à la formalité de l'enregistrement avant de la délivrer et de payer le droit dû pour cet enregistrement, lequel est de 9 fr. 38 centimes, ou d'y joindre, en cas d'indigence, le certificat d'indigence, en vertu duquel l'expédition sera enregistrée gratis, conformément à l'article 77 de la loi du 5 mai 1818 ou conformément à l'article 4 de la loi du 10 décembre 1850.

S'il s'agit d'un acte de naissance en marge duquel se trouve une mention de reconnaissance ne relatant pas l'enregistrement préalable de l'acte de reconnaissance, il y a lieu aussi de soumettre cette expédition d'acte de naissance à la formalité de l'enregistrement et de verser ladite somme de 9 fr. 38 due, si un certificat d'indigence n'est pas joint à l'expédition.

S'il s'agit d'un acte de naissance en marge duquel se trouve mentionnée une reconnaissance ou légitimation faite par mariage et ne relatant pas l'enregistrement préalable de l'acte de mariage, il y a lieu d'agir de même et de verser le droit d'enregistrement de 3 fr. 75 dû en pareil cas, si l'expédition n'est pas accompagnée d'un certificat d'indigence.

S'il s'agit d'un acte d'adoption passé devant l'officier de l'état civil avant la promulgation faite le 2 avril 1803 du titre VIII, livre premier du Code civil, le droit dû en vertu de l'article 68, § 1, nᵒ 9 de la loi du 22 frimaire an VII et des lois qui ont accru les taxes d'enregistrement est de 1 fr. 88.

Il convient de conserver copie de la mention d'enregistrement pour la reporter sur les expéditions ultérieures qui, à ce moyen, n'auront pas besoin d'être soumises à un nouvel enregistrement.

(Voyez, en ce qui concerne l'application des lois sur l'enregistrement, aux expéditions d'actes de l'état civil, les nᵒˢ 76 et 76 *bis* de la première partie du présent ouvrage.)

146. *Légalisation des expéditions délivrées aux particuliers.*

Pour que les expéditions d'actes de l'état civil délivrées par l'officier de l'état civil aux particuliers puissent être employées partout en France, elles doivent être légalisées, soit par le juge de paix du canton s'il ne siège pas au même lieu que le tribunal de première instance, soit par le président du tribunal de première instance ou par le juge qui le remplace. Le coût de la légalisation est de 25 centimes. Le maire se charge de faire remplir cette formalité sans rémunération lorsque le magistrat légalisateur réside dans la commune. Autrement, si la mairie s'en charge bénévolement, elle peut se faire rembourser les frais de poste et de déplacement occasionnés par l'accomplissement de cette formalité. (Voyez première partie, n° 83.)

147. — *Expéditions à délivrer administrativement, dans les délais réglementaires, des actes concernant les étrangers dont les gouvernements ont traité avec la France pour la communication réciproque des actes de l'état civil.*

Le maire doit transmettre, dans les délais fixés par les circulaires du préfet du département et accompagnées d'un bordereau détaillé comme il a été dit, première partie n° 69, au sous-préfet de l'arrondissement qui, après légalisation de la signature du maire, doit les faire parvenir au préfet, chargé de les transmettre au ministère de l'intérieur, qui les adressera au ministre des affaires étrangères, les expéditions des actes de naissance et des actes de reconnaissance d'enfants naturels (1) concernant les nationaux de l'Italie, de la Belgique et de la principauté de Monaco, ainsi que les expéditions des actes de naissance concernant les nationaux du grand-duché de Luxembourg.

Ces expéditions doivent être ainsi envoyées sur papier libre, l'exemption de timbre portée en l'article 16 de la loi du 13 brumaire an VII leur étant applicable. Les expéditions d'actes de reconnaissance d'enfants naturels doivent être envoyées quand même les droits d'enregistrement dus sur la première expédition n'auraient pas encore été payés par les parties. (Circul. min. fin. 6 janvier 1879.)

Les transmissions de ces actes, ainsi que celles des actes de mariage et de décès concernant ces mêmes étrangers, ont été réglées par conventions diplomatiques, savoir : pour l'Italie, le 13 janvier 1875 (décret approbatif du 17 février suivant); pour le grand-duché de Luxembourg, le 14 juin 1875 (décret du 17 du même mois) ; pour la Belgique, le 25 août 1876 (décret du 3 septembre suivant), et pour la principauté de Monaco, le 24 mai 1881 (décret du 30 du même mois).

Elles ont été recommandées par une circulaire de M. le ministre de la justice du 11 mai 1875 et par les circulaires de M. le ministre de l'intérieur des 30 juin 1875, 28 juin 1876, 26 décembre suivant et 11 juillet 1883.

Chaque expédition doit indiquer par une note marginale : 1° sa destination, 2° le lieu d'origine ou le dernier domicile, à l'étranger, des père et mère de l'enfant.

Aux termes de la convention conclue avec la principauté de Monaco, l'envoi des expéditions d'actes concernant les nationaux de ce pays doit être fait par trimestre. Les autres conventions stipulent les envois semestriels (1er janvier et 1er juillet).

A défaut d'actes dressés dans le trimestre pour les nationaux de la Principauté de Monaco, dans le semestre pour les nationaux des autres pays ci-dessus désignés, l'officier de l'état civil doit adresser au sous-préfet, le dernier jour de ces périodes, un bordereau négatif.

148. — *Expéditions à délivrer administrativement lorsqu'elles sont demandées pour service public.*

Le maire doit délivrer sur papier libre, avec mention de leur destination, lorsqu'elles sont demandées, les expéditions d'actes de naissance destinées aux services publics, tels que le service militaire, le service de la Caisse des retraites pour la vieillesse, le fonctionnement des sociétés de secours mutuels. (Voyez à ce sujet, 1re partie, n°s 70 et 81, ci-dessus).

149. — *Légalisation des expéditions délivrées administrativement.*

La légalisation des expéditions des actes de naissance et des actes de reconnaissance d'enfants naturels délivrées administrativement, dans les conditions indiquées aux n°s 147 et 148 ci-dessus, est faite gratuitement par le sous-préfet ou par le préfet. (Voyez, à cet égard, 1re partie, n° 84.)

150. — *Extraits à délivrer d'office administrativement, des actes de naissance antérieurs à l'année courante, pour services publics (instruction primaire obligatoire, recrutement de l'armée, etc.).*

Le maire doit relever d'office les extraits des actes de naissance des années antérieures

---

(1) Il est à remarquer que les expéditions d'actes de reconnaissance d'enfants naturels, en ce qui concerne l'Italie, ne sont demandées que par la circulaire ministérielle du 30 juin 1875; la convention diplomatique ne les mentionne pas.

concernant : 1° les enfants qui, atteignant six ans, doivent recevoir l'instruction primaire (art. 4 et 8 de la loi du 28 mars 1882). Les bulletins de naissance doivent être remis, soit par le maire, soit par les enfants, aux directeurs des écoles où l'instruction leur sera donnée ; 2° les jeunes gens, ayant atteint l'âge de vingt ans, qui doivent être inscrits sur le tableau de la classe pour le recrutement de l'armée, en exécution de l'article 10 de la loi du 15 juillet 1889. Les jeunes gens doivent être signalés, à cet effet, au maire de leur domicile, s'ils n'habitent pas la commune où ils sont nés. (Voyez, à l'égard de ces extraits, 1ʳᵉ partie, nᵒˢ 71 et 81 ci-dessus.)

151. — *Relevé des naissances pour la statistique générale de France et autres services publics.*

En vue de fournir à l'administration supérieure les éléments de la statistique générale sur le mouvement de la population de la France, il a été recommandé aux préfets, par une circulaire du ministre de l'agriculture, du commerce et des travaux publics en date du 24 septembre 1853, insérée au Bulletin du ministère de l'intérieur, de se faire produire par les maires, au commencement de chaque année, le relevé des naissances, mariages et décès qui ont été inscrits dans l'année précédente sur les registres de la commune. Les maires se servent des imprimés que les préfets leur ont transmis à cet effet, comme il est dit ci-dessus, 1ʳᵉ partie, n° 71.

CHAPITRE XII

PROTECTION DE L'ENFANCE DU PREMIER AGE. — APPLICATION DE LA LOI DU 23 DÉCEMBRE 1874, A PARTIR DE L'ENREGISTREMENT DE LA NAISSANCE

152. — *Production à faire par les parents pour l'enregistrement de la déclaration du placement de leur enfant en nourrice ou en garde.*

Les parents ne peuvent confier leurs enfants, pour être en nourrice ou en garde, qu'à une personne réunissant les conditions indiquées dans la loi du 23 décembre 1874, complétée par le règlement d'administration publique qui compose le décret du 27 février 1877.

Le maire ne peut, en conséquence, recevoir la déclaration du placement avant qu'il lui soit justifié, par la représentation du carnet délivré à la nourrice comme il va être expliqué au n° 153 ci-après, que celle-ci a rempli les conditions à elle imposées pour avoir le droit de recevoir un nourrisson ou un enfant en garde. (Art. 22 et 27 du décret précité.)

Les parents doivent représenter en même temps, au maire, le bulletin de naissance à eux délivré, comme il est dit au n° 142 ci-dessus, et qui doit rester entre les mains de la nourrice.

153. — *Conditions à remplir pour avoir le droit de prendre un enfant en nourrice ou en garde. Carnet obligatoire.*

Toute femme qui veut prendre chez elle un enfant en nourrice, en sevrage ou en garde, doit être pourvue d'un carnet qu'elle peut obtenir, soit dans la commune où elle réside, soit dans la commune où elle vient chercher un enfant.

Ce carnet, dont le modèle est joint à la circulaire de M. le ministre de l'intérieur du 15 juin 1877 et qui ne peut servir que pour un seul enfant à élever, est délivré gratuitement par le préfet de police à Paris, par le préfet du Rhône à Lyon, par le maire dans toute autre commune ; il est remis à la nourrice lorsqu'elle déclare son intention de prendre un nourrisson, sur la production :

Premièrement, d'un certificat du maire de sa commune énonçant :

1° Les nom, prénoms, signalement, domicile et profession de la nourrice, la date et le lieu de sa naissance ;

2° L'état civil de la nourrice, les nom, prénoms et professions de son mari ;

3° La date de naissance de son dernier enfant et si cet enfant est vivant.

Le certificat fera connaître si le mari a donné son consentement ; il contiendra les renseignements que pourra fournir le maire sur la conduite et les moyens d'existence de la nourrice, sur la salubrité et la propreté de son habitation. Il constatera la déclaration de la nourrice qu'elle est pourvue d'un garde-feu et d'un berceau.

Le certificat mentionnera encore les réponses de la nourrice aux questions que le maire lui aura adressées pour savoir : si elle a déjà élevé un ou plusieurs enfants moyennant salaire, l'époque à laquelle elle a été chargée de ces enfants, la date et la cause des retraits, et si elle est restée munie des carnets qui lui avaient été précédemment délivrés.

Le certificat en question, dont le modèle est joint à la circulaire de M. le ministre de l'intérieur du 15 juin 1877 ci-dessus mentionnée, est détaché d'un registre à souche tenu à la mairie. Il porte un numéro d'ordre correspondant au nombre des certificats détachés de ce registre. Ce numéro est reproduit sur le carnet délivré à la nourrice.

Deuxièmement, d'un certificat médical délivré par le médecin inspecteur du service de la protection du premier âge ou, à défaut de médecin inspecteur habitant la commune où réside la nourrice, par un docteur en médecine ou par un officier de santé ; il peut également être délivré dans la commune où la nourrice vient prendre l'enfant ; il est dûment légalisé et visé par le maire ; il doit attester :

1° Que la nourrice remplit les conditions désirables pour élever un nourrisson ;

2° Qu'elle n'a ni infirmité ni maladie contagieuse ; qu'elle est vaccinée.

Le certificat délivré à la nourrice par le maire de sa commune et le certificat médical sont transcrits sur le carnet.

Le carnet est disposé de manière à recevoir, en outre, les mentions suivantes :

1° L'extrait de naissance de l'enfant, la date et le lieu de son baptême, les noms, profession et demeure des parents ou des ayants droit, à défaut de parents connus, la date et le lieu de la déclaration faite en exécution de l'article 7 de la loi (rapporté au nᵒ 142 ci-dessus) ;

2° La composition de la layette remise à la nourrice ;

3° Les dates des payements des salaires ;

4° Le certificat de vaccine ;

5° Les dates des visites du médecin inspecteur et des membres de la commission locale de protection du premier âge, avec leurs observations ;

6° Les déclarations prescrites par l'article 9 de la loi, dont la première partie est ainsi conçue :

« Art. 9. Toute personne qui a reçu chez elle, moyennant salaire, un nourrisson ou un enfant en sevrage ou en garde est tenue, sous les peines portées à l'article 346 du Code pénal (1) : 1° d'en faire la déclaration à la mairie de la commune de son domicile dans les trois jours de l'arrivée de l'enfant, et de remettre le bulletin mentionné en l'article 7. » (*Voir le texte de l'article 7 au nᵒ 142 ci-dessus, et la suite du présent article 9 au nᵒ 157 ci-après.*)

Le carnet reproduit le texte des articles du Code pénal, du règlement d'administration publique et du règlement particulier fait par le préfet en exécution de l'article 12 de la loi, qui intéressent directement les nourrices sevreuses ou gardeuses, les intermédiaires et les directeurs des bureaux de placement.

Il contient, en outre, des notions élémentaires sur l'hygiène du premier âge.

(Les dispositions qui précèdent sont tirées des articles 27, 28, 29, 30 et 31 du décret du 27 février 1877.)

154. — *Formalités et conditions à remplir pour être nourrice sur lieu.*

Toute personne qui veut se placer comme nourrice sur lieu est tenue de se munir d'un certificat du maire de sa résidence, indiquant si son dernier enfant est vivant, et constatant qu'il est âgé de sept mois révolus ou, s'il n'a pas atteint cet âge, qu'il est allaité par une autre femme remplissant les conditions voulues. (Art. 8 de la loi du 23 décembre 1874, 2° alinéa).

Le certificat dont il s'agit donne le signalement de la nourrice et relate la réponse faite par elle aux questions posées par le maire certificateur pour savoir : 1° les nom, prénoms et profession de son mari ; 2° si son mari est consentant ; 3° entre les mains de qui se trouve l'enfant de la nourrice, si l'on paye pension pour lui et, dans ce cas, si la personne à qui il est confié est munie des deux certificats et du carnet indiqués au nᵒ 153 ci-dessus.

Les certificats délivrés aux nourrices sur lieu sont détachés d'un registre à souche et reproduisent le numéro d'ordre inscrit à la souche. Le modèle en est donné par la circulaire ministérielle du 15 juin 1877 ci-dessus mentionnée.

(1) Emprisonnement de six jours à six mois et amende de 16 francs à 300 francs.

Une personne qui se placerait comme nourrice sur lieu sans être munie de ce certificat serait passible de l'amende de 5 à 15 francs prononcée par l'article 13 de la loi du 23 décembre 1874, indépendamment des frais du procès-verbal et du jugement de contravention.

Cette pénalité n'atteint que la nourrice. La loi n'impose aux parents aucune obligation ni responsabilité; ils sont libres de ne pas profiter des avantages qu'elle leur offre, et ils n'ont aucune déclaration à faire lorsqu'ils prennent chez eux une nourrice pour élever leur enfant.

155. — *Réception et enregistrement de la déclaration de placement faite par les parents. Suite à donner par le maire.*

Sur la présentation qui lui est faite du bulletin de naissance de l'enfant et du carnet délivré à la nourrice conformément au nᵒ 153 ci-dessus, le maire reçoit la déclaration de placement faite par les parents, et l'inscrit sur le premier registre tenu à la mairie spécialement pour les déclarations de cette sorte, faites conformément à l'article 7 de la loi du 23 décembre 1874.

La déclaration est signée par le déclarant. Elle fait connaître : 1ᵒ les nom et prénoms, le sexe, la date et le lieu de naissance de l'enfant; 2ᵒ s'il est baptisé ou non; 3ᵒ les nom, prénoms, profession et domicile des parents; 4ᵒ les nom, prénoms et domicile de la nourrice, sevreuse ou gardeuse à laquelle l'enfant est confié; 5ᵒ les conditions du contrat intervenu avec la nourrice, sevreuse ou gardeuse. (Art. 21 du décret du 27 février 1877.)

Le maire transcrit sur le carnet de la nourrice les indications portées sous les numéros 1, 2, 3 et 5 de l'article 21 du décret ci-dessus rapportées. (Art. 22 du même décret.)

Si l'enfant est envoyé dans une commune autre que celle où la déclaration est faite, le maire transmet, dans les trois jours, copie de cette déclaration au maire de la commune où l'enfant doit être conduit. (Art. 23 du décret.)

Si l'enfant est placé dans sa commune, le maire doit, dans les trois jours, transmettre une copie de la déclaration au médecin inspecteur de la circonscription (art. 24 du décret). Il est presque partout d'usage d'envoyer une semblable copie au membre de la commission locale dans le quartier duquel habite la nourrice.

En outre, si l'enfant n'est pas né dans la commune où la déclaration de placement est faite, le maire transmet, dans le même délai, une autre copie de la déclaration au maire de la commune où l'enfant est né. (Circulaire de M. le ministre de l'intérieur du 15 juin 1877.)

Pour répondre à toutes les indications qui précèdent et à celles des circonstances ultérieures prévues en l'article 9 de la loi du 23 décembre 1874 rapportées nᵒ 153 ci-dessus et au nᵒ 157 ci-après, le registre dont il est ici question et dont le modèle est joint à la circulaire ministérielle du 15 juin 1877 est divisé en 21 colonnes dans lesquelles doivent être inscrites les énonciations suivantes :

1. Numéro d'ordre de la déclaration.
2. Date de la déclaration.
3. Nom et prénoms ⎫
4. Sexe ⎬ de l'enfant.
5. Date de la naissance ⎪
6. Lieu de la naissance ⎭
7. Religion des parents.
8. Date et lieu du baptême.
9. Nom et prénoms des parents.
10. Profession et demeure des parents.
11. 1ᵒ Nom, prénoms et domicile de la personne qui a fait la déclaration; 2ᵒ signature du déclarant.
12. Indiquer dans cette colonne, s'il y a lieu, le bureau qui a procuré la nourrice aux parents.
13. Nom et prénoms ⎫
14. Etat civil ⎬ de la nourrice, sevreuse ou gardeuse.
15. Domicile ⎭
16. Mode d'élevage et conditions du placement.
17. Numéro, date et lieu de la délivrance du carnet.
18. Date de la notification des déclarations au maire de la commune du domicile de la nourrice, sevreuse ou gardeuse. (Art. 23 du règlement.)
19. Date et objet des notifications transmises par le maire de la commune où réside la

nourrice, en vertu de l'article 9 de la loi : 1° changement de domicile ; 2° retrait de l'enfant ; 3° décès de l'enfant ;

20. Date de la transmission aux auteurs de la déclaration du placement : 1° changement de domicile de la nourrice ; 2° retrait de l'enfant ; 3° décès de l'enfant.

21. Observations.

156. — *Réception et enregistrement de la déclaration de prise en entretien (autrement dit élevage) faite par la nourrice pour un enfant dont les parents ont fait la déclaration de placement dans la même commune. Suite à donner par le maire.*

Lorsque l'enfant a été confié à une nourrice résidant dans la commune, cette nourrice doit, encore bien que toutes les inscriptions nécessaires aient été faites sur son carnet suivant qu'il est dit au n° 155 ci-dessus, se présenter à la mairie, dans les trois jours, munie de ce carnet, conformément au premier alinéa de l'article 9 de la loi du 23 décembre 1874, rapporté au n° 153 ci-dessus, pour déclarer qu'elle a reçu l'enfant et qu'elle en est désormais chargée.

La déclaration est inscrite sur le deuxième registre dont le modèle est joint à la circulaire ministérielle du 15 juin 1877 et qui est tenu à la mairie pour les déclarations de cette nature.

Une copie de cette déclaration doit être adressée dans les trois jours, au plus tard, au médecin inspecteur de la circonscription, conformément à l'article 24 du décret du 27 février 1877, mentionné sous le n° 155 ci-dessus.

Il est utile de transmettre une semblable copie au membre de la commission locale dans le quartier de surveillance duquel habite la nourrice.

Le deuxième registre dont il est ici question est divisé en 18 cases.

Les dix premières cases doivent recevoir les indications suivantes concernant la nourrice :

1. — 1° Date de la déclaration ; 2° date de la transmission de la copie de la déclaration au médecin inspecteur de la circonscription.

2. Nom et prénoms de la nourrice, sevreuse ou gardeuse.

3. Date et lieu de sa naissance.

4. — 1° Domicile et changement de domicile ; 2° date de l'avis de changement de domicile envoyé au maire de la commune où a été faite la déclaration des parents.

5. — 1° État civil ; 2° nom, prénoms, âge et profession du mari.

6. Nombre d'enfants et date de la naissance du dernier enfant.

7. Est-il lui-même en nourrice, en sevrage ou en garde ? Chez qui ?

8. — 1° Date du certificat délivré à la nourrice en exécution de l'article 27 du règlement ; 2° par quel maire a-t-il été délivré ?

9. Date du certificat médical et nom du médecin certificateur.

10. Numéro, date et lieu de la délivrance du carnet. Ce carnet est-il régulièrement tenu ?

Les huit dernières colonnes sont consacrées aux indications que voici :

11. — 1° Nom, prénoms et sexe du nourrisson ; 2° date et lieu de sa naissance.

12. — 1° Nom, prénoms et profession des parents ; 2° désignation de la commune où les parents ou leurs représentants ont fait la déclaration prescrite par l'article 7 de la loi, et date de cette déclaration.

13. Taux du salaire mensuel et conditions du placement.

14. — 1° Indiquer si l'enfant est élevé au sein, au biberon, à la chèvre ou autrement ; 2° la déclarante est-elle autorisée à élever plus d'un enfant à la fois ? Par qui ? Date de l'autorisation.

15. Désignation, s'il y a lieu, du bureau de nourrices qui a procuré le placement.

16. — 1° Date du retrait de l'enfant ; 2° notification du retrait de l'enfant au maire de la commune où a été faite la déclaration des parents.

17. — 1° Date du décès de l'enfant ; 2° notification du décès de l'enfant au maire de la commune où a été faite la déclaration des parents.

18. Observations.

157. — *Réception et enregistrement des déclarations ultérieures faites par la nourrice. Suite à donner par le maire.*

La nourrice qui a satisfait aux prescriptions légales ci-dessus rapportées, concernant la prise à l'entretien d'un enfant en bas âge, a ensuite à remplir les obligations édictées par les numéros 2, 3 et 4 de l'article 9 de la loi du 23 décembre 1874, dont la première disposition est rapportée au n° 153 ci-dessus. Ces obligations sont formulées par ledit article de la manière suivante :

...« 2° De faire, en cas de changement de résidence, à la mairie de sa nouvelle résidence, dans les trois jours, la déclaration du nourrisson qui lui a été confié, en représentant son carnet et le bulletin de naissance de l'enfant ; 3° de déclarer, dans le même délai de trois jours, le retrait de l'enfant par ses parents ou la remise de cet enfant à une autre personne pour quelque cause que cette remise ait lieu ; 4° en cas de décès de l'enfant, de déclarer ce décès dans les vingt-quatre heures. »

Dans le délai de trois jours, le maire donne avis de ces déclarations aux auteurs de la déclaration de mise en nourrice, en sevrage ou en garde mentionnée au n° 155 ci-dessus. En outre, il est d'usage qu'il transmette un avis semblable au médecin inspecteur et au membre de la commission locale auquel était dévolu le soin de veiller sur l'enfant.

158. — *Enfants mis en nourrice dans la commune sans que leur placement ait été déclaré par les parents à la mairie de cette commune. Déclaration à faire par les nourrices. Devoirs du maire.*

Les obligations imposées aux nourrices par l'article 9 de la loi du 23 décembre 1874, dont les dispositions sont rapportées aux n°s 156 et 157 ci-dessus, doivent être observées par elles dans la commune où elles résident, quel que soit le domicile des parents, quel que soit le lieu où a été faite la déclaration de placement, et quand même aucune déclaration de placement n'aurait été faite par les parents ou leurs représentants.

Lorsqu'une nourrice fait à la mairie une déclaration de l'espèce indiquée audit article 9 pour un enfant qui n'est pas né dans la commune, le maire, après avoir enregistré cette déclaration sur le deuxième registre mentionné aux susdits n°s 156 et 157, doit en donner avis, dans les trois jours, au médecin inspecteur de la circonscription du domicile de la nourrice et au maire de la commune où a été faite la déclaration de placement prescrite par l'article 7. C'est à ce dernier fonctionnaire qu'il appartient d'en donner connaissance aux auteurs de cette déclaration (disposition finale de l'article 9 de la loi du 23 décembre 1874). Le maire qui a reçu la déclaration de la nourrice aura encore à transmettre, suivant l'usage adopté, avis de cette déclaration au membre de la commission locale dans le quartier duquel l'enfant se trouve placé. Dans le cas où il n'y aurait pas trace d'une déclaration de placement, le maire devrait en donner immédiatement avis au préfet du département pour qu'il soit pris les mesures propres à couvrir cette omission.

159. — *Commission locale de patronage. Son fonctionnement. Documents à lui soumettre.*

Les articles 2 et 3 du décret du 27 février 1877 portent qu'un arrêté préfectoral fixera le nombre des membres dont la commission locale de patronage sera composée. Ils donnent au préfet le droit de nommer les membres de cette commission, qui doit comprendre deux mères de famille, le curé et, dans les communes où siège un conseil presbytéral ou un consistoire israélite, un délégué de chacun de ces conseils. La présidence de la commission est déférée au maire.

La commission répartit entre ses membres la surveillance des enfants à visiter au domicile de la nourrice, sevreuse ou gardeuse (art. 6 du décret), et choisit celui de ses membres qui remplira les fonctions de secrétaire (Instruction ministérielle du 15 juin 1877). D'après un usage presque général, les bulletins sur lesquels les membres de la commission ont inscrit les résultats de leurs visites sont par eux transmis au maire président, afin qu'il puisse préparer les affaires à soumettre à la commission lors de sa prochaine réunion, et prendre, au besoin, les mesures urgentes que la situation commanderait.

Si la commission juge que la vie ou la santé d'un enfant est compromise, elle peut, après avoir mis en demeure les parents et pris l'avis du médecin inspecteur, retirer l'enfant à la nourrice, sevreuse ou gardeuse, et le placer provisoirement chez une autre personne. Elle doit, dans les vingt-quatre heures, rendre compte de sa décision au préfet et prévenir de nouveau les parents. (Art. 7 du décret.)

Dans les communes où il n'a pas été institué de commission locale, le maire exerce les pouvoirs conférés à ces commissions. (Même art. 7.)

Les déclarations de placement faites par les parents, les déclarations faites par les nourrices et les bulletins de visite ci-dessus mentionnés sont les principaux documents à soumettre aux membres de la commission qui, d'après l'article 5 du décret, doivent se réunir à la mairie au moins une fois par mois.

Le secrétaire de la commission locale devra tenir au courant un registre en deux parties contenant, d'une part, les délibérations et les décisions de la commission et, d'autre part, les noms et adresses de toutes les nourrices, sevreuses ou gardeuses de la commune, les noms des enfants qui leur sont confiés et la date des visites faites aux nourrices, sevreuses ou gardeuses, par les membres de la commission. Le médecin inspecteur appose mensuellement son visa sur ce registre. (Art. 41 du décret du 27 février 1877.)

Le modèle de ce registre est également joint à la circulaire du ministre de l'intérieur du 15 juin 1877. La première partie, destinée aux délibérations de la commission locale, y est laissée en blanc. La deuxième partie, destinée à l'inscription des renseignements concernant le personnel des nourrices, est formée de pages dont chacune est divisée en sept colonnes dans lesquelles doivent être inscrites les énonciations suivantes :

1. Noms des nourrices, sevreuses ou gardeuses.
2. Domicile.
3. Dates des certificats et date et numéro du carnet.
4. Noms et prénoms des nourrisseurs.
5. Date du placement de l'enfant.
6. Mode d'élevage.
7. Dates des visites faites par les membres de la commission et renvoi aux délibérations ou aux décisions dont ces visites et les rapports qui ont suivi ont été l'objet.

160. — *Nomenclature officielle des documents qui composent le service de la protection de l'enfance du premier âge.*

La circulaire du ministre de l'intérieur du 15 juin 1877 a donné les modèles des documents qui composent le service de la protection de l'enfance du premier âge et dont voici la nomenclature.

1. Certificat médical délivré à une nourrice, sevreuse ou gardeuse.
2. Livre à souche des certificats délivrés par le maire à toute personne qui veut se placer comme nourrice sur lieu.
3. Livre à souche des certificats délivrés par le maire aux nourrices, sevreuses ou gardeuses.
4. Carnet de nourrice, sevreuse ou gardeuse.
5. Premier registre des mairies pour l'inscription des déclarations de placement faites par les parents en exécution de l'article 7 de la loi.
6. Deuxième registre des mairies pour l'inscription des déclarations faites par les nourrices en exécution de l'article 9 de la loi.
7. Registre des commissions locales.
8. Registre du médecin inspecteur.
9. Registre des directeurs de bureaux de nourrices ou logeurs de nourrices.

Par une circulaire du 23 juillet 1877, M. le ministre de l'intérieur a fait connaître aux préfets que le recueil des lois, décrets et instructions concernant le service de la protection de l'enfance du premier âge et les imprimés dont il a donné les modèles se trouvent à Paris aux librairies Berger-Levrault, Paul Dupont et Jousset.

Le ministre n'a pas donné de modèle de l'avis dont la transmission est prescrite par l'article 9 de la loi du 23 décembre 1874 et par les articles 23 et 24 du décret réglementaire. Les mairies doivent se conformer, pour la rédaction de cet avis, aux indications de ces articles de lois et règlement. Du reste, dans les départements où le service fonctionne régulièrement, le préfet, aidé du comité départemental, a indiqué une formule disposée de manière à prévoir tous les cas et à rendre ainsi l'emploi de cette formule aussi prompt que possible. Il a aussi indiqué une formule pour les avis à donner par les membres de la commission locale et par le médecin inspecteur au maire, président de cette commission.

161. — *Responsabilité du maire concernant la protection des enfants du premier âge. Rémunération du secrétaire chargé du service.*

En cas d'absence ou de tenue irrégulière des deux registres de déclarations indiqués aux nᵒˢ 155 et 156 ci-dessus, lesquels registres doivent être cotés, paraphés et vérifiés par le juge de paix, le maire est passible de la peine édictée par l'article 50 du Code civil, c'est-à-dire d'une amende qui peut s'élever jusqu'à 100 francs. (Art. 10 de la loi du 23 décembre 1874.)

Pour que l'officier de l'état civil puisse exiger rigoureusement du secrétaire ou employé de la mairie, chargé des écritures nombreuses auxquelles donne lieu le service administratif de la protection du premier âge, la célérité nécessaire et l'exactitude prescrite, le ministre de l'intérieur a, dans une circulaire adressée, le 21 juillet 1882, aux préfets des départements, invité ces fonctionnaires à demander aux conseils généraux de voter au budget départemental une allocation destinée à rémunérer cet employé comme suit :

— Cinquante centimes par chaque déclaration dûment enregistrée d'envoi d'un enfant en nourrice (art. 7 de la loi), à la condition que la copie de la déclaration ait été transmise dans les trois jours au maire de la commune lieu de destination (art. 23 du décret réglementaire) et que, postérieurement, les notifications prescrites par l'article 9 de la loi aient été faites.

— Un franc par chaque enfant placé dans la commune, à la condition qu'il soit justifié du travail d'écritures concernant cet enfant.

— Vingt-cinq centimes par chaque enfant sorti du service (changement de résidence de la nourrice, retrait ou décès de l'enfant), à la condition qu'il soit justifié de l'envoi des notifications à la commune d'origine, par application de l'article 9 de la loi.

— Total : 1 franc 75 centimes par enfant.

— Soit, si l'enfant a été placé dans une commune autre que celle où la déclaration de placement a été faite, 50 centimes attribués au secrétaire de la mairie de la commune d'origine, et 1 franc 25 centimes au secrétaire de la mairie de la commune du placement.

N. B. — La table alphabétique et analytique est placée en tête de l'ouvrage, à la suite du sommaire général.

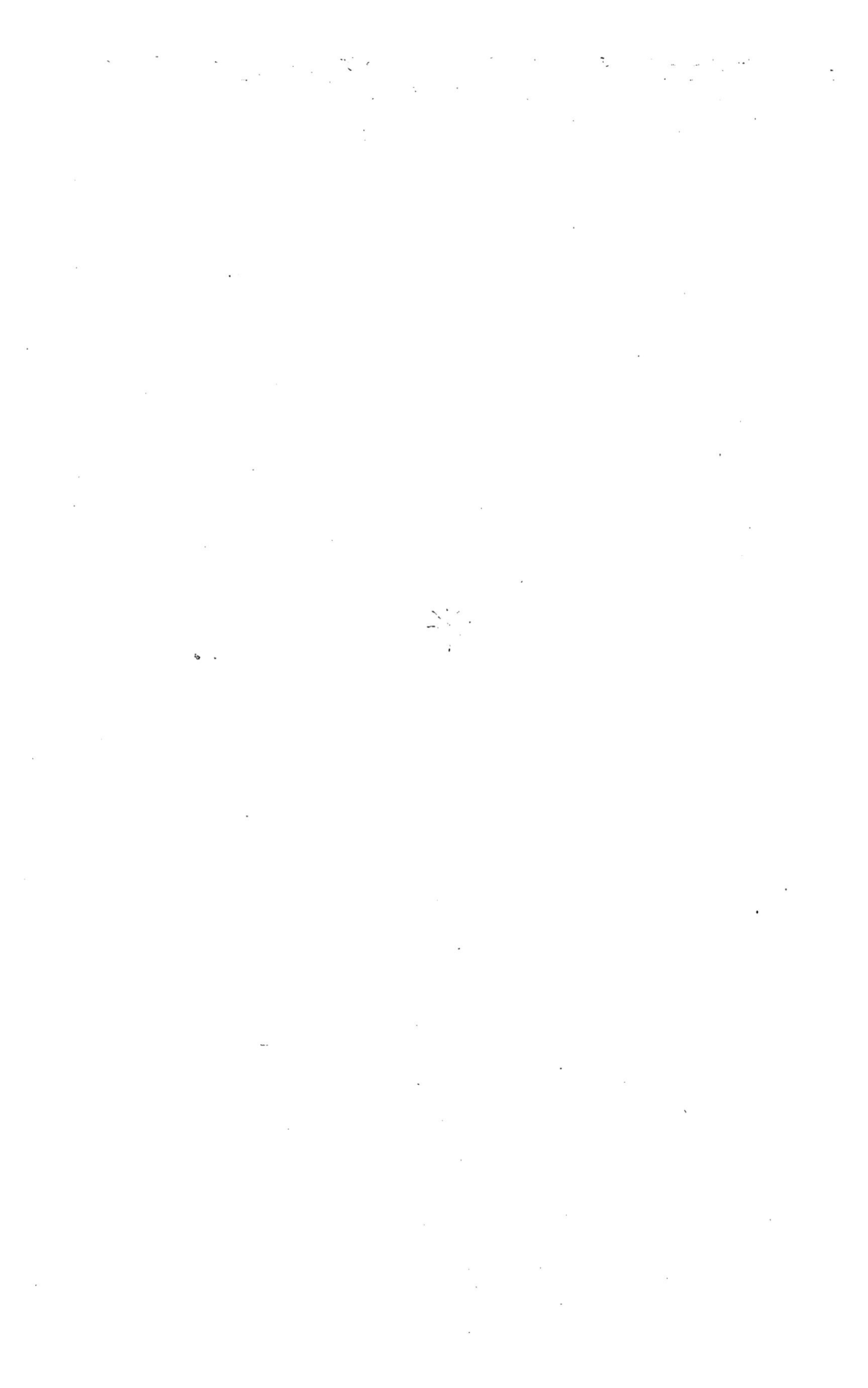

LA SCIENCE

DU

PRATICIEN DE L'ÉTAT CIVIL

TROISIÈME PARTIE

Actes de publications de mariage. Actes de mariage. Acte supplétif de jugement de divorce. Règles spéciales à certaines expéditions de quelques-uns de ces actes. Formalités qui doivent suivre lesdits actes.

OBSERVATION PRÉLIMINAIRE

Les deux parties qui précèdent la présente se rapportent : la première aux règles générales applicables à tous les actes de l'état civil et aux expéditions d'actes, la seconde aux actes de naissance, de reconnaissance d'enfants naturels et aux adoptions. Le dernier article de cette seconde partie est le n° 161.

La troisième partie, commençant au n° 162, va exposer en sept chapitres différents les dispositions légales applicables : 1° aux actes de publications de mariage ; 2° aux actes de mariage, aux énonciations qu'ils doivent contenir et aux règles qui concernent ces énonciations ; 3° à la cérémonie de la célébration du mariage et aux formalités administratives qui la suivent ; 4° à la transcription des actes de mariage dressés à l'étranger et à l'armée ; 5° à la responsabilité des officiers de l'état civil, en ce qui concerne les actes de mariage ; 6° aux obligations de l'officier de l'état civil concernant les expéditions, extraits et relevés des actes de mariage ; 7° aux actes supplétifs de jugement de divorce.

Ces chapitres sont divisés en paragraphes et numéros auxquels correspond la troisième partie du *Formulaire du praticien de l'état civil*, joint à notre ouvrage.

SOMMAIRE DE LA TROISIÈME PARTIE

CHAPITRE PREMIER. — PUBLICATIONS ET AUTRES FORMALITÉS QUI DOIVENT PRÉCÉDER LE MARIAGE.

§ 1. *Publications à faire dans la commune où sera célébré le mariage. Officier public ayant qualité pour faire ces publications, pour faciliter celles à faire ailleurs, pour indiquer toutes les formalités à remplir par les futurs époux et pour en vérifier l'accomplissement.*

162. Obligation de faire des publications et d'observer ensuite un délai avant de célébrer le mariage.
163. Officier d'état civil devant lequel les futurs époux doivent se présenter pour faire faire les publications.
164. Déclarations à faire et justifications à produire à l'officier de l'état civil pour qu'il fasse les publications en sa commune.

165. Note-répertoire de l'officier de l'état civil relative au mariage projeté, énonçant les renseignements, justifications, formalités et pièces nécessaires pour les publications et la célébration du mariage.
166. Notes officielles pour les publications de mariage que les futurs époux ont à faire faire dans d'autres municipalités que celle de la célébration du mariage.
167. Notice pour les futurs époux des justifications et pièces qu'il leur reste à produire pour la célébration du mariage.

§ 2. *Lieux où les publications doivent être faites.*

168. Lieux des publications de mariage à faire concernant des futurs époux de profession civile qui ont leur domicile et résidence en France.
169. Lieux des publications à faire pour le mariage des militaires en garnison en France ou attachés à des corps d'armée stationnant en dehors du territoire de la République.
170. Lieux des publications à faire pour le mariage de Français résidant en Algérie, dans les colonies françaises, dans les pays de protectorat et à l'étranger.
171. Lieux des publications à faire pour le mariage d'étrangers résidant en France.

§ 3. *Nombre, caractère et forme des publications de mariage.*

172. Nombre des publications à faire.
173. Dispense de la seconde publication.
174. Caractère et forme des publications de mariage à faire à l'extérieur de la maison commune.
175. Registre destiné à l'inscription des actes de publication de mariage.

§ 4. *Énonciations qui doivent constituer l'acte de la première publication.*
Règles qui les concernent.

176. La première publication doit faire l'objet d'un acte spécial.
177. Date de l'acte de la première publication.
178. Heure de l'acte.
179. Prénoms, nom, titres honorifiques, s'il y a lieu, et qualité de l'officier de l'état civil, avec indication de la commune où il est en fonction, ainsi que du canton, de l'arrondissement et du département dont elle dépend.
180. Mention que la publication est la première.
181. Prénoms, nom et profession du futur époux, ses titres et décorations, s'il en a.
182. Domicile du futur.
183. Qualification du futur époux comme mineur, mineur quant au mariage ou majeur.
184. Age du futur (énonciation non obligatoire ici.)
185. État du futur à l'égard de la dissolution d'un précédent mariage, s'il y a lieu.
186. Prénoms, noms et professions des père et mère du futur.
187. Domicile des père et mère du futur époux, s'ils sont vivants ; s'ils sont empêchés, mention de leur empêchement ; s'ils sont décédés, mention de leur décès tenant lieu de la mention de leur domicile.
188. Prénoms, nom et profession de la future épouse.
189. Domicile de la future.
190. Qualification de la future comme mineure ou majeure.
191. Age de la future (énonciation non obligatoire ici.)
192. État de la future à l'égard de la dissolution d'un précédent mariage, s'il y a lieu.
193. Prénoms, noms, professions des père et mère de la future.
194. Domicile des père et mère de la future, s'ils sont vivants ; s'ils sont empêchés, mention de leur empêchement ; s'ils sont décédés, mention de leur décès, tenant lieu de la mention de domicile.
195. Signature de l'acte de première publication par l'officier de l'état civil.

§ 5. *Énonciations qui doivent constituer l'acte de la seconde publication.*

196. Il doit être dressé un acte spécial pour la seconde publication.
197. Date de l'acte de la seconde publication.
198. Heure de l'acte.
199. Prénoms, nom et qualité de l'officier de l'état civil, avec indication de la commune où il est en fonction.
200. Mention que la publication est la seconde.
201. Autres énonciations de l'acte de seconde publication et signature.

§ 6. *Enregistrement des oppositions et de la mainlevée qui en a été donnée.*

202. Les oppositions à mariage sont transcrites sommairement sur le registre des publications, à leur date, et mentionnées en marge de l'acte de première publication.
203. Mention de la mainlevée des oppositions, en marge de l'inscription de ces oppositions.

§ 7. *Attestations de l'absence d'oppositions autres que celles enregistrées.*

204. Certificat à délivrer constatant les publications et la non-existence d'oppositions autres que celles enregistrées, s'il y a lieu.

CHAPITRE II. — ACTE DE MARIAGE. ÉNONCIATIONS QU'IL DOIT CONTENIR. RÈGLES QUI LE CONCERNENT.

205. Observations concernant le fonctionnaire compétent pour célébrer le mariage, les registres dont il doit se servir et les dispositions légales auxquelles il doit avoir été préalablement satisfait pour qu'il puisse procéder régulièrement à la célébration du mariage.
    A. Officier d'état civil compétent et registres à employer pour célébrer le mariage :
    — dans les communes de France,
    — à l'armée, en dehors du territoire de la République,
    — en Algérie,
    — dans les colonies françaises,
    — dans les pays de protectorat,
    — à l'étranger.

B. Prescriptions légales qui doivent se trouver exécutées au moment de célébrer le mariage dans une commune de France.

§ 1. *Date, heure et lieu de la célébration du mariage et désignation de l'officier de l'état civil.*

206. Date, mois, année et heure de l'acte de mariage.
207. Lieu de la célébration.
208. Prénoms, nom, titres honorifiques s'il y a lieu et qualité de l'officier de l'état civil, avec indication de la commune où il est en fonction, ainsi que du canton, de l'arrondissement et du département dont elle dépend.

§ 2. *Individualité du futur.*

209. Prénoms et nom du futur.
210. Profession du futur, avec indication des titres nobiliaires et décorations, s'il en a.

§ 3. *Domicile du futur.*

211. Énonciation de ce domicile.

§ 4. *Capacité civile du futur.*

212. Qualification du futur époux comme mineur, mineur quant au mariage, ou majeur.
213. Age du futur.
214. Lieu et date de la naissance du futur.
215. État du futur à l'égard de la dissolution d'un précédent mariage, s'il y a lieu.
215 *bis.* Remarques sur la capacité civile d'un homme qui a été ordonné prêtre.
215 *ter.* Remarques sur la capacité civile d'un étranger.

§ 5. *Filiation du futur. Son état de dépendance vis-à-vis de ses parents. Consentement de ceux-ci ou de leurs représentants, ou circonstances, actes et formalités qui en dispensent, tels qu'actes respectueux, décès et empêchement des ascendants, ou liberté résultant du statut personnel.*

216. *Filiation.* Prénoms, noms et professions des père et mère du futur et, s'ils sont vivants, leur âge et leur domicile.
217. Accomplissement des devoirs filiaux justifiés par le *consentement* des parents du futur. Formes du consentement.
218. Accomplissement des devoirs filiaux justifié par des *actes respectueux* faits aux parents du futur.
219. *Décès des père et mère et autres ascendants du futur.* Lieu et date de leur décès.
220. *Empêchements physiques ou légaux des père et mère et autres ascendants du futur.* Indication de la nature de ces empêchements.
220 *bis.* Liberté filiale résultant du statut personnel de l'étranger.
220 *ter.* Observation sur le mode d'énoncer les circonstances de la situation filiale du futur et celles du consentement ou de l'absence de consentement de ses parents.

§ 6. *Capacité civique du futur époux français, et justification de la capacité civique et civile du futur époux étranger.*

221. Français : Permission nécessaire s'il est militaire, ou justification qu'il n'est pas militaire.
222. Étranger : justification de sa capacité civile et civique d'après les lois de son pays.

§ 7. *Individualité de la future.*

223. Prénoms et nom de la future.
224. Profession de la future.

§ 8. *Domicile de la future.*

225. Énonciation de ce domicile.

§ 9. *Capacité civile de la future.*

226. Majorité ou minorité de la future.
227. Age de la future.
228. Lieu et date de naissance de la future.
229. État de la future à l'égard de la dissolution d'un précédent mariage, s'il y a lieu.

§ 10. *Filiation de la future. Son état de dépendance vis-à-vis de ses parents. Consentement de ceux-ci ou de leurs représentants, ou circonstances, actes et formalités qui en dispensent : tels qu'actes respectueux, décès ou empêchement des ascendants, ou liberté résultant du statut personnel.*

230. *Filiation.* Prénoms, noms et professions des père et mère de la future et, s'ils sont vivants, leurs âges et domicile.
231. Accomplissement des devoirs filiaux justifié par le *consentement* des parents de la future.
232. Accomplissement des devoirs filiaux justifié par des *actes respectueux* faits aux parents de la future.
233. *Décès des père et mère et autres ascendants de la future.* Lieu et date de leur décès.
234. *Empêchements physiques ou légaux des père et mère et autres ascendants de la future.* Indication de la nature de ces empêchements.
234 *bis.* Liberté filiale résultant du statut personnel de l'étrangère.
234 *ter.* Observation sur le mode d'énoncer les circonstances de la situation filiale et celles du consentement ou de l'absence de consentement des parents. — Tableau synoptique des diverses situations filiales des futurs époux.

§ 11. *Levée de prohibitions d'âge, de parenté et autres.*

235. Dispense d'âge.
236. Dispense de parenté.
237. Parenté non prohibée.
238. Apparence de parenté.
239. Levée d'une prohibition particulière à son pays, obtenue par le futur époux étranger.

§ 12. *Publications, absence d'oppositions ou levée des oppositions faites.*

240. Dates des publications faites dans la commune où est célébré le mariage.
241. Dates des publications faites aux municipalités des autres domiciles des futurs et des personnes dont ils dépendent pour le mariage.
242. Dispense de la seconde publication.
243. Mention de l'absence d'opposition entre les mains de l'officier de l'état civil qui procède au mariage, ou de la mainlevée des oppositions qui lui ont été signifiées.
244. Mention de l'absence d'opposition entre les mains des officiers de l'état civil qui ont fait les publications aux autres municipalités, ou de la mainlevée des oppositions à eux signifiées.
245. Inapplicabilité de la règle de la formalité des publications au pays du futur époux étranger.

§ 13. *Productions de pièces et déclarations supplétives.*

246. Mention de la production de l'acte établissant l'identité du futur époux.
247. Mention de la production des pièces établissant la capacité civile du futur, le consentement de ses parents, ou les circonstances, actes et formalités qui en dispensent, et sa capacité civique et relation des attestations d'identité qu'elles contiennent.
248. Mention de la production de l'acte établissant l'identité de la future épouse.
249. Mention de la production des pièces établissant la capacité civile de la future, le consentement de ses parents, ou les circonstances, actes et formalités qui en dispensent, et relation des attestations d'identité qu'elles contiennent.
250. Mention de la production des pièces relatives aux levées de prohibitions d'âge, de parenté et autres.
251. Mention des formalités spéciales auxquelles ont dû être soumises les pièces venant de l'étranger.
252. Visa des autres pièces dont la production est mentionnée dans le corps de l'acte de mariage, et attestation de l'accomplissement régulier de toutes les formalités auxquelles étaient astreintes toutes les pièces produites.
253. Mention de la lecture donnée par l'officier de l'état civil des pièces produites, du paraphe de ces pièces et de leur annexe.
254. Mention de la lecture prise par l'officier de l'état civil des actes inscrits dans sa commune, constatant les décès cités dans l'acte de mariage.
255. Attestation de l'identité de celui des futurs époux dont l'acte de naissance désigne ses père et mère avec moins de prénoms ou avec des noms orthographiés autrement que dans d'autres actes les concernant.
256. Attestation de l'identité des père et mère ou aïeuls désignés dans leurs actes de décès autrement que dans d'autres actes.
257. Déclaration par les aïeuls survivants, de la certitude de la mort des père et mère dont les futurs époux, majeurs ou mineurs, n'ont pu produire les actes de décès.
257 *bis*. Déclaration par les futurs époux majeurs, n'ayant plus aucun ascendant, de leur ignorance du dernier domicile et du lieu du décès de quelqu'un de leurs père, mère ou aïeuls.

§ 14. *Contrat de mariage.*

258. Déclaration sur l'existence ou la non-existence d'un contrat de mariage.

§ 15. *Consentement des contractants et prononcé de leur union.*

259. Mention de la lecture faite aux parties, par l'officier de l'état civil, des articles de la loi réglant les droits et les devoirs respectifs des époux.
260. Déclaration des contractants de se prendre pour époux.
261. Prononcé de l'union par l'officier de l'état civil.
262. Explications sur les moyens employés pour faire exprimer par des sourds ou sourds-muets, ou par des personnes ne comprenant pas la langue française, leur consentement à mariage.

§ 16. *Légitimations d'enfants.*

263. Déclaration par les époux qu'ils reconnaissent et veulent légitimer des enfants déjà nés.

§ 17. *Publicité. Témoins. Lecture de l'acte. Signatures.*

264. Publicité de la célébration.
265. Témoins.
266. Lecture de l'acte.
267. Signatures.

CHAPITRE III. CÉRÉMONIE DE LA CÉLÉBRATION DU MARIAGE. FORMALITÉS ADMINISTRATIVES QUI LA SUIVENT IMMÉDIATEMENT.

268. Cérémonie de la célébration du mariage.
269. Certificat à délivrer, constatant la célébration du mariage civil.
270. Délivrance d'un livret de famille.
271. Formalités à remplir par les époux ou l'un deux pour faire mentionner la légitimation de leurs enfants naturels.

CHAPITRE IV. — TRANSCRIPTION D'ACTES DE MARIAGE DRESSÉS AU DEHORS.

272. Acte à dresser pour la transcription de l'acte d'un mariage célébré à l'armée.
273. Acte à dresser pour la transcription de l'acte d'un mariage célébré à l'étranger.
273 *bis*. Acte à dresser pour la transcription d'un acte de mariage comportant légitimation d'un enfant né dans la commune.

CHAPITRE V. — RESPONSABILITÉ DES OFFICIERS DE L'ÉTAT CIVIL EN CE QUI CONCERNE LES ACTES DE MARIAGE.

274. Infractions aux prescriptions législatives intéressant l'ordre public. Pénalités.

275. Infractions aux prescriptions législatives intéressant l'un ou l'autre des époux et leurs familles. Pénalités.

CHAPITRE VI. — EXPÉDITIONS, EXTRAITS ET RELEVÉS DES ACTES DE MARIAGE.

276. Expéditions d'actes de mariage à délivrer aux particuliers lorsqu'ils le demandent. Droit d'expédition dû.
277. Timbre et enregistrement des expéditions d'actes de mariage délivrées aux particuliers.
278. Légalisation des expéditions d'actes de mariage délivrées aux particuliers.
279. Extrait à transmettre ou délivrer de l'acte de mariage d'un militaire.
280. Expédition à transmettre administrativement de l'acte de mariage d'un étranger dont le Gouvernement a traité avec la France pour la communication réciproque des actes de l'état civil.
281. Expédition d'actes de mariage à délivrer administrativement pour service public.
282. Légalisation des expéditions d'actes de mariage délivrées administrativement.
283. Relevés des mariages pour la statistique générale de France.

CHAPITRE VII. — ACTE SUPPLÉTIF DE JUGEMENT DE DIVORCE.

284. Transcription du jugement de divorce.
285. Mention de divorce à inscrire en marge de l'acte de mariage.
286. Effets du divorce.
287. Expédition de l'acte de transcription du jugement de divorce. Droits d'expédition, de timbre et d'enregistrement. Légalisation.
288. Observations sur la procédure en matière de divorce.

CHAPITRE PREMIER

PUBLICATIONS ET AUTRES FORMALITÉS QUI DOIVENT PRÉCÉDER LE MARIAGE

§ 1. — **Publications à faire dans la commune où sera célébré le mariage. Officier public ayant qualité pour faire ces publications, pour faciliter celles à faire ailleurs, pour indiquer toutes les formalités à remplir par les futurs époux, et pour en vérifier l'accomplissement.**

162. — *Obligation de faire des publications et d'observer ensuite un délai avant de célébrer le mariage.*

Aucun mariage ne peut être célébré sans avoir été publié par les officiers de l'état civil, le dimanche, devant la porte de la mairie du lieu où chacune des parties contractantes a son domicile, et sans que semblable publication ait été faite aux mairies des communes où demeurent les personnes sous la puissance desquelles les futurs époux sont placés pour le mariage. (Art. 63, 166, 167, 168 du Code civil.)

Dans chacune de ces communes, la publication devra être renouvelée le dimanche suivant, s'il n'a pas été obtenu de dispense pour cette publication. (Art. 64 et 169 du Code civil.)

Le mariage ne pourra être célébré avant le troisième jour, depuis et non compris celui de la dernière publication (art. 64 du Code civil), c'est-à-dire avant le mercredi.

S'il n'a pas été célébré dans l'année, à compter de l'expiration du délai des publications, il ne pourra plus être célébré sans que de nouvelles publications aient été faites. (Art. 65 du Code civil.)

163. — *Officier d'état civil devant lequel les futurs époux doivent se présenter pour faire faire les publications.*

Lorsque les deux futurs époux ne demeurent pas dans la même commune ou que l'un d'eux se trouve placé, pour le mariage, sous la puissance de personnes qui n'habitent pas la même commune que lui, les publications doivent être faites dans plusieurs communes pour l'exécution des dispositions légales indiquées au n° 162 ci-dessus. Les publications doivent même être faites encore à la municipalité du domicile précédent de chacun des futurs si son domicile actuel n'a pas la durée de six mois exigée par la loi. (Art. 167 du Code civil.)

Il n'est pourtant pas nécessaire que les deux futurs époux se transportent devant les maires de toutes ces communes pour faire connaître leur projet de mariage et demander qu'il soit publié.

Le maire de la commune où le mariage sera célébré, d'après le choix des futurs époux, lesquels peuvent choisir, à cet effet, la commune où l'un d'eux a son domicile réel ou une résidence de six mois, ainsi qu'on le verra sous le nᵒ 205, alinéa A ci-après, est celui qui aura la responsabilité d'affirmer que ces formalités ont été régulièrement accomplies. C'est donc devant lui seul, en mairie, que les deux futurs époux doivent se présenter, et c'est lui qui leur délivrera les notes officielles utiles pour faire faire les publications aux autres municipalités, comme il va être dit. (Voyez nᵒ 166 ci-après.)

164. — *Déclarations à faire et justifications à produire à l'officier de l'état civil pour qu'il fasse les publications en sa commune et qu'il dirige l'accomplissement des autres formalités préalables.*

L'officier de l'état civil qui affirmerait, dans un acte de publication ou dans des notes officielles, que deux personnes se sont promises en mariage sans que cette promesse existât, s'exposerait à des dommages-intérêts réclamés en vertu des articles 1382 et suivants du Code civil et peut-être, en certains cas, aux peines indiquées en l'article 52 du Code civil. D'autre part, de fausses indications portées dans les actes de publication, concernant les énonciations essentielles de l'acte, telles que le domicile des futurs et le décès des ascendants, constituent le crime de faux en écriture publique, suivant un arrêt de la Cour de cassation du 28 mai 1857.

Pour garantir sa responsabilité, l'officier de l'état civil doit donc, avant tout, quand c'est dans sa commune que le mariage devra être célébré, recevoir des deux futurs en personne (ou de leurs père et mère) la déclaration de leur intention de se marier ensemble et se faire donner par eux les pièces et renseignements nécessaires pour faire dans sa commune, et faire faire par leurs soins dans les autres communes où elles sont prescrites, les publications légales qui doivent contenir les énonciations indiquées aux nᵒˢ 176 à 201 ci-après.

Les pièces essentielles dont l'officier de l'état civil a besoin pour faire et faire faire des publications exemptes de toute erreur susceptible de les faire considérer comme nulles et d'obliger à en faire de nouvelles sont, d'abord, les actes de naissance des deux futurs époux, lesquels actes devront, d'ailleurs, rester annexés à l'acte de mariage, d'après les dispositions des articles 44 et 70 du Code civil. Néanmoins, à défaut de ces pièces, toutes les indications données par les futurs concernant leurs prénoms, noms, filiation, âges, peuvent être provisoirement justifiées par des pièces ne remplissant pas toutes les conditions légales d'authenticité, pourvu qu'elles offrent le caractère de pièces méritant foi, (avis du Conseil d'Etat du 19-30 mars 1808), sauf aux parties à produire, avant le mariage, en bonne et due forme, les pièces authentiques en question.

Si, à cause de leur indigence, les futurs époux ne peuvent supporter les frais de timbre et autres auxquels donnent lieu les actes à produire, l'officier de l'état civil leur facilitera le moyen d'obtenir le certificat d'indigence indiqué en l'article 6 de la loi du 10 décembre 1850, sur la production duquel ils seront dispensés de tous les droits de timbre, d'enregistrement et autres revenant à l'Etat. Ce certificat leur sera délivré, du reste, par le commissaire de police de la commune de leur domicile, ou par le maire, s'il n'y a pas de commissaire de police dans la commune, sur le vu d'un extrait du rôle des contributions directes constatant qu'ils paient moins de 10 francs de contributions, ou du certificat du percepteur de leur commune constatant qu'ils ne sont pas imposés. Il devra être, comme l'extrait du rôle et le certificat négatif du percepteur, visé par le juge de paix du canton, et il sera dressé en autant d'exemplaires qu'il est nécessaire pour qu'il en soit laissé un à chacun des maires, greffiers, notaires et autres officiers publics qui ont à dresser ou délivrer les pièces authentiques exigées par la loi (1).

Les autres pièces essentielles sont celles qui établissent la preuve du domicile de l'un et l'autre des futurs époux et du domicile des personnes sous la puissance desquelles ils se trouvent pour le mariage; elles consistent en certificats des propriétaires et voisins, visés et approuvés par les maires des communes où ils demeurent, comme il est dit nᵒ 165, alinéas 3ᵒ et 8ᵒ ci-après.

Le Code civil ne prescrit pas de dresser acte de la promesse de mariage que les futurs époux font connaître, ni des déclarations par eux faites pour dresser l'acte de publica-

(1) « Les dispositions édictées par la loi française du 10 décembre 1850 en vue de faciliter le « mariage des indigents seront applicables aux mariages entre Belges tant que les Français conti- « nueront à jouir en Belgique des mêmes avantages. » (Arrangement diplomatique entre la France et la Belgique, du 12 décembre 1888, promulgué par décret du 31 mai 1889).

tion. Faute de ce moyen authentique de constatation, l'officier de l'état civil pourra, s'il le juge utile à sa responsabilité, faire approuver et signer par les futurs époux ou par leurs parents la note-répertoire dont il va être question sous le nᵒ 165.

165. — *Note-répertoire de l'officier de l'état civil relative au mariage projeté, énonçant les renseignements, justifications, formalités et pièces nécessaires pour les publications et la célébration du mariage.*

Les renseignements donnés par les futurs époux, comme il est dit au nᵒ 164 ci-dessus, pour faire faire les publications, serviront à dresser les actes de ces publications. Il convient donc de les recueillir dans un ordre méthodique en concordance avec le texte de ces actes, ordre qui sera, d'ailleurs, celui des principales énonciations de l'acte de mariage.

Quant aux autres formalités légales qui devront se trouver remplies lors de la célébration du mariage, il est à propos, pour qu'elles soient exécutées en temps et lieu, que l'officier de l'état civil fasse donner immédiatement, par les futurs époux, ceux des autres renseignements en leur pouvoir qui peuvent en faciliter l'accomplissement. En outre, il appellera leur attention sur toutes les pièces qui doivent être produites en règle avant la fixation du jour du mariage. Les pièces produites déjà pour dresser les actes de publication n'ayant pas besoin d'être annexées à ces actes qui ne comportent aucune annexe, il va sans dire qu'elles serviront pour l'acte de mariage, conformément aux indications ci-après.

Pour éviter toute chance d'oubli et faciliter en même temps la rédaction de l'acte de mariage, il est très utile d'enregistrer les renseignements résultant des déclarations des parties ou des pièces fournies par elles, comme le pratiquent certaines mairies, sur une feuille double servant d'enveloppe aux pièces produites, et disposée d'avance de manière à ce que le praticien de l'état civil ait sous les yeux le résumé imprimé des diverses situations qui donnent lieu à des formalités particulières et n'ait plus qu'à préciser, dans l'ordre indiqué, les renseignements et pièces nécessaires, produites ou à produire, en rapport avec celles de ces situations qui s'appliquent aux futurs époux (1).

Voici le détail des renseignements à donner et des pièces à produire, suivant la situation de chacun des deux futurs, dans l'ordre où ils devront être énoncés dans l'acte de mariage. (Les numéros inscrits à la suite de chaque article sont ceux où les explications utiles, concernant les renseignements demandés, sont développées dans cette troisième partie de l'ouvrage.)

1º *Date, heure et lieu de la célébration du mariage* (206, 207).

Cette date devra être indiquée trois jours à l'avance au maire, quand les futurs époux auront apporté à la mairie tous les documents et renseignements désignés ci-dessous.

L'heure sera fixée par le maire.

Le lieu légal de la célébration du mariage est la maison commune.

Le mariage ne pourrait être célébré au domicile de l'un des futurs que dans le cas où une maladie grave le mettrait dans l'impossibilité d'être transporté à la mairie. Dans ce cas exceptionnel et rare, il faudrait produire un certificat du médecin, dressé sur papier timbré, légalisé et enregistré, constatant que, malgré sa maladie rendant le transport impossible, le malade possède toutes les facultés de son esprit.

2º *Individualité du futur, titres et décorations, s'il en a* (181, 209, 210).

Produire à cet égard son acte de naissance, ou, s'il est enfant trouvé, l'expédition de l'acte de transcription du procès-verbal d'abandon tenant lieu d'acte de naissance, ou acte de notoriété s'il n'existe ni acte de naissance ni procès-verbal d'abandon ; lettres patentes, décrets et autres documents officiels constatant la possession des titres et décorations en la personne même du futur : les titres nobiliaires attribués à son père dans l'acte de naissance n'étant pas admissibles de droit, ainsi qu'il a été expliqué ci-dessus (1ʳᵉ partie, nᵒ 38) ; autorisation du gouvernement français en ce qui concerne le port des décorations étrangères.

3º *Domicile du futur* (182, 211).

Indiquer le domicile de fait ou simple résidence et sa durée (qui doit être de plus de six mois) si cette résidence est choisie pour le lieu de la célébration du mariage.

(1) On trouve des feuilles de cette *Note-Répertoire* chez M. Miscopein, secrétaire de mairie en retraite, à Nogent-sur-Marne (Seine). Prix : 10 centimes l'exemplaire (port en sus).
On trouve à la librairie Cotillon, Plichon, successeur, à Paris, rue Soufflot, 24, l'ouvrage intitulé : *Naissances, mariages et décès. Formalités qu'ils occasionnent ; droits qu'ils confèrent ; devoirs qu'ils imposent,* par A. Miscopein, secrétaire de mairie en retraite. (1 vol. in-18 broché ; prix : 2 fr. 75, port en sus). — Cet ouvrage explique aux familles les formalités qu'elles ont à remplir, les renseignements et pièces qu'elles ont à fournir pour la célébration d'un mariage.

Indiquer aussi le domicile de droit et sa durée.

Indiquer encore le précédent domicile de droit ayant duré six mois, si le domicile actuel n'a pas atteint cette durée.

Produire certificats des propriétaires et voisins, approuvés par les maires de leurs communes, justifiant l'habitation du futur à ces divers domiciles.

4° *Capacité civile du futur* (184, 185, 212 à 225 ter).

L'acte de naissance ou l'acte qui tient lieu d'acte de naissance, produit conformément aux indications de l'alinéa 2° ci-dessus, doit établir que le futur époux a atteint l'âge de dix-huit ans révolus, avant lequel il ne peut se marier, à moins d'avoir obtenu une dispense d'âge qu'il faudrait alors produire suivant les indications de l'alinéa 11° ci-après.

Il faut encore produire, suivant la situation, si le futur a été marié : acte de décès de sa précédente femme, ou jugement annulant le mariage, ou expédition de l'acte de divorce, accompagnée de la copie des certificats de signification et de non-opposition ni appel.

5° *Filiation du futur. Son état de dépendance vis-à-vis de ses parents. Consentement de ceux-ci ou de leurs représentants, ou circonstances, actes et formalités qui en dispensent, tels qu'actes respectueux, décès ou empêchement des ascendants* (186, 187, 216 à 220 ter).

Le consentement des père et mère, ou de ceux qui les remplacent, sera-t-il donné par leur présence au mariage ? ou par acte notarié ? ou par simple production de la délibération du conseil de famille ou de la commission administrative de l'hospice ?

Ou bien le consentement sera-t-il remplacé par : actes respectueux à tous les ascendants ou à quelques-uns ? ou actes de décès de tous les ascendants ou de quelques-uns ? ou preuves de l'empêchement de tous les ascendants ou de quelques-uns ?

6° *Capacité civique du futur époux français et capacité civique et civile du futur époux étranger* (221, 222).

Si le futur époux français est militaire, produire la permission de l'autorité militaire.

S'il est âgé de vingt à quarante-cinq ans et n'est pas militaire, c'est-à-dire s'il n'est pas classé dans l'armée active, justifier de l'accomplissement des obligations de la loi sur le recrutement par la représentation de son certificat de libération ou de son livret militaire.

Si, n'étant pas militaire, il est âgé de vingt ans ou de plus de quarante-cinq ans, il n'a aucune justification à faire au sujet du recrutement.

Si le futur époux est étranger et si l'officier de l'état civil adopte la doctrine que l'étranger ne doit pas enfreindre, en France, les lois de son pays : produire certificat d'aptitude légale délivré par l'ambassadeur ou consul de sa nation.

7° *Individualité de la future épouse* (188, 223, 224).

Produire son acte de naissance, ou procès verbal d'abandon comme enfant trouvé, ou acte de notoriété s'il n'existe pas d'acte de naissance ou de procès-verbal d'abandon.

8° *Domicile de la future* (189, 225).

Indiquer le domicile de fait, ou simple résidence, et sa durée (qui doit être de plus de six mois), si cette résidence est choisie pour le lieu de la célébration du mariage.

Indiquer aussi le domicile de droit et sa durée.

Indiquer encore le précédent domicile de droit ayant duré six mois, si le domicile de droit actuel est d'une période de temps moins longue.

Produire certificats des propriétaires et voisins, approuvés par les maires de leurs communes, justifiant de l'habitation de la future à ces divers domiciles.

9° *Capacité civile de la future* (190 à 192, 226 à 229).

Outre la justification faite par la production de l'acte de naissance ou de l'acte qui en tient lieu, indiqué sous l'alinéa 7° ci-dessus, que la future a atteint l'âge de quinze ans, avant lequel elle ne peut se marier, à moins d'avoir obtenu une dispense d'âge qu'il faudrait en ce cas produire conformément aux indications de l'alinéa 11° ci-après, il y a encore à produire, suivant la situation, si la future a été mariée : acte de décès de son précédent mari, ou jugement annulant le mariage, ou expédition de l'acte de divorce ou de transcription de jugement de divorce, accompagnée de la copie des certificats de signification et de non-opposition ni appel.

Le délai obligatoire de dix mois s'est-il écoulé depuis la dissolution du mariage ?

10° *Filiation de la future. Son état de dépendance vis-à-vis de ses parents. Consentement de ceux-ci ou de leurs représentants, ou circonstances, actes et formalités qui en tiennent lieu, tels qu'actes respectueux, décès ou empêchement des ascendants* (193, 194. 230 à 234 ter).

Le consentement des père et mère, ou de ceux qui les remplacent, sera-t-il donné par leur présence au mariage ? ou par acte notarié ? ou par simple production de la délibération du conseil de famille ou du conseil d'administration de l'hospice ?

Ou bien le consentement sera-t-il remplacé par : actes respectueux à tous les ascendants ou à quelques-uns? ou actes de décès de tous les ascendants ou de quelques-uns ? ou preuves de l'empêchement de tous les ascendants ou de quelques-uns ?

11º *Parenté entre les deux futurs. Manque d'âge et d'autres conditions civiles légales. Levée de prohibitions* (335 à 239).

Produire l'acte de dispense au sujet de l'empêchement légal, s'il en existe.

En cas d'apparence de parenté, indiquer si la parenté existe.

En cas de parenté non prohibée, indiquer le degré de la parenté.

12º *Publications. Absence d'oppositions ou levée des oppositions faites* (240 à 245).

Produire les certificats de publication et de non-opposition délivrés, au plus tôt le troisième jour après la dernière publication, par les maires des communes où les futurs époux ont leurs domiciles, ainsi que par les maires des communes où demeurent les personnes dont les futurs époux dépendent pour se marier.

Dispense de la seconde publication si cette dispense a été donnée.

Mainlevée des oppositions, s'il y en a eu.

Justification de la légalité du défaut de publication à l'étranger si l'un des futurs est originaire d'un pays où les publications ne sont pas obligatoires ou en usage.

13º *Authenticité des pièces produites. Défauts à couvrir. Déclarations concernant des pièces non produites* (246 à 247 bis).

Les pièces produites ne peuvent être acceptées par le maire que si elles ont été régulièrement établies, et si celles qui sont soumises aux formalités du timbre, de l'enregistrement et de la légalisation ont reçu ces formalités, ce que le maire devra constater.

Il n'est pas indispensable de produire les actes de décès des précédents conjoints ou des ascendants décédés dans la commune où sera célébré le mariage. Il suffit d'indiquer ces actes par leurs dates et par le lieu où ils ont été dressés.

S'il y a dans ces derniers actes et dans les actes produits des erreurs ou différences légères pouvant être l'objet des déclarations indiquées dans l'avis du Conseil d'Etat des 19-30 mars 1808, les parties devront faire ces déclarations, appuyées par les témoins du mariage, s'il y a lieu.

Si ces erreurs sont graves, elles doivent être préalablement redressées par jugement.

S'il y a impossibilité de se procurer des actes de décès, les parties devront en faire la déclaration à serment.

14º *Contrat de mariage* (258).

Déclarer s'il sera ou non fait un contrat de mariage. Au cas affirmatif, les parties devront produire, avant le jour du mariage, le certificat du notaire qui aura dressé ce contrat.

15º *Consentement de contractants* (262).

Le maire doit s'assurer que les contractants sont en état de contracter librement et de s'expliquer clairement à ce sujet.

16º *Enfants à légitimer* (263).

Il serait souvent inconvenant de questionner de vive voix les futurs époux à ce sujet. Leur attention ne peut être appelée là-dessus décemment qu'au moyen d'une mention imprimée sur la notice à leur remettre, conformément au nº 167 ci-après; mais il est essentiel qu'ils n'ignorent pas l'impossibilité où ils seraient de légitimer leurs enfants s'ils ne les reconnaissaient pas, par acte authentique, avant le mariage, ou dans l'acte de mariage.

Lorsque les futurs époux annoncent d'eux-mêmes la naissance de ces enfants, il est utile de se faire produire par eux les bulletins de naissance desdits enfants, et de leur faire connaître les formalités de réquisition et enregistrement qu'ils auront à remplir ou à faire remplir, après le mariage, pour l'inscription de la légitimation en marge des actes de naissance des enfants (Voyez à ce sujet les nºˢ 57, 58 et 59 de la 1ʳᵉ partie du présent ouvrage).

17º *Désignation des témoins et signatures des parties et des témoins* (265 et 267).

Faire connaître au maire, en venant fixer le jour du mariage, les prénoms, noms, âges, professions et domiciles des quatre témoins, qui doivent être du sexe masculin et âgés de vingt et un ans au moins. Indiquer, s'ils sont parents ou alliés des parties, de quel côté et à quel degré.

Faire connaître aussi celles des parties et ceux des témoins qui ne pourraient signer l'acte de mariage, et la cause de leur empêchement.

N. B. — La notice qui se remet aux futurs époux pour leur rappeler les pièces qu'ils ont à produire et les formalités qu'ils ont à remplir (Voyez nº 167 ci-après) doit contenir un cadre pour l'énoncé des renseignements concernant les témoins.

Observation. — En cas d'indigence (164), les futurs époux doivent produire le certificat prescrit par l'article 6 de la loi du 10 décembre 1850, en autant d'exemplaires que la situation l'exige.

166. — *Notes officielles pour les publications de mariage que les futurs époux ont à faire faire dans d'autres municipalités que celle de la célébration du mariage.*

Au moyen de la note-répertoire mentionnée au nᵒ 165 ci-dessus, l'officier de l'état civil dressera, et il délivrera aux futurs époux, des notes officielles signées de lui, en vertu de l'avis du Conseil d'Etat des 19-30 mars 1808, en nombre égal aux communes où les publications sont encore à faire, afin qu'il soit, par leurs soins ou par ceux d'un mandataire officieux, adressé une de ces notes, accompagnée du montant des frais de timbre, de légalisation, de poste et de messager, à chacune de ces municipalités, pour obtenir l'accomplissement de la formalité de publication et le certificat de non-opposition prescrit par l'article 69 du Code civil.

167. — *Notice, pour les futurs époux, des justifications et pièces qu'il leur reste à produire pour la célébration du mariage.*

L'officier de l'état civil remettra encore aux futurs époux une notice contenant, imprimées, les dispositions de la loi relatives au délai à observer pour le mariage à partir des publications, la disposition relative aux contrats de mariage et celle qui est relative à la légitimation des enfants naturels.

Des cases auront été ménagées sur cet imprimé, ainsi qu'il est dit nᵒ 165, alinéa 17ᵉ ci-dessus, pour remplir les prénoms, noms, professions, âges et domiciles des quatre témoins, leur degré de parenté avec les futurs, afin que ces indications puissent être transcrites sur l'acte de mariage, à l'avance. Les signatures des témoins mises sur cette feuille serviront à établir l'orthographe de leurs noms, en même temps qu'à indiquer que rien ne les empêchera de signer l'acte.

En tête de cette notice, l'officier de l'état civil énoncera, d'après les indications de sa note-répertoire, mentionnée nᵒ 165 ci-dessus, les certificats de publication et autres documents qui restent à produire par les futurs époux pour la rédaction de l'acte de mariage, afin de prévenir tout oubli de leur part.

La délivrance aux futurs époux d'une notice de ce genre a été recommandée aux maires de Paris par une circulaire de M. le préfet de la Seine, en date du 29 août 1882, insérée au *Recueil des actes administratifs de la préfecture de la Seine* (1).

§ 2. — Lieux où les publications doivent être faites.

168. — *Lieux des publications à faire concernant des futurs époux de profession civile qui ont leurs domicile et résidence en France.*

Le Code civil contient, au sujet des publications, les dispositions suivantes :

« Art. 63. — Avant la célébration du mariage, l'officier de l'état civil fera deux « publications, à huit jours d'intervalle, un jour de dimanche, devant la porte de la « maison commune. Ces publications et l'acte qui en sera dressé énonceront les pré- « noms, noms, professions et domiciles des futurs époux, leur qualité de majeurs ou de « mineurs, et les prénoms, noms, professions et domiciles de leurs pères et mères. Cet « acte énoncera, en outre, les jours, lieux et heures où les publications auront été « faites : il sera inscrit sur un seul registre, qui sera coté et paraphé comme il est dit « en l'article 41, et déposé à la fin de chaque année au greffe du tribunal de « l'arrondissement.

« Art. 166. — Les deux publications ordonnées en l'article 63, au titre des actes de « l'état civil, seront faites à la municipalité du lieu où chacune des parties contractantes « aura son domicile.

« Art. 167. — Néanmoins, si le domicile actuel n'est établi que par six mois de rési- « dence, les publications seront faites, en outre, à la municipalité du dernier domicile.

« Art. 168. — Si les parties contractantes, ou l'une d'elles, sont, relativement au « mariage, sous la puissance d'autrui, les publications seront encore faites à la muni- « cipalité du domicile de ceux sous la puissance desquels elles se trouvent. »

D'autre part, le Code civil porte, en ce qui concerne le domicile relatif au mariage, les dispositions suivantes : « Art. 74. — Le mariage sera célébré dans la commune où

(1) On trouve cette notice imprimée chez M. Miscopein, secrétaire de mairie en retraite à Nogent-sur-Marne (Seine). Prix de l'exemplaire : 5 centimes (port en sus).

« l'un des époux aura son domicile. Ce domicile, quant au mariage, s'établira par six mois
« d'habitation continue dans la même commune. »

Quant au domicile réel ou de droit, il est ainsi défini par l'article 102 du Code civil :
« Le domicile de tout Français, quant à l'exercice de ses droits civils, est au lieu où il
« a son principal établissement. »

Il résulte de ces diverses dispositions législatives :

1° Qu'on ne peut jamais se marier avant d'avoir ou d'avoir eu dans une commune un
domicile réel ou de droit de six mois de durée, et que, lorsque cette condition se trouve
remplie, la célébration du mariage peut avoir lieu soit au domicile réel actuel, quelle
que soit la date de son origine ; soit dans la commune où l'on a, depuis plus de six
mois, une simple résidence ;

2° Que les publications préalables au mariage doivent toujours être faites, quel que
soit le lieu choisi pour sa célébration, à la municipalité du domicile réel ou de droit
actuel, et, s'il dure depuis moins de six mois, à la municipalité du dernier domicile de
droit ayant eu six mois de durée ;

3° Que, si la simple résidence de six mois est choisie pour être le lieu de la célébration du mariage, la publication préalable doit, en outre, être faite à la municipalité de
cette résidence ;

4° Que la publication préalable doit être faite encore à la municipalité des lieux où
sont domiciliées les personnes sans le consentement desquelles ne peuvent se marier les
futurs époux qui sont dans l'état de minorité dont il est question sous les n°s 183 et 190
ci-après.

Deux remarques doivent être faites à l'égard de cette dernière obligation :

Premièrement. Quoique les futurs époux, enfants légitimes, âgés de moins de vingt
et un ans, ne puissent se marier, lorsqu'ils n'ont plus ni père, ni mère, ni aïeuls ou
aïeules vivants et en état de manifester leur volonté, sans le consentement du conseil
de famille (art. 160 du Code civil), il n'y a pas à faire de publication aux lieux des
domiciles des personnes qui composent le conseil de famille, ni à la municipalité du lieu
où elles se sont réunies pour délibérer, non plus qu'à la municipalité du domicile de la
personne que le conseil de famille aurait, par affection peut-être, mais, dans tous les
cas, sans droit, déléguée pour assister le futur lors de la célébration du mariage.
L'article 168 du Code civil, d'après lequel les parties contractantes qui sont, relativement au mariage, sous la puissance d'autrui, doivent faire faire les publications à la
municipalité du domicile de ceux sous la puissance desquels elles se trouvent, est sans
application dans ce cas : d'abord, parce que chacune des personnes qui seront réunies
en conseil de famille n'a, jusqu'à la réunion de ce conseil, aucun droit sur le mineur
pour le mariage duquel le conseil aura à délibérer; ensuite, parce que ce n'est pas le
domicile de chacun des membres du conseil qui sert à fixer le lieu de leur réunion, mais
uniquement le domicile du mineur; en outre, parce que la réunion fortuite de ces personnes dans un lieu que le juge de paix président peut choisir à son gré (art. 415 du
Code civil), et où elles n'auront plus aucun droit de s'assembler lorsque la délibération
aura été prise, ne remplit aucune des conditions fixées par les articles 102 et suivants
du Code civil pour constituer un domicile, comme le fait observer avec raison Proudhon,
dans son *Traité de l'état des personnes ;* de plus, parce que, après avoir, dans leur délibération légale, donné leur assentiment au mariage du mineur, les membres du
conseil de famille ont épuisé leur autorité, en même temps que leur existence collective, et ne peuvent, par conséquent, avoir conservé aucune puissance sur lui. S'ils ont,
dans leur délibération, délégué sans droit, comme il vient d'être dit, l'un d'eux pour
assister le mineur à la célébration du mariage, ce délégué ne pourra pas même se pré-
valoir de ce titre pour remplacer les parents et ne devra figurer dans l'acte, si tel est
l'agrément du mineur, que comme témoin.

Deuxièmement. Un cas de force majeure peut s'opposer à l'exécution de la prescription de publier le mariage à la municipalité du domicile des personnes sous la puissance
desquelles les futurs époux mineurs, quant au mariage, se trouvent placés, lorsque ces
personnes (père, mère, aïeuls) sont domiciliées à l'étranger dans un pays où ne réside
aucun consul français, où les autorités locales refusent de faire lesdites publications, ou
bien où les publications de l'espèce ne sont pas en usage. Dans ce cas, l'officier de l'état
civil doit passer outre : le consentement desdites personnes, qui a dû être nécessairement
produit pour le mariage, ôtant, du reste, toute influence à ce défaut de formalité. Tel est
l'avis que le ministre de la justice a exprimé par trois décisions qu'il a prises les
27 octobre 1843, 8 janvier 1845 et 21 mai 1850.

Il n'est pas inutile d'indiquer ici ce qui impose, aujourd'hui, la doctrine exprimée
ci-dessus : d'une part sur l'obligation pour chacun des futurs époux d'avoir ou d'avoir eu

un domicile réel de six mois de durée, d'autre part sur la faculté qu'ont les futurs époux de se marier à leur simple résidence de six mois, indépendamment du droit de se marier à leur domicile réel.

A. L'obligation d'un domicile actuel ou antérieur de six mois de durée a été affirmée dans la résolution par laquelle l'Assemblée nationale a, le 11 décembre 1871, d'accord avec le Gouvernement, donné son approbation au rapport de M. Courbet-Poulard tendant à retirer de l'ordre du jour, comme inutile, une proposition de loi présentée par des membres de l'Assemblée pour autoriser les Alsaciens-Lorrains, rentrés en France, à s'y marier à leur nouveau domicile après un mois de séjour seulement. Ce rapport contient ceci : « Désormais, selon le mot de M. le ministre de la justice lui-même, les « municipalités en général auront, dans l'interprétation dûment fixée ici de l'article 74, « une règle invariable de conduite. Cette interprétation se résume en deux lignes : Le « mariage peut toujours être célébré dans la commune où l'une des parties a son « domicile réel, lors même qu'elle n'y compte pas six mois de résidence : du moment « où les publications légales auront eu lieu dans le dernier domicile où les futurs époux « avaient demeuré au moins six mois, il peut être régulièrement procédé au mariage « par l'officier de l'état civil. » (*Journal officiel* du 12 décembre 1871, page 4,927.)

L'interprétation ainsi donnée par l'Assemblée nationale est conforme aux anciennes règles rapportées par Pothier (*Contrat de mariage*, nᵒˢ 355, 356). Elle est également conforme aux dispositions de la loi du 20 septembre 1792, relatives au lieu de la célébration du mariage et aux publications à faire (dispositions à peu près reproduites par les articles 63 et 74 du Code civil), elles-mêmes interprétées par un décret rendu par la Convention nationale du 22 germinal an II et ainsi conçu : « La Convention nationale, « après avoir entendu le rapport de son comité de législation sur la question qu'elle lui « a envoyée et qui consiste à savoir si l'acte de mariage peut être reçu dans la maison « commune du lieu du domicile actuel de l'une des parties lorsqu'il n'y a pas six mois « qu'elle y réside, et cependant lorsque les promesses de mariage ont été publiées dans « le dernier domicile où chacune des parties a demeuré six mois avant le mariage ; — « Considérant que l'esprit de la loi ne saurait être d'empêcher que l'acte de mariage « ne soit reçu dans le lieu du domicile actuel de l'une des parties qui veulent se marier, « pourvu qu'elles aient rempli les formalités de la publication des promesses dans le « dernier domicile où les parties ont demeuré au moins six mois, passe à l'ordre du « jour. Le présent décret ne sera point imprimé, il sera inséré au Bulletin de corres- « pondance, et cette insertion tiendra lieu de promulgation. »

Elle est également d'accord avec la doctrine adoptée par un arrêt de la Cour de cassation (chambre des requêtes) du 28 floréal an XI (postérieur à la promulgation des articles du Code civil traitant des formalités relatives à la célébration du mariage).

Enfin elle est d'accord, tout au moins quant à l'obligation d'avoir ou d'avoir eu un domicile de six mois de durée, avec la plupart des jurisconsultes qui ont écrit sur la matière, notamment : de Malleville, Delvincourt, Duranton, Marcadé, Demante, Richelot, Coin-Delisle.

B. Quant à la faculté de se marier dans la commune où on a une résidence établie depuis plus de six mois, en dehors du domicile réel ou de droit, indépendamment du droit de se marier à ce domicile réel, les fonctionnaires de l'ordre judiciaire et tous les auteurs qui se sont occupés de la question sont d'accord pour reconnaître qu'elle a été conférée par le législateur comme un moyen de faciliter les mariages, ce qui ressort, du reste, des explications échangées dans la discussion à laquelle les articles 166 et 167 du Code civil ont donné lieu dans la séance du Conseil d'Etat du 4 vendémiaire an X.

Mais, d'après les mêmes fonctionnaires et les mêmes auteurs, le législateur, en octroyant cette faculté, n'a point dispensé de l'obligation légale de faire publier la promesse de mariage aux municipalités du domicile réel ou de droit ; il a, au contraire, ajouté à cette obligation celle de faire faire encore la publication à la municipalité de la résidence choisie pour le lieu du mariage, ce qui est enseigné ci-dessus.

169. — *Lieux des publications à faire pour le mariage des militaires en garnison en France ou attachés à des corps d'armée stationnant en dehors du territoire de la République.*

1ᵒ Les militaires en service en France sont soumis aux règles générales rappelées au nᵒ 168 ci-dessus, pour les publications de mariage.

Le séjour sous les drapeaux ne leur ayant point fait perdre le domicile de droit qu'ils avaient avant leur incorporation au régiment, le pays où ils sont en garnison est une simple résidence où les publications ne seraient à faire que si, ayant duré plus de six mois, cette résidence était choisie pour le lieu de la célébration du mariage en vertu de l'art. 74 du Code civil. (Avis du Conseil d'Etat du quatrième jour complémentaire an XIII.)

Cependant si, par suite de circonstances rares et exceptionnelles, telles que celle d'avoir été recueilli comme *enfant de troupe* et élevé sous la protection collective du régiment, sans tuteur, sans connaître ses parents, sans savoir s'il en a, le militaire n'a jamais eu d'autre domicile connu que la résidence de son régiment, les publications de mariage seront faites à la municipalité du lieu de la résidence actuelle de ce régiment, considérée comme étant son domicile de droit aux termes des articles 102 et 108 du Code civil, puisque le régiment remplace ses père et mère ou tuteur.

Si la résidence actuelle n'a pas atteint six mois de durée, la publication devra aussi être faite à la municipalité du lieu où le corps a eu sa dernière résidence de six mois ou, à défaut de localité où la durée de six mois ait été atteinte, aux municipalités des lieux quittés par le régiment depuis moins de six mois. (Instruction du garde des sceaux du 19 mai 1821.)

Mais si aucune des résidences où les publications sont faites n'a duré six mois, les publications ne dispenseront pas le futur de l'obligation de résider pendant six mois au moins dans la même ville pour avoir le droit de s'y marier, dans le cas où il ne se marierait pas dans une commune où la future épouse aurait acquis un domicile légal de six mois de durée. Cela résulte de l'interprétation donnée à l'article 74 du Code civil par la résolution de l'Assemblée nationale du 11 décembre 1871, rapportée sous le nᵒ 168, alinéa A ci-dessus.

En présence de cette jurisprudence parlementaire ou semi-législative, conforme du reste à l'opinion de nombreux auteurs, il y a lieu de considérer comme frappées de caducité les circulaires du ministre de la guerre des 24 brumaire an XII et 8 mars 1823, exprimant l'avis que le militaire peut se marier au lieu où réside son régiment en justifiant qu'il appartient à ce corps depuis plus de six mois.

Les règles qui viennent d'être exposées pour le militaire enfant de troupe s'appliqueraient à un militaire n'ayant jamais quitté le drapeau, qui serait né au régiment alors que son père de nationalité étrangère était au service de la France, avec cette circonstance que celui-ci n'a jamais eu en France de domicile autre que la résidence du régiment. En effet, la situation de ce militaire peut être assimilée à celle de l'enfant de troupe dont il vient d'être parlé, d'après les termes d'un arrêt rendu dans une affaire de succession Schweisteger, par la Cour d'appel d'Agen, le 7 juin 1854, confirmé par arrêt de la Cour de cassation du 21 février 1855.

2ᵒ Quant aux militaires ou employés à la suite des armées, qui servent sous le drapeau de la France en dehors du territoire de la République, ils sont astreints aux mêmes obligations que les militaires casernés en France, en ce qui touche les publications au domicile de droit qu'ils avaient avant de quitter le sol de la France, au précédent domicile de six mois de durée si le dernier domicile n'avait pas atteint cette période de temps, et à la municipalité du domicile des parents sous la puissance desquels ils sont pour le mariage. Si la future épouse est Française et attachée aussi à un titre quelconque au service de l'armée, le projet de mariage n'a pas à être publié par les autorités du pays où se trouve l'armée. Les publications locales, dans ce cas, consistent à mettre le projet de mariage, conformément à l'article 94 du Code civil, vingt-cinq jours avant la célébration du mariage, à l'ordre du jour du corps pour les individus qui tiennent à un corps, et à celui de l'armée ou du corps d'armée pour les officiers sans troupe et pour les employés qui en font partie.

Mais si l'un des deux futurs époux est étranger ou n'appartient pas au service de l'armée, les publications de mariage doivent encore être faites conformément aux lois du pays, et le mariage doit être célébré non devant les fonctionnaires militaires français, mais devant les fonctionnaires locaux et suivant l'usage du pays, conformément à l'article 170 du Code civil. Il faut cependant convenir que ce moyen ne peut guère être employé à l'étranger que lorsque les opérations de guerre ont cessé et que, par suite des arrangements conclus entre les belligérants, les fonctionnaires du pays ne sont plus considérés comme des ennemis de la France.

Il convient de remarquer encore qu'un militaire qui se trouve en France peut s'y marier sans avoir à justifier que son projet de mariage a été mis à l'ordre du jour du corps d'armée auquel il appartient et qui est stationné hors de France, cette formalité n'ayant été prescrite par l'article 94 du Code civil que pour les militaires qui se marient à l'armée en dehors du territoire de la République. (Décision ministérielle du 22 juillet 1837.)

170. — *Lieux des publications à faire pour le mariage de Français résidant en Algérie, dans les colonies françaises, dans les pays de protectorat ou à l'étranger.*

A. Les Français, chrétiens ou israélites, qui ont pris domicile en Algérie doivent faire publier leur projet de mariage, suivant les prescriptions du Code civil, à la municipalité de leur domicile, laquelle est la mairie dans les communes de plein exercice (art. 164 de la loi du 5 avril 1884) ; le bureau du commandant de place ou de l'adjoint civil délégué, dans les communes mixtes. (Voyez ci-dessus, 1re partie, n° 5.)

Les formalités des publications ne sont pas prescrites pour le mariage des musulmans. (Art. 17 de la loi du 23 mars 1882.)

B. Dans les colonies, les publications sont faites ou non, suivant que la loi et les décrets organiques qui régissent chaque colonie y ont ou non appliqué les dispositions du titre 2, livrer Ier, du Code civil et y ont ou non établi le régime municipal. (Voyez première partie, n°s 5 et 10.)

C. Dans les pays de protectorat, ce sont aussi les lois et décrets organiques spéciaux à chaque pays qui déterminent les formalités préliminaires de la célébration du mariage. (Voyez également première partie, n°s 5 et 10.)

D. Le Français qui réside à l'étranger ne conserve légalement sa qualité de Français que par suite de son intention de revenir en France. Tout établissement fait en pays étranger sans esprit de retour lui ferait perdre, en effet, sa nationalité, aux termes de l'article 17 du Code civil. Dès lors, il conserve toujours son domicile légal en France, et son séjour à l'étranger ne peut être considéré que comme résidence.

Il s'ensuit que, pour se marier légalement à l'étranger, il devra faire publier son projet de mariage :

1° Au lieu de sa résidence à l'étranger (laquelle devra avoir au moins six mois de durée), dans la forme usitée dans le pays si les publications y sont en usage et s'il se marie avec une étrangère ; à la chancellerie du consulat de France si les publications ne sont pas en usage dans le pays et s'il se marie avec une Française (art. 48, 63, 74, 165, 166, 167 et 170 du Code civil) ;

2° A la municipalité de son dernier domicile en France (art. 167 du Code civil) ;

3° A la municipalité du domicile de ceux sous la puissance desquels il se trouve en raison de son âge, relativement au mariage (Art. 168 du Code civil).

Cependant,les tribunaux n'ont pas toujours annulé le mariage des Français qui se sont mariés à l'étranger sans avoir fait précéder le mariage de publications en France. Ils ont annulé les mariages célébrés sans publications en France lorsqu'il est résulté des faits que la publication avait été omise à dessein et dans l'intention d'éluder les dispositions de la loi française (Paris, 9 juillet 1853 ; Cassation du 28 mars 1854). Ils en ont reconnu la validité lorsque le défaut de publication n'a pas eu pour but ni pour effet de soustraire le mariage à la connaissance des parties intéressées. (Arrêts de la Cour de cassation du 28 décembre 1874 et 8 mars 1875 ; arrêt de la Cour de Paris du 27 juin 1878.)

On peut donc, d'accord avec l'esprit de l'article 15 de l'ordonnance du 23 octobre 1833, professer que la jurisprudence permet de ne pas faire de publications en France pour contracter mariage à l'étranger, quand les futurs époux français résidant depuis plus de six mois dans un pays étranger, qui sont immatriculés au consulat de France de la circonscription depuis plus de six mois, qui ne sont pas engagés dans les liens d'un précédent mariage, sont majeurs, n'ont plus ni père ni mère, ni ascendants, et se marient, soit dans la forme usitée dans le pays, soit devant le consul de France compétent.

171. — *Lieux des publications à faire pour le mariage d'étrangers résidant en France.*

L'étranger qui se marie en France doit remplir, pour son mariage, les formalités imposées aux Français par la loi française, à moins que, sur certains points qui n'intéressent pas l'ordre public établi en France, les lois de son pays n'en permettent pas l'exécution. (Art. 3 et 11 du Code civil.)

L'étranger qui n'a pas été admis à établir son domicile en France par autorisation du Président de la République, conformément à l'article 13 du Code civil, n'y a pas de domicile proprement dit. Le lieu où il séjourne ne peut être considéré que comme résidence. Dans ce cas, à moins qu'il ne se marie au lieu où la future épouse a acquis un domicile de six mois, il ne peut se marier en France que si sa résidence actuelle a plus de six mois de durée, conformément à l'article 74 du Code civil.

Les publications du mariage doivent donc, en ce qui le concerne, être faites : 1° à la municipalité de sa résidence en France ; 2° et, à moins d'impossibilité, au lieu de son domicile à l'étranger, ainsi qu'au lieu du domicile des parents sous la puissance desquels il se trouve pour le mariage.

Dans tous les pays étrangers où les publications sont en usage, l'accomplissement des publications au dernier domicile des futurs époux est essentiel. L'inaccomplissement de cette formalité pourrait donner lieu à l'annulation du mariage au retour des étrangers dans leur pays, notamment en Italie. (Circulaires du ministre de la justice des 26 janvier 1876 et 10 mars 1883.)

Dans divers pays, les publications qui sont en usage dans le lieu du domicile des futurs époux ne sont pas faites au domicile de leurs ascendants. Il en est ainsi en Italie où, comme on le verra dans la remarque faite sous le n° 222 ci-après, les fils majeurs de 25 ans et les filles majeures de 21 ans ne sont pas obligés d'obtenir le consentement de leurs père et mère ni de leur faire des actes respectueux (circulaires ci-dessus mentionnées). Il en est de même en Suisse, où les nationaux peuvent se marier lorsqu'ils ont l'âge de vingt ans révolus sans le consentement de leurs ascendants ou tuteurs. (Circulaire du ministre de la justice du 2 août 1884.)

C'est aux futurs époux à justifier, par un certificat de l'ambassadeur ou du consul de leur pays en France, de l'immunité que les lois de leur pays leur confèrent, lorsqu'ils n'ont pas justifié de l'accomplissement des formalités prescrites par la loi française.

§ 3. — Nombre, caractère et forme des publications de mariage.

172. — *Nombre des publications à faire.*

Avant la célébration du mariage, l'officier de l'état civil fera deux publications à huit jours d'intervalle, un jour de dimanche, devant la porte de la maison commune (art. 63 du Code civil), à moins qu'il n'ait été accordé dispense pour la seconde. (Voir n° 173 ci-après.)

173. — *Dispense de la seconde publicaton.*

Il est loisible au procureur de la République, délégué judiciaire du Président de la République (art. 3 de l'arrêté du gouvernement du 3 prairial an XI), d'acorder aux futurs époux, pour causes graves, dispense de la seconde publication. (Art. 169 du Code civil.)

Pour que la demande des futurs époux à cet égard soit susceptible d'être accueillie, il faut qu'elle soit collective, écrite sur papier timbré ou accompagnée d'un certificat d'indigence, accompagnée encore d'un certificat délivré par l'officier de l'état civil le mercredi qui suit la première publication, constatant que cette publication a été faite et qu'elle n'a été suivie d'aucune opposition. En outre, si la demande est motivée par l'état de grave maladie de l'un des futurs, elle devra être accompagnée aussi d'un certificat de médecin, délivré sur papier timbré et légalisé par le maire, constatant que le futur ou la future, quoique gravement malade, jouit de ses facultés intellectuelles.

Quand la demande a été favorablement accueillie par le procureur de la République de l'arrondissement dont dépend la commune où sera célébré le mariage, la dispense de seconde publication est déposée au secrétariat de la mairie de cette commune, et une expédition, délivrée par l'officier de l'état civil, est, lors de la célébration du mariage, annexée à l'acte de mariage. (Arrêté du gouvernement du 20 prairial an XI.)

La dispense étant un acte de l'autorité publique, est, à ce titre, exemptée de la formalité du timbre, en vertu de l'article 16 de la loi du 13 brumaire an VII. (Solution de l'Administration de l'Enregistrement du 14 novembre 1842.)

174. — *Caractère et forme des publications de mariage à faire à l'extérieur de la maison commune.*

Les publications qui doivent précéder le mariage ne sont pas attributives ou modificatives d'état, et peuvent, au gré des intéressés, rester sans conséquence. Dès lors, les actes qui constatent ces publications ne font que constater une simple formalité: ils ne possèdent ni le caractère ni le nom d'acte d'état civil, et les règles qui les régissent sont seulement celles qu'ont édictées les articles 63, 64 et 67 du Code civil relatifs à cette formalité. Ces règles sont aussi applicables aux extraits qui sont tirés desdits actes et dont l'affichage constitue la publication dont il s'agit. Elles vont être indiquées ci-après.

Chaque publication faite dans une commune de France consiste dans une affiche écrite sur une feuille de papier timbré qui peut être et est généralement la feuille simple, timbrée au prix de 60 centimes. On la place en vue du public, à la porte extérieure de la mairie, dans un cadre grillagé ou vitré.

Cette affiche doit indiquer, en tête, qu'elle est la première ou qu'elle est la seconde publication du mariage projeté entre les deux personnes qu'on y désigne par les énonciations indiquées sous les n°s 181 à 194 ci-après.

L'affiche doit être datée du dimanche où elle est placardée, et signée par l'officier de l'état civil.

L'affiche de la première publication reste dans le cadre jusqu'à ce qu'elle soit remplacée, le dimanche suivant, par l'affiche de la seconde publication. Il est d'usage d'y laisser cette dernière jusqu'à l'expiration du délai fixé en l'article 64 du Code civil, c'est-à-dire jusqu'à la fin de la journée du mardi qui suit le dimanche où elle a été placardée.

Lorsqu'il y a dispense de la seconde publication, l'affiche de la première publication reste placardée seulement jusqu'au jour du mariage, qui ne peut être fixé avant le mercredi qui suit cette publication. (Induction de l'article 64 du Code civil.)

A l'armée, en dehors du territoire de la République, les publications de mariage, au lieu d'être affichées, sont mises vingt-cinq jours avant la célébration du mariage à l'ordre du jour du corps pour les individus qui tiennent à un corps, et à celui de l'armée ou du corps d'armée pour les officiers sans troupes et pour les employés qui en font partie. (Art. 94 du Code civil.)

A l'étranger, les publications et affiches de mariage sont faites dans le lieu le plus apparent de la chancellerie du consulat de France. (Art. 14 de l'ord. du 23 octobre 1833.)

175. — *Registre destiné à l'inscription des actes de publication de mariage.*

Dans les communes de France, les actes de publication de mariage sont inscrits sur un seul registre qui a dû être coté et paraphé par le président du tribunal civil de première instance, ou par le juge suppléant le président. Ce registre doit, à la fin de l'année, après avoir été clos et arrêté par l'officier de l'état civil, être déposé au greffe de ce tribunal (art. 63 du Code civil). Il doit être composé de papier timbré (loi du 13 brumaire an VII, art. 12). Le format en est semblable aux registres de naissance, mariage et décès. La table de ce registre étant un document à l'usage des parquets seulement n'est pas assujettie au droit de timbre lorsqu'elle est faite en dehors des feuillets du registre. (Voyez 1re partie n°s 18 à 28.)

Quoique les actes de publication de mariage, ainsi qu'il est dit n° 174 ci-dessus, ne soient pas soumis à toutes les règles tracées dans le Code civil par le chapitre premier du titre *des actes de l'état civil*, il y a lieu de juger que, vu leur but et leur rapport avec les actes de mariage, ils doivent être soumis aux prescriptions générales et d'ordre public de l'article 42 dudit Code, d'après lesquelles les actes doivent être inscrits sur le registre, de suite, sans aucun blanc; les ratures et les renvois doivent être approuvés et signés de la même manière que le corps de l'acte; rien ne doit être écrit par abréviation, et aucune date ne doit être mise en chiffres.

A l'armée, en dehors du territoire de la République, l'ordre du jour qui compose la publication est inscrit sur le registre unique destiné à l'inscription des actes de naissance, mariage et décès, lequel est déposé aux archives de la guerre lors de la rentrée de l'armée ou du corps d'armée en France. (Art. 90 et 94 du Code civil. — Voyez 1re partie, n° 30.)

A l'étranger, dans les consulats de France, les publications de mariage sont transcrites à leur date sur un registre spécial coté et paraphé par le consul (art. 14 de l'ordonnance du 23 octobre 1833). Comme il a été dit ci-dessus, 1re partie, n° 32, il est d'usage de conserver ce registre dans les archives du consulat.

§ 4. Énonciations qui doivent constituer l'acte de la première publication. Règles qui les concernent.

176. — *La première publication doit faire l'objet d'un acte spécial.*

L'article 63 du Code civil, déjà cité sous le n° 172 ci-dessus, est ainsi conçu : « Avant « la célébration du mariage, l'officier de l'état civil fera deux publications, à huit jours « d'intervalle, un jour de dimanche, devant la porte de la maison commune. Ces publi- « cations et l'acte qui en sera dressé énonceront les prénoms, noms, professions et « domiciles des futurs époux, leur qualité de majeurs ou de mineurs, et les prénoms, « noms, professions et domiciles de leurs pères et mères. Cet acte énoncera, en outre, « les jours, lieux et heures où les publications auront été faites : il sera inscrit sur un « seul registre, qui sera coté et paraphé comme il est dit en l'article 41, et déposé à la fin « de chaque année, au greffe du tribunal de l'arrondissement. »

L'article 64 porte ensuite : « Un extrait de l'acte de publication sera et restera affiché « à la porte de la maison commune pendant les jours d'intervalle de l'une à l'autre « publication. »

La rédaction de ces articles présente à l'esprit l'idée d'un seul acte pour les deux publications ; mais telle n'a pas été la volonté du législateur.

D'après la règle générale posée dans l'article 42 du Code civil, les actes d'état civil doivent être dressés de suite, c'est-à-dire immédiatement. C'est en effet l'acte qui rend certain le fait constaté et lui assure une date authentique. On ne comprendrait pas une dérogation à cette règle en ce qui concerne les publications de mariage. La première publication, comprenant l'affichage, est le fait capital dont il importe de rendre le jour et l'heure incontestables, et la loi dit que c'est un extrait de l'acte de publication qui sera affiché. Or, s'il se passe huit jours sans qu'ils soient constatés, la publication et l'affichage sont contestables dans cet intervalle, tout au moins quant à leurs jour et heure de départ, et la prescription d'afficher l'extrait d'un acte qui n'existera pas avant huit jours serait un non-sens. D'un autre côté, comme l'officier de l'état civil qui a fait la première publication peut être empêché par une circonstance quelconque de faire la seconde, l'officier public qui fera cette dernière ne pourra affirmer valablement le jour et l'heure de la première qui resterait ainsi sans preuve authentique. Ces conséquences n'ont pu être voulues par le législateur.

Deux faits distincts sont à établir : le premier que la première publication a été faite et qu'un extrait de l'acte de publication a été affiché à jour et heure déterminés ; le second que l'extrait affiché est resté en place jusqu'au moment de la seconde publication, et que cette seconde publication a été faite au jour prescrit par la loi. La raison est d'accord avec l'autorité judiciaire pour décider qu'il faut deux actes distincts pour les constater ; c'est, du reste, ce qui se fait dans la pratique, et c'est aussi ce qui est enseigné par la circulaire relative à la rédaction des actes de l'état civil, adressée par le préfet de la Seine aux maires de Paris, le 20 décembre 1880.

En conséquence, l'acte de la première publication devra être dressé à la date de cette première publication. Il portera les énonciations indiquées sous les n°s 177 à 195 ci-après.

177. — *Date de l'acte de première publication.*

La date doit être celle du dimanche même de la première publication, comme il vient d'être dit sous le numéro 176.

178. — *Heure de l'acte.*

L'acte devant être dressé immédiatement (induction de l'art. 42 du Code civil), l'heure est celle de l'affichage de la publication, lequel se fait à l'heure convenable pour que le plus grand nombre possible de personnes puissent en avoir connaissance, et au plus tard au commencement de la dernière moitié de la journée, c'est-à-dire midi (heure que fixait, avant la publication du Code civil, la loi du 20 septembre 1792).

179. — *Prénoms, nom, titres honorifiques, s'il y a lieu, et qualité de l'officier de l'état civil, avec indication de la commune où il est en fonction, ainsi que du canton, de l'arrondissement et du département dont elle dépend.*

D'après les indications et explications données sous les n°s 6 et 11 de la première partie, l'officier de l'état civil est :

A Paris, dans chacun des arrondissements : le maire ou l'un ou l'autre des adjoints de l'arrondissement exerçant tous concurremment les fonctions d'officiers de l'état civil, en vertu de l'article 16 de la loi du 28 pluviôse an VIII ;

A Lyon, dans chacun des arrondissements : l'un ou l'autre des deux adjoints délégués par le maire pour y remplir lesdites fonctions, conformément à l'article 73 de la loi du 5 avril 1884 ;

Dans toute autre commune de France, en vertu de l'article 13 de la loi du 28 pluviôse an VIII et de la loi du 5 avril 1884, art. 44, 49, 75, 82, 84 et 87 : le maire de la commune, lequel peut déléguer un adjoint ou, à défaut d'adjoint, un conseiller municipal, ou bien, si le maire est absent ou empêché, l'adjoint ou le conseiller municipal qui remplit les fonctions de maire ; ou bien, dans une fraction de commune séparée du chef-lieu par la mer ou un autre obstacle, l'adjoint spécial nommé pour remplir les fonctions d'officier de l'état civil dans cette localité ; ou bien, dans une commune où le conseil municipal est dissous ou non constitué, le président ou le vice-président de la délégation remplaçant le conseil municipal.

Il importe à la régularité de l'acte que l'officier de l'état civil y soit désigné par ses prénoms, nom et qualité, d'après les motifs qui ont été exposés dans la 1re partie sous le n° 36. La commune administrée étant inséparable de la qualité de l'administrateur doit y être également nommée avec l'indication des circonscriptions administratives dont elle dépend. Quant aux titres honorifiques dont l'officier de l'état civil peut être revêtu et qui témoignent de services rendus à l'Etat, il est dans les vues du gouvernement qu'ils soient énoncés dans les actes concernant l'état civil, ainsi qu'il a été expliqué, première partie n° 38.

180. — *Mention que la publication est la première.*

L'acte doit énoncer que la publication est la première, quand même les futurs époux se proposeraient de demander la dispense de la seconde.

181. — *Prénoms, nom et profession du futur époux, ses titres et décorations s'il en a.*

Les prénoms et nom du futur doivent être écrits conformément à son acte de naissance pour éviter tout prétexte aux oppositions et pour éviter aussi l'obligation de recommencer les publications en cas de différences notables.

Si les titres du futur ne lui ont pas été attribués personnellement dans son acte de naissance, ils ne doivent être mentionnés que sur la représentation faite des documents par lesquels ils lui ont été conférés ou qui ont reconnu les droits qu'il peut avoir à se revêtir du titre que portait son père ou d'un titre inférieur : faute de quoi l'officier de l'état civil et le futur époux seraient exposés à l'application des peines portées aux articles 3 et 5 de la loi du 6 fructidor an II et dans la loi du 28 mai 1858, modificative de l'article 259 du Code pénal.

Le futur doit également justifier du droit de porter les décorations dont il demande l'énonciation dans les actes de publication.

(Voyez ci-dessus n° 165, alinéa 2°, pour les pièces qui justifient les énonciations faisant l'objet du présent article.)

182. — *Domicile du futur.*

Il faut indiquer le domicile réel ou de droit actuel du futur, quelle que soit sa courte durée.

S'il ne remonte pas à plus de six mois, on indiquera aussi le précédent domicile réel ou de droit ayant eu six mois au moins de durée.

Enfin, si une résidence indépendante de ce domicile réel ou de droit est choisie pour lieu de la célébration du mariage, on indiquera encore cette résidence et le temps de sa durée. Cette indication de durée a été recommandée par M. le préfet de la Seine dans sa circulaire adressée aux maires de Paris le 20 décembre 1880, conformément au désir exprimé par le procureur de la République.

A. — *Remarques sur les circonstances qui servent à déterminer le domicile ordinaire et le domicile spécial au mariage.*

Le domicile réel ou de droit du futur est au lieu où celui-ci a son principal établissement, s'il est âgé de vingt et un ans accomplis, ou si, étant moins âgé, il a été émancipé. (Art. 102 et 108 du Code civil.)

Si le futur, ayant la majorité ordinaire de vingt et un ans fixée par la première partie de l'article 488 du Code civil, sert ou travaille habituellement chez autrui et y demeure, son domicile réel ou de droit est le même que celui de la personne chez laquelle il sert ou travaille (art. 109 du Code civil). Le majeur interdit a son domicile réel ou de droit chez son tuteur. (Art. 108 du Code civil.)

Si le futur époux, majeur de vingt-et-un ans, remplit une fonction publique, temporaire ou révocable, il conserve le domicile réel ou de droit qu'il avait auparavant, s'il n'a pas manifesté d'intention contraire, ce qui doit se juger d'après les circonstances. (Art 106 du Code civil.)

Par application de ce principe, le domicile du militaire reste celui qu'il avait avant son incorporation sous les drapeaux, à moins que, majeur, marié, chef ou soutien de famille, il n'ait installé sa famille dans un autre lieu avec l'intention déclarée authentiquement d'y fixer son domicile.

Mais si le militaire, majeur ou mineur, est entré sous les drapeaux comme enfant de troupe, sans connaître ses parents, sans avoir jamais eu de tuteur, enfin s'il a été élevé seulement sous la protection collective du régiment, ou bien s'il est né au régiment d'un père étranger alors au service de la France, n'ayant jamais eu en France de domicile ailleurs qu'au régiment, son domicile réel ou de droit est au lieu où son régiment tient garnison. (Voyez n° 169, alinéa 1 ci-dessus.)

Le domicile du futur époux, âgé de vingt et un ans accomplis qui, depuis sa majorité ordinaire, a toujours exercé une profession ambulante, comme celle de comédien, saltimbanque, colporteur, est celui qu'il avait avant sa majorité d'après les indications données ci-après.

Si le futur, âgé de moins de vingt et un ans, n'est pas émancipé, son domicile réel ou de droit est au lieu du domicile de ses père et mère ou tuteur (art. 108 du Code civil). Le tuteur dont il est ici question est la personne revêtue de la tutelle déférée par le dernier vivant des père et mère à son gré (art. 397 du Code civil), ou appartenant de plein droit à l'aïeul mâle (art. 402 du Code civil), ou qui a été déférée par le conseil de famille (art. 405 du Code civil), laquelle tutelle consiste à administrer les biens du mineur, à prendre soin de sa personne et à le représenter dans tous les actes civils (art. 450 du Code civil). Cette qualité du tuteur n'appartient pas au tuteur *ad hoc* nommé spécialement pour consentir au mariage du mineur enfant naturel qui n'a ni père ni mère. (Art. 159 du Code civil.)

Si le futur époux, âgé de moins de vingt et un ans, est élève d'hospice, son domicile réel ou de droit est au lieu où est situé l'hospice ou le siège de l'administration dont dépend l'hospice, attendu que, d'après les lois des 15 pluviôse an XIII et 10 janvier 1849, il est placé sous la tutelle, soit de la commission administrative de l'hospice, soit du directeur de l'Administration générale de l'Assistance publique de Paris pour les hospices qui dépendent de cette Administration, aux lieu et place de ses parents d'existence inconnue.

Si le futur époux, mineur de moins de vingt et un ans, non émancipé et non placé dans un hospice, n'a ni père, ni mère, ni tuteur, son domicile réel ou de droit est au lieu du domicile du dernier décédé de ses père et mère s'il est enfant légitime ou enfant naturel reconnu, quand bien même il aurait eu, depuis le décès, un tuteur légal ou datif. (Art. 108 du Code civil interprété par arrêts de la Cour de cassation des 27 mars 1819, 10 août 1825, 11 mai 1842.)

Si le futur époux, mineur de moins de vingt et un ans, non émancipé et non déposé aux hospices, est un enfant naturel non reconnu n'ayant pas de tuteur, son domicile réel ou de droit est au lieu du domicile de la personne qui l'a élevé et qui a rempli ainsi le rôle d'un tuteur, si cette personne est encore présente, sans distinguer si elle est ou non celle qui a été désignée dans l'acte de naissance de l'enfant comme étant sa mère (1). Mais si cette personne est décédée ou disparue, il paraît conforme à l'esprit de la loi de dire que le domicile légal de notre mineur est le lieu où cet individu s'est fixé par une résidence continue de six mois, lequel lieu est devenu ainsi pour lui le domicile spécial au mariage indiqué en l'article 74 du Code civil.

B. Observation relative au lieu de la réunion du conseil de famille appelé à donner son consentement au mariage projeté.

Ainsi qu'il a été dit sous le nᵒ 168 ci-dessus (conformément à l'article 406 du Code civil), c'est le domicile du mineur qui détermine la circonscription du lieu où se réunira le conseil de famille appelé à donner ou refuser son consentement au projet de mariage, quand le mineur n'a plus ni père, ni mère, ni aïeuls et ne se trouve pas sous la tutelle d'un hospice, et l'on a vu, sous le présent numéro, quel est le domicile du mineur, quelle que soit sa situation filiale.

Il semble donc qu'il ne peut y avoir de difficulté au sujet de la fixation du lieu de la réunion du conseil de famille pour l'objet qui nous occupe. S'il y a eu parfois, à cause de la conservation et de l'administration des biens de succession, des motifs capables de faire professer par quelque auteur que le conseil de famille, appelé à nommer un tuteur au mineur, en remplacement de la mère, devait se réunir au lieu du dernier domicile du père, il n'y en a pas lorsqu'il s'agit de statuer sur le mariage de l'enfant, et la raison conduit à penser que, pour décider sur le projet de mariage d'une personne, c'est le milieu où elle vit ainsi que les conditions de son existence qu'il faut surtout bien connaître, plutôt que les circonstances de l'existence de son père et les souvenirs que celui-ci a laissés dans les lieux où il a vécu.

183. — *Qualification du futur époux comme mineur, mineur quant au mariage ou majeur.*

En prescrivant, par les articles 63 et 64 du Code civil, de mentionner dans les publications d'un mariage projeté la minorité ou la majorité des futurs époux, le législateur n'a pas eu pour but de faire connaître au public si les futurs époux ont ou n'ont pas atteint l'âge de 21 ans, jusque auquel l'individu de l'un ou l'autre sexe est mineur d'après

(1) Cette doctrine est conforme à celle adoptée par Dalloz dans la note mise sous l'article 108 de son Code civil annoté.

l'article 388 dudit Code, et à partir duquel il est majeur pour les actes de la vie civile d'après la première partie de l'article 488. Il se fût contenté, dans ce cas, d'exiger l'indication de l'âge qu'il a prescrite dans tous les actes de l'état civil par l'article 34. Ce qu'il a voulu, c'est la publicité de l'état de dépendance absolue, de dépendance relative ou d'indépendance dans lequel se trouvent, pour le mariage, les futurs époux vis-à-vis de leurs parents ou de ceux qui remplacent leurs parents, d'après les termes des articles 148, 151, 152, 158, 159 et 160 du Code civil, où cet état est appelé *minorité* quand l'enfant ne peut se marier sans le consentement de sa famille, et *majorité* quand il peut se marier malgré le rejet de sa demande de consentement ou sans avoir de demande à faire.

La majorité en question est bien spéciale au mariage, comme le rappelle la deuxième partie de l'article 488 ci-dessus indiqué; l'âge seul ne suffit pas à la déterminer puisqu'elle est acquise à des âges différents suivant la situation de famille des futurs, indiquée aux six articles ci-dessus visés compris dans le chapitre des *qualités et conditions requises pour pouvoir contracter mariage;* c'est elle qu'ont intérêt de connaître ceux qui peuvent se croire des droits à former opposition au mariage. Le législateur a montré, du reste, qu'il attachait ce sens à son expression en prescrivant, par l'article 76 du Code civil, de mentionner à la fois dans l'acte de mariage l'âge et l'état de majorité ou de minorité des deux personnes qui contractent mariage ensemble, en même temps que les autres circonstances d'état par suite desquelles elles possèdent les conditions légales requises, et l'exécution de cette double prescription n'a jamais rien de choquant pour l'esprit si l'indication de l'état précède toujours celle de l'âge.

D'après ces dispositions légales :

A. Le futur époux qui n'a pas atteint l'âge de 21 ans est *mineur,* aussi bien pour le mariage que pour tout autre acte de la vie civile, attendu que :

1° S'il est enfant légitime, il ne peut se marier sans le consentement de son père; ou, à défaut du père décédé ou empêché, de sa mère; ou, à défaut des père et mère décédés et empêchés, d'un de ses aïeuls masculins ou d'une aïeule si elle est seule dans sa ligne; ou, à défaut de père et mère et autres ascendants, du conseil de famille; — sans préjudice de l'obligation de justifier, soit : 1° par des actes respectueux dont il sera parlé sous le n° 218 ci-après, qu'il a aussi demandé le consentement de sa mère vivante, si le consentement n'est donné que par le père, et le consentement des aïeuls et aïeules existants non consentants, si le consentement n'a été donné que par un ascendant dont le consentement suffit en cas de dissentiment entre les ascendants des deux lignes; 2° par des documents dont il sera question sous le n° 220, que la mère ou les autres ascendants dont le consentement n'est pas produit sont hors d'état de manifester leur volonté (art. 148, 149, 150, 160 du Code civil);

2° S'il est enfant naturel reconnu, il ne peut se marier sans le consentement de son père; ou, à défaut du père décédé ou empêché, de sa mère; ou, à défaut des père et mère décédés ou empêchés, d'un tuteur *ad hoc* nommé par le conseil de famille; — sans préjudice de l'obligation de justifier qu'il a aussi demandé le consentement de sa mère existante, si le consentement n'est donné que par le père, ou que la mère est hors d'état de manifester sa volonté (art. 148, 149 et 159 du Code civil);

3° S'il est enfant naturel non reconnu, il ne peut se marier sans le consentement d'un tuteur *ad hoc,* nommé par le conseil de famille (art. 159 du Code civil);

4° S'il est élève d'hospice, il ne peut se marier sans le consentement du conseil d'administration de l'hospice où il a été élevé, ou du Directeur de l'administration générale de l'assistance publique de Paris, s'il a été placé dans un hospice dépendant de cette administration. (Lois des 15 pluviôse an XIII et 10 janvier 1849.)

B. Le futur époux âgé de 21 à 25 ans est *mineur quant au mariage* si, étant enfant légitime, ses père et mère, l'un ou quelqu'un de ses ascendants existent et sont en état de manifester leur volonté, attendu qu'il ne peut se marier sans le consentement de son père; ou à défaut du père décédé ou empêché de sa mère; ou, à défaut de ses père et mère décédés ou empêchés, d'un aïeul masculin ou d'une aïeule si elle est seule dans sa ligne; — sans préjudice de l'obligation de faire les justifications indiquées ci-dessus, paragraphe A-1°, dans le cas où la mère n'aurait pas joint son consentement à celui du père, ou bien dans le cas où le consentement de quelques-uns des aïeuls et aïeules ne serait pas produit. (Art. 148, 149, 150 du Code civil.)

C. Il est également *mineur quant au mariage* lorsqu'il est âgé de 21 à 25 ans si, étant enfant naturel reconnu, ses père et mère ou l'un d'eux existent et sont en état de manifester leur volonté, attendu qu'il ne peut se marier sans le consentement du père, ou, si le père est décédé ou empêché, de la mère; — sans préjudice de l'obligation de justifier de la manière indiquée ci-dessus, soit qu'il a aussi demandé à sa mère de joindre son consentement à celui du père, soit que la mère est hors d'état de manifester sa volonté pour donner son consentement. (Art. 148, 149, 158 du Code civil.)

D. Il est à 25 ans *majeur*, pour le mariage comme pour tout autre acte de la vie civile, quoique ses père et mère (et, s'il est enfant légitime, d'autres ascendants) soient existants et en état de manifester leur volonté, parce qu'à cet âge il est bien tenu de demander le consentement de ses parents, mais il peut se marier sans l'avoir obtenu. (Art. 151 et 152 du Code civil.)

E. A 21 ans, s'il n'a plus ni père ni mère (ni, quand il est enfant légitime, aucun autre ascendant), en état de manifester sa volonté, il est également *majeur*, pour le mariage comme pour tout autre acte de la vie civile, puisque, dans cette situation, il n'a à obtenir ni demander le consentement de personne. (Art. 148, 149, 150 et 488 du Code civil.)

184. — *Age du futur (énonciation non obligatoire ici).*

L'âge se compte par années complètement révolues et d'après l'acte de naissance. Il peut être indiqué, mais la loi ne l'exige pas dans les actes de publications. (Art. 63 du Code civil.)

185. — *Etat du futur à l'égard de la dissolution d'un précédent mariage, s'il y a lieu.*

On indiquera que le futur est veuf de... (ou époux divorcé de...) sans rien ajouter aux prénoms et nom.

186. — *Prénoms, noms et professions des père et mère du futur.*

A Paris, les officiers de l'état civil indiquent les professions des père et mère, même lorsqu'ils sont décédés. Il se conforment en cela à une instruction de M. le préfet de la Seine, remplissant les fonctions de maire central de Paris, en date du 20 décembre 1880, laquelle fait observer que l'article 63 du Code civil prescrit cette énonciation sans faire de distinction entre les vivants et les morts. Bien souvent, à Paris, où demeurent tant de personnes de haute situation, l'indication de la profession ou qualité des défunts fait, du reste, le plus grand honneur à leurs enfants.

C'est par application de l'esprit de cette circulaire que les professions sont indiquées ci-dessus comme devant être énoncées dans tous les cas.

La profession de la mère doit être indiquée indépendamment de celle du père. Si la mère n'a pas de profession, on indiquera qu'elle est sans profession.

Toutefois, il convient de remarquer que les prescriptions de l'article 63 du Code civil, qui s'appliquent aux enfants légitimes et aux enfants naturels reconnus, ne peuvent être appliquées à la lettre en ce qui concerne un enfant naturel non reconnu. Pour ce dernier, l'indication de sa filiation ne peut avoir pour but de mettre ses parents en mesure de faire respecter leurs droits à son égard : ils n'en ont pas. Elle sert seulement à faire connaître son identité. Si son acte de naissance désigne sa mère, on se contentera donc d'indiquer les prénoms et le nom sous lesquels elle a été désignée, en ajoutant qu'elle est décédée si l'on connaît son décès, mais sans rien énoncer sur sa profession et son domicile connus ou inconnus, des indications à ce sujet pouvant avoir de graves inconvénients sans avoir aucun avantage.

187. — *Domicile des père et mère du futur époux, s'ils sont vivants ; s'ils sont empêchés, mention de leur empêchement ; s'ils sont décédés, mention de leur décès, tenant lieu de la mention de leur domicile.*

Le domicile à indiquer, en ce qui concerne les père et mère, est le domicile des père et mère d'enfants légitimes ou d'enfants naturels reconnus, celui de la mère d'un enfant naturel non reconnu n'ayant pas à être mentionné, d'après ce qui a été dit sous le numéro précédent. C'est leur domicile réel ou de droit, tel qu'il est défini par les articles 102 et suivants du Code civil. La résidence qu'ils peuvent avoir ailleurs, quand même elle serait le domicile de fait ou la résidence de leur enfant, futur époux ou future épouse, et aurait été choisie pour le lieu de la célébration du mariage, comme il est dit nᵒ 182 ci-dessus, ne doit pas leur être attribuée comme domicile.

Dans le cas où les père et mère seraient séparés de corps par jugement ou divorcés, le domicile réel ou de droit de chacun d'eux étant distinct doit être indiqué séparément.

Le domicile des père et mère doit être indiqué s'il est connu, encore bien que ceux-ci puissent être en état d'empêchement, c'est-à-dire être frappés de condamnation les privant de leurs droits civils, ou être atteints d'aliénation mentale. Dans l'un de ces cas, on indique, à la suite du domicile de la personne frappée, qu'elle est en état d'empêchement, sans préciser davantage.

Si l'empêchement résulte d'absence sans résidence connue, cet empêchement est précisé dans la publication.

Si les père et mère sont décédés, on l'énonce, et cette énonciation remplace toute indication de domicile. Il est inutile de mentionner ici le lieu et la date du décès.

Observation. Le Code civil n'a pas prescrit d'indiquer, dans les actes de publication, les personnes sous la puissance desquelles les futurs époux sont placés pour le mariage lorsque leurs pères et mères sont décédés ou empêchés. Il n'y a donc pas obligation de le faire. Cependant elle n'est pas interdite, et lorsqu'une publication de mariage est faite à la municipalité du domicile desdites personnes, suivant les prescriptions de l'article 168 du Code civil, il est utile de faire cette indication, sans laquelle rien dans l'acte ne révélerait pour quelle raison la publication est faite dans la localité.

D'autre part, il est à remarquer que les personnes à la municipalité desquelles les publications doivent être faites sont, comme il est dit n° 168, alinéa 5° ci-dessus, suivant les situations indiquées au n° 183, soit les pères et mères, soit les aïeuls et aïeules, soit le tuteur *ad hoc* nommé par le conseil de famille, et ne peuvent jamais être le conseil de famille entier ni les personnes qui le composent, attendu qu'un conseil de famille n'a d'existence que pendant le temps de sa délibération, comme cela a été établi ci-dessus, n° 168.

188. — *Prénoms, nom et profession de la future épouse.*

Les prénoms et nom doivent être désignés conformément à l'acte de naissance pour éviter tout prétexte à opposition et l'obligation de recommencer les publications en cas d'erreurs susceptibles de faire douter de l'identité.

189. — *Domicile de la future.*

On doit indiquer pour la future épouse, comme pour le futur époux, son domicile réel ou de droit actuel et, s'il a moins de six mois de durée, son dernier domicile réel ou de droit ayant duré six mois; plus sa résidence ou domicile de fait et sa durée, si c'est à la municipalité de cette résidence que le mariage sera célébré.

(Voyez pour ces indications les explications données n° 182 ci-dessus.)

190. — *Qualification de la future comme mineure ou majeure.*

Pour les femmes, la majorité relative au mariage étant fixée à l'âge de 21 ans (art. 148 et 488 du Code civil), comme la majorité ordinaire, il y a lieu de qualifier la future *mineure* lorsqu'elle est âgée de moins de 21 ans, et majeure lorsqu'elle a 21 ans accomplis.

191. — *Age de la future (énonciation non obligatoire ici).*

L'âge se compte par années complètement révolues et d'après l'acte de naissance. Il peut être indiqué, mais la loi ne l'exige pas ici. (Art. 63 du Code civil.)

192. — *Etat de la future à l'égard de la dissolution d'un précédent mariage, s'il y a lieu.*

On indiquera que la future est veuve de... (ou épouse divorcée de...) sans rien ajouter aux prénoms et nom du conjoint.

Les publications peuvent être faites quoique le délai de dix mois à observer pour le second mariage ne soit pas encore expiré.

193. — *Prénoms, noms, professions des père et mère de la future.*

Les professions s'énoncent, même si les père et mère sont décédés, mais en ce qui concerne seulement les père et mère d'un enfant légitime ou d'un enfant naturel reconnu. (Voir l'explication donnée n° 186 ci-dessus.)

194. — *Domicile des père et mère de la future s'ils sont vivants ; s'ils sont empêchés, mention de leur état d'empêchement ; s'ils sont décédés, mention de leur décès, tenant lieu de la mention de domicile.*

Le domicile à énoncer est le domicile réel ou de droit.

Observation. — Suivre les indications données n° 187 ci-dessus, tant pour l'énonciation du domicile des père et mère que pour celle du domicile des personnes sous la puissance desquelles la future est placée lorsqu'elle est mineure et que ses père et mère sont décédés ou empêchés.

195. — *Signature de l'acte de première publication par l'officier de l'état civil.*

L'acte de la publication n'ayant rapport qu'à une formalité pour laquelle l'officier de l'état civil est seul compétent, n'a besoin d'être signé que par lui.

§ 5. — **Énonciations qui doivent constituer l'acte de la seconde publication.**

196. — *Il doit être dressé un acte spécial pour la seconde publication.*

A moins qu'il n'ait été obtenu une dispense de la seconde publication, conformément à l'article 169 du Code civil, il y a lieu de faire une seconde publication, qui doit être constatée par un acte spécial. (Voyez les nᵒˢ 173 et 176 ci-dessus.)

197. — *Date de l'acte de la seconde publication.*

La date de cet acte sera nécessairement celle de la seconde publication, laquelle doit être faite le dimanche qui suit la première publication.

198. — *Heure de l'acte.*

L'acte devant être dressé aussitôt après la publication portera en conséquence l'heure de cette publication.

199. — *Prénoms, nom et qualité de l'officier de l'état civil, avec indication de la commune où il est en fonction.*

Les prénoms, nom et qualité de l'officier de l'état civil y seront énoncés, conformément aux indications déjà données sous le nᵒ 179 ci-dessus.

200. — *Mention que la publication est la seconde.*

L'acte doit indiquer que la publication qu'il constate est la deuxième et que l'extrait de l'acte de la première publication est resté affiché à l'extérieur de la maison commune pendant les huit jours qui séparent l'une de l'autre.

Observation. — Il est d'usage de laisser l'affiche de la seconde publication exposée jusqu'à la fin de la journée du mardi suivant (minimum du délai accordé pour les oppositions), afin de donner au projet de mariage d'autant plus de publicité.

201. — *Autres énonciations de l'acte de seconde publication et signature.*

L'acte de la seconde publication doit rappeler les noms et prénoms des futurs époux et toutes les autres énonciations contenues dans la première publication, indiquées nᵒˢ 181 à 195 ci-dessus.

Observation. — A Paris, où le nombre des actes à écrire sur le registre à la même date oblige à dresser les actes avec une célérité qui nuit un peu quelquefois à leur perfection, il est officiellement admis que les actes de seconde publication ne reproduiront que les prénoms et noms des futurs époux et renverront pour les autres indications aux actes de la première publication (Circulaire du préfet de la Seine aux maires des arrondissements de Paris en date du 20 décembre 1880). Cette pratique ne pourrait se justifier ailleurs.

§ 6. — **Enregistrement des oppositions et de la mainlevée qui en a été donnée.**

202. — *Les oppositions à mariage sont transcrites sommairement sur le registre des publications à leur date et mentionnées en marge de l'acte de première publication.*

Tant que le délai de trois jours après la dernière publication n'est pas expiré, les oppositions peuvent se produire dans la forme indiquée par les articles 66 et 176 du Code civil, ainsi conçus :

« Art 66. — Les actes d'opposition au mariage seront signés sur l'original et sur la copie par les opposants ou par leurs fondés de procuration spéciale et authentique ; ils seront signifiés, avec la copie de la procuration, à la personne ou au domicile des parties et à l'officier de l'état civil, qui mettra son *visa* sur l'original.

Art. 176. — Tout acte d'opposition énoncera la qualité qui donne à l'opposant le droit de le former; il contiendra élection de domicile dans le lieu où le mariage devra être célébré ; il devra également, à moins qu'il ne soit fait à la requête d'un ascendant, contenir les motifs de l'opposition : le tout à peine de nullité et de l'interdiction de l'officier ministériel qui aurait signé l'acte contenant opposition. »

Les oppositions ne peuvent être faites que par ministère d'huissier, aux termes de l'article 24 du décret réglementaire du 14 juin 1813, ainsi conçu :

« Toutes citations, notifications et significations requises pour l'instruction des procès, ainsi que tous actes et exploits nécessaires pour l'exécution des ordonnances de justice, jugements et arrêts, seront faites concurremment par les huissiers audienciers et les huissiers ordinaires, chacun dans l'étendue du ressort du tribunal civil de première instance de sa résidence, sauf les restrictions portées par les articles suivants. »

Toute opposition doit être inscrite sommairement sur le registre des publications, à la date du jour où elle est produite. (Article 67 du Code civil.)

Elle doit être signalée en marge de l'acte de la première publication par une mention renvoyant au numéro de l'acte de transcription.

Si une opposition survenait après ce délai, le mariage n'étant pas encore célébré, elle devrait être reçue et mentionnée également. Seulement si l'officier de l'état civil, autre que celui du lieu où doit être célébré le mariage, avait délivré déjà, à l'expiration du délai en question, le certificat de publication et de non-opposition énoncé en l'article 69 du Code civil, il aurait à mentionner cette circonstance, aussi bien dans le visa qu'il doit mettre au pied de l'opposition (article 66 Code civil) que dans l'acte de transcription inscrit sur le registre.

C'est en marge de cet acte de transcription que devra être mentionnée la mainlevée de l'opposition si cette mainlevée vient à être donnée ultérieurement.

203. — *Mention de la mainlevée des oppositions en marge de l'inscription de ces oppositions.*

Tout jugement ou acte portant mainlevée d'opposition et dont l'expédition est remise à l'officier de l'état civil doit être mentionné par cet officier public en marge de l'inscription desdites oppositions, conformément à l'article 67 du Code civil.

Mais cette remise de mainlevée n'est nécessaire qu'entre les mains de l'officier de l'état civil qui aura à célébrer le mariage. C'est lui qui doit avoir l'expédition de la mainlevée pour faire cette célébration, sous peine de trois cents francs d'amende et de tous dommages-intérêts (article 68 Code civil). Il est sans utilité de notifier la mainlevée aux autres municipalités.

§ 7. — Attestation de l'absence d'oppositions autres que celles enregistrées.

204. — *Certificat à délivrer, constatant les publications et la non-existence d'oppositions (autres que celles enregistrées s'il y a lieu).*

Lorsque le délai de trois jours après la dernière publication est écoulé, c'est-à-dire dans la matinée du mercredi, le maire, autre que celui du lieu de la célébration du mariage, doit délivrer aux futurs époux un certificat constatant que les publications ont été faites aux jours dont il mentionne les dates, et qu'il n'est survenu aucune opposition, ou qu'il n'est pas survenu d'autres oppositions que celles inscrites sur le registre de publication et dont le certificat contient l'énoncé (article 69 du Code civil).

Ces oppositions doivent être indiquées, encore bien qu'il ait pu en être donné mainlevée, attendu que cette mainlevée doit toujours être remise, comme il est dit au n° 203 ci-dessus, entre les mains de l'officier de l'état civil qui célébra le mariage.

Ledit certificat peut être délivré dès le mercredi qui suit la première publication quand il est destiné à être joint à une demande de dispense de seconde publication, comme il est dit au n° 173 ci-dessus.

Il est assujetti au droit de timbre, conformément à l'article 12 de la loi du 13 brumaire an VII. Il peut être écrit, soit sur papier timbré de la plus petite dimension (du prix de 60 centimes), débité par l'administration de l'enregistrement et du timbre, soit sur une formule qui a été frappée du timbre extraordinaire ou revêtue d'un timbre mobile par cette administration, ainsi qu'il a été expliqué ci-dessus, 1re partie, n° 79, paragraphe B. Il est délivré sur papier visé pour timbre gratis s'il est destiné à la célébration d'un mariage d'indigents, conformément à l'article 4 de la loi du 10 décembre 1850, comme il a été dit ci-dessus, 1re partie, n° 78, dernier alinéa. Il ne donne jamais lieu à la perception d'aucun droit au profit de qui que ce soit, ainsi qu'il a été expliqué 1re partie, n° 73.

Il est soumis à la légalisation du juge de paix ou du président du tribunal civil de l'arrondissement. (Voyez 1re partie, n° 83.)

CHAPITRE II

ACTE DE MARIAGE. ÉNONCIATIONS QU'IL DOIT CONTENIR. RÈGLES QUI LES CONCERNENT

205. — *Observations* concernant le fonctionnaire compétent pour célébrer le mariage, les registres dont il doit se servir et les prescriptions légales auxquelles il doit avoir été préalablement satisfait pour qu'il puisse procéder régulièrement à la célébration du mariage.

A. Officier d'état civil compétent et registres à employer pour célébrer le mariage.

Toute personne habitant la France ou de nationalité française ne peut valablement contracter mariage que dans le lieu où elle a soit son domicile réel déterminé par l'article 102 du Code civil, soit une résidence établie depuis six mois au moins, conformément à l'article 74 du Code civil, et devant l'officier de l'état civil de ce lieu, ainsi que le porte l'article 165 du Code civil.

1. L'officier de l'état civil, dans les communes de France; — à Paris, dans chacun des arrondissements, c'est le maire ou l'un ou l'autre des adjoints de l'arrondissement, exerçant tous concurremment les fonctions d'officier de l'état civil, en vertu de l'article 16 de la loi du 28 pluviôse an VIII; — à Lyon, dans chacun des arrondissements, c'est l'un ou l'autre des deux adjoints délégués par le maire pour y remplir lesdites fonctions, conformément à l'article 73 de la loi du 5 avril 1884; — dans toute autre commune de France, c'est, en vertu de l'article 13 de la loi du 28 pluviôse an VIII et des articles 44, 49, 75, 82, 84 et 87 de la loi du 5 avril 1884 : le maire de la commune, lequel peut déléguer un adjoint ou, à défaut d'adjoint, un conseiller municipal ; ou bien, si le maire est absent ou empêché, l'adjoint ou le conseiller municipal qui remplit les fonctions de maire ; ou bien, dans une fraction de commune séparée du chef-lieu communal par la mer ou par un autre obstacle, l'adjoint spécial nommé pour remplir les fonctions d'officier de l'état civil dans cette localité ; ou bien, dans une commune où le Conseil municipal est dissous ou non constitué, le président ou, en cas d'empêchement du président, le vice-président de la délégation remplaçant le Conseil municipal. (Voyez pour les règles qui concernent l'exercice des fonctions de chacune de ces personnes les n°ˢ 6, 11, 36 et 38 de la 1ʳᵉ partie.)

Dans ces diverses communes, l'officier de l'état civil doit se servir, pour l'inscription des actes de mariage, de registres tenus doubles. L'un des registres reste déposé aux archives de la mairie ; l'autre est déposé à la fin de l'année, au greffe du tribunal de première instance de l'arrondissement, suivant l'article 40 du Code civil. (Voyez, à ce sujet, 1ʳᵉ partie n°ˢ 18 à 29.)

2. L'officier de l'état civil à l'armée, en dehors du territoire de la République, est le trésorier du régiment; en cas d'empêchement, l'adjoint au trésorier ou l'officier payeur, pour un militaire appartenant à un corps composé d'un ou plusieurs bataillons ou escadrons ; le capitaine commandant, pour un militaire appartenant à un corps de moindre importance ; l'intendant, sous-intendant ou adjoint à l'intendance, pour un officier sans troupe et un employé de l'armée, d'après l'article 89 du Code civil et d'après les arrêtés gouvernementaux, décrets et ordonnances qui ont remplacé par d'autres officiers et fonctionnaires le quartier-maître et l'inspecteur aux revues désignés dans cet article. (Voyez 1ʳᵉ partie n° 8.)

Les actes de mariage qui sont dressés à l'armée sont inscrits sur un registre coté et paraphé dans chaque corps par l'officier qui le commande (ou par un intendant, un sous-intendant ou autre officier chargé de la surveillance des services administratifs de l'armée), et pour les officiers sans troupe et les employés, par le chef de l'état-major général de l'armée, suivant l'article 91 du Code civil et les règlements de l'armée. Immédiatement après l'inscription sur le registre de l'acte de la célébration de mariage, l'officier chargé de la tenue du registre en enverra une expédition à l'officier de l'état civil du dernier domicile des époux, qui devra l'inscrire de suite sur ses registres, suivant les prescriptions des articles 95 et 98 du Code civil.

Le registre tenu à l'armée sera déposé aux archives de la guerre à la rentrée des corps ou armées sur le territoire de la République, d'après l'article 90 du Code civil. (Voyez 1ʳᵉ partie, n° 30.)

L'officier chargé de la tenue du registre d'état civil à l'armée et le ministre de la guerre dépositaire de ce registre à la rentrée du corps de troupe en France n'ont pas qualité pour délivrer aux particuliers des expéditions authentiques des actes inscrits sur le registre. Cette qualité n'appartient qu'au maire de la commune sur les registres de laquelle a été transcrite l'expédition transmise de l'armée. (Voyez à ce sujet 1ʳᵉ partie n° 8.)

3. L'officier de l'état civil en Algérie : — dans les communes de plein exercice, c'est le maire (article 164 de la loi du 5 avril 1884). Il est remplacé dans les groupes indigènes éloignés du siège de la commune ou d'une section française de la commune par l'adjoint de la section indigène (article 17 de la loi du 23 mars 1882) ; — dans les communes mixtes, c'est le commandant de place ou l'adjoint civil délégué (arrêté du gouverneur général du 20 mai 1868) ; — dans les douars, c'est le secrétaire de la djemâa, ou s'il existe dans le douar une école arabe-française, c'est le maître adjoint de cette école. (Même arrêté.)

Remarque. — L'acte de mariage des musulmans algériens consiste en l'enregistrement d'une déclaration faite dans les trois jours par le mari et par la femme, ou par le représentant de la femme aux termes de la loi musulmane, en présence de deux témoins. (Article 17 de la loi du 23 mars 1882.)

4. L'officier de l'état civil aux colonies, — dans les localités organisées en commune, ce qui existe à la Martinique, à la Guadeloupe et à la Réunion, c'est le maire de la commune (art 165 de la loi du 5 avril 1884) ; — dans les autres localités, c'est le magistrat, l'administrateur, l'agent ou le simple citoyen institué à cet effet par le gouvernement conformément aux lois et décrets qui régissent la colonie, ainsi qu'il a été dit ci-dessus. (1ʳᵉ partie nᵒˢ 5 et 10.)

Remarque. — Dans les établissements français de l'Inde, le mariage des indigènes, contracté sans le concours de l'officier de l'état civil, doit lui être déclaré pour inscription dans les quinze jours de sa célébration (décret du 24 avril 1880). En Cochinchine, les Annamites et autres Asiatiques ont un délai de trois jours pour déclarer leur mariage, contracté également sans le concours de l'officier d'état civil. (Décret du 3 octobre 1883.)

5. L'officier de l'état civil, dans les pays de protectorat, est le magistrat institué à cet effet par le gouvernement, conformément aux lois et décrets qui ont établi le protectorat, et à Tunis, conformément au décret beylical du 27 ramadan 1303 (29 juin 1886), comme il a été dit aussi 1ʳᵉ partie, nᵒˢ 5 et 10.

Remarque. — Dans l'Annam et le Tonkin, le mariage des Annamites et des Asiatiques, contracté aussi sans le concours de l'officier de l'état civil, doit lui être déclaré pour inscription, dans les trois jours de sa célébration, en conséquence d'un arrêté du gouverneur général de l'Indo-Chine, en date du 30 décembre 1888, qui a appliqué à ces pays la législation en vigueur en Cochinchine.

Les registres des actes de l'état civil tenus en Algérie et dans les pays de protectorat sont déposés : un double dans la localité où ils ont été dressés, l'autre double au siège du tribunal de première instance, si un tel tribunal existe, ou, à défaut, dans le lieu désigné par le Gouvernement.

Dans les colonies, les registres d'état civil tenus en triple sont déposés : un exemplaire au bureau de l'officier d'état civil, un exemplaire au greffe du tribunal civil, et le troisième exemplaire aux archives coloniales à Paris, conformément à l'édit de juin 1776.

Les officiers publics qui tiennent ces registres et les dépositaires légaux desdits registres sont compétents pour en délivrer des expéditions, à la condition de se conformer aux règles particulières qui les concernent, comme il a été dit 1ʳᵉ partie, n° 32.

6. L'officier de l'état civil à l'étranger est l'agent diplomatique ou le consul de France résidant dans le pays, suivant l'article 48 du Code civil, ou les autorités du lieu, dont les actes sont reconnus valables par la loi française lorsqu'ils ont été rédigés dans la forme usitée dans le pays, pourvu, en ce qui concerne les actes de mariage, que ces actes aient été précédés (comme doivent l'être aussi les actes de mariage dressés par les agents diplomatiques et consuls de France) des publications prescrites par l'article 63 du Code civil, et que le français possède les qualités et conditions requises par les articles 144 à 164 du Code civil pour pouvoir contracter mariage, ainsi que le prescrivent les articles 47 et 170 dudit Code.

Les actes de mariage dressés par les agents diplomatiques ou consuls de France à l'étranger doivent être écrits sur des registres tenus doubles ; l'un des doubles reste déposé aux archives du consulat, l'autre est transmis, à la fin de l'année, au ministère des affaires étrangères pour y rester déposé, suivant l'ordonnance royale du 23 octobre 1833, comme il a été dit déjà 1ʳᵉ partie, n° 32.

Les expéditions délivrées par les chanceliers des consulats et par les fonctionnaires étrangers qui ont dressé les actes font foi lorsqu'elles ont été dûment légalisées.

On pourrait contester la force probante d'expéditions qui serait tirées par le ministre des affaires étrangères des registres d'actes de consuls déposés à la chancellerie du ministère, parce que ce n'est pas en vertu de dispositions de lois que le ministre est dépositaire de ces seconds registres. Ces expéditions n'auraient que la valeur d'un renseignement. (Voyez, à ce sujet, 1re partie, n° 32.)

B. *Prescriptions légales qui doivent se trouver exécutées au moment de célébrer le mariage dans une commune de France.*

L'officier public qui, dans une commune de France, va procéder à la célébration d'un mariage, a déjà publié la promesse de ce mariage, comme l'exigent les articles 63 et 166 du Code civil (Voyez n°s 163 et 164 ci-dessus). Il s'est rendu compte, au moment de la réception de cette promesse, de toutes les formalités à remplir, des délais à observer après les publications et de toutes les pièces à produire, pour que le mariage soit célébré régulièrement. (Voyez n°s 165, 166 et 167 ci-dessus pour les dispositions prises à ce sujet.)

Depuis, il a dû se faire remettre ces pièces, les examiner et s'assurer qu'elles sont établies conformément aux prescriptions de la loi. (Voyez ce qui a été dit pour la préparation de ce travail auxdits n°s 165, 166 et 167.)

Toutes les formalités remplies et toutes les pièces produites doivent être relatées dans l'acte de mariage, qui doit encore contenir les énonciations substantielles prescrites par les articles 34, 36, 37, 38, 75 et 76 du Code civil.

Quelles que soient les circonstances qui aient motivé les formalités accomplies et les pièces produites, quelles que soient les situations des personnes qui vont contracter mariage et celle de leurs parents, ces situations et circonstances rentrent, ainsi que les énonciations substantielles en question, dans les dix-sept divisions suivantes :

§ 1. Date, heure et lieu de la célébration et désignation de l'officier de l'état civil.
§ 2. Individualité du futur époux.
§ 3. Domicile du futur.
§ 4. Capacité civile du futur.
§ 5. Filiation du futur. Son état de dépendance vis-à-vis de ses parents. Consentement de ceux-ci ou de leurs représentants, ou circonstances, actes et formalités qui en dispensent, tels qu'actes respectueux, décès ou empêchement des ascendants.
§ 6. Capacité civique du futur époux français et capacité civique et civile du futur époux étranger.
§ 7. Individualité de la future.
§ 8. Domicile de la future.
§ 9. Capacité civile de la future.
§ 10. Filiation de la future. Son état de dépendance vis-à-vis de ses parents. Consentement de ceux-ci ou de leurs représentants, ou circonstances, actes et formalités qui en dispensent, tels qu'actes respectueux, décès ou empêchements des ascendants.
§ 11. Levée de prohibitions d'âge, de parenté et autres.
§ 12. Publications. Absence d'oppositions ou levée des oppositions faites.
§ 13. Production de pièces et déclarations supplétives.
§ 14. Contrat de mariage.
§ 15. Consentement des contractants et prononcé de leur union.
§ 16. Légitimation d'enfants.
§ 17. Publicité. Témoins. Lecture et signature de l'acte.

C'est dans l'ordre de ces divisions que l'acte de mariage doit être dressé pour avoir une rédaction précise et claire.

C'est en suivant les indications annotées du présent chapitre, données dans cet ordre, qu'on se rendra compte de l'identité des situations prévues par le législateur, de la forme qui convient à la rectitude de leur énonciation et qu'on pourra être certain de n'avoir rien omis de ce qu'il faut relater et d'avoir relaté tout ce qu'il faut de la manière la plus régulière.

Sauf les énonciations faisant l'objet des paragraphes 6, 11 et 16, qui se rapportent à des situations qu'on ne rencontre pas dans tous les mariages, toutes les dispositions comprises dans les dix-sept paragraphes ci-dessus devront occuper leur place dans l'acte de mariage.

§ 1ᵉʳ. — **Date, heure et lieu de la célébration du mariage et désignation de l'officier de l'état civil.**

206. — *Date, mois, année et heure de l'acte de mariage.*

C'est l'exécution de la première partie de l'article 34 du Code civil.

D'après l'article 64 du Code civil, le mariage ne pourra être célébré avant le troisième jour, depuis et non compris celui de la seconde publication. S'il a été accordé dispense de la seconde publication en vertu de l'article 169 du Code civil, ce délai partira du jour de la première publication. Le délai se comptant par jour et non par heure, le mariage peut être célébré dans la matinée du mercredi, encore bien que la publication ait été faite le dimanche à midi.

Mais, comme il ne doit pas s'écouler plus d'un an à partir de l'expiration du délai des publications, le mariage doit être célébré au plus tard le mercredi qui suit le dimanche de la dernière publication remontant à un an. (Art. 65, Code civil.)

Les parties choisissent le jour de la célébration du mariage (art. 75 du Code civil). Cependant, quoique l'officier de l'état civil puisse célébrer régulièrement un mariage un jour de dimanche ou de fête légale, elles ne pourraient le contraindre d'accepter l'un de ces jours qui sont considérés par la loi comme jours de repos pour les fonctionnaires publics. (Loi du 18 germinal an X, art. 41 et 57, arrêté du gouvernement du 29 du même mois, avis du Conseil d'Etat du 20 mars 1810, loi du 6 juillet 1880, loi du 8 mars 1886).

Le choix de l'heure appartient à l'officier d'état civil, comme le portait l'article 2 du titre IV, section IV de la loi du 20 septembre 1792, quoique le Code civil n'ait pas reproduit cette disposition. L'accomplissement des services multiples que le magistrat remplissant les fonctions d'officier d'état civil doit assurer dans sa commune rend du reste cette formalité nécessaire. Pour cette raison, il est même convenable qu'il soit prévenu deux ou trois jours à l'avance.

La loi n'empêche pas absolument que le mariage soit célébré la nuit, surtout si l'usage en existe dans la commune. Mais le mariage pourrait être attaqué si l'heure de nuit choisie avait eu pour but et pour effet de supprimer la publicité prescrite par l'article 165 du Code civil. (Circul. minist. just. 10 décembre 1832.)

207. — *Lieu de la célébration.*

Les articles 74 et 75 du Code civil portent que le mariage sera célébré dans la maison commune du lieu où l'un des deux époux a son domicile.

Cependant, il est admis que, pour des causes graves, telles que maladie dangereuse d'une des parties contractantes, pouvant priver les futurs époux du moyen de légitimer par leur mariage des enfants naturels nés de leur commerce intime, l'officier de l'état civil peut se transporter au domicile de celui des contractants qui est dans l'impossibilité de se rendre à la maison commune pour célébrer le mariage, qu'on nomme dans ce cas *in extremis* (arr. C. cass., ch. civ., 21 juin 1814), à la condition que les portes resteront ouvertes au public et que le mariage sera célébré publiquement. (Art. 75 et 191, Code civil.)

Dans ce cas, les parties doivent produire le certificat d'un médecin, constatant l'impossibilité pour le contractant malade de se transporter à la maison commune. Ce certificat, qui sera annexé à l'acte de mariage en vertu de l'article 44 du Code civil, doit, comme acte sous seing privé servant de base à un acte public, avoir été écrit sur timbre et enregistré. (Loi du 13 brumaire an VII, art. 12, loi du 22 frimaire an VII, art. 23, et nᵒˢ 10, 17 et 51 de l'art. 68, rappelés nᵒ 48 ci-dessus.)

Il va sans dire que le lieu de la célébration doit toujours être sur le territoire de la commune de l'officier de l'état civil, celui-ci étant sans autorité et sans caractère officiel en dehors de cette circonscription, quoiqu'on ait l'exemple qu'un mariage célébré de bonne foi par un officier de l'état civil en dehors de sa commune ait été reconnu valable par la justice en raison de circonstances particulières.

Quant à la commune où le mariage doit être célébré, il faut qu'elle soit, ou bien celle du domicile réel ou de droit de l'un des deux futurs, tel que ce domicile est défini par l'article 102 du Code civil, sans condition de durée, ou bien la résidence de l'un de ces deux contractants si, étant indépendante du domicile réel ou de droit, elle dure depuis plus de six mois. Le choix entre le domicile et la résidence est laissé aux parties, ainsi qu'il résulte des explications échangées au Conseil d'Etat lors de la discussion et l'adoption des articles 74, 166 et 167 du Code civil.

Le domicile réel ou de droit, lorsqu'il est choisi par les parties pour lieu de la célébration du mariage, semblerait, d'après le texte de l'article 74 du Code civil, devoir exister aussi depuis six mois. Mais après un examen sérieux d'une proposition de loi présentée par plusieurs membres de l'Assemblée nationale dans la vue de permettre aux Alsaciens et Lorrains restés français de contracter mariage en France, sans avoir un domicile réel de plus d'un mois de durée, l'Assemblée nationale ayant jugé, dans sa séance du 11 décembre 1871, d'accord avec le gouvernement, que ce projet de loi était inutile et que l'article 74 ne créait pas d'obstacle à ce sujet, pourvu que les publications du projet de mariage fussent faites tant à la municipalité du domicile actuel qu'à celle du dernier domicile *ayant duré au moins six mois;* cette interprétation, semblable à celle déjà faite par un décret de la Convention nationale du 22 germinal an II, concernant les dispositions de la loi du 20 septembre 1792, que le Code civil a reproduites à peu près littéralement, a tranché la controverse depuis longtemps engagée entre les juristes sur ce sujet, et fixé la jurisprudence dans le sens ci-dessus indiqué. On peut donc être sûr d'agir régulièrement en s'y conformant, quoiqu'une circulaire ministérielle, transmise dans la vue de la faire suivre, ait laissé dans l'obscurité une des considérations qui l'ont fait adopter, laquelle est l'obligation imposée par la loi de publier le mariage au dernier domicile, *ayant eu six mois de durée.* (Voyez, n° 168 ci-dessus, les explications données sur ce point de jurisprudence.)

208. — *Prénoms, nom, titres honorifiques, s'il y a lieu, et qualité de l'officier de l'état civil, avec indication de la commune où il est en fonction, ainsi que du canton, de l'arrondissement et du département dont elle dépend.*

Voyez pour les règles applicables à ces indications le n° 205, alinéa A, ci-dessus, et les numéros de la 1ʳᵉ partie auxquels il renvoie.

A Paris, où le maire et les adjoints sont tous officiers de l'état civil à égale compétence, comme il a été expliqué ci-dessus, 1ʳᵉ partie, n° 6, et où les mariages sont nombreux dans la même journée, deux mariages peuvent être célébrés en même temps dans la même mairie, l'un devant le maire ou un adjoint, l'autre devant un autre adjoint. Une décision du ministre de la justice a permis à cet effet d'employer à la fois pour les mariages quatre registres au lieu de deux. Les deux premiers registres comprennent seulement les actes inscrits sous les numéros impairs, les deux autres comprennent les actes inscrits sous les numéros pairs. Les mariages à célébrer étant répartis par moitié chaque jour entre les deux officiers de l'état civil, la date de l'acte est toujours en rapport avec l'ordre des numéros. Cette marche a été tracée par une circulaire du préfet de la Seine aux maires de Paris, en date du 29 août 1882, insérée au *Recueil des actes administratifs de la préfecture de la Seine.*

§ 2. — Individualité du futur.

209. — *Prénom et nom du futur.*

Exécution des articles 34 et 76 du Code civil.

Les prénoms et le nom du futur doivent être écrits avec l'orthographe que leur donne l'acte de naissance de celui-ci, comme le prescrit la loi du 6 fructidor an II, déjà mentionnée sous le n° 37 de la 1ʳᵉ partie, et sous le n° 101 de la 2ᵐᵉ partie, en tenant compte toutefois des actes et jugements postérieurs qui ont pu le modifier et qui doivent, du reste, avoir avoir été mentionnés en marge, à la réquisition des parties, en vertu de l'article 49 du Code civil, comme il est dit ci-dessus, 1ʳᵉ partie, n°ˢ 55 à 59.

Ainsi qu'il a été dit sous le n° 101, le nom du futur époux est celui de son père lorsqu'il est enfant légitime, et celui de sa mère lorsqu'il est enfant naturel non reconnu par son père, sauf le cas où la mère n'aurait pas été désignée. Si l'orthographe de ce nom diffère de l'orthographe employée pour écrire le nom de son père dans l'acte de naissance de celui-ci, ou pour écrire le nom de la mère dans l'acte de naissance de cette dernière, on pourra ajouter à la suite du nom du futur le mot *ou* suivi du nom tel qu'il a été écrit dans l'acte de naissance du père ou de la mère dont le futur porte le nom, surtout si cette personne, qui doit aussi conserver son nom patronymique, est présente. Les différences en question pourront faire l'objet, à l'endroit de l'acte de mariage indiqué sous le n° 255 ci-après, d'une déclaration portant sur l'identité du futur, conformément à l'avis du Conseil d'État des 19-30 mars 1808 ; mais la véritable orthographe du nom, soit du père, soit de la mère, soit du fils, ne peut être préjugée ici ; la question ne pourrait être tranchée que par les tribunaux si les parties tenaient à faire disparaître l'erreur commise. (Art. 45 et 99 du Code civil.)

L'acte de naissance du futur époux restera annexé à l'acte de mariage (art. 70 du Code civil), à moins qu'il ne rentre dans les conditions de ceux qui doivent être transmis à la commission de reconstitution des actes de l'état civil de Paris, conformément à l'article 9 de la loi du 12 février 1872. (Voyez 1ʳᵉ partie, nᵒ 54.)

A défaut d'acte de naissance, les prénoms et nom du futur seront pris, si le futur est enfant trouvé, sur le procès-verbal d'abandon dressé et transcrit en exécution de l'article 58 du Code civil pour tenir lieu d'acte de naissance, duquel procès-verbal l'expédition demeurera annexée à l'acte de mariage.

Enfin, à défaut d'acte de naissance ou de procès-verbal d'abandon, les prénoms et nom du futur seront indiqués d'après un acte de notoriété dressé par le juge de paix du lieu de la naissance du futur ou du lieu de son domicile, sur l'attestation de sept témoins désignés par le futur (art. 70, 71, 72 du Code civil), duquel acte une expédition demeurera annexée à l'acte mariage. L'acte de notoriété ne serait à dresser pour un Parisien dont l'acte de naissance a été détruit par l'incendie de 1871 qu'autant qu'il aurait été impossible à celui-ci de faire reconstituer cet acte conformément aux lois des 12 février 1872, 5 juin et 3 août 1875.

210. — *Profession du futur, avec indication des titres nobiliaires et décorations, s'il en a.*

L'énoncé de la profession est prescrit par les article 34 et 76 du Code civil.

La mention des titres et décorations témoignant de services rendus à l'État, surtout la qualité de membre de la Légion d'honneur, est recommandée par la circulaire du ministre de la justice du 3 juin 1807.

Les titres nobiliaires et les décorations étrangères, pour être énoncés, doivent être justifiés par la présentation des actes qui les ont conférés et, en ce qui concerne les décorations étrangères, de l'autorisation de les porter donnée par le gouvernement français. (Loi du 28 mai 1858, modificative de l'art. 259 du Code pénal, et décret du 5 mars 1859, déjà mentionnés, 1ʳᵉ partie, nᵒ 38.)

§ 3. — Domicile du futur.

211. — *Énonciation du domicile du futur.*

Cette énonciation est prescrite par les articles 34 et 76 du Code civil.

Elle doit être faite comme dans les actes de publications de mariage. (Voyez nᵒ 182 ci-dessus.)

La justification des divers domiciles se fait par des certificats de propriétaires, voisins ou autres personnes compétentes, constatant le domicile et la résidence, ainsi que leur durée. Ces pièces, légalisées par les maires (à Paris les commissaires de police ont pris l'habitude de faire la certification matérielle des signatures des habitants de leurs quartiers), n'ont pas besoin d'être annexées à l'acte de mariage. Elles sont considérées comme documents destinés à l'administration publique et sont admises, par suite, sur papier libre. Elles ne sont produites que pour la responsabilité morale de l'officier de l'état civil qui encourrait les peines portées aux articles 192 et 193 du Code civil, s'il célébrait un mariage dans sa commune sans que l'un des époux y remplit les conditions de domicile voulues par la loi (indiquées sous le nᵒ 182 ci-dessus), ou sans que les publications eussent été faites à tous les domiciles où elles sont prescrites. (Voyez nᵒˢ 168 à 171 ci-dessus.)

§ 4. — Capacité civile du futur.

212. — *Qualification du futur époux comme mineur, mineur quant au mariage ou majeur.*

L'article 76 du Code civil prescrit d'indiquer dans l'acte de mariage si les futurs époux sont majeurs ou mineurs, quel que soit leur âge, qui devra être énoncé comme on va le voir sous le nᵒ 213.

L'indication en question n'est pas celle de la minorité ou majorité ordinaire, mais bien de la minorité ou majorité spéciale au mariage et qui se trouve déterminée suivant la situation filiale des futurs par les articles 148, 151, 152, 158, 159 et 160 du Code civil (Voyez nᵒ 183 ci-dessus). Cette indication doit toujours précéder celle de l'âge pour éviter l'emploi successif de mots qui auraient, en certains cas, la même signification.

213. — *Age du futur.*

Cette énonciation, prescrite par les articles 34 et 76 du Code civil, se fait d'après l'acte produit, indiqué sous le n° 209. L'âge se compte par années complètement révolues. Il faut que le futur ait au moins dix-huit ans révolus pour contracter mariage, s'il n'a pas obtenu de dispense d'âge. (Art. 144 et 145 du Code civil.)

214. — *Lieu et date de la naissance du futur.*

L'article 76 du Code civil, qui prescrit d'énoncer le lieu de la naissance, ne parle pas de la date de naissance; mais ce renseignement, qui justifie l'énoncé de l'âge, est ordinairement inséré aussi dans l'acte de mariage pour établir de la manière la plus précise l'identité du futur, laquelle donne lieu à des attestations solennelles lorsqu'il y a des différences d'orthographe, portant sur le nom de son père, entre l'acte de naissance du futur et les actes où son père a été nommé, ainsi qu'il est dit dans le n° 209 ci-dessus.

Si l'individualité du futur ne résulte pas d'acte de naissance, mais résulte d'un procès-verbal d'abandon ou d'un acte de notoriété, la date de naissance n'est indiquée qu'approximativement, d'après les termes de celui de ces actes qui a été produit dans les cas prévus sous ledit n° 209.

215. — *État du futur à l'égard de la dissolution d'un précédent mariage, s'il y a lieu.*

Énoncer les prénoms et nom de la précédente femme du futur.

En outre :

A. Si le futur est veuf, ajouter l'indication du lieu et de la date du décès. Produire l'acte de décès, à moins que cet acte ne se trouve inscrit sur les registres de la commune où va être célébré le mariage. Dans ce cas, il suffirait de viser cet acte de décès conformément au n° 254 ci-après.

B. Si le précédent mariage a été annulé, énoncer la date du jugement qui a annulé le mariage, avec indication du tribunal qui a rendu ce jugement et de la transcription qui en a été faite sur les registres de l'état civil de la commune où a été célébré le mariage, si c'est en France. Produire l'expédition de l'acte de transcription, délivrée par l'officier de l'état civil qui a fait la transcription, accompagnée des expéditions du certificat de l'avoué de la partie poursuivante contenant la date de la signification du jugement à la partie condamnée, et de l'attestation du greffier constatant qu'il n'existait contre le jugement ni opposition ni appel, si ces certificat et attestation ne sont pas relatés ou reproduits en tête ou à la fin de la transcription du jugement (art. 443 du Code de procédure civile, modifié par la loi du 3 mai 1862, et art. 548 du même Code), ou, si le mariage annulé a eu lieu à l'étranger, produire l'expédition du jugement et les certificats en question.

C. Si le précédent mariage a été dissous par le divorce en vertu des lois des 27 juillet 1884 et 18 avril 1886, savoir :

1° Divorce exécuté sous le régime de la loi du 27 juillet 1884. Enoncer l'acte par lequel l'officier de l'état civil du lieu du domicile du défendeur a prononcé définitivement le divorce, sur le vu du jugement portant qu'il y a lieu à divorce, deux mois après signification de ce jugement, et sur la production de certificat d'avoué contenant la date de cette signification, ainsi que du certificat de non-appel délivré par le greffier, ou du certificat de non-pourvoi, en cas d'appel. Produire l'expédition dudit acte de divorce qui a dû être soumise à la formalité de l'enregistrement s'il n'y a pas eu jugement d'appel, et qui doit relater les certificats en question (loi du 27 juillet 1884, art. 443 du Code de procédure civile, modifié par la loi du 3 mai 1862, et art. 548 du même Code). En cas d'appel ou de recours en cassation, l'arrêt de la Cour d'appel et l'arrêt de la Cour de cassation seraient également énoncés et produits.

2° Divorce exécuté sous le régime de la loi du 18 avril 1886. Enoncer l'acte par lequel l'officier de l'état civil de la commune où le mariage a été célébré en France, ou de la commune où les époux ont eu leur dernier domicile en France, s'ils se sont mariés à l'étranger, a transcrit le jugement de divorce; laquelle transcription a dû avoir lieu le cinquième jour de la notification faite à l'officier de l'état civil, après le délai de deux mois accordé aux parties pour l'appel, sur la production dudit jugement, accompagné du certificat de l'avoué de la partie poursuivante contenant la date de la signification du jugement, faite au domicile de l'autre partie, et certificat du greffier constatant qu'il n'existe ni opposition ni appel, ou, s'il y a eu arrêt de Cour d'appel, certificat de non-pourvoi. Produire l'expédition de l'acte de transcription relatant les certificats en question ou accompagnée de l'expédition de ces certificats; ladite expédition préalablement soumise à la formalité de l'enregistrement, s'il n'y a pas eu arrêt d'appel (loi du 18 avril 1886 et articles du Code de procédure cités ci-dessus). Dans le cas où il y aurait eu pourvoi, le certificat de non-pourvoi serait remplacé par l'arrêt de la Cour de cassation.

Dans l'un ou l'autre cas, la formalité de l'enregistrement est réglée par l'article 49 de la loi du 28 avril 1816, par l'article 4 de la loi du 28 février 1872, qui a augmenté le tarif de moitié, et par les trois lois des 6 prairial an VII, 23 août 1871 et 30 décembre 1873, qui ont, ensemble, ajouté deux décimes et demi au montant des droits, dont le total est de cent quatre-vingt-sept francs cinquante centimes. (Voyez pour le détail de ces droits ci-dessus, n° 76 et n° 287 ci-après.)

215 *bis.* — *Remarques sur la capacité civile d'un homme qui a été ordonné prêtre.*

Pendant longtemps, l'administration et les tribunaux ont interprété les lois françaises concernant les prêtres et le mariage en ce sens qu'une personne qui a été revêtue des ordres sacrés ne pouvait valablement se marier, et un arrêt de la Cour de cassation du 26 février 1878 s'est prononcé dans ce sens.

Un nouvel arrêt de la Cour de cassation, en date du 5 janvier 1888, a déclaré, au contraire, qu'un prêtre peut valablement contracter mariage. Quant à l'interdiction qui peut lui être appliquée de continuer ses fonctions de prêtre, elle est du ressort de l'autorité ecclésiastique.

215 *ter.* — *Remarques sur la capacité civile d'un étranger.*

Les indications comprises sous les nᵒˢ 205 à 214 ci-dessus s'appliquent aussi bien aux étrangers qu'aux Français. Quant aux indications du n° 215 qui concernent l'état d'une personne divorcée, elles ne s'appliquent qu'aux Français. Pour un étranger divorcé, c'est la législation de son pays qui lui donne ou refuse le droit de contracter un nouveau mariage. Il devra produire à cet égard des justifications spéciales. (Voyez n° 222 ci-après.)

§ 5. — Filiation du futur. Son état de dépendance vis-à-vis de ses parents. Consentement de ceux-ci ou de leurs représentants, ou circonstances, actes et formalités qui en dispensent, tels qu'actes respectueux, décès ou empêchements des ascendants, ou liberté résultant du statut personnel.

216. — *Filiation. Prénoms, noms et professions des père et mère du futur et, s'ils sont vivants, leurs âges et leur domicile.*

On doit indiquer l'âge des père et mère vivants pour se conformer aux prescriptions de l'article 34 du Code civil. Les autres indications sont prescrites à la fois par cet article et par l'article 76 dudit Code.

Une instruction adressée en forme de circulaire, le 20 décembre 1880, par M. le préfet de la Seine, maire central de Paris, aux maires des vingt arrondissements de cette ville leur a recommandé d'énoncer toujours dans les actes de mariage (comme dans les actes de publication de mariage, — voyez n° 186 ci-dessus) la profession du père et celle de la mère du futur époux, l'article 76 du Code civil qui prescrit cette énonciation ne distinguant pas entre les père et mère vivants et ceux qui sont décédés. Si la mère n'a pas ou n'avait pas de profession, on l'indiquera par les mots : sans profession.

Cependant, si le futur époux est enfant naturel non reconnu, la profession de sa mère ne doit pas être indiquée, pas plus que son domicile, par les motifs déjà donnés n° 186 ci-dessus.

En cas de décès des père et mère, ou dans le cas où ils se trouveraient dans l'impossibilité de manifester leur volonté, on énoncera encore, *si le futur époux est enfant légitime et si ses père et mère étaient également enfants légitimes,* quel que soit son âge, les prénoms, noms, âges, professions et domiciles de tous les aïeuls et aïeules survivants, remplaçant les père et mère. Aux termes des articles 76, 150 et 151 du Code civil, l'acte de mariage devra, en effet, énoncer leur consentement ou les actes respectueux qui leur auraient été faits. Il faut donc qu'ils soient nommés, et c'est ici qu'ils doivent l'être pour la clarté de la rédaction de l'acte de mariage, comme on le verra aux nᵒˢ 220 *ter* et 234 *ter* ci-après.

Les prénoms et noms des père et mère du futur doivent être indiqués tels qu'ils l'ont été dans son acte de naissance, même dans le cas où il y aurait des différences entre ces énonciations et celles des actes de décès de ses père et mère s'ils sont décédés, et quand même les énonciations des actes de décès seraient conformes aux actes de naissance des défunts. (Loi du 6 fructidor an II.)

Mais si les père et mère assistent à l'acte de mariage et qu'ils représentent leurs actes de naissance établissant qu'ils ont été désignés avec des prénoms mal indiqués et des noms mal orthographiés dans l'acte de naissance de leur fils, on leur donnera ici les prénoms et noms résultant de leurs actes de naissance, et ce n'est qu'à la suite de ces véritables prénoms et noms qu'on mentionnera, en les faisant précéder du mot *ou*, les prénoms et noms avec lesquels ils ont été désignés irrégulièrement dans l'acte de naissance du futur. Cette double énonciation sera expliquée à l'endroit convenable de l'acte de mariage par la déclaration d'identité prévue au n° 254 ci-après.

Si les prénoms et noms des aïeuls et aïeules *existants* sont mal rapportés ou orthographiés dans les actes de décès de leurs enfants, on en fera aussi l'objet d'une déclaration d'identité conformément au n° 254 ci-après.

N. B. Voyez l'observation faite au n° 220 *ter* ci-après pour que l'énonciation de la filiation soit combinée avec l'énonciation des circonstances faisant l'objet des numéros qui vont suivre.

217. — *Accomplissement des devoirs filiaux justifié par le consentement des parents du futur. Formes du consentement.*

A. *Caractère des devoirs filiaux.* Le consentement des père et mère du futur, celui des aïeuls et aïeules qui remplacent les père et mère, ou le consentement de la famille, lorsque ce consentement a été donné, soit qu'il fût indispensable ou requis comme dans la situation indiquée premièrement et deuxièmement ci-après, soit qu'une demande infructueuse eût suffi comme dans la situation indiquée troisièmement ci-après, doit être énoncé, d'après l'article 76 du Code civil.

Premièrement. — Le consentement en question est toujours exigé lorsque le futur époux est mineur de moins de 21 ans.

Dans ce premier cas de dépendance, le consentement est à obtenir des personnes désignées ci-après dans les premiers alinéas du paragraphe C, selon la situation de famille dans laquelle se trouve le futur.

Deuxièmement. — Le consentement des père et mère ou, à défaut de ceux-ci, des aïeuls et aïeules de l'enfant légitime, ou bien le consentement des père et mère de l'enfant naturel reconnu, est encore requis lorsque le futur époux, âgé de plus de 21 ans, n'a pas encore atteint l'âge de 25 ans accomplis.

Dans ce second cas de dépendance, le consentement est à obtenir des personnes désignées suivant la situation du futur sous les avant-derniers alinéas du même paragraphe C.

Troisièmement. — La dépendance, pour les fils âgés de 25 ans accomplis et pour les filles âgées de 21 ans accomplis, ne consiste plus qu'en l'obligation de demander le consentement de leurs père et mère ou autres ascendants, laquelle obligation n'entraîne pas celle d'obtenir le consentement demandé. Dans ce troisième cas de dépendance, si le contentement n'a pas été obtenu, il y est suppléé ainsi qu'il sera dit au n° 218 ci-après.

Quatrièmement. — Lorsque, ayant 21 ans accomplis, il n'a plus ni père ni mère, ni ascendants en état de manifester leur volonté, l'enfant ne dépend plus de personne et n'a à demander le consentement de qui que ce soit pour se marier (articles 159, 160 du Code civil). Dans ce cas, il doit justifier, soit du décès de ses père et mère et autres ascendants, comme il est dit n° 219 ci-après, soit de l'impossibilité où ils se trouvent de manifester leur volonté, comme il est dit au n° 220 ci-après.

B. *Formes du consentement.* Lorsque le consentement des père et mère, aïeuls et aïeules, ou de ceux qui les remplacent dans les cas indiqués, a été obtenu, il faut énoncer si les personnes compétentes l'ont donné par leur présence au mariage ou par acte. Dans ce dernier cas, produire l'acte authentique du consentement. (Article 73 du Code civil.)

Pour être authentique, le consentement des père et mère, aïeuls et aïeules et du tuteur *ad hoc* remplaçant les père et mère de l'enfant naturel, doit avoir été donné devant notaire si c'est en France, devant les chanceliers de consulat de France ou devant les fonctionnaires compétents du pays si c'est à l'étranger. Il n'est pas nécessaire qu'il ait été conservé minute de l'acte ; cet acte peut être délivré en original ou brevet. Le consentement du conseil de famille remplaçant les père et mère et aïeuls de l'enfant légitime doit être donné par une délibération prise sous la présidence du juge de paix. Le consentement de la commission administrative de l'hospice où l'enfant a été abandonné, ou du directeur de l'administration de l'Assistance publique de Paris pour les enfants placés dans les hospices dépendant de son administration, est authentique aussi lorsqu'il est donné dans la forme administrative. (Voyez, au sujet de l'authencité, du timbre et de l'enregistrement des actes produits, ce qui a été dit ci-dessus, 1ʳᵉ partie, nᵒˢ 47 et 48.)

L'acte de consentement doit désigner les deux futurs époux. Un acte dans lequel les personnes qui ont à donner leur consentement autorisent celui des futurs, qui est tenu de le leur demander, à se marier avec telle personne qu'il lui plaira de choisir, ne remplit pas le but de la loi. L'article 151 du Code civil oblige l'enfant majeur de demander à ses parents leur consentement par un acte respectueux et formel, ce qui entraîne nécessairement l'obligation de désigner la personne dont il demande d'agréer le choix.

Les parents, quelque peu soucieux qu'ils soient de leur autorité paternelle, ne peuvent dispenser leur enfant de cette obligation légale, et ils doivent, dans l'acte de leur consentement, ne pas laisser de doute sur son accomplissement. Si l'acte n'est pas récent et que rien ne justifie de l'existence de la personne dont il constate le consentement, il convient de faire produire un certificat de vie pour prouver que cet acte n'a pas perdu sa valeur par la mort de cette personne. En effet, au cas où cette personne étant décédée serait le père ou la mère du futur époux et où celui-ci, enfant légitime, aurait des aïeuls ou aïeules, il aurait maintenant à demander à ceux-ci leur consentement et à justifier, soit de ce nouveau consentement, soit des actes respectueux qui en tiennent lieu, s'il est majeur pour le mariage.

Il est superflu de faire remarquer que la mère et l'aïeule dont le consentement est demandé n'a jamais besoin de l'assistance ou de l'autorisation de son mari pour donner, par sa présence ou par acte authentique, son consentement ou son refus, puisqu'elle a le droit d'avoir un avis opposé à celui de son mari dans cette circonstance. Cette manifestation personnelle n'a aucun rapport avec les actes d'intérêt matériel énoncés aux articles 215 et 217 du Code civil, pour lesquels la loi rend nécessaire l'autorisation du mari.

L'officier de l'état civil qui procéderait à un mariage sans que le consentement des personnes qui ont à le donner fût énoncé dans l'acte de mariage, ou sans que les actes respectueux, de décès ou autres qui remplacent le consentement eussent été produits, s'exposerait aux peines d'amende et de prison indiquées dans les articles 156 et 157 du Code civil. (Voyez ci-après n° 275, paragraphes 4° et 5°.)

C. Personnes de qui le consentement doit émaner.

La limite de la dépendance du futur époux vis-à-vis de sa famille et la qualité des personnes de qui le futur époux doit obtenir le consentement ressortent, d'une part, de ce que le futur époux est mineur, ou mineur quant au mariage ou majeur, d'autre part, de ce qu'il appartient à l'une ou l'autre des situations suivantes :

1° Enfant légitime ;
2° Enfant naturel reconnu par le père ou par la mère ;
3° Enfant naturel reconnu par son père seul ou par sa mère seule ;
4° Enfant naturel non reconnu ;
5° Enfant trouvé n'ayant pas été déposé dans un hospice ;
6° Enfant abandonné déposé dans un hospice.

1er *cas de dépendance.* — Quand le futur époux est âgé de moins de 21 ans, il lui faut pour se marier :

1° *Enfant mineur légitime.* — Obtenir le consentement de ses père et mère. En cas de dissentiment, après que le refus de la mère a été constaté authentiquement (Voir n° 218 ci-après), le consentement du père suffit. (Art. 148 Code civil.)

Si l'un des père et mère est mort, ou s'il est dans l'impossibilité de manifester sa volonté, ce dont il sera justifié conformément aux n°ˢ 219 et 220 ci-après, obtenir le consentement de l'autre. (Art. 149 du Code civil.)

Si le père et la mère sont morts ou dans l'impossibilité de manifester leur volonté, ce qui doit être constaté conformément aux n°ˢ 219 et 220 ci-après, et s'ils ont aussi une filiation légitime, obtenir le consentement d'un aïeul, ou d'une aïeule si elle est seule dans sa ligne (art. 150 du Code civil). En cas de refus des autres ascendants, justifier de ce refus ainsi qu'il est dit au n° 218 ci-après.

S'il n'y a ni père, ni mère, ni aïeul, ni aïeule, ou s'ils se trouvent tous dans l'impossibilité de manifester leur volonté, toutes circonstances qui doivent être prouvées sur pièces (Voyez n°ˢ 219 et 220 ci-après), obtenir le consentement du conseil de famille. (Art. 160 du Code civil. — Voyez ci-dessus, n° 182, l'observation B relative au lieu de la réunion du conseil de famille.)

Il convient de remarquer que si le père ou la mère est un enfant naturel reconnu ou non, ses père et mère vivants ne le remplacent pas vis-à-vis du futur. Les droits que la la loi a accordés aux pères et mères d'enfants naturels par l'article 158 du Code civil, en ce qui concerne le mariage de ceux-ci, de même que ceux qu'elle leur a accordés par l'article 383 du Code civil pour l'éducation de ces enfants, sont exceptionnels et restreints et ne peuvent s'étendre aux descendants. Les père et mère de l'enfant naturel ne pourraient se créer des droits sur les descendants de celui-ci qu'en contractant mariage et en légitimant cet enfant (art. 332 et 333 du Code civil). Sans cela ils ne peuvent invoquer la qualité d'aïeul au sens de l'article 151 du Code civil, et la situation du futur reste telle qu'elle est désignée en l'article 160 dudit Code.

2° *Enfant mineur naturel reconnu par ses père et mère.* — Obtenir le consentement de ses père et mère. En cas de dissentiment, le consentement du père suffit (art. 148,

158 Code civil), mais il faut justifier du refus de la mère. (Voyez n° 218, alinéa C ci-après.)

Si l'un des père et mère est mort ou dans l'impossibilité de manifester sa volonté, ce qui doit être constaté (Voyez n°s 219 et 220 ci-après), le consentement de l'autre suffit. (Art. 149 et 158 Code civil.)

Si les père et mère sont morts ou dans l'impossibilité de manifester leur volonté (Voyez n°s 219 et 220 ci-après), obtenir le consentement du tuteur *ad hoc* nommé à cet effet par le conseil de famille. (Art. 159, 405, 406, 407 du Code civil. — Voyez au n° 182 l'observation B qui vient d'être signalée.) .

3° *Enfant mineur naturel reconnu par son père seul ou par sa mère seule*. — Obtenir le consentement du père ou de la mère qui l'a reconnu. (Art. 148, 158 du Code civil.)

Si le père ou la mère qui a reconnu l'enfant est mort ou dans l'impossibilité de manifester sa volonté, ce qui doit être constaté, comme il sera dit ci-après, sous les n°s 219 et 220, obtenir le consentement du tuteur *ad hoc* nommé à cet effet par le conseil de famille. (Art. 159, 405, 406, 407 du Code civil. —voyez au n° 182 l'observation B rappelée ci-dessus).

REMARQUES. — Il est à remarquer que la désignation de la mère dans l'acte de naissance, quand même elle aurait été faite sur la déclaration du père, ne donne à la mère désignée aucun droit sur l'enfant naturel. Pour qu'elle puisse intervenir en quoi que ce soit dans les formalités du mariage, il faut qu'elle ait préalablement reconnu son enfant par un acte spécial authentique. (Art. 159, 336 du Code civil.)

Mais il est utile que le nom et même les prénoms de la personne désignée comme étant la mère soient indiqués dans l'acte de mariage tels qu'ils ont été inscrits dans l'acte de naissance, si la mère désignée n'a jamais protesté par acte extrajudiciaire contre cette inscription, afin d'établir que le futur époux (ou la future épouse) est bien l'enfant désigné dans ledit acte de naissance. (Induction de la loi du 6 fructidor an II, mentionnée au n° 209 ci-dessus.)

4° *Enfant mineur naturel non reconnu*. — Obtenir le consentement du tuteur *ad hoc*, nommé par le conseil de famille conformément aux articles 159, 405, 406, 407 du Code civil. (Voyez sous le n° 182 l'observation B rappelée ci-dessus.)

Les remarques composant les deux derniers alinéas du paragraphe 3° ci-dessus sont encore ici applicables.

Il y a lieu d'ajouter, pour le cas où l'acte de naissance de l'enfant naturel non reconnu porte les prénoms et nom de la personne désignée comme étant sa mère, qu'il convient d'autant plus de reproduire dans l'acte de mariage les prénoms et nom de cette personne comme mère du futur époux (ou de la future épouse), que ce nom est devenu celui de l'enfant et que la mention du nom et de son origine est indispensable pour assurer l'identité dudit futur époux (ou de ladite future épouse).

Mais s'il est à propos d'énoncer, lorsqu'il est connu, le décès de la personne désignée comme étant la mère, pour établir la vraisemblance de l'immutabilité de la situation filiale du côté maternel, on doit, par discrétion, éviter d'indiquer la profession et le domicile de cette personne lorsqu'elle est vivante, comme l'observation en a déjà été faite sous le n° 186 ci-dessus.

5° *Enfant mineur trouvé, n'ayant pas été déposé dans un hospice, parents non connus*. — Il s'agit ici d'un enfant trouvé dont les parents sont inconnus et qui a été élevé par la personne qui l'a recueilli sans qu'on ait rempli les formalités prescrites par l'article 58 du Code civil relatives aux enfants trouvés. Obtenir le consentement du tuteur *ad hoc* nommé par le conseil de famille (assimilation aux enfants naturels non reconnus ; art. 159, 405, 406, 407 du Code civil. — Voyez les remarques et observations inscrites sous le n° 182 ci-dessus).

6° *Enfant mineur abandonné déposé dans un hospice; parents inconnus, ou disparus, ou décédés, ou déchus de la puissance paternelle*. — Quand les parents de l'enfant n'ont jamais été connus, obtenir le consentement du conseil d'administration de l'hospice par les soins duquel l'enfant a été élevé ou, en ce qui concerne les enfants déposés dans les hospices dépendant de l'administration de l'Assistance publique de Paris, le consentement du directeur de cette administration. (Lois du 15 pluviôse an XIII et 10 janvier 1849.)

Quand les parents de l'enfant sont ou ont été connus, le Conseil d'administration de l'hospice ou le directeur de l'administration de l'Assistance publique de Paris, suivant la distinction faite ci-dessus, ne les remplace que s'ils ont été frappés par un jugement prononçant ou entraînant la déchéance de la puissance paternelle, conformément aux articles 1 et 2 de la loi du 24 juillet 1889, ou s'ils sont décédés, absents ou dans l'impossibilité de manifester leur volonté. Les pièces établissant cette situation doivent être jointes au consentement mentionné ci-dessus.

REMARQUE. — Le fait seul d'avoir abandonné leurs enfants n'a pas privé les parents des droits inscrits en leur faveur dans l'article 148 du Code civil, en ce qui concerne le mariage de ces enfants.

Quand donc les parents connus lors du placement de l'enfant à l'hospice, ou qui se sont fait connaître depuis, sont en état de manifester leur volonté et n'ont pas été frappés de déchéance, il faut obtenir leur consentement.

2° *cas de dépendance*. — Quand le futur époux, âgé de vingt et un à vingt-cinq ans, est encore mineur pour le mariage (Voyez n° 183 ci-dessus), il lui faut pour se marier :

Fils légitime âgé de 21 à 25 ans. — Obtenir le consentement de son père et demander celui de sa mère (sans obligation de l'obtenir), ou bien, si le père est mort ou dans l'impossibilité de manifester sa volonté, obtenir nécessairement le consentement de sa mère ; ou bien, si les père et mère sont morts ou dans l'impossibilité de manifester leur volonté, obtenir le consentement de l'un de ses aïeuls et d'une aïeule si elle est seule dans sa ligne, et demander leur consentement aux autres aïeuls et aïeules sans obligation de l'obtenir. (Art. 148, 149, 150, 158 du Code civil.)

L'absence du consentement de la mère dans le premier cas, l'absence du consentement de ceux des ascendants auxquels il doit être demandé sans obligation d'être obtenu dans le second cas, doit être couverte par la production des actes respectueux dont il est question au n° 218 ci-après. Les décès et l'impossibilité de manifester une volonté doivent être justifiés conformément aux indications des nᵒˢ 219 et 220 ci-après.

Ainsi qu'il vient d'être dit pour ce qui concerne le futur époux mineur de moins de vingt et un ans, il n'y a pas lieu de demander leur consentement aux père et mère naturels du père ou de la mère du futur époux. Le titre légal d'aïeuls ne leur appartient pas.

Fils naturel reconnu âgé de 21 à 25 ans. — Obtenir le consentement de ses père et mère. En cas de dissentiment, le consentement du père suffit (art. 148, 158 du Code civil), mais il faut justifier du refus de la mère. (Voyez n° 218 ci-après.)

Si l'un des père et mère est mort ou dans l'impossibilité de manifester sa volonté, le consentement de l'autre suffit. (Art. 149 et 158 du Code civil.)

Le fils naturel âgé de 21 à 25 ans n'est mineur quant au mariage que dans les espèces de ces deux alinéas.

3° *cas de dépendance*. — Quand le futur époux est majeur, il doit, en ce qui concerne le consentement de ses parents, se soumettre aux obligations indiquées sous le n° 218 ci-après.

218. — *Accomplissement des devoirs filiaux justifié par des actes respectueux faits aux parents du futur.*

Les actes respectueux, s'il en a été fait aux parents du futur, doivent être énoncés suivant la prescription de l'article 76 du Code civil.

Ces actes sont la conséquence du principe posé dans l'article 371 du Code civil portant : « L'enfant, à tout âge, doit honneur et respect à ses père et mère. »

Jusqu'à ce que le fils ait atteint l'âge de 25 ans, les père et mère ont une autorité réelle pour l'observance de ce devoir. Leur refus de consentir au mariage de leur fils suffit pour qu'il ne puisse se marier, ainsi qu'il résulte des règles exposées sous le n° 217 qui précède.

Lorsque le fils a atteint l'âge de 25 ans, les père et mère n'ont plus sur lui qu'une autorité morale à l'occasion de son mariage. A partir de cet âge, il ne pourra jamais se se marier sans demander leur consentement, mais il pourra se marier malgré leur refus.

Ce qui vient d'être dit pour les père et mère s'applique aux aïeuls et aïeules paternels et maternels du fils légitime, quand ses père et mère sont décédés ou dans l'impossibilité de manifester leur volonté, s'ils étaient eux-mêmes enfants légitimes, le titre légal d'aïeuls n'appartenant pas aux père et mère d'enfants naturels, ainsi qu'il a été dit ci-dessus, n° 217.

A. Jusqu'à l'âge de 30 ans accomplis, la demande en autorisation de mariage faite par le fils ayant atteint l'âge de 25 ans accomplis, à ses père et mère ou aïeuls, lorsqu'il est enfant légitime, à ses père et mère seulement s'il est enfant naturel reconnu, doit, après le délai d'un mois, si elle n'a pas été suivie d'une réponse favorable, être réitérée deux autres fois de mois en mois. Elle est faite chaque fois par le ministère de deux notaires ou d'un notaire assisté de deux témoins, dans la forme d'actes respectueux. (Art. 151, 152, 153, 154 du Code civil.)

L'article 154 du Code civil oblige le notaire de mentionner dans l'acte la réponse des ascendants. Cette réponse ne s'adressant qu'à l'enfant au nom duquel la demande est faite ne peut jamais, quels qu'en soient les termes, être pour l'officier de l'état civil un obstacle au mariage. Pour que l'opposition des ascendants puisse être efficace à son égard, elle doit lui être notifiée par ministère d'huissier, conformément aux prescriptions des articles 66 et 176 du Code civil et aux dispositions de l'article 24 du décret réglementaire du 24 juin 1813. (Voyez le texte de ces articles sous le nᵒ 202 ci-dessus.)

La prescription de l'article 154 du Code civil ne doit pas être prise dans un sens absolu. Elle oblige le notaire à faire tous ses efforts pour parvenir jusqu'aux ascendants qu'il a mission de consulter. Mais au cas où ils y mettraient obstacle, soit en interdisant l'entrée de leur domicile, soit en le désertant, l'acte respectueux pourrait être notifié dans la forme indiquée par l'article 68 du Code de procédure civile, c'est-à-dire être remis aux mains des personnes qui sont à leur service, ce qui, à défaut d'autres, comprend le concierge de la maison (arrêt de la Cour de Paris du 16 avril 1836); à défaut de serviteur ou concierge, au voisin et, si le voisin refuse, au maire de la commune, qui mandera les ascendants à sa mairie pour le leur remettre. (Arrêt de la Cour de Riom du 28 janvier 1839.)

B. Lorsque le fils a passé l'âge de 30 ans, il peut être procédé à son mariage un mois après la notification d'un seul acte respectueux (art. 152 et 153 du Code civil).

C. C'est aussi par un acte respectueux qu'il y aurait lieu de faire constater les dissentiments prévus aux articles 148 et 150 du Code civil, c'est-à-dire le refus du consentement de la mère quand le père consent, et le refus des aïeuls d'une ligne quand les aïeuls de l'autre ligne consentent. Dans ces cas, en raison de ce que le dissentiment n'empêche jamais le mariage, l'acte respectueux pourrait être fait même pour des enfants n'ayant pas atteint l'âge de 21 ans, et il n'obligerait à observer aucun des délais prescrits par les articles 152 et 153 du Code civil.

Il faut produire les expéditions de tous les actes respectueux.

(Voir en ce qui concerne l'énonciation des actes respectueux l'observation nᵒ 220 *ter* ci-après.)

219. — *Décès des père et mère et autres ascendants du futur. Lieu et date de leur décès.*

Lorsque les père et mère et autres ascendants auxquels le futur époux aurait eu à demander leur consentement sont décédés, le mot *décédé* inscrit à la suite de leurs noms remplace toute énonciation relative à ce consentement. Si le lieu et la date du décès sont connus, on les énonce en même temps. Ces énonciations, qui doivent être justifiées par les actes de décès, sont nécessaires pour établir que les infractions à la loi, réprimées par les articles 156 et 157 du Code civil, n'ont pas été commises et prouver la régularité du mariage sous ce rapport.

Quand les actes de décès existent sur les registres de l'état civil de la commune où est célébré le mariage, il n'est pas indispensable d'en lever les expéditions, il suffit de les viser dans l'acte de mariage. (Voir nᵒ 254 ci-après.)

S'il y a des erreurs dans quelques-uns des actes de décès, on fera la déclaration d'identité indiquée au nᵒ 255 ci-après, lorsqu'on énoncera la production ou le visa des actes.

Dans le cas où le lieu du décès et celui du dernier domicile des père et mère ou aïeuls ne seraient pas connus, on ferait, à la place convenable, la déclaration indiquée dans l'avis du Conseil d'Etat du 4 thermidor an XIII. (Voir nᵒ 256 ci-après.)

(Voyez pour les énonciations relatives au présent numéro l'observation inscrite sous le nᵒ 220 *ter* ci-après.)

220. — *Empêchements physiques ou légaux des père et mère et autres ascendants du futur. Indication de la nature de ces empêchements.*

Si quelques-uns des père et mère ou des aïeuls auxquels le futur aurait eu à demander leur consentement sont dans l'impossibilité de manifester leur volonté :

A. Par suite d'absence déclarée (art. 155 du Code civil). — Enoncer le jugement qui a prononcé l'absence ou ordonné l'enquête. Produire l'expédition du jugement.

B. Par suite d'absence non déclarée (même art. 155 du Code civil). — Enoncer l'acte de notoriété dressé, à l'occasion du mariage projeté, par le juge de paix du canton où l'absent avait son dernier domicile connu, sur la déclaration de quatre témoins appelés par le juge de paix. Produire cette pièce.

Dans le cas où le dernier domicile de l'absent serait inconnu, au lieu de ces énonciations et production de pièces, on ferait la déclaration indiquée pour le cas de décès ou d'absence de cette sorte par l'avis du Conseil d'Etat du 4 thermidor an XIII. (Voir nᵒ 256 ci-après.)

C. Par suite d'aliénation mentale pour laquelle l'interdiction mentionnée en l'article 489 du Code civil n'a pas été provoquée, — énoncer le certificat de médecin, qui doit être timbré, légalisé et enregistré. (Art. 12 de la loi du 18 brumaire an VII, art. 23 de la loi du 22 frimaire an VII et n°ˢ 10, 17 et 51 de l'art. 68 de cette dernière loi, rappelés n° 48 ci-dessus.)

D. Par suite d'interdiction pour aliénation mentale, — énoncer le jugement qui a prononcé l'interdiction. Produire ce jugement avec certificat du greffier du tribunal constatant qu'il n'y a pas eu mainlevée. (Art. 489, 509, induction de l'art. 511 et art. 512 du Code civil.)

E. Par suite d'interdiction, à cause de condamnation à une peine afflictive ou infamante, pendant la durée de cette peine (art. 29 du Code pénal, induction de l'art. 511 du Code civil) ou par suite de la déchéance de la puissance paternelle encourue suivant les termes des articles 1 et 2 de la loi du 24 juillet 1889, — énoncer seulement la date du jugement ou arrêt qui a prononcé la condamnation afin d'éviter que, par une mention plus explicite, l'infamie ou l'indignité de l'ascendant soit aperçue dans l'acte de mariage. Produire ce jugement ou arrêt avec certificat du greffier constatant l'exécution.

Remarque. — L'énonciation et la production des pièces désignées pour les cinq cas d'impossibilité ci-dessus prévus ont, comme la production des actes de décès, pour objet d'établir la régularité du mariage sous le rapport des prescriptions rappelées aux articles 156 et 157 du Code civil.

(Voir, au sujet de l'énonciation des pièces, l'observation n° 220 *ter* ci-après.)

220 *bis.* — *Liberté filiale résultant du statut personnel de l'étranger.*

La liberté d'action ou la dépendance du futur époux étranger par rapport à sa filiation ont pu être réglées par les lois de son pays autrement qu'elles ne sont indiquées pour les Français par les n°ˢ 216 à 220 ci-dessus. Dans ce cas, le futur époux étranger devra justifier de son statut personnel à cet égard, à moins que, s'il est Italien ou Suisse, il n'ait atteint l'âge indiqué dans la remarque qui termine le n° 222 ci-après. (Voyez ce n° 222.)

220 *ter.* — *Observation sur le mode d'énoncer les circonstances de la situation filiale du futur et celles du consentement ou de l'absence de consentement de ses parents.*

Les circonstances qui créent la personnalité de chacun des futurs et celles qui fixent l'état de leurs parents sont si variées dans leurs divisions principales, rapportées sous les n°ˢ 216, 217, 218, 219 et 220 ci-dessus, en ce qui concerne le futur, et sous le § 10 ci-après en ce qui concerne la future, que quarante-six personnes peuvent se trouver dans des situations différentes au moment de la célébration de leur mariage, sous le rapport de leur filiation et de leur état de dépendance vis-à-vis de leurs parents.

Le tableau des nombreuses combinaisons éventuelles est donné à titre de renseignement sous le n° 234 *ter* ci-après. Il correspond à une série de quarante-six paragraphes du formulaire joint au présent ouvrage, permettant d'inscrire dans l'acte de mariage, dans une seule phrase ou formule, toutes les circonstance de l'espèce qui concernent chaque futur. Il importera donc de distinguer, dans ce tableau, la situation filiale du futur, afin que la mention du consentement ou des circonstances qui dispensent du consentement de ses parents soit insérée dans les énonciations en concordance avec cette situation.

§ 6. — Capacité civique du futur époux français et justification de la capacité civique et civile du futur époux étranger.

221. — *Français. Permission nécessaire s'il est militaire, ou justification qu'il n'est pas militaire.*

Si le futur époux appartient à l'armée active de terre ou de mer, énoncer la permission de se marier donnée par l'autorité militaire, conformément aux décrets des 16 juin, 3 et 28 août 1808, c'est-à-dire :

A. S'il est officier, intendant, chirurgien, — la permission du ministre de la guerre ou de la marine, suivant qu'il appartient à l'armée de terre ou à l'armée de mer.

Les officiers réformés et jouissant d'un traitement de réforme, ou en disponibilité, sont soumis aux mêmes obligations que les officiers en activité de service. (Avis du Conseil d'Etat du 21 décembre 1808.)

B. S'il est sous-officier ou soldat présent au corps ou en congé limité, — la permission du Conseil d'administration du corps, ou celle du commandant du corps, visée par le supérieur hiérarchique, si le corps n'a pas de Conseil d'administration. (Décision du ministre de la guerre, du 18 décembre 1860).

La permission qui est délivrée à un sous-officier de gendarmerie ou à un gendarme doit être visée par le colonel, d'après l'article 539 du décret sur la gendarmerie du 1er mars 1854.

Les invalides sont assimilés aux militaires de l'armée active pour les permissions de mariage. (Décret du 29 juin 1863, art. 241, 242, 243.)

Si le sous-officier ou soldat remplit une fonction détachée en vertu d'une commission spéciale, comme celle de surveillant de maison d'arrêt ou prison militaire, — énoncer la permission délivrée, à défaut de conseil d'administration, par le général commandant la subdivision régionale. (Décision ministérielle du 8 décembre 1836.)

C. Si l'homme lié au service militaire est marin de l'inscription maritime présent au service, — la permission délivrée par le conseil d'administration du bâtiment ou de la division, d'après une demande transmise par le commissaire à l'inscription maritime. (Circulaire du ministre de la marine du 19 mars 1870.)

S'il est au nombre des agents appartenant au personnel entretenu de la marine : commis, écrivains, titulaires des différents corps, magasiniers, maîtres principaux et maîtres entretenus des arsenaux, conducteurs et dessinateurs des travaux hydrauliques, commis aux vivres, guetteurs du service électro-sémaphorique, — la permission qui lui a été délivrée par le préfet maritime, ou qui a dû être visée par ce fonctionnaire si elle a été délivrée par le directeur de l'établissement dans lequel l'agent est employé. (Circulaire du ministre de la marine du 1er juin 1866.)

D. Si le futur appartient à la classe mise à la disposition des ministres de la guerre et de la marine à partir du 1er novembre de l'année courante, conformément aux articles 37, 38, 40 et 42 de la loi du 15 juillet 1889, et, depuis cette date, n'a pas encore été immatriculé à un corps, énoncer la permission du général commandant le corps d'armée dans le ressort duquel le jeune soldat est domicilié (circulaire du ministre de l'intérieur du 3 décembre 1885). Cette permission a dû être demandée par l'intermédiaire du bureau de recrutement.

Observations. 1. — Les hommes de la disponibilité et de la réserve de l'armée active peuvent se marier sans autorisation. (Art. 58 de la loi du 15 juillet 1889.)

D'après l'article 25 de ladite loi du 15 juillet 1889, il en est de même des militaires qui, après un an de présence sous les drapeaux, ont été envoyés en congé dans leurs foyers jusqu'à la date de leur passage dans la réserve. Ce sont : — 1° les militaires dispensés du reste du service d'activité par l'article 21, en raison de la situation qu'ils occupent dans leur famille (aîné d'orphelins de père et de mère, fils unique ou aîné de femme veuve, etc.) ; — 2° les jeunes gens jouissant de cette faveur, d'après l'article 22, en raison de leur qualité de soutiens indispensables de famille ; — 3° les jeunes gens, désignés article 23, qui se vouent à l'enseignement public, ceux qui veulent poursuivre leurs études dans les écoles secondaires ou supérieures, ceux qui exercent des industries d'art, et les jeunes gens admis à continuer leurs études ecclésiastiques en vue d'exercer le ministère dans l'un des cultes reconnus par l'État.

En conséquence, les militaires au service et les jeunes gens du contingent, à partir du 1er novembre de l'année du tirage au sort, tels qu'ils sont désignés sous les paragraphes A, B, C, ci dessus, sont les seuls qui aient besoin d'une autorisation pour se marier.

2. Tout homme qui a atteint l'âge de 20 ans révolus avant le 1er janvier de l'année courante et qui n'a pas encore atteint l'âge de 45 ans a été ou se trouve soumis à l'appel pour faire partie de l'armée active pendant trois ans (art. 10, 15, 17 et 69 de la loi du 15 juillet 1889). S'il veut se marier, il doit, par suite, pour être dispensé de produire la permission nécessaire aux militaires, justifier soit qu'il a été inscrit sur le tableau de recensement de sa classe ou d'une classe suivante, et qu'il n'appartient pas à l'armée active, ce que constate son livret militaire qu'il devra représenter, soit qu'il n'a pas été inscrit sur le tableau de recensement de sa classe ou d'une classe suivante. Cette dernière justification sera faite au moyen de certificats du maire de la commune qu'il habitait lorsqu'il a atteint l'âge de 20 ans, et des maires de celles qu'il a habitées depuis. Il doit être averti par le maire devant lequel il se présente pour se marier, et la famille de la future doit être avertie aussi que le fait d'avoir été omis sur le tableau de recensement et sur la liste du tirage au sort expose le futur à être condamné par les tribunaux à la peine d'un mois à un an d'emprisonnement, prononcée par l'article 69 de la loi du 15 juillet 1889 ; que le mariage ne le dispensera pas des obligations de la loi du recrutement, et que, dès à présent, le maire est obligé, par suite des dispositions des articles 10 et 15 de la loi du 15 juillet 1889 et de l'article 92 de la loi du 5 avril 1884, de prendre les mesures nécessaires pour que le futur soit inscrit sur la liste de recensement de la première classe à appeler. Le maire prendra effectivement les mesures en conséquence.

Nonobstant, l'homme se trouvant dans cette position pourra, sans avoir de permission à demander, se marier si l'autorité judiciaire ne lui en ôte pas le moyen.

3. Avant son âge de 20 ans, et même avant le 1ᵉʳ novembre de l'année de son inscription sur le tableau de recensement de la classe à appeler, le jeune homme qui n'a pas usé de la faculté de s'engager donnée par l'article 59 de la loi du 15 juillet 1889, n'étant pas encore mis par la loi à la disposition des ministres de la guerre et de la marine, peut aussi se marier sans avoir de permission à demander.

4. Après l'âge de 45 ans, l'homme n'est plus astreint aux obligations du recrutement (art. 15 de la loi du 15 juillet 1889). Il n'a donc aucune justification à faire à ce sujet pour se marier s'il n'est pas militaire en activité de service.

L'officier de l'état civil qui procéderait à la célébration du mariage d'un militaire sans s'être fait représenter la permission exigée s'exposerait à la peine de destitution port e par l'article 3 du décret du 16 juin 1808. La permission doit être annexée à l'acte de mariage, conformément à l'article 44 du Code civil.

Quant aux justifications qui ont été faites à l'officier de l'état civil en ce qui concerne la libération des obligations du recrutement pour le prémunir contre l'application de l'article 3 du décret du 16 juin 1808, elles ne sont pas exigées pour la validité du mariage, et, par suite, elles n'ont pas besoin d'être énoncées dans l'acte de mariage. Elles sont à rendre au futur qui peut en avoir besoin dans d'autres circonstances.

222. — *Étranger. Justification de sa capacité civile et civique d'après les lois de son pays.*

Il est de règle, dans la plupart des États européens, que les lois concernant l'état et la capacité des personnes régissent les nationaux, même résidant à l'étranger. Ce principe a été proclamé, pour les Français, par le dernier paragraphe de l'article 3 du Code civil.

La Suisse en a fait l'application dans les articles 31 et 37 de la loi fédérale sur l'état civil, en date du 24 décembre 1874, par lesquels elle exige des étrangers qui veulent contracter mariage en Suisse la production d'un certificat des autorités de leur pays, constatant leur aptitude d'après la loi de leur nation.

L'Italie en a fait aussi l'application dans les articles 100, 102 et 103 de son Code civil, où se trouvent les dispositions suivantes : « Article 100. Le mariage contracté en pays « étranger entre citoyens, ou entre un citoyen et un étranger, est valable pourvu qu'il « soit célébré suivant les règles établies dans ce pays et que le citoyen n'ait pas contre- « venu aux dispositions contenues dans la IIᵉ section du chapitre Iᵉʳ de ce titre (1). — « Article 102. La capacité de l'étranger pour contracter mariage est déterminée par la « loi du pays auquel il appartient. Néanmoins l'étranger est aussi soumis aux empêche- « ments énumérés dans la IIᵉ section du chapitre 1ᵉʳ de ce titre (2). — Article 103. L'é- « tranger qui veut contracter mariage dans le royaume doit présenter au bureau de « l'état civil une déclaration de l'autorité compétente du pays auquel il appartient, qui « prouve que, d'après la loi dont il dépend, rien ne s'oppose au mariage projeté. »

Cependant, comme une nation n'est pas obligée de donner le concours de ses fonctionnaires à l'exécution de lois étrangères qui constitueraient en faveur des étrangers un privilège contraire aux lois nationales et blessant, soit les intérêts des nationaux, soit les mœurs du pays, il est généralement admis, comme corrélatif de la pratique du droit international en question, que l'application des lois qui règlent le statut personnel de l'étranger sera faite de manière à ce que les lois du pays où l'étranger se propose de contracter mariage soient également observées. Ce principe se trouve formellement posé, pour l'Italie, dans le dernier paragraphe de l'article 102 du Code civil italien, ainsi qu'on vient de le voir. Il a été exprimé, pour la France, sous le premier paragraphe de l'article 3 du Code civil, dans les termes suivants : « Art. 3. Les lois de police et de sûreté obligent tous ceux qui habitent le territoire. »

Malgré les dispositions de la législation du pays de l'étranger, si elles sont plus favorables à son égard que la loi française, il devra donc, pour se marier en France, se soumettre à celles des dispositions de cette dernière loi qui sauvegardent les mœurs publiques ainsi que les droits et intérêts des nationaux, et dont l'infraction pourrait, à cause de ces motifs, entraîner soit l'annulation du mariage à la requête du ministère public, soit des pénalités contre l'officier de l'état civil ou contre les parties.

Telles sont :

1° Les dispositions de l'article 144 du Code civil, interdisant de contracter mariage

---

(1-2) Il s'agit, dans cette section du Code civil italien, des conditions requises des nationaux italiens pour contracter mariage.

avant l'âge de 18 ans pour l'homme, avant l'âge de 15 ans pour la femme, — disposition dont l'infraction est punie d'amende et peut entraîner l'annulation du mariage, aux termes des articles 184 et 190 du même Code ;

2° Les dispositions de l'article 147 dudit Code, interdisant de contracter un second mariage avant la dissolution du premier, — dont l'infraction, entraînant aussi l'annulation du mariage, d'après les mêmes articles 184 et 190, est encore punie des travaux forcés à temps par l'article 340 du Code pénal ;

3° Celles des articles 161, 162 et 163, sur la prohibition de mariage entre parents ou alliés à un degré rapproché, — dont l'infraction entraîne aussi l'annulation du mariage, d'après les mêmes articles 184 et 190 ;

4° Celles de l'article 228, interdisant le second mariage d'une femme avant qu'il se soit écoulé dix mois depuis la dissolution du premier, — desquelles l'infraction est punie d'amende par l'article 194 du Code pénal.

Au contraire, si les avantages que donne à l'étranger sa loi nationale ne peuvent nuire ni à l'ordre public établi en France, ni à aucun sujet français, il n'y a pas lieu de l'en priver par la rigoureuse application du texte de la loi française, qui rendrait dans certains cas le mariage impossible.

Ainsi, il n'y aurait pas lieu d'exiger de l'étranger la publication du projet de mariage à la municipalité de son domicile dans son pays, si ces publications n'y sont pas en usage, ou si les lois de son pays l'en dispensent.

Il n'y aurait pas lieu de l'exiger, non plus, de lui, la justification du consentement de ses parents, étrangers comme lui, ou de l'accomplissement des formalités de l'acte respectueux tenant lieu de ce consentement, s'il n'est tenu par les lois de son pays ni à obtenir ce consentement, ni à remplir ces formalités.

Mais il devra prouver que les lois de son pays lui donnent ces avantages et ne le frappent d'aucune autre prohibition que celles prononcées par les lois françaises, c'est-à-dire qu'il devra justifier qu'il est apte, d'après les lois de son pays, à contracter le mariage qu'il a en vue.

Une circulaire du ministre de la justice, en date du 4 mars 1831, prescrivait d'exiger de l'étranger un certificat dans ce sens, délivré par les autorités de son pays. Mais, dans plusieurs localités, ces autorités s'étant refusées à délivrer pareil certificat, le ministre de la justice, par une nouvelle circulaire, en date du 16 février 1855, pour éviter des embarras insurmontables et ne pas empêcher des mariages reconnus valables par quelques-uns mêmes des États où ce refus avait été opposé, a abandonné ces prescriptions.

D'ailleurs, ce qui importe à l'officier de l'état civil français, c'est de savoir que, d'après les lois qui régissent le statut personnel du futur époux étranger, le mariage qu'on lui demande de célébrer ne sera pas nul ou annulable dans le pays de l'époux lorsqu'il plaira à celui-ci d'y retourner. Un certificat de l'ambassadeur, du chargé d'affaires ou d'un consul de la nation du futur époux, exerçant ses fonctions en France, remplit ce but, et c'est le moyen le plus souvent employé. En cas de refus de l'un ou l'un ou l'autre de ces fonctionnaires, il semble qu'un certificat émané d'un notaire, d'un avocat, d'un avoué ou autre jurisconsulte de la même nation, dont la signature serait légalisée par les autorités du pays, pourrait être aussi bien accepté, et qu'on pourrait même accepter un certificat d'un jurisconsulte français connu pour ses études dans le droit civil étranger.

Cependant, si le futur refusait de faire aucune justification de cette sorte, et si la future épouse et sa famille demandaient à l'officier de l'état civil de se désintéresser de la question de la validité du mariage à l'étranger, cet officier public aurait-il le droit de se refuser à célébrer le mariage ?

D'un jugement du Tribunal civil de Rouen, en date du 26 janvier 1842, et d'un arrêt de la Cour d'appel de Caen, en date du 16 mai 1846, qui, en des cas semblables, ont ordonné de passer outre, on pourrait inférer que l'officier de l'état civil doit se conformer à la demande des parties. Mais ces deux décisions judiciaires isolées, qui mettaient en doute l'applicabilité du statut personnel de l'étranger pour la célébration de son mariage en France, sont loin d'avoir fait jurisprudence. Leur doctrine, déjà contraire à un arrêt rendu par la Cour d'appel de Paris le 13 juin 1814, a été répudiée par la Cour de cassation dans un arrêt du 28 février 1860, par la Cour d'appel d'Orléans dans un arrêt du 19 avril suivant, et par la Cour d'appel de Chambéry dans un arrêt du 15 juin 1869. En outre, elle a été réprouvée par la presque unanimité des auteurs qui ont écrit sur le sujet, lesquels sont d'accord avec ces derniers arrêts et comptent dans leur nombre : Fœlix et Demangeat, Valette, Mersier, Demolombe, Armand Blanche, Paul Pic. Merlin s'était déjà prononcé dans le même sens dans son Répertoire, v° Lois, § 6, n° 6.

Il résulte bien de la doctrine de ces arrêts, soutenue par les jurisconsultes ci-dessus désignés, que, pour faire célébrer son mariage en France, l'étranger ne tient ses droits que de la législation de son pays, d'où il suit que, puisqu'il est ici demandeur, c'est à lui de joindre à sa demande la justification de ses droits comme le veulent les règles de la procédure judiciaire. (Voyez art. 61 du code de procédure civile.)

L'officier de l'état civil à qui cette justification ne serait pas produite, et à qui il ne conviendrait pas d'exposer sa signature à être traitée comme une lettre morte dès qu'elle aura passé la frontière, ne pourrait, en conséquence, être blâmé s'il se refusait à célébrer le mariage et préférerait se laisser poursuivre devant les tribunaux civils et attendre leur décision. Comme il s'agit là d'une question qui intéresse à la fois la bonne renommée de la commune, dont l'officier de l'état civil est le représentant, et la dignité de celui-ci comme fonctionnaire français; le Conseil municipal, consulté au besoin d'avance par le maire, ne refuserait peut-être pas de voter le crédit nécessaire au paiement des frais du procès, ce qu'il peut faire en vertu des articles 145, 146 et 147 de la loi du 5 avril 1884. Dans le cas où les tribunaux décideraient qu'il y a lieu de procéder au mariage de l'étranger malgré l'absence de la justification de son statut personnel, l'officier de l'état civil ne prêterait du moins son concours officiel que contraint et forcé. S'ils donnaient raison à l'officier de l'état civil, celui-ci aurait contribué à relever le caractère des fonctions qu'il exerce et bien mérité de ceux de ses collègues qui auront aussi à célébrer le mariage d'un étranger (1).

Remarque concernant les Italiens et les Suisses.

Une circulaire de M. le ministre de la justice, en date du 10 mars 1883, adressée aux procureurs généraux et confirmant une circulaire déjà adressée par lui le 26 janvier 1876, rappelle que l'article 100 du Code civil italien prescrit aux *sujets du royaume d'Italie* qui veulent se marier à l'étranger de faire publier leur projet de mariage dans les formes légales dans le lieu de leur dernier domicile en Italie, quel que soit l'âge des époux et quel que soit le temps depuis lequel ils ont pris résidence à l'étranger. Cette formalité tient lieu du consentement des ascendants du futur époux qui a atteint l'âge de 25 ans, et de la future épouse qui a atteint l'âge de 21 ans. Jusqu'à ces limites d'âge, les futurs époux ne peuvent se marier sans le consentement de leurs parents. Ils n'ont jamais d'actes respectueux à faire, quel que soit leur âge. Les actes de naissance des futurs époux et le certificat constatant la publication à leur dernier domicile en Italie sont, en conséquence, les seules pièces à produire par le futur époux âgé de 25 ans, et pour la future épouse âgée de 21 ans en dehors de la preuve des publications faites en France. Lorsqu'ils n'ont pas atteint ces âges, ils doivent encore produire les actes constatant le consentement de leurs pères et mères ou, si leurs pères et mères sont décédés ou empêchés, le consentement de leurs autres ascendants, et la preuve du décès ou de l'empêchement de ceux des pères et mères et ascendants qui auraient eu à donner leur consentement.

Une autre circulaire, adressée par le ministre de la justice aux procureurs généraux le 2 août 1884 fait observer que, d'après la loi fédérale du 24 décembre 1874, les *Suisses*

---

(1) Le *Code du praticien de l'état civil*, dont il est question dans l'introduction du présent ouvrage, contient, dans l'appendice placé à la fin de la 3e partie, l'extrait des lois des nations européennes et de divers pays étrangers extra-européens, donnant, en ce qui concerne chaque nationalité, les indications suivantes :

A. — Age minimum pour pouvoir contracter mariage, à moins de dispense accordée par l'autorité compétente.

B. — Age jusque auquel il faut, pour se marier, demander le consentement de ses père et mère ou des aïeuls qui remplacent les père et mère décédés ou légalement empêchés.

C. — Age à partir duquel, quand le père, la mère et les aïeuls existent, on peut se marier sans avoir obtenu leur consentement, et formalités qui tiennent lieu de ce consentement.

D. — Age à partir duquel, quand le père, la mère et les aïeuls sont décédés ou légalement empêchés, on est libre de se marier sans avoir à demander d'autorisation à aucun membre ou représentant de la famille.

E. — Quelles sont les personnes dont il faut obtenir le consentement pour se marier avant d'avoir atteint l'âge dont il est question dans l'article D ci-dessus?

F. — Délai minimum à observer après la dissolution d'un précédent mariage pour en contracter un nouveau.

G. — Permission de l'autorité publique à obtenir pour se marier, suivant la situation dans laquelle on se trouve dans son pays.

H. — Permission de l'autorité publique à obtenir pour se marier hors du territoire national.

I. — Publication du projet de mariage obligatoire ou non : — 1° dans la localité du domicile du futur; — 2° dans la localité du domicile de la future; — 3° dans la localité du domicile des parents ou du tuteur du futur; — 4° dans la localité du domicile des parents ou du tuteur de la future.

J. — Personnes ayant le droit de faire opposition au mariage, sauf jugement ultérieur des tribunaux.

K. — Empêchements dirimants.

L. — Observations particulières.

des deux sexes peuvent se marier, *lorsqu'ils ont atteint l'âge de 20 ans révolus,* sans le consentement de leurs ascendants ou tuteurs, et sans avoir aucune justification à faire au point de vue des lois militaires. Ils n'ont à produire que leurs actes de naissance et un certificat délivré par la légation de Suisse à Paris, ou par le consul suisse le plus rapproché, légalisé par le ministre des affaires étrangères et attestant leur nationalité.

En ce qui concerne la nationalité suisse, une convention a été conclue entre la France et la Suisse le 23 juillet 1879, et promulguée par décret du 7 juillet 1880. Elle a déterminé les formes à suivre par les individus dont les parents, Français d'origine, se sont fait naturaliser Suisses, soit pour appartenir eux-mêmes à la nationalité suisse, soit pour rester Français. Ils doivent faire leur option dans le cours de leur vingt-deuxième année. Jusqu'à leur option, ils conservent la nationalité française. Les modèles de la déclaration à faire devant le maire de la commune, soit pour adopter la nationalité suisse, soit pour renoncer à l'adopter, sont joints à une circulaire adressée par le ministre de l'intérieur aux préfets le 24 mars 1881.

Les enfants, nés en France ou à l'étranger avant la naturalisation française de leur père et mère, ont aussi une situation exceptionnelle sous le rapport de la nationalité. A partir de cette naturalisation jusqu'à leur majorité ils sont Français de droit. Mais lorsqu'ils ont atteint l'âge de 21 ans, ils peuvent, dans le délai d'un an, décliner la qualité de Français pour réclamer la nationalité qu'avaient leurs parents avant la naturalisation de ceux-ci. (Loi du 26 juin 1889.)

§ 7. — Individualité de la future.

223. — *Prénoms et noms de la future.*
Enonciation prescrite par les articles 34 et 76 du Code civil.
Même remarque que pour le futur (Voir nᵒ 209 ci-dessus) en ce qui concerne l'orthographe des nom et prénoms et les différences pouvant exister entre l'acte de naissance de la future et les pièces produites relatives à ses parents.
Produire, comme pour le futur, A Acte de naissance, ou B Procès-verbal d'abandon, ou C Acte de notoriété. (Voyez le même nᵒ 209.)

224. — *Profession de la future.*
Mention exigée par lesdits articles 34 et 76.

§ 8. — Domicile de la future.

225. — *Énonciation de ce domicile.*
Prescription des mêmes articles 34 et 76 du Code civil.
Mêmes remarques qu'en ce qui concerne le futur. (Voir nᵒ 211 ci-dessus.)
Produire certificats des propriétaires ou voisins, constatant le domicile et la résidence ainsi que leur durée, dans la même forme que pour le futur. (Voyez ledit nᵒ 211.)

§ 9. — Capacité civile de la future.

226. — *Majorité ou minorité de la future.*
Cette mention est prescrite par l'article 76 du Code civil.
Pour les filles, la majorité spéciale au mariage, déterminée aux articles 148 et suivants du Code civil, arrive en même temps que la majorité civile ordinaire, déterminée à l'article 488 du Code civil.
En conséquence, lorsque la future épouse aura atteint l'âge de 21 ans accomplis, on énoncera qu'elle est *majeure.*
Lorsqu'elle aura moins de 21 ans accomplis, on énoncera qu'elle est *mineure.*

227. — *Âge de la future.*
Prescription des articles 34 et 76 du Code civil.
L'âge se compte par années complètement révolues. Il faut que la future ait au moins 15 ans révolus pour contracter mariage, si elle n'a pas obtenu de dispense d'âge. (Art. 144 et 145 du Code civil.)

228. — *Lieu et date de naissance de la future.*

L'article 76 exige de mentionner le lieu de la naissance. Quoique la mention de la date ne soit pas prescrite, on a l'habitude de l'insérer dans les actes de mariage, à la suite de l'âge, comme moyen de mieux préciser l'identité, ainsi qu'il a été dit sous le n° 214 ci-dessus.

229. — *État de la future à l'égard de la dissolution d'un précédent mariage, s'il y a lieu.*

Cette mention répond à la disposition de l'article 147 du Code civil, d'après laquelle on ne peut contracter un second mariage avant la dissolution du premier.

Quand donc la future épouse a déjà été mariée, il faut mentionner comment le précédent mariage a été dissous, c'est-à-dire : — A. Si c'est par suite du décès du mari. En ce cas, produire l'acte de décès à l'appui de la mention du lieu et de la date du décès. — B. Si c'est par suite d'un jugement annulant le mariage. En ce cas, produire à l'appui de l'énonciation du jugement l'expédition de ce jugement et les pièces établissant son exécution. — C. Si c'est par suite de divorce. En ce cas, produire à l'appui de l'énoncé des jugements et actes qui le prononcent, les pièces qui le rendent définitif.

(Voyez au sujet de ces énonciations et pièces le n° 215 ci-dessus.)

Un délai de dix mois doit avoir été observé depuis que la dissolution du mariage est devenue définitive, quelle qu'en soit la cause. (Art. 228 du Code civil.)

§ 10. Filiation de la future. Son état de dépendance vis-à-vis de ses parents. Consentement de ceux-ci ou de leurs représentants, ou circonstances, actes et formalités qui en dispensent, tels qu'actes respectueux, décès ou empêchement des ascendants, ou liberté résultant du statut personnel.

230. — *Filiation. Prénoms, noms et professions des père et mère de la future, et, s ils sont vivants, leurs âges et leur domicile.*

Prescriptions des articles 34 et 76 du Code civil.

En cas de décès des père et mère, ou dans le cas où ils se trouveraient dans l'impossibilité de manifester leur volonté, on énoncera encore (si la future est enfant légitime, quel que soit son âge, et si ses père et mère sont eux-mêmes enfants légitimes) les prénoms, noms, âges, professions et domiciles de tous les aïeuls et aïeules survivants remplaçant les père et mère (art. 34 et 150 du Code civil). Remarque étant faite ici, comme aux numéros 217 et 218 ci-dessus, que la qualité d'aïeuls n'est donnée par la loi qu'aux père et mère d'enfants légitimes.

Voyez n° 216 ci-dessus, en ce qui concerne l'énoncé des professions, même des ascendants décédés, et en ce qui concerne aussi le mode d'inscription du nom de la future et de celui de son père en cas de différence d'orthographe constatée dans les actes de naissance de l'un et de l'autre.

Voyez n° 255 ci-après, en ce qui concerne les déclarations d'identité à faire à cause des erreurs qui se trouvent dans les pièces produites, quant aux prénoms et noms des aïeuls existants.

Quant au mode d'énoncer la filiation pour se combiner avec l'énoncé des circonstances de dépendance faisant l'objet des numéros ci-dessous, voyez le n° 234 *ter* ci-après.

231. — *Accomplissement des devoir filiaux justifié par le consentement des parents de la future.*

Le consentement des père et mère, aïeuls et aïeules de la future, ou le consentement de la famille, dans le cas où l'un ou l'autre est requis, et dans le cas où, sans être indispensable, il a été obtenu à la suite d'une demande obligée, doit aussi être énoncé d'après l'article 76 du Code civil.

A. Ce consentement est toujours exigé lorsque la future épouse est âgée de moins de 21 ans, c'est-à-dire mineure. Dans ce cas, le consentement doit être donné par les personnes désignées ci-dessus n° 217, paragraphe A, suivant la situation de famille dans laquelle se trouve la future, ses obligations étant les mêmes que pour le futur.

B. La dépendance pour les filles âgées de 21 ans accomplis, c'est-à-dire majeures, ne consiste plus qu'en l'obligation de demander à leurs père et mère ou, si elles sont enfants légitimes de père et mère ayant eux-mêmes une filiation légitime, à leurs aïeuls ou aïeules remplaçant leurs père et mère décédés ou empêchés, leur consentement au mariage. Si le consentement n'a pas été obtenu, il y sera suppléé au moyen des actes respectueux énoncés au n° 232 ci-après.

C. La future épouse âgée de 21 ans accomplis dont les père et mère et autres ascendants légitimes sont décédés ou empêchés n'a plus à demander le consentement de personne pour se marier. Il lui suffit de justifier du décès ou de l'empêchement de ses parents, conformément aux indications des nᵒˢ 233 et 234 ci-après.

Lorsque le consentement des père et mère, aïeuls et aïeules, ou de ceux qui les remplacent dans les cas indiqués a été obtenu, il faut énoncer si les personnes compétentes l'ont donné par leur présence au mariage ou par acte. Dans ce dernier cas, produire l'acte authentique de ce consentement.

Quant à la forme exigée pour l'acte de consentement, voyez nᵒ 217 ci-dessus, paragraphe B.

Pour l'énoncé de la situation de la future, voyez nᵒ 234 ter ci-après.

232. — *Accomplissement des devoirs justifié par des actes respectueux faits aux parents de la future.*

Les actes respectueux, s'il en a été fait aux parents de la future épouse, doivent être énoncés d'après les prescriptions de l'article 76 du Code civil.

Les filles âgées de 21 ans accomplis ont, comme il vient d'être dit sous le nᵒ 231, paragraphe B ci-dessus, la faculté de se marier sans avoir obtenu le consentement de leurs père et mère. Mais elles ne peuvent jamais contracter mariage sans avoir demandé ce consentement. Cette obligation s'applique aux enfants naturels reconnus comme aux enfants légitimes (art. 151 et 158 du Code civil). Les enfants légitimes dont les père et mère, eux-mêmes enfants légitimes, sont décédés ou dans l'impossibilité de manifester leur volonté, sont tenus, en outre, de demander le consentement ou le conseil de leurs aïeuls et aïeules. (Art. 151).

Si la demande verbale n'a pas été suivie de consentement, elle doit être faite authentiquement dans la forme d'un acte respectueux dressé et présenté aux père et mère ou aïeuls et aïeules par deux notaires, ou par un notaire assisté de deux témoins. (Art. 154 du Code civil.)

La demande ainsi faite, si elle vient d'une fille âgée de moins de 25 ans, devra être renouvelée en cas d'insuccès, une première fois à l'expiration du délai d'un mois, et une seconde fois encore un mois après. (Art. 152 du Code civil.)

Lorsque la future épouse est âgée de 25 ans accomplis, un seul acte respectueux suffit.

Un mois après la notification du dernier acte le mariage pourra être célébré, conformément à l'article 152 du Code civil, sur la production de ces actes respectueux (s'il n'a été fait aucune des oppositions prévues par les articles 172 à 176 du Code civil).

Dans le cas où la future épouse, ayant obtenu le consentement de son père ou d'un aïeul, n'aurait fait d'acte respectueux, soit à sa mère, soit à d'autres ascendants, que pour constater le dissentiment prévu aux articles 148 et 150 du Code civil, il n'y aurait pas de délai à attendre après la notification de cet acte qui, dans ce cas, aurait pu être fait, quoique la future n'eût pas atteint l'âge de 21 ans.

En ce qui concerne la forme de l'énoncé des circonstances faisant l'objet du présent numéro, voir l'observation nᵒ 234 ter ci-après.

233. — *Décès des père et mère et autres ascendants de la future. Lieu et date de leur décès.*

Lorsque les père et mère et autres ascendants auxquels la future épouse aurait eu à demander leur consentement sont décédés, il en est fait mention dans l'acte de mariage,

(Voyez à ce sujet nᵒ 29 ci-dessus.)

(Voyez aussi l'observation nᵒ 234 ter ci-après.)

234. — *Empêchements physiques ou légaux des père et mère et autres ascendants de la future. Indication de la nature des empêchements.*

Si quelques-uns des père et mère ou autres ascendants auxquels la future épouse aurait eu à demander leur consentement sont dans l'impossibilité de manifester leur volonté, il y a lieu d'indiquer la nature des empêchements, lesquels sont indiqués sous le nᵒ 220 ci-dessus.

(Voyez pour l'énoncé des circonstances de ces empêchements l'observation nᵒ 234 ter ci-après.)

234 bis. — *Liberté filiale résultant du statut personnel de l'étrangère.*

Si la liberté d'action ou la dépendance de la future épouse étrangère, par rapport à sa filiation, a été réglée par les lois de son pays autrement qu'elle n'est indiquée pour les femmes françaises par les nᵒˢ 226 à 234 ci-dessus, la future épouse devra justifier de son statut personnel à cet égard, comme il est dit ci-dessus nᵒ 222, premier alinéa, à moins que, si elle est Italienne, elle n'ait atteint l'âge de vingt et un ans, ou, si elle est Suissesse, elle n'ait atteint l'âge de vingt ans, indiqué dans la remarque qui termine ledit nᵒ 222.

234 ter. — *Observation sur le mode d'énoncer les circonstances de la situation filiale et celles du consentement ou de l'absence de consentement des parents des futurs. Tableau synoptique des diverses situations filiales des futurs époux.*

Il importe à la netteté et à la clarté de la rédaction de l'acte de mariage que tout ce qui se rapporte aux circonstances d'état personnel faisant l'objet des numéros inscrits sous les §§ 5 et 10 ci-dessus soit inséré dans l'acte sous une seule phrase ou formule combinée d'avance, de façon que chacune de ces circonstances y ait sa place marquée, ainsi qu'il en a été fait l'observation sous le nᵒ 220 ter ci-dessus.

La formule d'acte de mariage jointe au présent ouvrage est disposée de manière à donner ce résultat. Elle correspond aux quarante-six situations différentes indiquées au tableau synoptique ci-dessous, savoir :

Tableau synoptique des diverses situations filiales des futurs époux, classées en une série de lettres alphabétiques auxquelles correspondront les formules à employer pour les énoncer dans l'acte de mariage.

EXISTENCE ou non-existence des ascendants (père, mère, aïeuls).	ASCENDANTS consentants ou refusants ou empêchés d'exprimer leur volonté.	ÉTAT ET AGE de chacun des futurs époux.	SITUATIONS classées dans l'ordre des lettres alphabétiques
		1ʳᵉ Catégorie. Enfants légitimes.	
	Tous les deux consentants..........	Fils ou fille, quel que soit l'âge......	A
	Le père consentant, la mère refusant.	Fils ou fille, quel que soit l'âge......	B
	L'un en état d'empêchement, l'autre consentant....................	Fils ou fille, quel que soit l'âge......	C
Père et mère existants.	Tous les deux en état d'empêchement.. { quelque aïeul ou aïeule existant...........	*Voyez ci-après l'accolade* (1).	
	{ tous les aïeuls décédés.	Fils ou fille, âgé de moins de 21 ans.	D
		Fils ou fille, âgé de 21 ans accomplis.	E
	La mère consentant, le père non..... {	Fils âgé de moins de 25 ans}ne peuvent Fille âgée de moins de 21 ans}se marier. Fils âgé de 25 ans................. Fille âgée de 21 ans................	F
	Tous les deux refusants.......... {	Fils âgé de moins de 25 ans}ne peuvent Fille âgée de moins de 21 ans}se marier. Fils âgé de 25 ans................. Fille âgée de 21 ans................	G
L'un des père et mère décédé	Le survivant consentant.............	Fils ou fille, quel que soit l'âge.....	H
	Le survivant empêché.. { quelque aïeul ou aïeule existant.............	*Voyez ci-après l'accolade* (1).	
	{ tous les aïeuls décédés.	Fils et fille âgés de moins de 21 ans.	I
		Fils et fille âgés de 21 ans accomplis..	J
	Le survivant refusant............... {	Fils âgé de moins de 25 ans}ne peuvent Fille âgée de moins de 21 ans}se marier. Fils âgé de 25 ans accomplis........ Fille âgée de 21 ans accomplis.....	K
Père et mère décédés	Quelque aïeul ou aïeule existant.....	*Voyez ci-après l'accolade* (1).	L
	Tous les aïeuls décédés............. {	Fils et Filles âgés de moins de 21 ans.	L
		Fils et filles âgés de 21 ans accomplis.	M
(1) Aïeuls existants quand les père et mère sont empêchés ou décédés	Tous consentants..................	Fils et filles, quel que soit leur âge..	N
	L'aïeul (ou l'aïeule si son mari est décédé) d'une ligne consentant, les autres refusants.................	Fils et filles, quel que soit leur âge.	O
	Tous ceux des aïeuls qui existent refusants ou bien l'aïeul de chaque ligne refusant, d'autres empêchés ou non, ou bien la seule aïeule existante de l'une ou l'autre ligne refusant...... {	Fils âgé de moins de 25 ans}ne peuvent Fille âgée de moins de 21 ans}se marier. Fils âgé de 25 ans accomplis........ Fille âgée de 21 ans accomplis.......	P
	Tous empêchés.................... {	Fils et filles âgés de moins de 21 ans.	Q
		Fils et filles âgés de 21 ans accomplis.	R

EXISTENCE ou non-existence des ascendants (père, mère, aïeuls).	ASCENDANTS consentants ou refusants ou empêchés d'exprimer leur volonté.	ÉTAT ET AGE de chacun des futurs époux.	SITUATIONS classées dans l'ordre des lettres alphabétiques.
		2° Catégorie. Enfants naturels reconnus par leur père et par leur mère.	
	L'un et l'autre consentants..........	Fils et fille, quel que soit leur âge...	S
	Le père consentant, la mère non....	Fils et fille, quel que soit leur âge...	T
	L'un en état d'empêchement l'autre consentant.......................	Fils et fille, quel que soit leur âge...	U
	Tous les deux en état d'empêchement.	Fils et fille âgés de moins de 21 ans.	V
		Fils et fille âgés de 21 ans accomplis.	X
Père et mère existants.	La mère consentant, le père non.....	Fils âgés de moins de 25 ans.......... / Filles âgées de moins de 21 ans.......... { ne peuvent se marier.	
		Fils âgés de 25 ans et filles de 21 ans.	Y
	Tous les deux refusants	Fils âgé de moins de 25 ans/ne peuvent Fille âgée de moins de 21 ans\se marier.	
		Fils âgés de 25 ans et filles âgées de 21 ans..............................	Z
Père ou mère décédé.	Le survivant consentant..........	Fils et fille, quel que soit leur âge...	Za
	Le survivant empêché..............	Fils et fille âgés de moins de 21 ans.	Zb
		Fils et fille âgés de 21 ans accomplis..	Zc
	Le survivant refusant..............	Fils de moins de 25 ans/ne peuvent Fille de moins de 21 ans\se marier.	
Père et mère décédés.	....	Fils de 25 ans et filles de 21 ans.	Zd
		Fils et fille âgés de moins de 21 ans.	Ze
		Fils et fille âgés de 21 ans accomplis..	Zf
		3e Catégorie. Enfant naturel reconnu par son père seul ou par sa mère seule.	
Père ou mère qui a fait acte de reconnaissance vivant.	Consentant.......................	Fils et fille, quel que soit leur âge...	Zg
	Empêché.......................	Fils et fille âgés de moins de 21 ans.	Zh
		Fils et fille âgés de 21 ans accomplis.	Zi
	Refusant....................	Fils de moins de 25 ans/ne peuvent Fille de moins de 21 ans\se marier.	
		Fils de 25 ans et fille de 21 ans accomplis............................	Zj
Père ou mère qui a fait acte de reconnaissance décédé.	....	Fils ou fille de moins de 21 ans......	Zk
		Fils ou fille de 21 ans accomplis.....	Zl
		4° Catégorie. Enfants naturels non reconnus.	
Mère désignée ou non, vivante ou décédée.	....	Fils et fille âgés de moins de 21 ans.	Zm
		Fils et fille âgés de 21 ans accomplis.	Zn
		5e Catégorie. Enfants trouvés non déposés aux hospices.	
Parents inconnus.	....	Fils et filles âgés de moins de 21 ans.	Zo
		Fils et filles âgés de 21 ans accomplis.	Zp
		6° Catégorie. Enfants abandonnés élèves d'hospices.	
Parents connus qui sont empêchés, déchus, décédés ou disparus.	....	Fils et filles âgés de moins de 21 ans. Fils et filles âgés de 21 ans accomplis..............................	Zq Zr
Parents n'ayant jamais été connus.	....	Fils et fille âgés de moins de 21 ans. Fils et fille âgés de 21 ans accomplis.	Zs Zt
		Cas spécial à certains étrangers.	
Parents existants.	....	Étrangers dispensés par les lois de leur pays de demander le consentement de leurs parents.............	Zu

§ 11. — Levée de prohibitions d'âge, de parenté et autres.

235. — *Dispense d'âge.*

Enoncer la dispense d'âge accordée au futur qui se marie avant l'âge de 18 ans, et à la future qui se marie avant l'âge de 15 ans. (Art. 144 et 145 du Code civil.)

Produire l'acte de cette dispense qui doit avoir été délivrée par le gouvernement et enregistrée au greffe du tribunal civil. (Arrêté du Gouvernement du 20 prairial an XI.)

236. — *Dispense de parenté.*

Enoncer la dispense de parenté accordée par le Gouvernement à cause de la parenté au degré prohibé existant entre les deux futurs époux (art. 161 à 164 du Code civil. Loi du 16 avril 1832). Cette dispense doit avoir été enregistrée au greffe du tribunal civil. (Arrêté du Gouvernement du 20 prairial an XI.)

Voici les dispositions législatives en ce qui concerne les prohibitions pour cause de parenté.

« En ligne directe, le mariage est prohibé entre tous les ascendants légitimes ou natu-
« rels et les alliés dans la même ligne. (Art. 161 du Code civil.)

« En ligne collatérale, le mariage est prohibé entre le frère et la sœur légitimes ou
« naturels et les alliés au même degré. (Art. 162 du Code civil.)

« Le mariage est encore prohibé entre l'oncle et la nièce, la tante et le neveu. (Art. 161
« du Code civil.)

« Néanmoins, il est loisible au Gouvernement de lever pour des causes graves les pro-
« hibitions portées par l'article 162 aux mariages entre beaux-frères et belles-sœurs, et
« par l'article 163 aux mariages entre l'oncle et la nièce, la tante et le neveu. (Art. 164 du
« Code civil.)

D'après un arrêt de la Cour de cassation du 28 novembre 1877, la prohibition de ma-
riage concernant l'oncle et la nièce, la tante et le neveu, s'étend au grand-oncle et à la petite nièce, à la grand'tante et au petit neveu.

Le mariage est encore prohibé entre l'adoptant, l'adopté et ses descendants ; entre les enfants adoptifs du même individu et les enfants qui pourraient survenir à l'adoptant ; entre l'adopté et le conjoint de l'adoptant, et réciproquement entre l'adoptant et le conjoint de l'adopté. (Art. 348 du Code civil.)

Produire l'acte de la dispense accordée.

237. — *Parenté non prohibée.*

S'il existe une telle parenté entre les deux futurs, l'énoncer. (Circulaire ministérielle du 30 octobre 1863.)

238. — *Apparence de parenté.*

Si la ressemblance des noms donne une apparence de parenté entre les deux futurs, énoncer qu'il n'y a qu'apparence.

239. — *Levée d'une prohibition particulière à son pays, obtenue par le futur époux étranger.*

Enoncer cette circonstance et produire l'acte accordant l'autorisation qui lève la prohibition. (Voyez n° 222 ci-dessus.)

§ 12. Publications. Absence d'opposition ou levée des oppositions faites.

240. — *Dates des publications faites dans la commune où est célébré le mariage.*

Cette commune est nécessairement celle du domicile réel ou de la résidence de l'un des futurs époux (Voyez sur ce point important le n° 207 ci-dessus). L'article 76 du Code civil exige d'énoncer ces publications.

La lecture de ces actes de publication au moment de la célébration du mariage et la déclaration faite par l'officier de l'état civil, aussitôt après cette lecture, qu'il ne lui est parvenu aucune opposition dispensent de joindre à l'acte de mariage un certificat constatant ces publications et l'absence d'oppositions. Le certificat de l'espèce doit être exigé seulement de toutes les autres communes où les publications ont été faites. (Art. 69 du Code civil.)

De l'obligation imposée par l'article 165 du Code civil de célébrer le mariage devant l'officier de l'état civil du domicile de l'une des deux parties, de l'obligation imposée, en outre, par les articles 166 et 167 de faire faire les publications à la municipalité de ce domicile, il résulte que, si le lieu où demeurent en même temps les deux futurs époux, à la municipalité duquel ils ont fait faire les publications requises et où ils ont résolu de se marier, vient à être distrait, avant la célébration du mariage, de la commune dont il dépend, pour être érigé en commune distincte, les futurs époux ne pourront plus se marier à la mairie où les publications ont été faites ; il devront faire célébrer le mariage à la mairie de la nouvelle commune, y faire faire préalablement de nouvelles publications, attendre l'expiration du délai de dix jours à partir de la première publication (art. 64 du Code civil), et produire le certificat prescrit par l'article 69 du Code civil, constatant les publications faites à la précédente mairie.

Ces formalités une fois remplies, les futurs époux peuvent être mariés dans la nouvelle commune sans avoir à produire d'autres pièces et à faire d'autres justifications que celles qui leur donnaient le droit de faire célébrer leur mariage à la commune dont leur domicile vient d'être séparé.

241. — *Dates des publications faites aux municipalités des autres domiciles des futurs et des personnes dont ils dépendent pour le mariage.*

Cette mention est prescrite par l'article 76 du Code civil. Elle est tirée des certificats délivrés, conformément aux indications données nᵒ 204 ci-dessus, par les officiers d'état civil qui ont fait ces publications.

Les domiciles aux municipalités desquels les publications ont dû être faites sont déterminés sous les nᵒˢ 168 à 171 ci-dessus.

242. — *Dispense de la seconde publication.*

Si les publications n'ont été faites qu'un seul dimanche au lieu d'être faites deux dimanches consécutifs, comme l'exige l'article 63 du Code civil, il faut énoncer la dispense obtenue pour la seconde publication en vertu de l'article 169 du Code civil (Voyez à ce sujet le nᵒ 173 ci-dessus) et observer à la lettre l'article 4 de l'arrêté du Gouvernement du 20 prairial an XI ainsi conçu :

« La dispense d'une seconde publication de bans sera déposée au secrétariat de la « commune où le mariage sera célébré. Le secrétaire (aujourd'hui le maire, voyez pre- « mière partie, nᵒ 67) en délivrera une expédition dans laquelle il sera fait mention du « dépôt et qui demeurera annexée à l'acte de célébration de mariage.

243. — *Mention de l'absence d'oppositions entre les mains de l'officier de l'état civil qui procède au mariage ou de la mainlevée des oppositions qui lui ont été signifiées.*

Cette mention est prescrite par l'article 76 du Code civil. Ainsi que le dit le nᵒ 240 ci-dessus, si elle énonce seulement qu'il n'a été fait aucune opposition, elle n'a pas besoin d'être appuyée par un certificat spécial qui ferait double emploi avec l'attestation faite ici par l'officier public compétent. Mais s'il y a eu des oppositions, elles doivent être produites avec les actes qui en ont fait mainlevée.

N. B. — Les oppositions ont dû être faites conformément aux articles 66 et 176 du Code civil dont le texte est donné nᵒ 202 ci-dessus.

Quant aux mainlevées d'opposition, elle peuvent être données de plusieurs manières, savoir :

1ᵒ Par acte d'huissier revêtu de la signature de la personne qui a formé l'opposition. Dans ce cas, la mainlevée doit être notifiée par l'huissier à l'officier de l'état civil, comme l'a été l'opposition (art. 66 du Code civil);

2ᵒ Par acte notarié. Dans ce cas, l'acte de mainlevée est remis à l'officier de l'état civil, soit par la personne qui a donné la mainlevée, soit par celui des futurs auquel elle profite (art. 67 du Code civil) ;

3ᵒ Par jugement. Dans ce cas, il faut produire à l'officier de l'état civil l'expédition du jugement de première instance accompagnée : premièrement d'un certificat de l'avoué de celui des futurs en faveur duquel le jugement a été rendu, contenant l'indication de la date de la signification qui a été faite au domicile de l'opposant ; deuxièmement, d'un certificat du greffier de ce tribunal, constatant qu'il n'existe ni opposition ni appel. Ce certificat ne peut être délivré avant l'expiration de la huitaine qui suit le prononcé du jugement (art. 450 du Code de procédure civile). A l'expiration de ce délai, l'officier de l'état civil peut, sur la production du jugement et dudit certificat, procéder à la célébration du mariage sans attendre l'expiration du délai de deux mois accordé, pour faire appel par l'article 178 du Code civil et par l'article 443 du Code de procédure civile. Il en a le droit, en vertu des articles 67 et 68 du Code civil, comme l'a reconnu une décision du ministre de la justice, en date du 14 thermidor an XIII, ainsi conçue : « Il peut être procédé au mariage sans attendre l'expiration du délai de trois mois (réduità deux mois par la loi du 3 mai 1862) accordé pour l'appel. En effet, l'opposition cesse alors, et l'officier public qui, après avoir fait mention de ce jugement, procède à la célébration ne fait que se conformer aux articles 66 et suivants du Code civil. Toutefois, le jugement étant susceptible d'appel, et l'appel ne pouvant être interjeté avant le délai de huitaine, il est nécessaire d'attendre l'expiration de ce délai. C'est à l'opposant à se pourvoir promptement par appel s'il entend donner suite à son opposition. » S'il y avait eu appel, les certificats de l'avoué et du greffier ci-dessus indiqués seraient remplacés par l'arrêt ordonnant qu'il sera procédé à la célébration du mariage. (Art. 177, 178 du Code civil ; art. 116, 147, 155, 156, 157, 158, 163, 164, 443, 449, 450, 457, 548, 549,550 du Code de procédure civile.)

4° Les père et mère et les aïeuls et aïeules qui remplacent les père et mère peuvent encore faire mainlevée de leur opposition en donnant leur consentement en personne lors de la célébration du mariage.

244. — *Mention de l'absence d'opposition entre les mains des officiers de l'état civil qui ont fait les publications aux autres municipalités, ou de la mainlevée des oppositions à eux signifiées.*

Cette mention rentre aussi dans les prescriptions de l'article 76 du Code civil.

Les certificats produits doivent avoir été dressés, dans les formes indiquées au n° 204 ci-dessus, par les officiers de l'état civil qui ont fait les publications. Ils justifient la mention inscrite sous le présent n° 244 aussi bien que celles inscrites sous le n° 241 ci-dessus, lorsqu'il n'y a pas eu d'opposition. Mais, s'il y a eu opposition entre les mains de ces officiers publics, la mention par eux faite dans leurs certificats que mainlevées desdites oppositions leur ont été remises ne serait pas suffisante. Ces mainlevées doivent être produites à l'officier de l'état civil qui procède au mariage, être énoncées par lui et annexées à l'acte de mariage, comme il a été dit n° 204 ci-dessus.

245. — *Inapplicabilité de la règle de la formalité des publications au pays du futur époux étranger.*

Quand ce cas existe, par suite de l'état de la législation du pays étranger auquel appartient le futur, celui-ci doit en justifier par la production d'un certificat de l'ambassadeur ou du chargé d'affaires de ce pays résidant en France. (Voyez n° 171 ci-dessus.)

§ 13. — Productions de pièces et déclarations supplétives.

246. — *Mention de la production de l'acte établissant l'identité du futur époux.*

Mentionner la production de l'acte que le futur époux a représenté pour justifier de son identité, c'est-à-dire son acte de naissance, ou le procès-verbal d'abandon tenant lieu d'acte de naissance pour les enfants trouvés, ou l'acte de notoriété suppléant l'acte de naissance non existant. (Voir nᵒˢ 209, 213 et 214 ci-dessus).

247. — *Mention de la production des pièces établissant la capacité civile du futur, le consentement de ses parents ou les circonstances, actes et formalités qui en dispensent, et sa capacité civique, et relation des attestations d'identité qu'elles contiennent.*

Mentionner la production de l'acte établissant la dissolution du précédent mariage du futur, s'il a déjà été marié (n° 215 ci-dessus), celle des actes contenant le consentement de ses parents ou établissant la preuve des circonstances et formalités qui en dispensent (nᵒˢ 217 à 220 ci-dessus) et la permission de se marier s'il est militaire (n° 221).

Dans le cas où l'acte du consentement des père et mère ou aïeuls contiendrait, en vertu de l'avis du Conseil d'État du 19-30 mars 1808, attestation de l'identité du futur époux, à cause de différences existant entre son acte de naissance et les actes de naissance de ceux-ci et portant sur l'orthographe de son nom et sur le nombre des prénoms de ses parents, cette attestation serait ici rapportée.

On relaterait également l'attestation d'identité en question si elle se trouvait contenue dans la délibération du conseil de famille produite pour le futur époux, enfant légitime mineur, dont les père et mère et aïeuls seraient décédés ou empêchés, ou dans l'acte contenant le consentement donné par le tuteur *ad hoc* au cas où le futur époux mineur serait enfant natnrel n'ayant plus ni père ni mère.

On relaterait, de même, la déclaration faite avec serment, dans ces actes, concernant l'identité de ceux des père, mère ou aïeuls décédés, dans les actes de décès desquels se trouveraient des omissions de prénoms ou des noms mal orthographiés. (Voyez nᵒ 256 ci-après.)

La mention de la production des différents actes énoncés ci-dessus ne sera faite ici que pour les pièces dont la production n'aurait pas été indiquée (pour ne pas nuire par des phrases incidentes à la clarté de la rédaction) à l'endroit de l'acte où il a déjà été question des faits qu'elles constatent, notamment des décès.

248. — *Mention de la production de l'acte établissant l'identité de la future épouse.*

Mentionner la production de l'acte que la future épouse a produit pour établir son identité.(Voir nᵒˢ 223, 227 et 228 ci-dessus.)

249. — *Mention de la production des pièces établissant la capacité civile de la future, le consentement de ses parents ou les circonstances actes, et formalités qui en dispensent, et relation des attestations d'identité qu'elles contiennent.*

Si la production de ces pièces n'a pas été mentionnée lors de l'énoncé des faits qu'elles constatent, il faut la mentionner ici. (Voir ci-dessus nᵒˢ 229 à 234.)

Dans le cas où l'attestation de l'identité de la future, à cause de différences existant entre son acte de naissance et les actes de naissance de ses père et mère touchant l'orthographe de son nom et le nombre des prénoms de ses parents, serait contenue dans l'acte de leur consentement ou dans la délibération du conseil de famille si la future épouse, enfant légitime mineure, n'a plus d'ascendants, ou dans l'acte du consentement donné par le tuteur *ad hoc* si la future épouse, enfant naturelle, n'a plus ni père ni mère, cette attestation serait relatée en même temps qu'on énoncera la production de la pièce qui la renferme, comme il vient d'être dit pour le futur sous le nᵒ 247 ci-dessus.

On relaterait aussi l'attestation à serment qui pourrait être contenue dans ces pièces, concernant l'identité des père, mère ou autres ascendants décédés.(Voyez nᵒ 256 ci-après.)

250. — *Mention de la production des pièces relatives aux levées de prohibitions d'âge, de parenté et autres.*

Les actes par lesquels ont été levées les prohibitions relatives à l'âge de l'un ou l'autre des futurs époux (Voir ci-dessus nᵒ 235), à leur parenté entre eux (nᵒ 236), à l'état du futur époux étranger (nᵒ 239) doivent aussi être mentionnés comme ayant été produits, si la mention de leur production n'a pas été déjà faite.

251. — *Mention des formalités spéciales auxquelles ont dû être soumises les pièces venant de l'étranger.*

Mentionner, si cela n'a pas été fait dans le cours de l'acte, ces formalités spéciales, consistant en traduction par un interprète assermenté, légalisation de la signature de cet interprète, visa pour timbre en France des pièces venant de l'étranger, légalisation au ministère des affaires étrangères des signatures des consuls français résidant à l'étranger, ou des ministres et chargés d'affaires étrangers résidant en France. En outre, formalité de l'enregistrement en France, si les actes étrangers produits comportent reconnaissance d'enfants naturels ou consentement à mariage. (Voyez 1ʳᵉ partie, nᵒˢ 48, 50, 51.)

252. — *Visa des actes et pièces dont la production est mentionnée dans le corps de l'acte de mariage, et attestation de l'accomplissement régulier de toutes les formalités auxquelles étaient astreintes toutes les pièces produites.*

Toutes les pièces dont la production aura été mentionnée dans le corps de l'acte de mariage, lors des énonciations relatives aux indications qui précèdent le présent § 13, seront rappelées ici par un visa général où l'on attestera l'accomplissement régulier de toutes les formalités auxquelles étaient astreintes toutes les pièces produites, ce qui comprend notamment : 1ᵒ la formalité de la légalisation pour les pièces délivrées par des officiers publics ou ministériels dont la circonscription ne s'étend pas jusqu'au lieu où la pièce est employée, sauf l'exception relative aux actes notariés qui n'ont jamais besoin de légalisation lorsqu'il en est fait usage dans le département de la résidence du notaire (voyez 1ʳᵉ partie, nᵒ 51) ; 2ᵒ les formalités du timbre et de l'enregistrement pour les pièces dont il va être question dans les observations et remarques ci-après.

Observations et remarques.

L'officier de l'état civil ne peut, sans compromettre sa responsabilité, comme il a été expliqué ci-dessus, 1ʳᵉ partie, nᵒ 48, annexer aux registres, avant qu'elles aient été timbrées et enregistrées, des pièces qui ont été assujetties à la formalité du timbre et de l'enregistrement tant par les lois des 13 brumaire an VII (notamment art. 12 et 24) et

22 frimaire même année (notamment art. 23) que par des lois postérieures et antérieures non abrogées, entre autres les actes de l'état civil portant reconnaissance ou légitimation d'enfants naturels, assujettis à l'enregistrement par la loi du 28 avril 1816, article 43, nᵒ 22, et article 45, nᵒ 7 ; les expéditions des actes de transcription de jugement de divorce, assujetties au droit d'enregistrement par l'article 49 de la même loi ; desquels actes les droits d'enregistrement ont été augmentés par les lois des 23 août 1871, article 1ᵉʳ ; par la loi du 28 février 1872, article 4 ; par la loi du 30 décembre 1873, article 2.

En dehors des actes de reconnaissance et légitimation d'enfants et de transcription de jugement de divorce, les expéditions d'actes de l'état civil ne sont pas sujettes à la formalité de l'enregistrement, mais elles doivent être soumises au timbre ou au visa pour timbre.

Les expéditions ou extraits d'actes de l'état civil provenant de pays étrangers sont soumis en France aux mêmes formalités et droits de timbre et d'enregistrement que s'ils avaient été dressés en France, malgré les droits de timbre et autres auxquels ils ont pu donner lieu au pays d'origine.

Les actes émanant de médecins et autres personnes n'ayant pas qualité de fonctionnaires publics en France, les certificats d'ambassadeurs et toutes pièces venant de l'étranger (autres que les actes d'état civil) doivent être tous timbrés et enregistrés avant d'être énoncés dans l'acte de mariage (lois de l'an VII susvisées).

En cas d'indigence constatée en France conformément à la loi du 10 décembre 1850, les formalités du visa pour timbre et de l'enregistrement sont données gratis pour les mariages entre Français ou entre Français et étrangers.

Le certificat de contrat de mariage (nᵒ 158 ci-après) peut être annexé sans être timbré ni enregistré (loi du 10 juillet 1850). Il en est de même des permissions militaires .(Art. 16, nᵒ 1, de la loi du 13 brumaire an VII.)

Quant à toute expédition d'acte de naissance, mariage ou décès qui serait produite sans avoir été délivrée par la commission spéciale instituée en vertu de l'article 2 de la loi du 12 février 1872, ou qui ne porterait pas l'estampille de cette commission, et qui concernerait des personnes nées, mariées ou décédées à Paris avant 1860, et du 1ᵉʳ janvier 1870 au 25 mai 1871 à Paris dans le douzième arrondissement, l'officier de l'état civil doit en dresser, sur papier libre, une copie, par lui certifiée conforme, qui restera annexée à l'acte de mariage, et, à moins d'encourir les peines portées par l'article 9 de ladite loi, transmettre, dans le délai de trente jours, la pièce produite au président de ladite commission, pour servir à la reconstitution de l'état civil de Paris, comme il a été expliqué ci-dessus, 1ʳᵉ partie, nᵒ 54.

Il n'y a pas lieu d'énoncer dans l'acte de mariage ni d'y annexer les certificats produits pour constater le domicile des parties et l'accomplissement des obligations relatives au recrutement militaire (voir nᵒˢ 211 et 221 ci-dessus).

253. — *Mention de la lecture faite par l'officier de l'état civil des pièces produites, du paraphe de ces pièces, et de leur annexe.*

L'officier de l'état civil doit faire lecture aux parties des pièces produites relatives à leur état et aux formalités du mariage (premier alinéa de l'art. 75 du Code civil). Ces pièces doivent être annexées à l'acte, après avoir été paraphées par la personne qui les a produites et par l'officier de l'état civil (art. 44, Code civil). L'acte, qui doit être dressé sur-le-champ (d'après le dernier alinéa de l'art. 75), devant être l'expression fidèle des actions accomplies en vue de satisfaire à la loi, doit, en conséquence, mentionner la lecture ainsi que le paraphe et l'annexe des pièces.

En raison de ce que l'acte ne doit dire que ce qui s'est réellement passé, on exceptera de la mention de lecture les pièces écrites en langue étrangère, s'il en a été produit.

254. — *Mention de la lecture prise par l'officier de l'état civil des actes inscrits dans sa commune constatant les décès cités dans l'acte de mariage.*

Ainsi qu'il a été dit sous les nᵒˢ 215 et 219 ci-dessus, il n'est pas indispensable d'annexer à l'acte de mariage les expéditions des actes de décès qui se trouvent inscrits sur les registres de la commune du lieu du mariage. On les visera seulement pour établir que toutes les indications relatives à l'état des futurs époux reposent sur des actes authentiques se trouvant à la disposition du public comme à celle de l'officier de l'état civil. On aura ainsi rempli le but de la loi sans contrevenir à aucune de ces prescriptions. On remarquera, en effet, que les actes de décès ne sont pas au nombre des actes que les articles 44, 70, 71, 72, 73 et 75 du Code civil exigent de produire dans tous les cas pour la célébration du mariage.

255. — *Attestation de l'identité de celui des futurs époux dont l'acte de naissance désigne ses père et mère avec moins de prénoms, ou avec des noms orthographiés autrement que dans d'autres actes les concernant.*

Les n°s 209 et 223 ci-dessus ont déjà rappelé l'obligation imposée par la loi du 6 fructidor an II de désigner toujours les personnes avec les prénoms et nom qui leur ont été donnés dans leurs actes de naissance, sauf à tenir compte des modifications résultant d'actes de reconnaissance postérieurs, lorsqu'il s'agit d'enfants naturels, lesquels doivent porter le nom de leur père quand celui-ci les a reconnus ou de leur mère quand ils n'ont été reconnus que par celle-ci. Quelle que soit l'évidence des erreurs commises dans un acte de naissance, il n'appartient, en effet, qu'aux tribunaux de les rectifier. (Art. 99 du Code civil.)

Mais, pour ne pas obliger les parties à recourir aux tribunaux rien que pour établir la parfaite régularité des pièces produites à fin de célébration de mariage, le Conseil d'État a émis, le 19 mars 1808, un avis, approuvé et publié le 30 du même mois, portant, dans ses trois premiers paragraphes, ce qui suit :

« Est d'avis : — Que dans le cas où le nom d'un des futurs ne serait pas orthographié « dans son acte de naissance comme celui de son père, et dans celui où l'on aurait omis « quelqu'un des prénoms de ses parents, le témoignage des père et mère ou aïeux assis- « tant au mariage et attestant l'identité doit suffire pour procéder à la célébration du « mariage ; — Qu'il doit en être de même dans le cas d'absence des père et mère ou aïeux, « s'ils attestent l'identité dans leur consentement donné en la forme légale ; — Qu'en « cas de décès des père et mère ou aïeux, l'identité est valablement attestée pour les « mineurs par le conseil de famille ou par le tuteur *ad hoc*, et pour les majeurs par les « quatre témoins de l'acte de mariage. »

Lorsque, conformément à cet avis, l'attestation d'identité a été faite dans les actes de consentement produits, elle est énoncée dans l'acte de mariage en même temps que la production de ces actes, comme il est dit aux numéros 247 et 249 ci-dessus.

Sinon, elle est faite dans l'acte de mariage ici comme suit :

A. Par les père, mère ou aïeuls, assistant celui des futurs époux dans l'acte de naissance duquel est la différence ;

B. Par les quatre témoins de l'acte du mariage si celui des deux futurs dans l'acte de naissance duquel se trouve la différence n'a plus aucun ascendant et est en état de majorité ;

C. Par le tuteur *ad hoc* assistant le futur époux mineur (ou la future épouse mineure) dans l'acte de naissance duquel ou de laquelle se trouve la différence en question.

OBSERVATION. L'attestation dont il s'agit au présent numéro portant sur l'identité de l'un des deux futurs époux, il va sans dire que ni l'un ni l'autre des deux ne doivent prendre part à cette attestation.

256. — *Attestation de l'identité des père, mère ou aïeuls désignés dans leurs actes de décès autrement que dans d'autres actes.*

Comme il a été dit sous le n° 255 ci-dessus, il n'y a pas lieu de juger, dans l'acte de mariage, comment auraient dû être écrits les noms et prénoms des personnes désignées avec un nombre de prénoms différent et un nom écrit de plusieurs manières dans les pièces produites. Ce qu'il importe seulement d'établir, c'est leur identité.

Lors donc qu'il se trouvera des différences de l'espèce, concernant les prénoms et noms des père, mère ou aïeuls décédés, il ne sera pas nécessaire de rechercher dans leurs actes de naissance comment leurs prénoms et nom y ont été écrits. On les désignera avec les prénoms et noms qui leur ont été attribués dans les actes produits, antérieurs à leurs décès et concernant leurs enfants, et on se conformera aux indications de la seconde partie de l'avis du Conseil d'État déjà cité du 19-30 mars 1808, portant, dans son quatrième paragraphe, ce qui suit :

« Enfin, dans le cas où les omissions d'une lettre ou d'un prénom se trouvent dans « l'acte de décès des pères, mères ou aïeux, la déclaration à serment des personnes « dont le consentement est nécessaire pour les mineurs et celle des parties et des « témoins pour les majeurs doivent aussi être suffisantes, sans qu'il soit nécessaire dans « tous ces cas de toucher aux registres de l'état civil, qui ne peuvent jamais être rec- « tifiés qu'en vertu d'un jugement. »

On voit par la lecture de la première partie de cet avis, rapportée sous le n° 255 ci-dessus, que la déclaration dont il s'agit porte sur l'identité seulement des personnes décédées, ce qui permet aux futurs époux majeurs de prendre part à l'affirmation demandée, laquelle sera faite, en conséquence, ainsi qu'il suit :

A. *Si celui des futurs époux que les actes erronés concernent est mineur, enfant légitimé.* — Attestation d'identité à faire par les ascendants dans l'acte de mariage s'ils sont présents, ou dans l'acte par lequel ils ont donné leur consentement. (A défaut d'ascendants, l'attestation doit être faite par le conseil de famille dans la délibération autorisant le mariage.)

B. *S'il est mineur, enfant naturel.* — Attestation à faire par le tuteur *ad hoc* dans l'acte de mariage s'il assiste le futur, ou dans l'acte par lequel il a donné son consentement.

C. *S'il est majeur.* — Attestation à faire par lui, par ceux de ses ascendants qui seraient présents au mariage, et par les quatre témoins de l'acte de mariage.

Quand l'attestation d'identité a été faite dans la délibération du conseil de famille ou dans l'acte de consentement des ascendants ou du tuteur *ad hoc*, l'attestation est énoncée en même temps que la production des pièces où elle est contenue, ainsi qu'il est dit sous les nᵒˢ 247 et 249 ci-dessus.

257. — *Déclaration par les aïeuls survivants de la certitude de la mort des père et mère dont les futurs époux, majeurs ou mineurs, n'ont pu produire les actes de décès.*

Un avis du Conseil d'Etat du 27 messidor an XIII, approuvé et publié le 4 thermidor même année, porte ce qui suit :

« Le Conseil d'Etat est d'avis : 1° qu'il n'est pas nécessaire de produire les actes de
« décès des pères et mères des futurs mariés, lorsque les aïeuls ou aïeules attestent ce
« décès, et, dans ce cas, il doit être fait mention de leur attestation dans l'acte de
« mariage ; 2° que si les pères, mères, aïeuls ou aïeules dont le consentement ou conseil
« est requis sont décédés, et si l'on est dans l'impossibilité de produire l'acte de leur
« décès ou la preuve de leur absence, faute de connaître leur dernier domicile, il peut
« être procédé à la célébration du mariage des majeurs, sur leur déclaration à serment
« que le lieu du décès et celui du dernier domicile de leurs ascendants leur sont inconnus.
« Cette déclaration doit être certifiée aussi par serment des quatre témoins de l'acte de
« mariage, lesquels affirment que, quoiqu'ils connaissent les futurs époux, ils ignorent
« le lieu du décès de leurs ascendants et leur dernier domicile. Les officiers de l'état
« civil doivent faire mention, dans l'acte de mariage, desdites déclarations. »

Par application du premier paragraphe de cet avis, lorsque l'un ou l'autre des futurs époux, mineur ou majeur, qui se trouvera dans l'impossibilité de produire l'acte de décès de son père ou de sa mère sera obligé, pour se marier, de demander le consentement ou le conseil d'un ascendant survivant; l'attestation du décès non prouvé ne pourra être valablement faite que par ce dernier.

257 bis. — *Déclaration par les futurs époux majeurs, n'ayant plus aucun ascendant, de leur ignorance du dernier domicile et du lieu de décès de quelqu'un de leurs père, mère ou aïeuls.*

Par application du deuxième paragraphe de l'avis du Conseil d'Etat du 27 messidor-4 thermidor an XIII rapporté sous le nᵒ 257 ci-dessus, la déclaration de l'impossibilité de produire l'acte de décès de quelqu'un des père, mère ou aïeuls de l'un des futurs époux pourra être valablement faite par celui-ci s'il est majeur et s'il n'a plus aucun ascendant. Son futur conjoint (qu'il soit majeur ou mineur) pourra, avec avantage, prendre part à cette déclaration, qui devra être confirmée par les quatre témoins de l'acte de mariage agissant, comme les futurs époux, sous la foi du serment.

§ 14. Contrat de mariage.

258. — *Déclaration sur l'existence ou la non-existence d'un contrat de mariage.*

Cette déclaration et la mention qu'elle a été faite sont prescrites par la loi du 10 juillet 1850.

Elle doit :

A. Etre faite par les futurs époux ;

B. Etre faite aussi par les personnes qui assistent les futurs époux pour autoriser leur mariage ;

C. Indiquer s'il a été fait ou non un contrat de mariage;

D. Indiquer, en cas d'affirmative, la date du contrat, avec le nom et la résidence du notaire qui l'a dressé.

Dans ce dernier cas, l'acte de mariage mentionnera que le certificat du notaire est resté joint à l'acte de mariage. (Art 44 du Code civil.)

La loi du 10 juillet 1850 a autorisé le notaire à délivrer ce certificat sur papier libre.

Elle édicte la peine de l'amende portée en l'article 50 du Code civil contre l'officier de l'état civil qui ne se serait pas conformé à ses dispositions, rappelées ci-dessus.

§ 15. Consentement des contractants et prononcé de leur union.

259. — *Mention de la lecture faite aux parties, par l'officier de l'état civil, des articles de la loi réglant les droits et les devoirs respectifs des époux.*

La lecture aux parties, par l'officier de l'état civil, du Code civil, livre Ier, titre V, chapitre VI, concernant les droits et les devoirs respectifs des époux, et la mention de l'accomplissement de cette formalité sont prescrites par les articles 75 et 76 du Code civil.

260. — *Déclaration des contractants de se prendre pour époux.*

Prescription des mêmes articles 75 et 76 du Code civil. Pour être valable, le consentement des contractants doit être donné librement et avec la pleine conscience de l'engagement contracté. L'interdit, dont la démence est continue et que l'article 509 du Code civil assimile au mineur, ne peut, en conséquence, être admis à contracter mariage. Mais s'il a le plus souvent sa lucidité et s'il est assisté de ses père et mère ou aïeuls, ou si, n'ayant pas d'ascendants, il a été autorisé à se marier par une délibération de son conseil de famille, l'officier de l'état civil peut procéder à la célébration de son mariage qui, dans ce cas, sera inattaquable, suivant arrêts de la Cour d'appel de Nancy du 3 décembre 1838 et de la Cour d'appel de Caen du 19 mars 1839.

261. — *Prononcé de l'union par l'officier de l'état civil.*

La mention de cette formalité essentielle est prescrite par les mêmes articles 75 et 76.

262. — *Explication sur les moyens employés pour faire exprimer par des sourds ou sourds-muets, ou par des personnes ne comprenant pas la langue française, leur consentement à mariage.*

Si l'un des futurs est sourd ou sourd-muet, ou ne comprend pas la langue française, il faut expliquer les moyens employés pour faire exprimer par les futurs leur consentement à mariage. Expliquer, par exemple, pour les sourds ou sourds-muets, que toutes les questions et interpellations ont été faites par écrit ou par signes, et que les déclarations et réponses faites ont eu lieu aussi par écrit ou par signes. Si un interprète est requis, il faut qu'il prête serment et qu'il en soit fait mention dans l'acte. Le tout sera énoncé à la suite des indications du n° 263 ci-après.

§ 16. Légitimation d'enfants.

263. — *Déclaration par les époux qu'ils reconnaissent et veulent légitimer des enfants déjà nés d'eux.*

Si des enfants sont nés de relations ayant existé précédemment entre les deux nouveaux époux, il faut, pour que ces enfants soient légitimés par le présent mariage, qu'ils aient été reconnus déjà par le père et par la mère aux termes d'actes authentiques (Voyez 2e partie, n°s 123 à 133), ou que ceux-ci les reconnaissent dans l'acte même de mariage (art. 331 du Code civil). Dans ce dernier cas, il faut énoncer les prénoms et noms qui leur ont été donnés dans leurs actes de naissance, ainsi que le lieu où ils sont nés.

Sous le rapport de la simplification des mentions à faire et des frais à payer, il y a avantage à insérer dans l'acte de mariage la déclaration de reconnaissance.

En effet, si la reconnaissance est faite par des actes séparés, il faudra mentionner les actes de reconnaissance en marge des actes de naissance des enfants, et une autre mention, séparée de la première, devra ensuite faire connaître l'acte de mariage qui emporte légitimation. D'autre part, chacun des actes de reconnaissance donnera lieu, si les époux n'ont pas produit les certificats d'indigence indiqués dans la loi du 10 décembre 1850, à la perception d'un droit d'enregistrement s'élevant à 9 fr. 38 (Voyez 2e partie, n° 145). Tandis que la reconnaissance faite dans l'acte de mariage, quand même elle comprendrait plusieurs enfants, ne donne lieu qu'à un seul droit d'enregistrement de 3 fr. 75. (Loi du 28 avril 1816, art. 43, n° 22, fixant le droit à deux francs; loi du 28 février 1872, art. 4, augmentant le droit de moitié, et loi du 6 prairial an VII, art. 1er, confirmée chaque année par la loi de finances; loi du 23 août 1871, art 1er, et loi du 30 décembre 1873, art. 2, ajoutant ensemble deux décimes et demi à ces droits.)

La légitimation peut avoir lieu même en faveur des enfants décédés qui ont laissé des descendants, et, dans ce cas, elle profite à ces descendants. (Art. 332 du Code civil.)

Rien n'empêcherait de légitimer des enfants décédés qui n'auraient pas laissé de descendants.

Si l'officier de l'état civil a suivi les indications de la note-répertoire désignée sous le n° 165 ci-dessus, en ce qui concerne les formalités relatives au § 16, le futur époux, lorsqu'il a annoncé son intention de légitimer un ou des enfants naturels, a déjà été averti de la nécessité de lever et faire enregistrer l'expédition de l'acte de son mariage et d'adresser cette expédition, accompagnée d'une réquisition, à l'officier de l'état civil dépositaire des registres où sont inscrits les actes de naissance des enfants, afin de faire opérer la mention de légitimation en marge de ces actes. Dans le cas où le futur époux n'aurait pas, alors ou depuis, signé d'avance sa réquisition, versé entre les mains de l'officier de l'état civil du lieu de la célébration du mariage les frais des formalités à remplir, et confié à cet officier public le soin de faire cette transmission en temps et lieu, il serait à propos de rappeler à l'époux qu'il lui reste à remplir ces importantes formalités et à se conformer aux indications données sous le n° 271 ci-après.

OBSERVATION. — Ainsi qu'il a été dit 2° partie, n° 126, les actes de l'état civil ne peuvent concerner que des personnes ayant acquis par la naissance une individualité. On ne pourrait, par conséquent, insérer dans un acte de mariage la reconnaissance d'un enfant dont l'épouse est enceinte. Une reconnaissance avant la naissance ne peut être valablement faite que devant notaire (arrêt de la Cour de Lyon du 20 avril 1853 cité au susdit n° 126). L'enfant né, même avant le cent quatre-vingtième jour du mariage, n'en aura pas moins le titre et les droits d'enfant légitime, s'il n'est désavoué dans les délais et conditions déterminés aux articles 314, 316, 317 et 318 du Code civil.

§ 17. Publicité. Témoins. Lecture de l'acte. Signatures.

264. — *Publicité de la célébration.*

L'article 165 du Code civil prescrit la publicité du mariage. Cette publicité doit être mentionnée et être effective. (Voyez à ce sujet les n°s 206 et 207 ci-dessus.)

265. — *Témoins.*

On doit énoncer dans l'acte de mariage les prénoms, noms, âges, professions et domicile des quatre témoins, qui doivent être du sexe masculin et âgés de 21 ans au moins, leur déclaration s'ils sont parents ou alliés des parties, de quel côté et à quel degré. (Art. 37 et 76 du Code civil).

Il convient de remarquer que l'acte de mariage n'a pas à distinguer les témoins de l'époux des témoins de l'épouse, puisque la loi n'en dit rien. Ce n'est qu'en cas de parenté qu'il convient d'indiquer avec qui le témoin est parent, si c'est du côté paternel ou du côté maternel de celui des époux dont il est parent.

266. — *Lecture de l'acte.*

La lecture de l'acte par l'officier de l'état civil aux époux, aux parents qui les assistent ou aux fondés de procuration des parents et aux témoins, ainsi que la mention, dans l'acte de mariage, de l'accomplissement de cette formalité, sont des obligations imposées par l'article 38 du Code civil.

267. — *Signatures.*

D'après l'article 39 du Code civil, l'acte doit être signé par l'officier de l'état civil, par les comparants, au nombre desquels on comprend les parents qui assistent les époux pour consentir à leur mariage et leurs mandataires, et par les témoins, et mention doit être faite de la cause qui empêcherait quelqu'un des comparants et témoins de signer.

Les femmes doivent signer leur nom patronymique et non celui de leurs maris. Les parties doivent faire précéder leurs noms des initiales de leurs prénoms pour qu'on puisse facilement distinguer la signature de chacune d'elles.

Il est à propos de faire apposer leurs signatures par les parties et les témoins dans l'ordre suivant : l'époux, l'épouse, le père et la mère de l'époux, le père et la mère de l'épouse, les témoins dans l'ordre où ils ont été désignés dans l'acte. Cet ordre général est en rapport avec le degré d'intérêt que l'acte a pour chacun des signataires. Il a été recommandé aux maires de Paris par la circulaire préfectorale du 20 décembre 1880, mentionnée sous le n° 216 ci-dessus.

Aucune signature autre que celles qui viennent d'être indiquées et qui sont celles déterminées par la loi ne doit être apposée sur les registres (même circulaire). Des signatures autres que celles des parties et des témoins ne pourraient être, en effet, mentionnées dans l'acte sans contravention à l'article 35 du Code civil, et leur apposition, faite ainsi sans indication d'origine, pourrait être considérée comme une altération rentrant dans les termes répressifs de l'article 52 du même Code.

CHAPITRE III

CÉRÉMONIE DE LA CÉLÉBRATION DU MARIAGE. FORMALITÉS ADMINISTRATIVES QUI LA SUIVENT IMMÉDIATEMENT

268. — *Cérémonie de la célébration du mariage.*

Le jour et l'heure de la célébration du mariage étant arrivés, les futurs époux, sur l'indication qui leur en est donnée au nom de l'officier de l'état civil, prennent siège de manière à ce qu'ils soient placés en face de l'officier public. Le futur époux a ses père et mère et ses témoins à sa droite ; la future épouse, placée à la gauche du futur, a ses père et mère et ses témoins à sa gauche.

Le secrétaire qui accompagne l'officier public a dû s'assurer déjà de la présence des quatre témoins et inscrire sur le registre leurs prénoms, noms et autres indications qui les concernent, ainsi que les renseignements qui n'auraient pu lui être donnés antérieurement sur l'âge des parents présents et sur la possibilité par les parties et les témoins de donner leurs signatures.

L'acte de mariage étant ainsi entièrement préparé, le secrétaire, sous la présidence et l'autorité de l'officier de l'état civil, lit les publications de mariage inscrites sur le registre de la mairie, ajoutant, s'il y a lieu, qu'aucune opposition ne s'est produite. Il lit ensuite (en abrégé) les pièces produites, en commençant par les certificats de publication et de non-opposition qui proviennent des municipalités des divers domiciles des futurs et des personnes dont ils dépendent, en continuant par les pièces qui concernent le futur époux, puis par celles qui concernent la future épouse, et en terminant par le certificat du notaire qui donne la date du contrat de mariage, s'il en a été fait.

L'officier public demande alors aux père et mère de chacun des futurs, ou à ceux qui les représentent, s'ils donnent leur consentement au mariage projeté, et reçoit leur réponse nécessairement affirmative.

S'il ne se trouve pas de certificat de contrat de mariage dans les pièces produites et lues, il demande, conformément à la loi du 10 juillet 1850, aux futurs époux et aux personnes présentes pour autoriser le mariage, s'il a été fait un contrat de mariage, et reçoit leur réponse qui, dans ce cas, est négative (à moins d'erreur ou d'oubli fait dans les déclarations qui ont servi à dresser l'acte de mariage).

Toute l'assistance s'étant levée et se tenant debout comme l'officier de l'état civil, cet officier public donne lecture des articles du Code civil compris sous le chapitre VI du titre de mariage concernant les droits et les devoirs respectifs des époux (on se borne ordinairement à lire les articles 212, 213 et 214).

Il demande ensuite au futur époux, interpellé par ses prénoms et nom, si celui-ci déclare prendre pour épouse la future épouse ici présente, qu'il désigne par ses prénoms et nom.

Après avoir reçu sa réponse affirmative, il fait une demande semblable à la future épouse.

Sur la réponse affirmative de celle-ci, il déclare, au nom de la loi, en les nommant de nouveau, les deux personnes unies par le mariage.

Il est donné aussitôt lecture de l'acte de mariage par le secrétaire, et les mariés, leurs pères et mères ou leurs représentants et les témoins signent immédiatement sur les deux registres, ainsi que l'officier de l'état civil.

Si quelque personne refusait de signer, rien ne serait changé à l'acte, si ce n'est qu'on y ajouterait la mention du refus de la part de la personne en question, sans indiquer toutefois le motif du refus, et le mariage n'en serait pas moins valablement célébré.

269. *Certificat à délivrer constatant la célébration du mariage civil.*

Les époux sont libres de se présenter ensuite devant le ministre de leur culte pour faire bénir leur union et n'ont pas à faire connaître leur intention à ce sujet.

Pour qu'ils puissent faire usage de cette faculté, l'officier de l'état civil doit leur remettre, aussitôt après la signature de l'acte de mariage, un certificat constatant la célébration du mariage civil.

Ce certificat, dont la délivrance est prescrite par l'article 1ᵉʳ du décret du 9 décembre 1810, doit, lorsqu'il ne s'applique pas au mariage de personnes ayant fait constater leur indigence, conformément à la loi du 10 décembre 1850, être écrit sur papier timbré, suivant les prescriptions de l'article 12 de la loi du 13 brumaire an VII, rappelées à ce sujet par une circulaire du ministre de la justice en date du 5 août 1848, concertée avec les ministres des finances, de l'instruction publique et des cultes, et par une instruction de la Direction générale de l'Enregistrement en date du 24 mars 1866. Les règles particulières au timbre des expéditions d'actes ne lui étant pas applicables, il peut être dressé sur papier timbré de toute dimension, et il est ordinairement fait sur papier timbré du prix de 60 centimes. En raison de cette exception à la règle, fixée par l'article 45 du Code civil, de ne délivrer que des copies entières conformes au registre, ce certificat doit porter qu'il est destiné à être produit au ministre du culte pour la cérémonie religieuse. Il ne pourrait être employé à un autre usage, sous peine d'amende contre la personne qui l'aurait employé. (Art. 19, 24 et 26 de la loi du 13 brumaire an VII.)

En cas de mariage d'indigents, ce certificat est délivré sur papier libre; il n'a pas besoin d'être visé pour timbre gratis (art. 4 de la loi du 10 décembre 1850), ce qui a été dit déjà sous le nᵒ 78 de la 1ʳᵉ partie.

Il n'est dû à la commune aucun droit d'expédition pour délivrance de ce certificat. (Voyez à ce sujet 1ʳᵉ partie, nᵒ 73.)

Tout ministre d'un culte qui procéderait aux cérémonies religieuses d'un mariage sans qu'il lui eût été justifié d'un acte de mariage préalablement reçu par l'officier de l'état civil serait puni, pour la première fois, d'une amende de 16 francs à 100 francs. En cas de nouvelles contraventions de l'espèce, le ministre du culte serait puni, pour la première récidive, d'un emprisonnement de deux à cinq ans, et pour la seconde, de la détention. (Art. 199 et 200 du Code pénal.)

La disposition pénale qui précède serait applicable au ministre du culte quand bien même les personnes auxquelles il aurait donné la bénédiction nuptiale seraient deux étrangers de sa propre nationalité, attendu que la défense qu'elle contient est d'ordre public et s'applique à tous ceux qui résident sur le territoire français. (Art. 3 du Code civil.)

270. — *Délivrance d'un livret de famille.*

Aussitôt après la signature de l'acte de mariage, l'officier de l'état civil doit encore remettre à l'époux le livret de famille dont il est question dans la circulaire adressée, le 18 mars 1877, par le ministre de l'intérieur aux préfets, qui ont dû, comme le ministre le leur recommandait, porter à la connaissance des maires cette circulaire et le modèle y joint.

Ce livret est destiné à recevoir par extraits, de la main des officiers de l'état civil auxquels il sera représenté, les énonciations principales des actes de l'état civil qui viendront à être reçus et intéressant la nouvelle famille.

Il a été rangé dans les dépenses obligatoires des communes sous le nᵒ 4 de l'article 136 de la loi du 5 avril 1884. Il doit être, en conséquence, délivré gratuitement, ainsi que le dit la circulaire du ministre de l'intérieur du 15 mai 1884.

271. — *Formalités à remplir par les époux ou l'un d'eux pour faire mentionner la légitimation de leurs enfants naturels.*

Ainsi qu'il en a dû être donné avis à l'époux (Voyez nᵒ 263 ci-dessus), lorsque l'acte de mariage contient légitimation d'un ou plusieurs enfants naturels, il importe de prendre les mesures nécessaires pour que la mention de cette légitimation soit faite au plus tôt en marge des actes de naissance des enfants légitimés.

A cet effet, si les actes de naissance de ces enfants sont inscrits dans une autre commune, l'un ou l'autre des époux, ayant seuls qualité, aux termes de l'article 49 du Code civil, devra se faire délivrer une expédition de l'acte de mariage, dûment enregistrée et légalisée, et transmettre cette expédition, avec une réquisition par lui faite et dûment légalisée, au maire de la commune où la naissance a été inscrite, pour que ladite mention soit opérée en marge de chacun de ces actes de naissance. L'expédition d'acte de mariage devant rester annexée au registre d'état civil de la commune où elle est mentionnée, il faudrait, dans le cas où les actes de naissance ne seraient pas déposés dans les archives de la même commune, lever et transmettre autant d'expéditions qu'il y aurait de communes de naissance.

La réquisition et l'expédition devront avoir été écrites sur papier timbré si les époux n'ont pas produit le certificat d'indigence indiqué dans la loi du 10 décembre 1850. En cas de production du certificat de l'espèce, la réquisition et l'expédition seraient visées pour timbre gratis, et l'enregistrement de cette expédition serait également donné gratis. (Art. 4 de ladite loi.)

On a vu ci-devant (1re partie, n° 56) observation faisant suite à l'alinéa 15°) que la transcription de l'acte à mentionner est utile et qu'elle est considérée comme obligatoire par plusieurs auteurs. La partie intéressée pourra donc requérir aussi l'officier d'état civil de faire cette transcription.

Lorsque l'acte de naissance de l'enfant légitimé se trouve sur les registres de la commune du lieu du mariage, la réquisition des parties est également nécessaire d'après les règles posées par les articles 34 et 49 du Code civil, et elle doit indiquer si les parties produisent une expédition enregistrée de l'acte de mariage (ce qui serait de leur intérêt) ou si elles demandent que la mention soit faite sur le vu de l'original de cet acte. Dans le cas où les parties choisiraient ce dernier moyen, malgré les inconvénients qu'il occasionne, l'officier de l'état civil, mis à l'abri de toute critique par ladite réquisition, opérerait la mention de légitimation conformément à la demande. (Voyez pour les inconvénients de ce procédé les observations faites ci-dessus, 1re partie, n° 57.)

Une copie de la mention faite devra être transmise, dans les trois jours, par l'officier de l'état civil qui l'a opérée, au procureur de la République, pour que ce magistrat puisse la faire reproduire sur le double registre de naissances déposé au greffe du tribunal de première instance, conformément aux dispositions de l'article 49 du Code civil, rapportées sous ledit n° 57.

CHAPITRE IV

TRANSCRIPTION D'ACTES DE MARIAGE DRESSÉS AU DEHORS

272. — *Acte à dresser pour la transcription de l'acte d'un mariage célébré à l'armée.*

L'expédition de l'acte d'un mariage célébré à l'armée, en dehors du territoire de la France, doit être transcrite sur le registre de mariages de l'année courante, à la municipalité du dernier domicile des époux, dès que l'officier chargé à l'armée de la tenue du registre a fait parvenir cette expédition à l'officier de l'état civil de ce dernier domicile, ce qu'il doit faire immédiatement. (Art. 95 et 93 du Code civil.)

L'acte de transcription est signé par l'officier de l'état civil seul. (Voyez 1re partie, n° 56, pour la forme de l'acte de transcription et les règles à observer.)

Dans l'opinion de quelques auteurs (Duranton, Huteau d'Origny, Jean Sirey), si les époux n'habitaient pas la même commune lorsqu'ils ont quitté le territoire français, leur acte de mariage doit être transcrit sur les registres de l'état civil de leurs derniers domiciles respectifs. L'expédition transmise devant toujours rester annexée au registre, comme il a été expliqué ci-dessus, 1re partie, n° 56, il faudrait, pour opérer cette double transcription, que l'officier chargé de l'état civil à l'armée envoyât une expédition de son acte à chacun des maires de ces deux communes, ce qui peut parfaitement se faire.

273. — *Acte à dresser pour la transcription de l'acte d'un mariage célébré à l'étranger.*

Il y a lieu de transcrire aussi, sur le registre des mariages de l'année courante, les actes de mariage dressés à l'étranger, concernant des habitants de la commune, en trois circonstances, savoir :

1° Lorsque l'expédition de l'acte de mariage est présentée par le Français à la municipalité de son domicile, dans les trois mois de son retour en France (art. 171 du Code civil). Dans ce cas, l'acte de transcription est dressé à la réquisition du Français.

La loi ne prescrit pas de mentionner l'accomplissement de la condition par elle imposée pour l'efficacité et la régularité de la transcription en question, c'est-à-dire la date du retour des époux en France. Il va de soi que cette date peut et doit être mentionnée sur la déclaration de l'un ou l'autre des époux.

Elle ne prescrit pas non plus d'indiquer les communes de France où le projet de mariage a été publié et les dates de ces publications si l'acte de mariage ne les mentionne pas; mais ces énonciations qui sont de l'essence des actes de mariage, d'après l'article 76 du Code civil, étant le seul moyen de mettre le public en mesure de se rendre compte de l'accomplissement de ces formalités essentielles, elles peuvent et doivent être faites aussi, sur la déclaration de l'un ou l'autre des époux, dans l'acte de transcription qui sera signé par le déclarant et par l'officier de l'état civil. Il n'y a pas de témoins à faire intervenir, la loi ne le demandant pas.

L'acte transcrit sera annexé au registre revêtu de la mention d'annexe.

D'après la lettre de l'article 171 du Code civil, l'officier de l'état civil ne peut être contraint de faire la transcription si le délai de trois mois est expiré. Les intéressés doivent, après ce délai, obtenir un jugement ordonnant la transcription en question.

Mais il est à propos de remarquer, d'une part, que le défaut de réquisition de transcription dans ledit délai n'entraîne aucune peine contre les époux, et que le mariage n'en sera pas moins valable s'il a été contracté régulièrement dans les formes usitées dans le pays étranger, pourvu qu'il ait été précédé des publications prescrites par l'article 63 du Code civil et que le Français n'ait point contrevenu aux dispositions de la loi française sur les qualités et conditions requises pour pouvoir contracter mariage (art. 170 du Code civil); et, d'autre part, que la transcription ne couvrirait pas l'infraction à ces prescriptions. Le défaut de transcription influe seulement sur le régime des biens et sur les droits et obligations des époux vis-à-vis de tiers qui auraient contracté avec eux dans l'ignorance absolue de leur mariage. (Cassation, 28 décembre 1874.)

Il n'y aurait, non plus, aucune peine encourue par l'officier d'état civil qui aurait transcrit l'acte de mariage après le délai de trois mois en question, à la réquisition des parties, aucun article de loi n'ayant interdit à l'officier d'état civil de faire cette transcription à quelque époque que ce soit, ce qui ressort suffisamment des conventions diplomatiques approuvées par simple décret, rappelées ci-après à l'alinéa 3° du présent numéro, relatives à la communication réciproque des actes de l'état civil, et de la circulaire du ministre de la justice en date du 11 mai 1875 concernant l'exécution des conventions de l'espèce.

2° Lorsque l'acte de mariage a été dressé devant un consul français à l'étranger et qu'il est transmis officiellement et hiérarchiquement au maire du lieu d'origine ou du domicile de l'époux français pour que ce dernier officier public fasse cette transcription (Ordonnance royale du 23 octobre 1833, art. 2, circulaire du ministre de la justice du 11 mai 1875.)

3° Lorsque l'acte a été dressé dans l'un des pays étrangers avec lesquels la France a conclu des conventions pour la communication réciproque des actes de l'état civil concernant des sujets des deux nations respectives, et qu'il est transmis officiellement par les autorités françaises compétentes pour être transcrit conformément à ces conventions. Ces pays sont : l'Italie, le grand-duché de Luxembourg, la Belgique et la principauté de Monaco. (Voyez n° 280 ci-après.)

Dans ces deux derniers cas, l'officier de l'état civil signe seul l'acte de transcription.

Comme il a été dit ci-dessus (n° 56, observation), les transcriptions faisant l'objet des paragraphes 2 et 3 du présent n° 273 n'ont pas la valeur d'actes authentiques : elles ne valent que comme renseignement.

(Voyez 1re partie, n° 56, pour la forme des actes de transcription et l'annexe des pièces transcrites.)

273 *bis.* — *Acte à dresser pour la transcription d'un acte de mariage dressé au dehors, comportant légitimation d'un enfant né dans la commune.*

Enfin du principe, posé par le législateur, comme on le verra sous le n° 301 ci-après, qu'un officier d'état civil ne peut donner à son affirmation le caractère d'un acte auquel foi est due que si cette affirmation porte sur un fait qui s'est passé devant lui ou dont il a en mains la preuve publique, il résulte que, pour donner force probante à la mention par lui faite, en marge de l'acte de naissance d'un enfant né dans sa commune, de la légitimation de cet enfant par le mariage de ses père et mère célébré dans une autre commune, il faut qu'il ait préalablement pris soin de conserver le texte de l'acte de mariage en le transcrivant sur les registres de l'état civil de sa commune et de rendre ce texte inattaquable, à moins d'inscription de faux, en annexant la pièce transcrite au double registre qui sera déposé au greffe du tribunal de première instance, conformément à l'article 44 du Code civil.

En appliquant de cette manière les dispositions de l'article 62 du Code civil, l'officier d'état civil, d'accord en cela avec des auteurs distingués qui se sont occupés de ce sujet, comme Mourlon, Grün, Puibusque, garantira sa responsabilité mieux que celui qui se contenterait de décider (sans pouvoir rendre sa décision effective, voyez ci-dessus, 1ʳᵉ partie, nº 56, observation faisant suite à l'alinéa numéroté 15º) que l'expédition d'acte de mariage sera annexée au registre où elle a été mentionnée.

Dans le cas où la partie intéressée requerrait de faire la transcription en question, l'officier de l'état civil ne pourrait, du reste, le refuser.

L'acte de transcription sera dressé sur le registre des mariages, conformément aux indications données ci-dessus, 1ʳᵉ partie, nº 56.

CHAPITRE V

RESPONSABILITÉ DES OFFICIERS DE L'ÉTAT CIVIL EN CE QUI CONCERNE LES ACTES DE MARIAGE

274. — *Infraction aux prescriptions législatives intéressant l'ordre public. Pénalités.*

L'ordre public étant intéressé à l'observation de certaines prescriptions légales concernant la célébration du mariage, le législateur a édicté contre l'officier de l'état civil qui les enfreindrait les pénalités suivantes :

1º Pour avoir attribué aux parties d'autres noms et prénoms que ceux indiqués dans leurs actes de naissance, — destitution, incapacité légale d'exercer à l'avenir aucune fonction publique et amende (loi du 2 fructidor an II) ;

2º Pour avoir omis deux publications ou l'une d'elles sans qu'il y ait eu obtention de dispense, ou les avoir faites autrement qu'aux jours et aux intervalles prescrits, ou avoir célébré le mariage avant l'expiration du délai de trois jours après la seconde publication, ou après le délai d'un an à partir de ce troisième jour (art. 64 et 65 du Code civil), — amende pouvant atteindre 300 francs (art. 192 du Code civil) ;

3º Pour avoir célébré le mariage avant d'avoir en mains la mainlevée des oppositions faites au mariage, — amende de 300 francs et dommages-intérêts alloués aux parties en exécution des articles 1382 et suivants du Code civil (art. 68 du Code civil) ;

4º Pour avoir célébré le mariage d'une femme avant qu'il se soit écoulé dix mois depuis la dissolution de son précédent mariage, — amende de 16 francs à 300 francs (art. 194 du Code pénal) ;

5º Pour avoir célébré, en connaissance de cause, le mariage d'une personne se trouvant encore dans les liens d'un précédent mariage, — peine des travaux forcés à temps (art. 340 du Code pénal) ;

6º Pour avoir célébré le mariage d'un militaire sans la permission de l'autorité militaire, — destitution (décret du 16 juin 1808) ;

7º Pour avoir célébré le mariage de personnes n'ayant pas dans la commune le domicile requis, ou avoir célébré un mariage ailleurs qu'en la maison commune (sauf le cas prévu pour les mariages *in extremis*) ou sans que le public pût y assister, — amende pouvant atteindre 300 francs (art. 193 du Code civil) ;

8º Enfin, pour avoir, soit par suite de la non-inscription sur le registre de l'acte constatant la célébration du mariage, soit par suite de l'omission des signatures, soit par suite de toute autre faute grave, empêché que les époux puissent prouver authentiquement le mariage qu'ils ont contracté devant lui, l'officier de l'état civil serait passible d'une instance criminelle en vertu des articles 198 et 199 du Code civil, et, s'il est décédé lors de la découverte du fait, ses héritiers pourraient être poursuivis par une action civile en vertu de l'article 200 du Code civil.

Des dommages-intérêts peuvent toujours être réclamés par les parties lésées lorsque les infractions ci-dessus entraînent, soit la nullité du mariage, soit d'autres conséquences préjudiciables.

275. — *Infractions aux prescriptions législatives intéressant l'un ou l'autre des époux et leurs familles. Pénalités.*

D'autres infractions aux prescriptions légales intéressant plus particulièrement les familles exposent l'officier de l'état civil qui commet ces infractions aux pénalités suivantes :

1° Pour avoir publié des promesses de mariage sans l'assurance du consentement des deux futurs et, lorsqu'ils sont mineurs quant au mariage, du consentement de leurs parents, — dommages-intérêts pour le tort que les publications ont pu causer à l'une ou l'autre des deux familles (art. 1382 et suivants du Code civil);

2° Pour avoir procédé au mariage d'un homme n'ayant pas atteint l'âge de 18 ans et d'une femme n'ayant pas atteint l'âge de 15 ans, sans qu'il ait été obtenu de dispense du gouvernement, ce qui rend ce mariage annulable en vertu de l'article 184 du Code civil, — dommages-intérêts envers les deux familles, en vertu des articles 1382 et suivants ;

3° Pour avoir procédé au mariage d'un homme et d'une femme parents entre eux au degré prohibé par les articles 161, 162 et 163 du Code civil, ce qui rend aussi le mariage annulable d'après le même article 184 du Code civil, — dommages-intérêts envers les deux familles en vertu des mêmes articles 1382 et suivants ;

4° Pour avoir procédé au mariage d'un homme âgé de moins de 25 ans sans le consentement de ses père et mère ou aïeuls, ou au mariage d'une personne de l'un ou l'autre sexe âgée de moins de 21 ans sans le consentement de ses père et mère ou de ceux qui les remplacent, — amende pouvant atteindre 300 francs, et emprisonnement de six mois à un an, — sans préjudice des dommages-intérêts réclamés par les parents en vertu de l'article 1382 du Code civil (art. 156, 192 du Code civil et art. 193 du Code pénal);

5° Pour avoir procédé au mariage d'un homme ayant atteint l'âge de 25 ans et d'une femme ayant atteint l'âge de 21 ans, sans qu'il ait été justifié, soit du consentement des père et mère ou aïeuls, soit des actes respectueux leur demandant ce consentement, — amende pouvant atteindre 300 francs, et emprisonnement qui ne peut être moindre d'un mois (art. 157 du Code civil), — aussi sans préjudice de dommages-intérêts réclamés par les parents ;

6° Pour avoir omis d'insérer dans l'acte mariage la déclaration prescrite concernant l'existence ou la non-existence d'un contrat de mariage, conformément à la loi du 10 juillet 1850, — amende pouvant atteindre 100 francs. (Loi du 10 juillet 1850.)

CHAPITRE VI

EXPÉDITIONS, EXTRAITS ET RELEVÉS DES ACTES DE MARIAGE

276. — *Expéditions d'actes de mariage à délivrer aux particuliers lorsqu'ils le demandent. Droit d'expédition dû.*

Lorsqu'une expédition d'acte de mariage est demandée par un particulier, elle doit lui être délivrée, à la charge par lui de payer, outre le droit de timbre et, s'il y a lieu, le droit d'enregistrement (Voyez n° 277 ci-après), le droit d'expédition fixé, d'après le chiffre de la population de la commune, par le décret du 12 juillet 1807 dont les dispositions sont rapportées ci-dessus, 1ʳᵉ partie, n° 72, savoir : à 60 centimes dans les communes d'une population inférieure à 50,000 âmes ; de 1 franc dans les communes d'une population de 50,000 âmes et au-dessus ; de 1 fr. 50 à Paris où il y a encore un droit supplémentaire de 1 fr. 20 centimes à payer, d'après les articles 2 et 3 de la loi du 5 juin 1875, quand il s'agit d'actes de mariage reconstitués en exécution de la loi du 12 février 1872.

Cette expédition est délivrée dans les formes indiquées ci-dessus, 1ʳᵉ partie, n° 66.

(Voyez pour les expéditions destinées au retrait d'enfants naturels légitimés déposés dans les hospices l'observation qui termine le n 277 ci-après.)

277. — *Timbre et enregistrement des expéditions d'actes de mariage délivrées aux particuliers.*

L'expédition d'un acte de mariage délivrée à un particulier doit être sur du papier timbré dont la dimension ne peut être inférieure à celle du moyen papier (c'est-à-dire dont le prix, fixé en raison de cette dimension, est au minimum de 1 fr. 80), d'après l'article 19 de la loi du 13 brumaire an VII. (Voyez pour les conditions de l'emploi de ce papier le nᵒ 77 de la 1ʳᵉ partie.)

Si l'acte de mariage dont l'expédition est demandée contient reconnaissance et légitimation par les deux époux d'enfants naturels que l'un ou l'autre n'ait pas encore reconnus par un acte authentique (devant notaire ou devant un officier de l'état civil), cette expédition doit, à moins qu'elle ne soit demandée qu'après l'enregistrement d'une première expédition déjà délivrée, être soumise par le maire à la formalité de l'enregistrement, dont le droit est de 3 fr. 75. (Loi du 28 avril 1816, art. 43, nᵒ 22, fixant le droit à 2 francs ; loi du 28 février 1872, art. 4, augmentant le droit de moitié ; et loi du 6 prairial an VII, art. 1ᵉʳ, confirmée par les lois annuelles de finances; loi du 23 août 1871, art. 1; loi du 30 décembre 1873, art. 2, ajoutant ensemble deux décimes et demi au droit principal de 3 francs.)

Il doit être conservé à la mairie copie de la mention d'enregistrement pour que le droit d'enregistrement, qui n'est dû que sur la première expédition, ne soit pas exigible une seconde fois faute de preuve de cet enregistrement. La mention doit être reproduite sur chaque expédition ultérieurement délivrée.

Il n'y aurait pas lieu de faire enregistrer l'acte de mariage contenant légitimation si les enfants avaient été déjà reconnus par le père et par la mère aux termes d'actes authentiques relatés dans l'acte de mariage. Dans ce cas, ce sont ces actes de reconnaissance antérieurs qui sont passibles du droit d'enregistrement, et l'acte de mariage en est exempt, parce que le droit n'est dû qu'une fois et ne s'applique qu'à la reconnaissance, et non à la légitimation.

OBSERVATION. — Il est à remarquer que la loi du 10 décembre 1850 n'a pas étendu l'exemption des droits de timbre et d'enregistrement aux expéditions de l'acte de mariage d'indigents qui pourraient être demandées par les époux. Néanmoins, cette loi ayant été faite, comme le porte son article premier, dans le but de faciliter le mariage des indigents, la légitimation de leurs enfants naturels et le retrait de ces enfants déposés dans les hospices, il y aurait lieu de leur délivrer sans payement d'aucun droit d'expédition, comme pour les expéditions délivrées administrativement (Voyez nᵒ 280, ci-après), l'expédition de cet acte de mariage sur papier libre, sans formalité de visa pour timbre ni d'enregistrement, si cette expédition doit être produite au directeur de l'hospice où se trouve l'enfant naturel légitimé que les époux veulent retirer. Dans ce cas, l'expédition portant en tête l'indication de sa destination jouirait de l'exemption de timbre et d'enregistrement prononcée pour les expéditions délivrées aux fonctionnaires publics par l'article 16 de la loi du 13 brumaire an VII et par l'article 70, § 3, nᵒ 2 de la loi du 22 frimaire an VII.

278. — *Légalisation des expéditions d'actes de mariage délivrées aux particuliers.*

Si l'expédition doit être employée par un fonctionnaire administratif ou judiciaire de l'arrondissement, elle peut n'être pas légalisée, parce que ces fonctionnaires connaissent les signatures les uns des autres. Dans les autres cas et même si ces fonctionnaires l'exigent, l'expédition doit être légalisée, soit par le président du tribunal civil de première instance, soit par le juge de paix, comme il est expliqué ci-dessus, 1ʳᵉ partie, nᵒ 83.

279. — *Extrait à transmettre ou délivrer de l'acte de mariage d'un militaire.*

Aux termes d'une circulaire de M. le ministre de l'intérieur, en date du 8 janvier 1874, des extraits sur papier libre des actes constatant les mariages contractés par des militaires renvoyés dans leurs foyers en attendant leur passage dans la réserve doivent être adressés par les maires aux conseils d'administration des corps de troupes dont ces militaires font partie. Cette transmission doit être faite immédiatement.

Des circulaires du ministre de la guerre, en date des 22 septembre 1840 et 11 mars 1841, ont recommandé aux chefs de légion de gendarmerie de faire parvenir au ministère de la guerre l'avis du mariage des gendarmes et sous-officiers de gendarmerie dressé sur le vu de l'extrait de l'acte de mariage délivré par le maire et légalisé. L'officier de l'état civil devra, en conséquence, délivrer cet extrait.

D'autres circulaires du ministre la guerre, des 3, 23 et 24 juillet 1840, ont recommandé aux chefs de corps et aux intendants militaires de veiller à ce que tout officier qui vient de contracter mariage en fasse parvenir l'avis au ministère au moyen d'un certificat, soit du conseil d'administration du corps, soit du général commandant la division pour les officiers en non-activité, soit des intendants militaires du lieu de leur résidence pour les officiers de santé employés dans les hôpitaux militaires et postes sédentaires, officiers d'administration des hôpitaux, des subsistances militaires, de l'habillement et du campement; certificat à délivrer sur le vu d'un extrait sur papier libre de l'acte de mariage signé par l'officier de l'état civil et légalisé. L'officier de l'état civil devra donc aussi, dans ces cas, délivrer à l'officier qui vient de contracter mariage l'extrait en question, après l'avoir fait légaliser par le préfet ou le sous-préfet. Les circulaires ministérielles ne demandent qu'un extrait, il est inutile de faire la copie entière de l'acte.

280. — *Expédition à transmettre administrativement de l'acte de mariage d'un étranger dont le gouvernement a traité avec la France pour la communication réciproque des actes de l'état civil.*

En exécution des conventions diplomatiques conclues avec les gouvernements de l'Italie, du grand-duché de Luxembourg, de la Belgique et de la principauté de Monaco les 13 janvier 1875 (décret du 17 du même mois), 14 juin 1875 (décret du 17 du même mois), 25 avril 1876 (décret du 3 septembre suivant) et 24 mai 1881 (décret du 30 du même mois), les expéditions des actes de l'état civil concernant les individus de ces quatre nationalités doivent être transmises, sur papier libre, par les officiers de l'état civil de France, par l'intermédiaire des sous-préfets, aux préfets qui, après les avoir légalisées, doivent les adresser au ministre de l'intérieur pour être transmises par lui au ministre des affaires étrangères qui se charge de les faire parvenir aux représentants des gouvernements de ces nations.

D'après les conventions sus-datées, les expéditions doivent être envoyées aux gouvernements des pays respectifs tous les trimestres en ce qui concerne la principauté de Monaco, et tous les semestres, les 1er janvier et 1er juillet, en ce qui concerne les autres pays.

Des circulaires du ministre de l'intérieur des 30 juin 1875, 7 octobre suivant, 28 juin 1876, 16 octobre 1876 et 26 décembre suivant ont tracé aux préfets les mesures à prendre à cet égard.

L'officier de l'état civil qui vient de célébrer le mariage d'un de ces étrangers doit mettre le préfet en état de satisfaire à ces instructions ministérielles en lui transmettant, par l'intermédiaire du sous-préfet, à l'expiration de la période de temps indiquée par les instructions préfectorales, l'expédition dudit acte de mariage, en même temps que les expéditions des actes de naissance, reconnaissance d'enfants naturels et décès dressés dans la même période concernant lesdits étrangers, lesquelles expéditions doivent être désignées dans un bordereau y joint, dressé comme il est dit ci-dessus 1re partie, n° 69.

Si, dans le cours de la période en question, aucun acte des diverses espèces ci-dessus indiquées n'a été dressé en ce qui concerne les nationaux des pays ci-dessus nommés, l'officier de l'état civil doit, pour le faire connaître, transmettre au sous-préfet ou au préfet un bordereau ou certificat négatif, à l'expiration de cette période, comme il est expliqué sous ledit n° 69.

281. — *Expédition d'acte de mariage à délivrer administrativement pour service public.*

Ainsi qu'il a été dit ci-dessus, 1re partie, n° 70, alinéa B, et n° 81, il y a lieu de délivrer gratuitement sur papier libre, en vertu de l'article 16 de la loi du 13 brumaire an VII, l'expédition de tout acte de mariage demandée pour service public, tel que pour la justification des droits d'un jeune soldat à la dispense temporaire du service militaire, prononcée en faveur des enfants légitimes par l'article 21 de la loi du 15 juillet 1889. Il doit être fait, en tête de l'expédition, mention de sa destination.

L'expédition d'un acte de mariage contenant légitimation d'enfants naturels n'a pas besoin d'être soumise à la formalité de l'enregistrement, quoique aucune expédition n'ait été précédemment enregistrée, quand elle est destinée au service ci-dessus désigné ou à tout autre service de l'administration publique. L'exception prononcée par l'article 70 (§ 3, n° 2) de la loi du 22 frimaire an VII lui est applicable.

282. — *Légalisation des expéditions d'actes de mariage délivrées administrativement.*

Lorsqu'une expédition d'acte de mariage a été délivrée administrativement pour service public, comme il est dit ci-dessus, n° 281, elle doit être légalisée par le préfet ou le sous-préfet si elle doit être employée en dehors du département où elle a été délivrée, ainsi qu'il a été expliqué ci-dessus, 1re partie, n° 84.

283. — *Relevés des mariages pour la statistique générale de la France.*

En vue de fournir à l'administration supérieure les éléments de la statistique générale sur le mouvement de la population de la France, il a été recommandé aux préfets, par une circulaire du ministre de l'agriculture, du commerce et des travaux publics, en date du 24 septembre 1853, insérée au *Bulletin du ministère de l'intérieur*, de se faire produire par les maires, au commencement de chaque année, le relevé des naissances, mariages et décès inscrits dans l'année précédente sur les registres de la commune.

Pour les mariages comme pour les autres actes, le relevé se fait sur des imprimés que les préfets transmettent aux maires avant la fin de l'année, comme il est dit ci-dessus, 1ʳᵉ partie, nᵒ 71.

CHAPITRE VII

ACTE SUPPLÉTIF DU JUGEMENT DE DIVORCE

284. — *Transcription du jugement de divorce.*

Le dispositif du jugement ou de l'arrêt qui a prononcé le divorce doit être transcrit sur le registre de mariage du lieu où le mariage a été célébré. Si le mariage a été célébré à l'étranger, la transcription est faite sur le registre de mariage du lieu où les époux avaient leur dernier domicile. (Art. 251 nouveau du Code civil, texte fixé par la loi du 18 avril 1886.)

La transcription est faite à la diligence de la partie qui a obtenu le divorce ; à cet effet, la décision est signifiée, dans un délai de deux mois, à partir du jour où elle est devenue définitive, à l'officier de l'état civil du lieu en question, pour être transcrite sur les registres. A cette signification doivent être joints les certificats énoncés en l'article 548 du Code de procédure civile (certificat de l'avoué de la partie poursuivante contenant la date de la signification du jugement faite au domicile de la partie condamnée, et attestation du greffier constatant qu'il n'existe contre le jugement ni opposition ni appel), et en outre, s'il y a eu arrêt, un certificat de non-pourvoi. Cette transcription est faite par les soins de l'officier de l'état civil, le cinquième jour de la réquisition, non compris les jours fériés, sous les peines édictées par l'article 50 du Code civil. A défaut par la partie qui a obtenu le divorce de faire la signification dans le premier mois, l'autre partie a le droit, concurremment avec elle, de faire cette signification le mois suivant. A défaut par les parties d'avoir requis la transcription dans le délai de deux mois, le divorce est considéré comme nul et non avenu. Le jugement, dûment transcrit, remonte quant à ses effets entre époux au jour de la demande. (Art. 252 nouveau du Code civil, texte fixé par la loi du 18 avril 1886.)

La grosse du jugement ou de l'arrêt, les certificats ci-dessus énoncés et la signification doivent rester annexés à l'acte de transcription. (Art. 44 du Code civil.)

L'acte de transcription doit être dressé, sans assistance de témoins, dans la forme indiquée 1ʳᵉ partie, nᵒ 56.

285. — *Mention de divorce à inscrire en marge de l'acte de mariage.*

Mention du jugement ou de l'arrêt transcrit, comme il est dit sous le nᵒ 284 qui précède, sera faite en marge de l'acte de mariage, conformément à l'article 49 du Code civil, c'est-à-dire quand l'une ou l'autre des parties requerra l'officier de l'état civil de la faire. Si le mariage a été célébré à l'étranger, la mention sera opérée en marge de la transcription qui a pu être faite en France de l'acte de ce mariage (art. 251 du Code civil ci-dessus relaté). — On voit, par les indications données ci-dessus, nᵒˢ 272 et 273, par suite de quelles circonstances l'acte de mariage a pu être transcrit en France.

Dans le cas où, faute par les parties d'avoir levé et fait enregistrer l'expédition de l'acte de transcription du jugement qui a prononcé le divorce en première instance et qui est devenu définitif faute d'appel, comme il est dit sous le nᵒ 287 ci-après, et d'avoir joint à la réquisition de mentionner cet acte l'expédition enregistrée, la mention a été nécessairement faite par l'officier de l'état civil sans pouvoir y relater l'accomplissement préalable de cet enregistrement, la première expédition ultérieurement délivrée de cet acte de mariage ainsi annoté devient passible du droit d'enregistrement qui aurait été appliqué à cette expédition de transcription. (Voyez les explications conformes déjà données à ce sujet, 1ʳᵉ partie, nᵒ 57 ; — voyez aussi 1ʳᵉ partie, nᵒ 59, pour la forme de la mention.)

Conformément aux prescriptions de l'article 49 du Code civil rapportées sous ledit nᵒ 57, l'officier de l'état civil devra transmettre, dans les trois jours, copie de la mention faite au procureur de la République, afin que ce magistrat puisse faire reproduire cette mention sur le double registre déposé au greffe du tribunal de première instance.

286. — *Effets du divorce.*

Les effets du divorce sont déterminés comme suit par le texte nouveau des articles 295, 296 et 298 du Code civil, fixé par la loi du 18 avril 1886 :

« Art. 295. — Les époux divorcés ne pourront plus se réunir si l'un ou l'autre a, pos- « térieurement au divorce, contracté un nouveau mariage suivi d'un second divorce. En « cas de réunion des époux, une nouvelle célébration du mariage sera nécessaire. Les « époux ne pourront adopter un régime matrimonial autre que celui qui réglait originai- « rement leur union.

« Après la réunion des époux, il ne sera reçu de leur part aucune nouvelle demande de divorce, pour quelque cause que ce soit, autre que celle d'une condamnation à une peine afflictive ou infamante prononcée contre l'un d'eux depuis leur réunion. »

« Art. 296. — La femme divorcée ne pourra se remarier que dix mois après que le « divorce sera devenu définitif.

« Art. 298. — Dans le cas de divorce admis en justice pour cause d'adultère, l'époux coupable ne pourra jamais se marier avec son complice. »

287. — *Expédition de l'acte de transcription du jugement de divorce. Droits d'expé- dition, de timbre et d'enregistrement. Légalisation.*

Lorsque le divorce a donné lieu à un arrêt de la Cour d'appel, les expéditions qui pourront être demandées de l'acte de transcription de cet arrêt seront délivrées sur le simple payement du droit de timbre (Voyez ci-dessus 1ʳᵉ partie, nᵒ 77) et du droit d'expé- dition tel qu'il est réglé par le décret du 12 juillet 1807, lequel droit est le même que celui qui s'applique aux expéditions d'actes de mariage (Voyez nᵒ 281 ci-dessus) et a déjà été indiqué ci-dessus 1ʳᵉ partie, nᵒ 72, attendu que le droit d'enregistrement dû pour le divorce d'après l'article 49 de la loi du 28 avril 1816 aura été perçu lors de l'enregis- trement de cet arrêt.

Mais lorsqu'il n'y aura pas eu d'arrêt de Cour d'appel, la première expédition de l'acte de transcription du jugement de divorce ne pourra être délivrée que moyennant paye- ment, outre les droits de timbre, du droit d'enregistrement en question, fixé à 100 francs par l'article 49 de la loi du 28 avril 1816 susindiqué, augmenté de moitié par l'article 4 de la loi du 28 avril 1872, et s'augmentant encore des deux décimes et demi ajoutés pour tous les actes civils par la loi du 6 prairial an VII (confirmée chaque année par la loi de finances), par l'article 1ᵉʳ de la loi du 23 août 1871 et par l'article 2 de la loi du 30 dé- cembre 1873, ce qui porte le total à 187 fr. 50, comme il a été établi ci-dessus 1ʳᵉ partie, nᵒ 76 *bis.*

Après avoir soumis l'expédition à la formalité de l'enregistrement, le maire devra prendre copie de la quittance des droits mise sur cette expédition par le receveur de l'enregistrement, et annexer cette copie au registre où se trouve l'acte de transcription, afin que les expéditions ultérieures puissent, en relatant cette mention, être délivrées sans être soumises de nouveau à ladite formalité. (Voyez à ce sujet les explications don- nées 1ʳᵉ partie, nᵒ 76 *bis.*)

Il est important que cette expédition soit enregistrée avant l'inscription de la mention prescrite en marge de l'acte de mariage, afin que l'officier de l'état civil puisse insérer la relation de l'enregistrement dans cette mention et éviter ainsi l'obligation de faire en- registrer la première expédition de cet acte de mariage, ou de rechercher si l'acte de transcription a été expédié et enregistré et de reproduire la mention de l'enregistrement. (Voyez nᵒ 285 ci-dessus.)

Il convient de remarquer que les actes qui ont prononcé des divorces antérieurement à la loi du 28 avril 1816 ont été assujettis, sur l'expédition, à un droit d'enregistrement fixé à 15 francs en principal par l'article 68, nᵒ 1 de la loi du 22 frimaire an VII, droit qui, augmenté des accroissements de taxe appliqués à tous les droits d'enregistrement par les lois actuellement en vigueur, s'élève maintenant à 28 fr. 13. C'est donc ce droit de 28 fr. 13 qui serait à percevoir sur la première expédition d'un tel acte si elle était demandée à présent, comme il a déjà été dit ci-dessus 1ʳᵉ partie, nᵒ 76 *bis.*

L'expédition de l'acte de transcription du jugement de divorce devra être soumise à la formalité de la légalisation (donnée par le président du tribunal civil ou par le juge de paix) dans tous les cas où l'expédition d'un acte de mariage est sujette à cette formalité, comme il est dit ci-dessus, nᵒ 278.

288. — *Observation sur la procédure en matière de divorce.*

Les officiers de l'état civil n'ont aucune mission à accomplir dans la procédure à suivre pour arriver au jugement de divorce. Cette procédure est tracée par le texte nouveau des articles 234 à 245 du Code civil, tel qu'il a été fixé par la loi du 18 avril 1886. Elle est du ressort des avoués.

N. B. — La table alphabétique et analytique est placée en tête de l'ouvrage, à la suite du sommaire général.

LA SCIENCE

DU

PRATICIEN DE L'ÉTAT CIVIL

QUATRIÈME PARTIE

Décès. Actes, mesures et formalités qu'ils occasionnent immédiatement
ou ultérieurement.

OBSERVATION PRÉLIMINAIRE

Tout ce qui constitue l'état civil d'une personne, en dehors du décès de ses parents, a
été exposé dans les trois parties précédentes, lesquelles se rapportent : la première aux
règles générales applicables à tous les actes de l'état civil et aux expéditions de ces
actes ; la seconde aux actes de naissance, de reconnaissance d'enfants naturels et aux
adoptions ; la troisième aux actes de publications de mariage, aux actes de mariage et
aux actes supplétifs des jugements de divorce. Le dernier article de cette troisième
partie porte le n° 288.

Cette 4me partie va s'occuper des règles relatives à l'enregistrement du décès qui, en
mettant fin à l'état civil de toute personne, donne un titre d'état civil nouveau aux survivants de sa famille. Elle comprendra encore les dispositions légales qui ont pour objet
les actes concernant les enfants nouveau-nés présentés sans vie.

Les règles relatives aux notifications que les décès entraînent, aux formalités et mesures judiciaires ou de police nécessitées par les morts violentes, subites ou accidentelles,
et par les décès résultant de maladies épidémiques, y seront aussi exposées, avec les
indications propres à faire distinguer des règles générales les règles applicables à la ville
de Paris, aux autres communes du département de la Seine, aux communes de Saint-
Cloud, Meudon, Sèvres et Enghien appartenant au département de Seine-et-Oise, à la
ville de Lyon et aux communes de la banlieue lyonnaise, lesquelles sont toutes régies, à
l'égard des mesures judiciaires ou de police dont il s'agit, par des lois spéciales.

Les différents articles de cette 4me partie sont classés sous huit chapitres dont le
sommaire est placé en tête.

Comme pour les trois premières parties, il y a correspondance de texte entre la quatrième partie du *Formulaire du praticien de l'état civil* et les articles qu'on va lire dans
ce sommaire.

N. B. Sans sortir du cadre du présent ouvrage, on aurait pu traiter encore, dans cette
4me partie, les questions se rapportant aux inhumations et sépultures ainsi qu'aux opérations et cérémonies funèbres qui peuvent les précéder ou les suivre.

Mais, en raison de ce que ces questions intéressent aussi les familles, qui ont besoin
d'être éclairées là-dessus pour agir à temps sans hésitation et sans mécompte, on en a
ait l'objet d'un ouvrage spécial, rédigé sur le même plan que le présent et dans lequel

l'officier de l'état civil trouvera tout ce qui est utile à l'accomplissement de ses attributions de magistrat municipal chargé d'assurer l'inhumation et la sépulture des défunts.

Cet ouvrage complémentaire, du même auteur (1), porte l'intitulé suivant :

« *Funérailles, honneurs funèbres et sépultures*. Ouvrage pratique, utile aux magis-
« trats municipaux et aux familles, comprenant : — 1re partie. Exposé de l'organisa-
« tion des services civils relatifs aux opérations qui précèdent ou accompagnent l'inhu-
« mation d'un défunt, aux funérailles, aux honneurs funèbres publics et aux sépultures;
« — 2me partie. Législation réglant ces différents objets et déterminant les droits, obli-
« gations et responsabilités des administrateurs et des particuliers qu'ils concernent; —
« 3me partie. Formules à employer par les administrations et par les parents des
« défunts pour l'accomplissement des services mortuaires. »

(1) Il paraîtra prochainement.

SOMMAIRE DE LA QUATRIÈME PARTIE

CHAPITRE PREMIER. — Obligations des particuliers concernant la déclaration d'un décès.

289. Par qui la déclaration de décès doit être faite.
290. Lieu où doit être faite la déclaration du décès.
291. Délai dans lequel doit être faite la déclaration du décès.

CHAPITRE II. — Compétence et devoirs de l'officier d'état civil, concernant
la constatation et l'enregistrement d'un décès.

292. Officier d'état civil compétent pour dresser acte du décès.
293. Obligation pour l'officier de l'état civil de se transporter ou d'envoyer un délégué auprès de la personne décédée pour s'assurer du décès.
294. Constatation judiciaire de mort violente, mort accidentelle ou mort subite.
295. Interdiction de mentionner le genre de mort dans l'acte de décès.
296. Décès d'un inconnu. Procès-verbal à dresser sans acte de décès.
297. Décès d'une personne qui a été inhumée ou qui a été transportée hors de sa commune avant que l'officier de l'état civil ait pu visiter ou faire visiter le cadavre. Procès-verbal à dresser sans acte de décès.
298. Disparition du corps d'une personne dans les flots, dans un incendie, sous les éboulements d'une mine ou carrière, etc. Procès-verbal à dresser sans acte de décès.
299. Décès d'une personne non encore inhumée, dont l'identité n'a été reconnue que dans la commune où son cadavre a été transporté. Compétence exceptionnelle pour dresser l'acte.
300. Registre à employer pour l'inscription des actes de décès.

CHAPITRE III. — Constatation et enregistrement de la présentation d'un enfant
sans vie nouveau-né qui n'a pas été précédemment présenté vivant.

301. Règles applicables à la forme de l'acte de la présentation d'un enfant sans vie nouveau-né.

CHAPITRE IV. — Acte de décès. Énonciations qu'il doit contenir.
Règles concernant ces énonciations.

302. Il doit être dressé un acte de décès pour chaque personne décédée.
303. Date du mois, année et heure de l'acte de décès.
304. Prénoms, nom et domicile de la personne décédée.
305. Profession de la personne décédée. Ses titres et décorations si elle en avait.
306. Lieu où la personne est décédée.
307. Date et heure du décès.
308. Age de la personne décédée.
309. Lieu de sa naissance.
310. Date de sa naissance.
311. Prénoms et nom de l'autre époux si la personne décédée était mariée ou veuve, âge, profession et domicile ou mention du décès de cet époux.
312. Prénoms, nom, profession et domicile des père et mère de la personne décédée.
313. Prénoms, nom, titres honorifiques, s'il y a lieu, et qualité de l'officier de l'état civil, avec indication de la commune, ainsi que du canton, de l'arrondissement et du département dont elle dépend.
314. Mention que l'officier de l'état civil s'est assuré du décès.
315. Prénoms, noms, âges, professions et domiciles des déclarants, leurs titres honorifiques s'ils en ont, et, s'ils sont parents avec le défunt, leur degré de parenté.
316. Mention de la lecture de l'acte faite par l'officier de l'état civil aux déclarants
317. Indication du lieu où l'acte est lu.
318. Signature de l'acte par les déclarants et par l'officier de l'état civil.

CHAPITRE V. — INSCRIPTION DU DÉCÈS SUR LE LIVRET DE FAMILLE.

319. Le décès doit être mentionné sur le livret de famille, s'il en existe un.

CHAPITRE VI. — TRANSCRIPTIONS A FAIRE SUR LE REGISTRE DES DÉCÈS.

320. Cas où il y a lieu à transcription.
321. Documents à transcrire.
322. Formes de l'acte de transcription.

CHAPITRE VII. — TRANSMISSION ADMINISTRATIVE D'EXPÉDITIONS OU EXTRAITS
D'ACTES, ET D'AVIS, RELEVÉS OU NOTICE DE DÉCÈS.

323. En cas de mort violente, accidentelle ou subite.
324. En cas de décès causé par maladie épidémique.
325. En cas de décès d'une personne laissant pour héritiers des pupilles, des mineurs ou des absents.
326. En cas de décès d'un fonctionnaire public, civil ou militaire, en activité ou en retraite, dépositaire
de titres et papiers appartenant à l'Etat.
327. En cas de décès d'un militaire.
328. En cas de décès d'un homme âgé de 20 à 45 ans.
329. En cas de décès d'un membre de la Légion d'honneur ou décoré de la médaille militaire.
330. En cas de décès d'une personne morte hors domicile.
331. En cas de décès d'un étranger.
332. En cas de décès d'un enfant mis en nourrice, en sevrage ou en garde.
333. En cas de décès d'un ancien militaire de la République et de l'Empire, d'une orpheline de la
guerre, ou de tout autre rentier viager ou pensionnaire de l'Etat.
334. Notice trimestrielle des décès pour le bureau d'enregistrement.
335. Relevés de décès pour l'administration supérieure.
336. Légalisation des expéditions transmises administrativement.

CHAPITRE VIII. — EXPÉDITIONS ET EXTRAITS D'ACTES DE DÉCÈS A DÉLIVRER AUX PARTICULIERS.

337. Droits de timbre et d'expédition dus par les particuliers pour les expéditions d'actes de décès qui
leur sont délivrées.
338. Expéditions et extraits à délivrer exceptionnellement sur papier libre aux particuliers pour service public.
339. Légalisation des expéditions d'actes de décès délivrées aux particuliers.

REMARQUE. — Ce qui concerne les inhumations, sépultures, opérations et cérémonies funèbres n'a
pas été traité ici. Voyez, à cet égard, le *nota bene* placé à la fin de l'*Observation préliminaire* de
cette 4ᵉ partie.

CHAPITRE PREMIER

OBLIGATIONS DES PARTICULIERS CONCERNANT LA DÉCLARATION D'UN DÉCÈS

289. — *Par qui la déclaration de décès doit être faite.*

A. L'acte de décès sera dressé par l'officier de l'état civil sur la déclaration de deux
témoins. Ces témoins seront, s'il est possible, les deux plus proches parents ou voisins
ou, lorsqu'une personne sera décédée hors de son domicile, la personne chez laquelle
elle sera décédée et un parent ou autre.

Telles sont les prescriptions de la loi concernant les personnes qui doivent déclarer un
décès arrivé dans une habitation ordinaire. Elles composent l'article 78 du Code civil.

Elles ne s'appliquent pas au cas de la présentation à l'officier de l'état civil d'un enfant
sans vie nouveau-né qui n'a pas été précédemment présenté vivant. Il sera question de
ce cas particulier sous le n° 301 ci-après.

Il résulte des termes de l'article 78 du Code civil ci-dessus rapportés l'obligation,
pour les deux plus proches parents présents, de déclarer eux-mêmes le décès à la mairie.
Chacun d'eux a cependant le droit de se faire remplacer dans cette formalité par un
mandataire porteur d'une procuration spéciale notariée, enregistrée et devant rester
annexée à l'acte de décès (art. 36 et 44 du Code civil); mais en raison du court délai dans
lequel la formalité doit être remplie, ce droit, difficilement praticable, c'est rarement mis
en usage.

A défaut de parents et si la personne chez laquelle a eu lieu le décès n'est pas un homme âgé de vingt et un ans au moins, ce sont les deux plus proches voisins qui doivent déclarer le décès. C'est seulement dans le cas où ils seraient absents ou légitimement empêchés que les déclarants peuvent être des habitants de maisons plus éloignées.

Mais un individu qui ne serait pas parent du défunt et qui n'habiterait pas la commune où celui-ci est décédé, ou bien celle où il avait son domicile, serait sans qualité pour intervenir comme déclarant dans l'acte de décès, quand même il se dirait ami du défunt, les attributions de compétence étant restrictives. (Art. 35 et 78 du Code civil.)

B. En cas de décès dans les hôpitaux militaires, civils ou autres maisons publiques, les supérieurs, directeurs, administrateurs et maîtres de ces maisons sont tenus d'en donner avis, dans les vingt quatre heures, à l'officier de l'état civil. (Art. 80 du Code civil.)

C. Les greffiers criminels seront tenus d'envoyer, dans les vingt-quatre heures de l'exécution des jugements portant peine de mort, à l'officier de l'état civil du lieu où le condamné aura été exécuté tous les renseignements nécessaires pour dresser l'acte de décès. (Art. 83 du Code civil.)

D. En cas de décès dans les prisons ou maisons de réclusion ou de détention, il en sera donné avis sur-le-champ, par les concierges ou gardiens, à l'officier de l'état civil. (Art. 84 du Code civil.)

E. En cas de décès dans un lazaret, le directeur de cet établissement sanitaire dresse l'acte de décès comme officier d'état civil provisoire. Il doit transmettre expédition de cet acte, dans les vingt-quatre heures, pour transcription, à l'officier de l'état civil ordinaire, qui est le maire de la commune dont dépend le lazaret. (Art. 19 de la loi du 3 mars 1822 et art. 123 du décret du 22 février 1876.)

F. En cas de décès pendant un voyage en mer, il en sera dressé acte dans les vingt-quatre heures, en présence de deux témoins pris parmi les officiers du bâtiment ou, à leur défaut, parmi les hommes de l'équipage. (Art. 86 du Code civil.)

G. A l'armée, en dehors du territoire de la République, les actes de décès seront dressés sur l'attestation de trois témoins. (Art. 96 du Code civil.)

H. En Algérie, les dispositions du Code civil ci-dessus rappelées sont applicables pour les déclarations de décès, même en ce qui concerne les indigènes musulmans. (Ordonnance royale du 22 juillet 1834, interprétée par arrêt de la Cour de cassation du 25 janvier 1883, et art. 16 de la loi du 23 mars 1882.)

I. Dans les colonies françaises, où le Code civil a été promulgué (Voir ci-dessus 1re partie, n° 16), et encore où le territoire a été divisé en communes, tel qu'à la Martinique, à la Guadeloupe, à la Réunion (art. 165 de la loi du 5 avril 1884) et aux autres lieux indiqués ci-dessus, 1re partie, n° 5, les mêmes règles sont aussi applicables.

Dans les autres colonies, les lois spéciales à chacune d'elles y ont tracé les règles à suivre, ainsi qu'il a été dit 1re partie, n° 16.

J. Dans les pays de protectorat, les lois spéciales à chaque pays protégé ont aussi déterminé les règles qui doivent être suivies, comme il a été dit déjà ci-dessus, 1re partie, n°s 5, 10 et 16.

K. A l'étranger, les actes de décès de Français sont dressés devant les consuls français, conformément aux déclarations qui doivent leur être faites comme pour les actes de décès dressés en France. (Art. 48 du Code civil et art. 1er de l'Ordonnance royale du 23 octobre 1833.)

290. — *Lieu où doit être faite la déclaration du décès.*

Dans les communes de France, c'est au maire, officier de l'état civil de la commune où a eu lieu le décès, en sa résidence officielle, à la mairie, que doit être faite la déclaration de ce décès. Ainsi qu'il est expliqué ci-dessus, 1re partie, n°s 1 et 2, une déclaration de l'espèce faite au domicile particulier du maire ne garantirait pas les personnes tenues à la déclaration des peines encourues pour inaccomplissement de cette obligation ; d'autre part, le maire ne peut obliger qui que ce soit à s'adresser à son domicile pour les formalités de l'état civil. (Jugement du tribunal civil de Laon, 1re chambre, du 19 janvier 1883, affaire Lecart, inséré dans la *Gazette des tribunaux* du 4 mars suivant.)

Par exception, la déclaration, accompagnée de la présentation d'un enfant nouveau-né sans vie qui n'a pas été précédemment présenté vivant, doit être faite à la mairie du lieu de l'accouchement de la mère, conformément aux explications données ci-après sous le n° 301.

Par une dérogation imposée par les circonstances, la déclaration du décès d'une personne dont l'identité n'a été reconnue que dans la commune où son cadavre a été transporté par autorité de justice, doit être faite à la mairie de cette commune. Il sera question de ce cas sous le nᵒ 299 ci-après.

B. Par raison de santé publique, un décès survenu dans un lazaret ne peut être, non plus, déclaré au maire en sa mairie. Ainsi qu'il est dit ci-dessus nᵒ 289, paragraphe E, la déclaration est reçue par le directeur de cet établissement sanitaire remplissant les fonctions d'officier de l'état civil à titre provisoire.

C. A l'armée, en dehors du territoire de la République, les déclarations doivent être faites au bureau du trésorier ; si celui-ci est empêché, au bureau du lieutenant adjoint au trésorier, et en cas d'empêchement de celui-ci au bureau de l'officier payeur lorsque le défunt appartient à un corps composé d'un ou plusieurs bataillons ou escadrons ; au bureau du capitaine commandant s'il appartient à un corps de moindre importance ; au bureau de l'intendant, du sous-intendant ou de l'adjoint à l'intendance, si le défunt est un officier sans troupe ou un employé de l'armée ; et à la personne de l'officier d'administration chargé du service de l'hôpital, quand le décès a eu lieu dans un hôpital ambulant ou sédentaire. (Art. 89, 97 du Code civil ; art. 1, 5 et 9 de l'ordonnance royale du 29 juillet 1817 ; ordonnance royale du 10 mai 1844 ; lois des 13 mars 1875 et 25 juillet 1887, et autres dispositions législatives et réglementaires citées ci-dessus, 1ʳᵉ partie, nᵒ 3.)

D. Un décès survenu pendant un voyage en mer est enregistré sur le rôle d'équipage par l'officier d'administration de la marine, lorsque le décès est survenu sur un bâtiment de l'Etat ; par le capitaine, maître ou patron du navire, lorsque ce navire appartient à un armateur ou négociant. (Art. 86 du Code civil.)

E. En Algérie, la déclaration du décès est faite à la mairie, dans les communes de plein exercice (conséquences de l'art. 164 de la loi du 5 avril 1884). Toutefois, les indigènes musulmans établis dans une localité éloignée du siège de la commune, ou de la section française de la commune, peuvent faire leur déclaration devant l'adjoint indigène de cette localité (art. 17 de la loi du 23 mars 1882). — Dans les communes mixtes, la déclaration est faite au bureau du commandant de place ou de l'adjoint civil délégué (arrêté du gouverneur général du 20 mai 1868). — Dans les douars, elle est faite à la résidence du secrétaire de la djemâa ou, s'il existe dans le douar une école arabe-française, à celle du maître adjoint de cette école. (Même arrêté.)

F. Dans les colonies dont le territoire a été divisé en communes organisées comme en France, ce qui existe à la Martinique, à la Guadeloupe et à la Réunion (art. 165 de la loi du 5 avril 1884) et aux autres lieux désignés 1ʳᵉ partie, nᵒ 5, la déclaration du décès doit être faite à la mairie. Dans les autres localités des colonies, les lois spéciales à chaque colonie ont tracé les règles à suivre à cet égard, comme on l'a vu ci-dessus, 1ʳᵉ partie, nᵒ 5.

G. Dans les pays de protectorat, ce sont aussi les lois spéciales au pays protégé qui déterminent les règles applicables. Celles en vigueur en Tunisie ont été indiquées ci-dessus, 1ʳᵉ partie, nᵒ 5, alinéa 10ᵒ.

H. A l'étranger, le décès d'un Français doit être déclaré au consulat de France s'il s'en trouve dans la localité (art. 48 du Code civil ; ordonnance royale du 23 octobre 1833). Cependant l'acte de décès fera foi s'il a été rédigé dans les formes usitées dans le pays. (Art. 47 du Code civil.)

291. — *Délai dans lequel doit être faite la déclaration du décès.*

A. La déclaration du décès doit être faite dans les vingt-quatre heures lorsque le décès est survenu sur le territoire français, dans un hôpital militaire ou civil ou dans une autre maison publique. (Art. 80 du Code civil.)

B. Elle doit être faite sans aucun délai lorsqu'il s'agit de mort violente constatée par un officier de police (art. 81 et 82 du Code civil).

C. Elle sera faite dans les vingt-quatre heures en cas d'exécution de jugement emportant peine de mort. (Art. 83 du Code civil.)

D. Elle doit être faite sur le champ, lorsque le décès est survenu dans une prison, une maison de réclusion ou de détention. (Art. 84 du Code civil.)

E. Le délai pour la rédaction de l'acte d'un décès survenu en mer est de vingt-quatre heures. (Art. 86 du Code civil.)

F. Il n'y a pas de délai fixé par la loi pour la déclaration d'un décès survenu à l'armée, en dehors du territoire de la République.

G. En Algérie, où le Code civil est en vigueur pour tous les individus non musulmans, comme il est dit nᵒ 289, paragraphe H ci-dessus, la loi française est également applicable pour les indigènes musulmans quant aux délais fixés suivant les circonstances de la mort. (Art. 17 de la loi du 23 mars 1882.)

H. Dans les localités des colonies qui ont été érigées en communes (Voyez ci-dessus

1re partie, n° 5), les règles fixées par le Code civil qui y a été promulgué (Voyez ci-dessus 1re partie, n° 16) sont applicables pour les Français et les Européens. En ce qui concerne les Asiatiques, il a été édicté des règles particulières en vertu desquelles le décès doit être déclaré à l'officier de l'état civil, savoir : dans les établissements français de l'Inde, dans les huit jours (décret du 24 avril 1880) ; en Cochinchine, dans l'Annam et au Tonkin, dans les trois jours (décret du 3 octobre 1883 et arrêté du gouverneur général de l'Indo-Chine du 30 décembre 1888). Les lois spéciales à chaque colonie ont statué à ce sujet pour ce qui concerne les pays autres que ceux qui ont été érigés en communes.

I. Dans les pays de protectorat, les délais des déclarations de décès sont réglés suivant les lois applicables au pays.

J. A l'étranger, les règles à observer devant les consuls pour le décès d'un Français sont les mêmes qu'en France. (Art 48 du Code civil et ordonnance royale du 23 octobre 1833.)

K. Pour la déclaration relative à un enfant nouveau-né présenté sans vie et qui n'a pas été précédemment présenté vivant, voyez n° 301 ci-après.

L. La loi n'a pas fixé de délai pour la déclaration du décès d'une personne décédée à son domicile ou dans une habitation ordinaire, ni dans d'autres circonstances que celles qui viennent d'être indiquées, sans doute parce que, surtout lorsque la personne décédée était seule, sa mort a pu rester ignorée pendant un temps plus ou moins long, ou encore parce que le cadavre, perdu dans les flots, sous les éboulements d'une mine, d'une carrière, ou soustrait à la vue par d'autres obstacles, n'a pu être découvert que longtemps après la mort ; mais l'absence de prescriptions à cet égard ne détruit pas la responsabilité encourue par les personnes que la loi charge de déclarer le décès, dans le cas où le retard apporté à la déclaration par négligence ou calcul aurait occasionné des maladies à quelqu'un ou porté préjudice à des intérêts particuliers, ou servi à recéler ou cacher le cadavre d'une personne homicidée ou morte de coups ou blessures. (Art 1382, 1383 du Code civil ; art. 359 du Code pénal.)

A moins de causes exceptionnelles d'empêchement, il est à croire que les tribunaux appliqueraient ces responsabilités aux personnes qui auraient laissé écouler plus de vingt-quatre heures entre le moment où elles ont connu le décès et celui de leur déclaration.

Mais quel que soit le long laps de temps écoulé depuis le décès, la déclaration doit être reçue et l'acte de décès dressé tant que le corps est resté sans inhumation. L'officier de l'état civil ne pourrait légalement délivrer le permis d'inhumer prescrit par l'article 77 du Code civil avant que cet acte eût été signé par qui de droit.

CHAPITRE II

COMPÉTENCE ET DEVOIRS DE L'OFFICIER D'ÉTAT CIVIL CONCERNANT LA CONSTATATION ET L'ENREGISTREMENT D'UN DÉCÈS

292. — *Officier d'état civil compétent pour dresser acte du décès.*

L'officier public compétent pour recevoir la déclaration du décès faite au lieu indiqué n° 290 ci-dessus est l'officier de l'état civil, c'est-à-dire :

A. A Paris, le maire de l'arrondissement dans lequel le décès a eu lieu, ou l'un de ses adjoints, conformément à l'article 16 de la loi du 28 pluviôse an VIII et aux lois des 14 avril 1871 et 9 août 1882 ;

B. A Lyon, l'un ou l'autre des adjoints délégués par le maire pour le service de l'état civil de l'arrondissement où le décès a eu lieu, conformément à l'article 73 de la loi du 5 avril 1884 ;

C. Dans les autres communes de France, le maire de la commune, l'adjoint ou le conseiller municipal qui le remplace de droit ou par délégation ; l'adjoint spécial nommé pour la fraction de commune séparée du chef-lieu communal par un obstacle ; le président ou, à son défaut, le vice-président de la délégation spéciale nommée au cas de dissolution du conseil municipal. (Art. 13 de la loi du 28 pluviôse an VIII ; art. 44, 49, 75, 82, 84, 87 de la loi du 5 avril 1884.)

(Voyez, pour la justification des indications qui précèdent, le n° 6 de la 1re partie. Voyez aussi 1re partie, n° 11, en ce qui concerne l'incompétence momentanée du titulaire de la fonction publique lorsqu'il agit dans l'acte à titre privé.)

D. Dans les lazarets, le directeur de la santé ou agent principal ; à chargé de transmettre, comme il vient d'être dit, l'expédition de l'acte dans le délai de vingt-quatre heures, pour transcription, au maire de la commune dont dépend le lazaret (art. 19 de la loi du 3 mars 1822 et art. 123 du décret du 22 février 1876). La mission du directeur de la santé, sous le rapport de l'état civil, se borne à l'accomplissement de ces formalités. Il ne peut délivrer expédition de l'acte à qui que ce soit. Le maire à qui l'acte a été transmis est seul compétent pour délivrer aux particuliers l'expédition dudit acte, après l'avoir transcrit sur ses registres. (Voyez ci-dessus, 1ʳᵉ partie, nᵒ 7.)

E. A l'armée en dehors du territoire de la République, le trésorier, le lieutenant adjoint au trésorier ou l'officier payeur, un militaire qui appartient à un corps réunissant un ou plusieurs bataillons ou escadrons ; le capitaine commandant dans les autres corps ; l'intendant, sous-intendant ou adjoint à l'intendance pour les officiers sans troupe et pour les employés de l'armée, ou l'officier d'administration chargé du service de l'hôpital, quand le décès a eu lieu dans un hôpital ambulant ou sédentaire, où le titre de directeur indiqué dans l'article 97 du Code civil n'existe plus. (Art. 89, 97 du Code civil ; art. 1ᵉʳ de l'ordonnance royale du 29 juillet 1817, ordonnance royale du 10 mai 1844 et autres dispositions législatives ou réglementaires rappelées nᵒ 290, alinéa C ci-dessus.)

L'officier ou fonctionnaire chargé de dresser l'acte de décès au corps ou à l'hôpital, le ministre de la guerre, dépositaire du registre de décès après le retour de l'armée en France, n'ont pas qualité pour délivrer expédition de l'acte de décès aux particuliers. Ce droit appartiendra au maire de la commune sur les registres de laquelle l'acte de décès, à lui transmis en expédition, aura été transcrit. (Voyez ci-dessus 1ʳᵉ partie, nᵒ 8).

F. En mer, sur le bâtiment où le décès a eu lieu, savoir, — sur les bâtiments de l'État : l'officier d'administration de la marine ; — sur les bâtiments appartenant à un armateur ou négociant : le capitaine, maître ou patron du navire ; — à charge de remettre deux expéditions de l'acte de décès au premier port où le bâtiment abordera : au préposé de l'inscription maritime si c'est dans un port français, au consul si c'est dans un port étranger ; et à charge encore de déposer le rôle d'équipage contenant l'acte de décès, au préposé à l'inscription maritime du port de désarmement. (Art. 86 et 87 du Code civil.)

Le rédacteur de l'acte de décès, le consul et le préposé à l'inscription maritime du port de relâche, le ministre de la marine à qui une expédition est transmise par l'un ou l'autre de ces deux fonctionnaires et le commissaire à l'inscription maritime du port de désarmement n'ont pas qualité pour délivrer expédition de l'acte aux particuliers. Ce droit n'appartiendra qu'au maire de la commune sur les registres de laquelle l'expédition de cet acte, à lui transmise à cet effet, aura été transcrite conformément à l'article 98 du Code civil. (Voyez à ce sujet, 1ʳᵉ partie, nᵒ 9.)

G. En Algérie, c'est le maire ou l'administrateur remplissant les fonctions d'officier de l'état civil, ou l'adjoint indigène suivant la situation indiquée nᵒ 290, paragraphe 2 ci-dessus. Mais quand l'acte a été dressé par l'adjoint indigène, celui-ci doit transmettre dans les huit jours à l'officier de l'état civil français une copie de cet acte pour être transcrite par ce dernier sur ses registres. (Art. 18 de la loi du 23 mars 1882.)

H. Dans les colonies, c'est le maire de la commune ou le magistrat institué par le gouvernement pour remplir les fonctions d'officier de l'état civil dans les localités qui n'ont pas été érigées en communes suivant l'organisation française.

I. Dans les pays de protectorat, ce sont les magistrats institués à cet effet par le gouvernement suivant les dispositions de la loi qui régit le protectorat.

J. A l'étranger, c'est le consul de France. (Art. 48 du Code civil, ordonnance royale du 23 octobre 1833.)

Le chancelier du consulat est seul compétent, avec le concours du consul, pour délivrer aux particuliers expédition authentique de l'acte de décès dressé au consulat. Le ministre des affaires étrangères, dépositaire, en vertu de l'ordonnance royale du 23 octobre 1833, du double des registres tenus au consulat, le maire de la commune qui a pu transcrire sur ses registres une expédition de l'acte par suite d'une transmission administrative officielle n'ont pas qualité pour donner l'authenticité aux expéditions qu'ils délivreraient sur les actes ou expéditions ainsi parvenus dans leurs mains. (Voyez à ce sujet ci-dessus nᵒˢ 10 et 32 et nᵒ 47, paragraphe 3ᵒ.)

Les officiers publics étrangers qui ont été compétents, d'après la loi de leur pays, pour dresser l'acte de décès d'un Français sont également compétents pour en délivrer aux particuliers des expéditions authentiques. (Art. 47 du Code civil.)

293. — *Obligation pour l'officier de l'état civil de se transporter ou envoyer un délégué auprès de la personne décédée afin de s'assurer du décès.*

Avant de dresser l'acte de la déclaration de décès qui lui est faite, l'officier de l'état civil doit se transporter ou envoyer un délégué, dont il est responsable, auprès de la personne décédée, pour s'assurer du décès, et il devra mentionner dans l'acte qu'il s'est effectivement assuré du décès. (Art. 77 du Code civil, décision du ministre de la justice du 24 avril 1836.)

L'ordre public, l'intérêt de l'humanité et celui des familles commandent que les déclarations de décès soient entourées de la certitude la plus complète.

Pour atteindre sûrement ce but, M. le ministre de l'intérieur, dans une circulaire du 24 décembre 1866, adressée aux préfets, les a invités à prendre les dispositions nécessaires pour que les prescriptions suivantes soient observées dans leurs départements :

« Le maire de chaque commune fera choix d'un ou plusieurs docteurs en médecine ou en chirurgie et, à leur défaut, d'officiers de santé, qui seront chargés de constater les décès dont la déclaration aura été faite à la mairie conformément aux prescriptions de la loi.

« Ces médecins seront assermentés.

« Dès que la déclaration d'un décès aura été faite, le maire fera parvenir au médecin vérificateur du décès une feuille en double expédition, conforme au modèle joint à la présente circulaire et sur laquelle celui-ci inscrira les nom, prénoms, sexe, âge, profession de la personne décédée, la nature de la maladie à laquelle elle a succombé et, autant que possible, sa durée et ses complications, le nom du médecin qui a soigné le malade, celui du pharmacien qui a délivré les médicaments et, autant que possible, les conditions hygiéniques du domicile.

« Dans le cas où le décès paraîtrait douteux, l'officier de l'état civil retarderait la délivrance du *permis d'inhumer* jusqu'à certitude complètement acquise de la mort par une visite nouvelle et un rapport spécial du médecin vérificateur.

« Il devra être recommandé aux personnes qui entourent le malade au moment du décès de ne faire aucun changement dans l'état du corps avant l'arrivée du médecin vérificateur. Ainsi le corps doit être laissé dans le lit et ne point être déposé sur un sommier de paille ou de crin.

« La figure du défunt devra rester à découvert jusqu'au moment de la mise en cercueil.

« Devront être formellement interdits tous usages ou coutumes adoptés dans quelques pays et qui seraient contraires aux présentes prescriptions.

« Il ne pourra être procédé à l'inhumation qu'après vingt-quatre heures expirées depuis la déclaration faite à la mairie.

« Pourront être exceptés les cas de putréfaction cadavérique avancée ou de toutes autres conditions préjudiciables à la santé de la famille, et, dans ces cas exceptionnels, le médecin fera un rapport spécial au maire (1).

« Il est défendu de procéder au moulage, à l'autopsie ou à l'embaumement du corps de l'individu décédé avant la vérification du décès par le médecin vérificateur et sans une déclaration préalable à l'autorité municipale (2) qui devra se faire représenter à l'opération. Aucun de ces actes ne pourra être pratiqué que vingt-quatre heures après la déclaration du décès faite à la mairie, sauf les cas exceptionnels dont il est fait mention au paragraphe précédent.

« Lorsqu'il y aura des signes ou indices de mort violente ou d'autres circonstances qui pourraient la faire soupçonner, le médecin vérificateur du décès en donnera immédiatement avis à l'officier de l'état civil qui surseoira à la délivrance du permis d'inhumer et informera immédiatement l'autorité judiciaire. »

L'un des doubles certificats de décès délivrés par le médecin, conformément à la circulaire ministérielle du 24 décembre 1866 ci-dessus rapportée, restera déposé aux archives de la mairie pour garantie de la responsabilité du maire, l'autre devra être joint au relevé mensuel de décès dont il sera question au n° 335 ci-après.

(1) Dans ces conditions, le maire peut autoriser la mise en bière immédiate (art. 1er du décret du 27 avril 1889). Quant au droit d'abréger le délai ordinaire pour l'inhumation, il appartient au maire, en vertu de l'article 97 de la loi du 5 avril 1884, partout ailleurs que dans le département de la Seine et que dans les communes de Saint-Cloud, Meudon, Sèvres et Enghien. Dans ces quatre communes et dans celles de la Seine, les maires n'ont ce droit qu'en vertu de la délégation à eux faite par l'ordonnance de M. le préfet de police du 14 messidor an XII, comme il a été déjà dit 1re partie, n° 6, alinéa 3°.

(2) La déclaration relative au moulage doit être faite au préfet de police, quand l'opération est à faire dans le ressort de la préfecture de police (Ordonnance de police du 6 septembre 1839). Quant aux autopsies et embaumements, ils ne peuvent être faits, d'après l'article 3 du décret du 27 avril 1889, que s'ils sont autorisés par le préfet de police dans le ressort de sa préfecture, par le maire partout ailleurs.

294. — *Constatation judiciaire de mort violente, mort accidentelle ou mort subite.*

Lorsqu'il y aura des signes ou indices de mort violente ou d'autres circonstances qui donneront lieu de le soupçonner (comme une mort subite), on ne pourra faire l'inhumation qu'après qu'un officier de police, assisté d'un docteur en médecine ou en chirurgie, aura dressé procès-verbal de l'état du cadavre et des circonstances y relatives, ainsi que des renseignements qu'il aura pu recueillir sur les prénoms, nom, âge, profession, lieu de naissance et domicile de la personne décédée. (Art. 81 du Code civil).

Ces prescriptions légales doivent être observées encore, bien que l'accident ou le crime n'ait entraîné la mort que plusieurs jours après.

Le maire, officier de police judiciaire, d'après l'article 9 du Code d'instruction criminelle, doit, si le commissaire de police de la circonscription est absent ou empêché et s'il y a apparence de crime ou délit, donner avis sur-le-champ, conformément à l'article 29 du même Code, du crime ou délit commis, tant au procureur de la République de sa circonscription qu'au procureur de la République dans le ressort duquel le prévenu pourrait être trouvé, et transmettre à ces magistrats tous les renseignements, procès-verbaux et actes relatifs au crime commis. Le maire doit informer également, sans délai, le sous-préfet de son arrondissement et le préfet de son département, et, lorsqu'il y a lieu de faire des recherches promptes, prévenir également le juge de paix et les gendarmes.

S'il y a seulement mort accidentelle ou présomption de suicide, le maire, en l'absence ou l'empêchement du commissaire de police, peut, en sa qualité d'officier de police judiciaire, se transporter sur les lieux, accompagné d'un docteur en médecine ou chirurgie, qui prêtera préalablement serment en ses mains de remplir sa mission en son âme et conscience, dresser le procès-verbal prescrit par l'article 81 du Code civil, y joindre l'avis écrit du médecin s'il ne se trouve pas inséré et signé dans le procès-verbal même, et transmettre le tout au procureur de la République pour obtenir son autorisation d'inhumer.

La visite du cadavre pouvant être jugée nécessaire par le procureur de la République, soit pour reconnaître s'il y a eu suicide, soit pour servir à la confrontation du meurtrier, le maire, quel que soit l'avis exprimé dans le rapport du médecin, ne doit pas autoriser de mettre le corps en cercueil ni de l'inhumer sans le permis de ce magistrat.

Quelle que soit la cause certaine ou douteuse du décès, quels que soit la suite à donner par la justice et le lieu où le corps doive être transporté ou inhumé d'après ses ordres, l'acte de décès peut être dressé dès que la mort a été constatée par l'officier de l'état civil ou par le médecin délégué ou requis, si le défunt est connu ; et, pour éviter ce qui pourrait rappeler les circonstances de la mort violente, il est convenable que l'acte soit dressé sur la déclaration des parents ou voisins, s'il y en a de présents, ou de la personne chez qui le décès a eu lieu, accompagnée d'un parent ou autre, conformément à l'article 78 du Code civil, plutôt que sur la déclaration des agents qui ont pu accompagner l'officier de police dans ses constatations. Il convient aussi d'insérer dans l'acte de décès tous les renseignements indiqués dans l'article 79 du Code civil, lorsqu'on peut les connaître, quoique les articles 81 et 82 dudit Code, relatifs aux cas de mort violente, ne les énoncent qu'en partie, les indications de ces deux articles n'étant pas limitatives.

Lorsque le défunt est connu, le maire doit veiller à ce que le corps ne soit pas transporté en dehors de la commune ou inhumé avant que l'acte de décès ait été régulièrement dressé.

REMARQUES. — L'article 9 du Code d'instruction criminelle qui confère aux maires et adjoints le titre et les pouvoirs d'officiers de police judiciaire n'est pas applicable aux maires et adjoints de Paris, qui n'ont aucune fonction de police d'après l'article 16 de la loi du 28 pluviôse an VIII, comme cela a déjà été expliqué ci-dessus. (Voyez 1re partie, n° 6.)

La loi du 10 juin 1853, qui a chargé le préfet de police de Paris d'exercer dans toutes les autres communes du département de la Seine les fonctions qui lui sont déférées par l'arrêté des consuls du 12 messidor an VIII, et a mis à sa disposition à cet effet des commissaires et agents de police (Voyez à cet égard les textes rapportés dans l'ouvrage indiqué au *nota bene* de l'*observation préliminaire* de cette 4me partie), n'a pas dépouillé les maires de ces communes du titre d'officiers de police judiciaire qu'ils tiennent de l'article 9 du Code d'instruction criminelle, mais elle a eu pour conséquence de leur ôter tout droit d'initiative relativement à la constatation et à la poursuite des crimes et délits qui font l'objet du présent article. Ils ne doivent agir dans ces cas que pour avertir le commissaire de police et faciliter ses opérations.

L'article 104 de la loi du 5 avril 1884 donnant au préfet du Rhône, à l'égard des communes de Lyon, Caluire-et-Cuire, Oullins, Sainte-Foy, Saint-Rambert, Villeurbanne, Vaux-en-Velin, Bron, Vénissieux et Pierre-Bénite, du département du Rhône, et de celle de Sathonay, du département de l'Ain, les mêmes attributions que celles qu'exerce le préfet de police dans les communes suburbaines de la Seine, a mis les maires des communes susnommées dans la même situation, en ce qui touche l'application de leur titre d'officiers de police judiciaire.

Dans toutes les autres communes de France, où le maire a conservé l'intégralité des attributions attachées par le Code d'instruction criminelle à ce titre, il n'a pas le droit de retirer au commissaire de police l'instruction de l'affaire lorsque celui-ci s'en est occupé le premier, la loi ne portant préférence qu'en faveur du procureur de la République. (Art. 51 du Code d'instruction criminelle.)

D'autre part, le maire qui a eu le premier connaissance d'une mort causée par accident ou suicide et qui n'a pas l'intention d'instruire l'affaire doit, en toute diligence, faire prévenir le commissaire de police et prendre, en attendant l'arrivée de celui-ci, toutes les mesures nécessaires pour que rien dans l'intervalle ne puisse nuire à son action.

295. — *Interdiction de mentionner le genre de mort dans l'acte de décès.*

Dans tous les cas de mort violente, de mort survenue dans les prisons et maisons de réclusion ou d'exécution à mort, il ne sera fait sur les registres aucune mention de ces circonstances, et les actes de décès seront simplement rédigés dans les formes prescrites par l'article 79 du Code civil. (Art. 85 dudit Code.)

En édictant ces prescriptions, le législateur a montré combien il attache d'importance à éviter dans les actes de décès toute énonciation de nature à nuire à la mémoire du défunt et à troubler le repos des familles. En effet, les articles 35, 50 et 79 du Code civil comportaient déjà dans leurs termes généraux interdiction d'énonciations de cette espèce et pénalité en cas de contravention.

L'article 35, susmentionné, prescrivant de n'insérer dans les actes que ce qui doit être déclaré par les comparants, et les articles 78 et 79, indiquant ce qui doit être déclaré pour un décès, excluent nécessairement l'indication du genre de mort, lequel ne figure pas dans ces derniers articles. C'est donc contrairement à la loi que, dans une instruction du 8 mars 1823 (qui n'a pas encore été rapportée ou modifiée), le ministre de la guerre, malgré les termes de l'article 88 du Code civil ordonnant de suivre pour les militaires à l'armée les formes ainsi déterminées, a prescrit de relater, dans les actes de décès dressés à l'armée en dehors du territoire de la République, le genre de mort des militaires morts sur le champ de bataille ou des suites de blessures reçues en combattant l'ennemi, ou de maladies provenant des fatigues de la guerre, ou, enfin, morts de maladies ordinaires et dont le genre sera spécifié par les officiers de santé.

296. — *Décès d'un inconnu. Procès-verbal à faire sans acte de décès.*

Lorsque le décédé est inconnu, il n'y a pas lieu de mentionner le décès sur les registres de l'état civil. Un acte qui relaterait un décès sans faire connaître l'identité du défunt manquerait des éléments qui sont la base de l'état civil (art. 35 et 79 du Code civil), et en donnant des détails sur les circonstances qui ont rendu impossible la constatation de l'identité, il ferait des énonciations de nature à faire reconnaître ou soupçonner une mort violente, ce que défendent les articles 35 et 85 du Code civil.

La mort d'un inconnu est du reste une chose mystérieuse qui appelle l'investigation de l'autorité judiciaire, qu'il y ait ou non apparence de mort violente, volontaire ou criminelle, et, à ce titre, elle doit faire l'objet d'un procès-verbal dressé comme il est dit au n⁰ 294 ci-dessus. Ce document pourra servir, plus tard, à faire ordonner, par jugement, l'inscription du décès si l'identité du défunt vient à se découvrir après son inhumation.

Si, en vertu de l'autorisation donnée après examen du procès-verbal par le procureur de la République, l'inhumation est faite dans le cimetière de la commune, il devra être dressé par le maire un procès-verbal administratif qui désignera avec détails le cercueil dans lequel le corps aura été enseveli, les marques qui pourront y avoir été mises et l'emplacement où il aura été déposé, afin que l'identité soit certaine au cas où le corps viendrait à être exhumé par suite de renseignements ultérieurs sur l'individualité du défunt.

Par contre, si, par suite d'ordres donnés par le procureur de la République, le corps est transporté dans une autre localité, il devra être dressé aussi un procès-verbal administratif constatant ce fait.

Dans tous les cas, un exemplaire de chaque procès-verbal doit rester déposé dans les archives de la commune (lesquelles sont publiques) pour être communiqué à tout besoin.

297. — *Décès d'une personne qui a été inhumée ou qui a été transportée hors de sa commune avant que l'officier de l'état civil ait pu visiter ou fait visiter le cadavre. Procès-verbal à dresser sans acte de décès.*

La visite par l'officier de l'état civil, ou son délégué, du corps de la personne décédée étant la condition de la validité de l'acte de décès qui doit énoncer cette constatation *de visu*, comme il est dit n° 293 ci-dessus, cet officier public serait sans qualité pour dresser l'acte de décès d'une personne qui aurait été déjà inhumée ou aurait été transportée en dehors du territoire de sa commune sans que cette visite ait eu lieu. Dans ce cas, le maire, officier de l'état civil, aurait à dresser administrativement un procès-verbal des faits, à envoyer copie de ce procès-verbal au procureur de la République, et à conserver la minute dans les archives publiques de la mairie pour la communiquer à tout requérant.

Le décès, dans ces circonstances, ne pourrait plus être enregistré qu'en vertu d'un jugement du tribunal civil de première instance rendu, soit d'après les poursuites du ministère public, soit à la requête des parties intéressées.

Pour éviter de créer une situation semblable, les commissaires de police, en constatant une mort résultant de suicide, meurtre ou accident, doivent agir de manière à ne jamais faire transporter le corps en dehors de la commune où il a été trouvé avant que l'officier de l'état civil de cette commune ou un médecin délégué par lui ait concouru à la constatation du décès. Cette marche, qui prévient tout conflit d'autorité, est suivie dans le département de la Seine. Elle a été indiquée par une circulaire du préfet de la Seine adressée le 12 août 1880 aux maires de ce département, à la suite d'une lettre écrite par lui au procureur de la République le 3 dudit mois et de la réponse approbative de ce magistrat judiciaire en date du 9 même mois. Ces trois documents sont insérés dans le *Recueil des actes administratifs de la préfecture de la Seine* de l'année 1880.

298. — *Disparition du corps d'une personne dans les flots, dans un incendie, sous les éboulements d'une mine ou carrière, etc. Procès-verbal à dresser sans acte de décès.*

Encore bien qu'on ait la certitude qu'une personne a trouvé la mort dans les flots, dans un incendie, sous les éboulements d'une mine, dans une carrière ou dans une explosion, on ne peut dresser son acte de décès tant que le corps n'est pas représenté, attendu que l'officier de l'état civil ne peut donner l'authenticité à un acte de décès qu'après s'être conformé aux prescriptions de l'article 77 du Code civil, qui l'obligent à se transporter auprès de la personne décédée pour s'assurer du décès, ainsi qu'il est dit aux nᵒˢ 293 et 297 ci-dessus.

Le maire doit, lorsque de pareils événements se produisent, prévenir immédiatement les autorités supérieures, prendre conjointement avec l'ingénieur des mines que l'exploitant de la mine a dû avertir, s'il s'agit d'accident survenu dans une mine ou carrière, les mesures convenables pour faire cesser le danger qui peut encore exister pour d'autres personnes, en prévenir les suites, et pour découvrir le corps. (Art. 14 et 18 du décret du 3 janvier 1813.)

Le procès-verbal de l'accident devra, en outre, être dressé par les officiers de police judiciaire comme il est dit pour les cas de mort violente sous le n° 294 ci-dessus.

Ce procès-verbal, transmis au procureur de la République, sera, lorsqu'il y aura lieu, la base du jugement qui ordonnera l'inscription de l'acte de décès sur les registres, si le corps n'est pas retrouvé.

299. — *Décès d'une personne non encore inhumée dont l'identité n'a été reconnue que dans la commune où son cadavre a été transporté. Compétence exceptionnelle pour dresser l'acte.*

Par une exception que le législateur n'a pas réglée, mais qui a été admise par les autorités administrative et judiciaire, en raison des obstacles presque insurmontables qui s'opposent à l'exécution de la lettre de la loi pour ce cas particulier, l'acte de décès d'une personne dont l'identité n'a pu être établie dans la commune où elle est décédée ou sur laquelle son cadavre a été trouvé et qui, avant son inhumation, vient à être reconnue dans une autre commune où elle a été transportée par autorité de justice, soit pour être exposée à la Morgue, soit pour être soumise à l'autopsie, etc., peut être dressé sur les registres de cette dernière commune avec le concours, comme témoins, des personnes qui l'ont reconnue. Dans ce cas, l'acte, après avoir indiqué la commune, le lieu, la date et l'heure où la personne est décédée, doit énoncer le lieu où elle a été transportée et où son identité a été reconnue.

300. — *Registre à employer pour l'inscription des actes de décès.*

La déclaration d'un décès s'inscrit sur le registre des décès si, dans la commune, il y a des registres distincts pour les naissances, les mariages et les décès. Dans tous les cas, le registre est tenu en double (art. 40 du Code civil). Les décès déclarés dans les consulats de France à l'étranger s'inscrivent aussi sur des registres tenus doubles. Il en est de même en Algérie et dans les pays de protectorat. Dans les colonies, les registres sont tenus en triple exemplaire. A l'armée et sur mer le registre est simple. (Voyez 1ʳᵉ partie, chapitre IV, pour les formalités qui concernent la composition, la tenue et le dépôt des registres d'état civil.)

CHAPITRE III

CONSTATATION ET ENREGISTREMENT DE LA PRÉSENTATION D'UN ENFANT SANS VIE NOUVEAU-NÉ QUI N'A PAS ÉTÉ PRÉCÉDEMMENT PRÉSENTÉ VIVANT

301. — *Règles applicables à la forme de l'acte de la présentation d'un enfant sans vie nouveau-né.*

Pour qu'un acte d'état civil puisse attribuer un état à une personne, il faut que le fait qui donne à l'acte son caractère d'acte de naissance, de mariage ou de décès ait été constaté par l'officier de l'état civil, comme l'existence d'un nouveau-né à lui présenté, comme la mort d'une personne dont il a visité le cadavre, comme les déclarations solennelles faites devant lui et par lui pour un mariage.

Quand un enfant nouveau-né est présenté sans vie, l'officier public qui n'a pas vu vivre l'enfant ne peut dresser d'acte de naissance, puisque l'existence est le fait qui devait se passer sous ses yeux pour qu'il fût compétent. Il ne peut, non plus, dresser un acte de décès, puisqu'il ne peut y avoir mort s'il n'y a pas eu vie.

L'acte qu'il s'agit de dresser en pareil cas n'est donc ni un acte de naissance ni un acte de décès, c'est un acte neutre qui tient de la nature de ces deux actes.

Quelles que soient les déclarations qui lui seront faites et les attestations de médecins, sages-femmes ou autres personnes qui pourront lui être produites, l'officier de l'état civil devra, conformément au décret du 4 juillet 1806, dresser acte de la présentation d'un enfant sans vie, sans faire préjuger si l'enfant a eu vie ou non, et, au lieu de mentionner, comme il est prescrit pour les actes de naissance, le lieu, le jour et l'heure de la naissance et, comme il est d'usage pour les actes de décès, le lieu, le jour et l'heure du décès, il énoncera, d'après la déclaration à lui faite, le lieu, le jour et l'heure où l'enfant est sorti du sein de sa mère. Il ne sera pas donné de prénoms à l'enfant.

Le décret du 4 juillet 1806 ci-dessus relaté contient bien, dans la dernière partie de son article premier, une disposition portant que l'acte sera dressé sur la déclaration des témoins, mais il ne dit pas quels ils seront. Puisqu'il s'agit de déclarer un accouchement sans exprimer si l'enfant a eu vie ou non, il est évident que ces témoins ne peuvent trouver le titre de leur compétence dans les conditions déterminées par l'article 78 du Code civil pour pouvoir déclarer un décès, c'est-à-dire d'être voisins du lieu du décès ou parents du défunt. Ne sont réellement témoins et ne peuvent invoquer raisonnablement et légalement ce titre que ceux qui ont assisté à l'accouchement, s'ils possèdent en outre les qualités requises par l'article 37 du Code civil pour être témoins, c'est-à-dire s'ils sont du sexe masculin et âgés de vingt et un ans au moins. Mais exiger de telles conditions de la part de ceux qui doivent faire la déclaration imposée, ce serait, vu l'état de nos mœurs domestiques en France, s'exposer à ne trouver que rarement deux personnes ayant qualité pour la faire et, par suite, rendre impossible l'acte de constatation qui nous occupe. La disposition du décret du 4 juillet 1806 qui concerne les déclarants doit donc être écartée comme inutile, fausse, impraticable et dépourvue de sanction.

La déclaration sera faite, comme s'il s'agissait d'un enfant actuellement vivant, par le père ou, à défaut du père, par l'un ou l'autre des docteurs en médecine ou en chirurgie, sages-femmes, officiers de santé ou autres personnes ayant assisté à l'accouchement, et lorsque la mère sera accouchée hors de son domicile, par la personne chez qui elle sera accouchée. L'acte sera rédigé de suite, en présence de deux témoins, lesquels témoins seront choisis par le déclarant.

Les articles 37, 55, 56 et 57 du Code civil, qui prescrivent cette marche pour les déclarations de naissance, sont en effet les seuls à appliquer dans notre cas.

C'est ainsi que l'a décidé la Cour de cassation par ses arrêts des 2 septembre 1843, 2 août 1844 et 27 juillet 1872. Rieff, dans le formulaire qui complète son *Commentaire des lois de l'état civil,* avait déjà, du reste, adopté cette doctrine, quoiqu'il se fût abstenu d'explications à ce sujet.

Le lieu où la déclaration doit être faite est la mairie de la commune de l'accouchement, et le délai dans lequel l'acte doit être dressé est celui de trois jours, à partir de l'accouchement, d'après les dispositions de l'article 55 du Code civil, comme il a été déjà dit ci-dessus, 2° partie, n° 89. L'acte sera inscrit à sa date sur le registre des décès. (Art. 2 du décret du 4 juillet 1806.)

La personne qui, ayant assisté à l'accouchement, n'en a pas fait la déclaration à l'officier de l'état civil ne saurait être excusée sous le prétexte que cet enfant est mort-né, et cela à quelque époque que la gestation soit parvenue, pourvu qu'il présente la forme d'un être humain. L'officier de l'état civil à qui l'enfant doit être présenté est seul juge de la question de savoir s'il y a lieu de procéder à la rédaction de l'acte et à l'inhumation aux lieux désignés par l'autorité publique (arrêt de la Cour de Paris du 15 juin 1865). L'usage, à cet égard, est de dresser toujours un acte lorsque l'enfant est assez formé pour qu'on en distingue le sexe.

En cas où l'enfant serait présenté plus de trois jours après l'accouchement, il ne pourrait plus être l'objet d'un acte du genre de celui qui nous occupe; il ne pourrait même donner lieu à un acte de décès ordinaire que s'il a vécu assez longtemps après ce délai pour que les signes de son existence puissent se reconnaître sûrement par une personne non pourvue d'un diplôme de docteur médecin, sur la simple visite du corps. Dans tous les cas, le retard dans la déclaration de l'accouchement doit être constaté par un procès-verbal, et il doit être sursis à l'inhumation jusqu'à ce que le procureur de la République, saisi de ce procès-verbal, ait donné l'autorisation d'inhumer. (Voyez ci-dessus, 1re partie, n° 92, les autres conséquences du défaut de déclaration d'accouchement dans le délai légal.)

Pour être régulièrement dressé, l'acte de la présentation d'un enfant sans vie, faite dans les trois jours de l'accouchement, contiendra les énonciations suivantes :

1° La date, le mois, l'année et l'heure de l'acte ;

(Prescription de l'article 34 du Code civil. Voyez, à ce sujet, la 1re partie du présent ouvrage, n° 34).

2° Présentation de l'enfant sans vie.

(Exécution de l'article 55 du Code civil et du décret du 4 juillet 1806.)

3° Sexe de l'enfant.

(Exécution de l'article 57 du Code civil.)

4° Filiation de l'enfant.

(Exécution de l'article 57 du Code civil.)

Si l'enfant est légitime, on indiquera nécessairement les prénoms, noms, professions, âges et domicile des père et mère.

Si le corps est celui d'un enfant naturel, que son père présent veut reconnaître, ou que le père non présent a reconnu pendant la grossesse de la mère, par un acte notarié portant procuration de réitérer la reconnaissance devant l'officier de l'état civil lors de la naissance, on indiquera sur la déclaration du mandataire du père (Voyez, à ce sujet, 1re partie, n° 40) les prénoms, nom, profession, âge et domicile de celui-ci, avec mention de sa reconnaissance.

Dans tous les cas de présentation d'enfant naturel, on indiquera la mère par ses prénoms, nom, profession, âge et domicile, lorsque le déclarant la fera connaître, ce à quoi il n'est pas obligé si l'accouchement est un secret qui ne lui a été confié qu'en raison de sa profession d'accoucheur (art. 378 du Code pénal). Mais la mère n'étant pas au nombre des personnes auxquelles la loi donne mission de déclarer la naissance (ou l'accouchement) à l'officier de l'état civil et n'ayant pas, en conséquence, le droit de se faire représenter dans cet acte, le déclarant n'a pas qualité pour y faire mentionner une reconnaissance quelconque de la part de celle-ci, ainsi qu'il a déjà été dit ci-devant, 2e partie, nos 88, 107 et 126.

5° Les prénoms, nom, titres honorifiques, s'il y a lieu, et qualité de l'officier de l'état civil. (Voyez ci-dessus, n° 292, à quel fonctionnaire ce titre appartient; — voyez aussi 1re partie, nos 36 et 38, les règles en vertu desquelles il doit être désigné par les présentes indications.)

6° L'absence du père, au cas où il n'est ni présent à l'acte ni représenté par mandataire, lorsque l'enfant présenté est enfant légitime.

D'après l'article 56 du Code civil, le père étant le premier tenu de déclarer l'accouchement de sa femme, il faut indiquer l'empêchement ou son absence pour justifier l'intervention d'un autre déclarant. Dans tous les autres cas, il n'y a pas lieu de faire mention
de l'empêchement du père, ainsi qu'il a été déjà dit ci-dessus, 1re partie, n° 110.

7° Désignation de la personne qui fait la déclaration et qualité en vertu de laquelle
elle agit.

Quand la déclaration est faite par le père dont les prénoms, nom, âge, profession et
domicile ont déjà été indiqués comme il est dit paragraphe 4° ci-dessus, on se borne à
inscrire dans l'acte que la déclaration a été faite *par le père susnommé.* Autrement on
doit désigner la personne déclarante par ses prénoms, nom, âge, profession et domicile,
conformément à l'article 34 du Code civil, et indiquer encore la qualité en vertu de
laquelle elle agit, conformément à l'article 56 du Code civil dont les dispositions ont été
ci-dessus rappelées. Si le déclarant a droit à des titres honorifiques, on les énoncera
aussi, après s'être fait représenter les documents qui justifient ce droit, à moins qu'il ne
soit de notoriété publique, comme il a été dit ci-dessus. (Voyez 1re partie, n° 38.)

8° Le lieu de l'accouchement.

(Exécution des articles 55 et 57 du Code civil.)

9° La date et l'heure du jour où l'enfant est sorti du sein de sa mère.

(Prescription de l'article 55 du Code civil et du décret du 4 juillet 1806.)

10° Les prénoms, noms, professions, âges et domiciles des deux témoins choisis par le
déclarant, lesquels doivent être âgés de vingt et un ans au moins et du sexe masculin.

(Exécution des articles 37 et 56 du Code civil. — Voyez, à ce sujet, 1re partie, n° 39.)

11° La lecture de l'acte par l'officier de l'état civil aux déclarants et témoins. (Art. 38
du Code civil.)

12° L'indication du lieu où se fait cette lecture.

Ce lieu est nécessairement la mairie, où la déclaration doit être faite, comme il a été dit
plus haut. Sans être prescrite par la loi, cette indication met hors de doute l'exécution
des règles sur ce point, et elle fortifie ainsi l'authenticité de l'acte, comme il a été expliqué déjà, 1re partie, n° 35.

13° La signature de l'acte par le déclarant, par les témoins et par l'officier de l'état
civil ou mention des causes qui auraient empêché de signer quelqu'un des déclarants ou
témoins. (Art. 39 du Code civil.)

CHAPITRE IV

ACTE DE DÉCÈS. ÉNONCIATIONS QU'IL DOIT CONTENIR. RÈGLES CONCERNANT CES ÉNONCIATIONS

302. — *Il doit être dressé un acte de décès pour chaque personne décédée.*

Quand bien même plusieurs personnes seraient décédées en même temps dans un
même lieu, il faut dresser un acte pour chaque personne décédée.

Les règle applicables à la forme des actes de décès ont été tracées par les articles 77 à
85 du Code civil. Elles vont être indiquées ci-après, dans l'ordre des énonciations que
l'acte doit porter.

303. — *Date du mois, année et heure de l'acte de décès.*

Ces énonciations sont prescrites par l'article 34 du Code civil. L'acte ne peut être
dressé avant que l'officier de l'état civil se soit assuré du décès, conformément à l'article 77 du Code civil, ainsi qu'il est dit n° 293 ci-dessus.

304. — *Prénoms, nom et domicile de la personne décédée.*

(Prescription de l'art. 79 du Code civil. — Voyez à ce sujet 1re partie, n° 37.)

305. — *Profession de la personne décédée. Ses titres et décorations si elle en avait.*

L'indication de la profession est une autre prescription du même article 79. Lorsqu'il
s'agit d'un enfant, la qualification d'enfant remplace cette indication.

Conformément aux circulaires du ministre de la justice des 3 juin 1807 et 10 juillet 1817, l'officier de l'état civil doit énoncer dans les actes la qualité de membre de la

Légion d'honneur quand une personne qui y est dénommée est revêtue de ce titre, par la raison qu'elle est une preuve honorable de services rendus à l'Etat.(Voyez pour les honneurs funèbres publics auxquels ce titre donne droit le décret du 24 messidor au XII et celui du 23 octobre 1883, compris dans l'ouvrage indiqué au *nota bene* de l'observation préliminaire de cette 4ᵉ partie.)

Par le même motif, le titre de décoré de la médaille militaire peut et doit être inscrit dans tout acte de l'état civil où figure une personne pourvue de cette décoration. (Voyez aussi les deux décrets sus-rappelés pour les honneurs funèbres publics attachés à ce titre.)

Il en est de même de la qualité d'officier d'académie et d'officier de l'instruction publique. (Circulaire du préfet de la Seine aux maires de Paris du 20 décembre 1880.)

Les titres nobiliaires doivent aussi être énoncés quand les déclarants représentent les documents authentiques qui les ont attribués au défunt, ainsi qu'il a été expliqué ci-dessus, 1ʳᵉ partie, n° 38.

306. — *Lieu où la personne est décédée.*

La loi ne prescrit pas en termes exprès cette énonciation. Il résulte toutefois des articles 77 et 78 du Code civil qu'elle doit être faite pour établir la compétence de l'officier de l'état civil, qui ne peut dresser un acte de décès que si le décès a eu lieu sur le territoire de sa commune, comme il est dit n° 290 ci-dessus (sauf le cas exceptionnel indiqué n° 299), et pour établir la qualité des déclarants lorsque le décès doit être déclaré par le plus proche voisin ou par la personne chez laquelle le décès a eu lieu dans les cas spécifiés ci-dessus, n° 289. Mais cette indication doit être exprimée de telle sorte qu'en aucun cas on ne puisse reconnaître ou soupçonner, à la simple lecture de l'acte, que la personne décédée a été frappée de mort violente ou que la mort est survenue dans les prisons ou maisons de réclusion, ce que l'article 85 défend d'énoncer. (Voyez n° 295 ci-dessus). Pour ne pas laisser trace de la mort malheureuse d'une personne, on doit éviter même d'énoncer qu'elle est décédée dans un hôpital : il suffit de désigner la rue et le numéro de cet établissement.

Pour le cas exceptionnel de la rédaction de l'acte dans la commune où le cadavre a été transporté avant reconnaissance de son identité, on énoncerait le lieu du décès et le lieu où le corps a été transporté de la manière indiquée n° 299 ci-dessus.

Par une autre exception, le lieu du décès n'est pas celui qui doit servir de base à l'acte de la présentation d'un enfant sans vie nouveau-né dont la naissance n'a pas été enregistrée. (Voyez n° 301 ci-dessus.)

307. — *Date et heure du décès.*

Cette indication n'a pas été prescrite par le législateur, qui ne pouvait exiger l'affirmation d'une circonstance sur la certitude de laquelle les déclarants peuvent n'être pas fixés, soit parce que le signe de la mort n'a pas été immédiatement apparent, soit parce que la cessation de la vie n'a pas eu lieu en leur présence. Il y aurait eu aussi de graves inconvénients, au point de vue des droits des héritiers ou des tiers, à donner un caractère probant à une déclaration de ce genre faite la plupart du temps par des personnes intéressées.

Toutefois les auteurs sont d'accord pour professer que la rigueur de l'article 35 du Code civil ne va pas jusqu'à interdire de recevoir des témoins la déclaration qu'ils font des jour et heure du décès lorsqu'ils jugent être en état de la faire.

Mais cette indication, utile dans bien des cas et dont l'officier de l'état civil n'a pas à rechercher, affirmer ou contredire l'exactitude, ne fera pas foi jusqu'à preuve contraire, cette valeur n'étant attribuée qu'aux énonciations qui résultent de l'exécution des prescriptions de la loi.

C'est seulement du jour et de l'heure de l'acte que le décès sera certain et authentique. (Opinion des jurisconsultes Demolombe, Mersier, Laurent.)

On voit du reste par les dispositions du décret du 4 juillet 1806, rappelées sous le n° 301 ci-dessus, que le législateur a voulu réserver uniquement aux tribunaux l'appréciation des questions de fait douteuses pouvant intéresser des tiers.

Il importe donc que l'acte de décès soit dressé sans le moindre retard après la visite du cadavre faite par l'officier de l'état civil ou par son délégué.

Par la raison que le moment du décès ne peut être établi sûrement dans beaucoup de cas, il est de règle de ne faire courir le délai de vingt-quatre heures, à observer pour l'inhumation d'après l'article 77 du Code civil, qu'à partir du moment où le décès a été déclaré à l'officier de l'état civil, à moins que le corps ne soit déjà entré en putréfaction. C'est ainsi que l'a décidé, pour Paris, un arrêté pris par le préfet de la Seine, maire central de la ville, le 25 janvier 1841. L'officier de l'état civil peut même ne faire courir ce délai qu'à partir du moment où il a constaté lui-même ou fait constater le décès.

308. — *Age de la personne décédée.*

Prescription de l'article 79 du Code civil. L'âge s'énonce par années révolues.

309. — *Lieu de sa naissance.*

Prescription du même article.

310. — *Date de sa naissance.*

Cette indication n'est pas prescrite par la loi ; mais on peut dire, pour la justifier au point de vue légal, qu'elle est le complément de l'énoncé de l'âge. Elle est, du reste, l'élément le plus sûr de la constatation d'identité, surtout quand la personne décédée porte un nom commun à plusieurs familles de la localité où elle est née ou de celle où elle est décédée.

311. — *Prénoms et nom de l'autre époux si la personne décédée était mariée ou veuve ; âge, profession et domicile ou mention du décès de cet époux.*

L'énoncé des prénoms et nom est prescrit par l'article 79 du Code civil. L'âge, la profession et le domicile de l'époux survivant doivent être énoncés en vertu de l'article 34 dudit Code.

Si la personne décédée était veuve, le mot *décédé* mis à la suite des prénoms et nom du précédent conjoint tient lieu de l'énoncé de l'âge, de la profession et du domicile. Le lieu et la date du décès n'ont pas à être indiqués.

Si les prénoms et nom du conjoint sont inconnus aux déclarants, l'acte le mentionnera.

Ces indications sont remplacées par celle de la qualité de *célibataire* si la personne décédée, ayant atteint l'âge fixé pour le droit de contracter mariage, n'était pas mariée. L'énoncé de l'âge dispense de toute indication de cette espèce quand la personne décédée n'avait pas atteint l'âge requis pour le mariage.

312. — *Prénoms, noms, professions et domicile des père et mère de la personne décédée.*

L'article 79 du Code civil prescrit d'énoncer ces renseignements lorsqu'on peut les connaître. Si les pères et mères n'existent plus, la mention qu'ils sont décédés remplace celle de leurs professions et domicile. Il n'y a pas à énoncer le lieu ni la date de leur décès.

Si les prénoms et noms des père et mère ne sont pas connus des déclarants, l'acte énoncera cette circonstance pour ne pas laisser croire à une omission.

313. — *Prénoms, nom, titres honorifiques, s'il y a lieu, et qualité de l'officier de l'état civil, avec indication de la commune ainsi que du canton, de l'arrondissement et du département dont elle dépend.*

L'officier de l'état civil qui dresse l'acte de décès, en vertu de la compétence indiquée ci-dessus nᵒ 292, doit être désigné personnellement par ses prénoms, nom, qualité et résidence officielle. C'est une règle applicable pour tous les actes et qui est exposée ci-dessus, 1ʳᵉ partie, nᵒ 36. On ajoute, lorsqu'il y a lieu, les titres honorifiques dont l'officier de l'état civil peut être revêtu et témoignant de services rendus à l'Etat, comme il est dit ci-dessus, nᵒ 38.

314. — *Mention que l'officier de l'état civil s'est assuré du décès.*

Prescription de l'article 77 du Code civil et décision du ministre de la justice du 24 avril 1836, rappelées sous le nᵒ 293 ci-dessus.

315. — *Prénoms, noms, âges, professions et domiciles des déclarants, leurs titres honorifiques s'ils en ont, et, s'ils sont parents du défunt, leur degré de parenté.*

Prescriptions du même article 79 du Code civil en ce qui concerne les prénoms, noms, âges, professions et domiciles.

Les déclarants sont qualifiés témoins par l'article 78.

Ils doivent être, d'après ce dernier article, les deux plus proches parents ou voisins, ou, si la personne est décédée hors de son domicile, l'individu chez qui elle est décédée et un parent ou autre.

Les déclarants ayant la qualité légale de témoins doivent être du sexe masculin et majeurs, d'après l'article 37 du Code civil.

L'acte doit indiquer s'ils agissent comme parents, comme voisins ou comme maîtres du domicile où le décès a eu lieu.

Leurs titres honorifiques, s'ils en ont, doivent être indiqués, comme il a été dit pour le défunt, sous le n° 305 ci-dessus.

316. — *Mention de la lecture de l'acte faite par l'officier de l'état civil aux déclarants.* (Exécution de l'article 38 du Code civil.)

317. — *Indication du lieu où l'acte est lu.*

Ce lieu est nécessairement celui où la déclaration du décès doit être faite, comme il est dit n° 290 ci-dessus.

Quoique la loi ne prescrive pas d'énoncer ici le lieu de la lecture et de la signature, cette énonciation, en précisant un fait qui importe à l'acte de décès, empêche que ce fait ne soit mis en doute et fortifie ainsi l'authenticité de cet acte, comme il a déjà été expliqué, 1ʳᵉ partie, n° 35.

318. — *Signature de l'acte par les déclarants et par l'officier de l'état civil.*

L'acte 39 du Code civil exige que l'acte soit signé par l'officier de l'état civil et que les comparants signent, ou qu'il soit fait mention de la cause qui les empêcherait de signer.

CHAPITRE V

INSCRIPTION DU DÉCÈS SUR LE LIVRET DE FAMILLE

319. — *Le décès doit être mentionné sur le livret de famille s'il en existe un.*

Aussitôt après la signature de l'acte de décès, l'officier de l'état civil inscrit le décès, comme il doit le faire pour tout acte d'état civil, ainsi qu'il est dit ci-dessus, 1ʳᵉ partie, n° 53, sur le livret de famille qui a été délivré en conformité de la circulaire du ministre de l'intérieur du 18 mars 1877 et de l'article 136, n° 4, de la loi du 5 avril 1884, lors du mariage du défunt ou du mariage de ses père et mère, s'il s'agit du décès d'un enfant, et il délivre le permis d'inhumer dont il est question en l'article 77 du Code civil, si rien ne s'y oppose.

CHAPITRE VI

TRANSCRIPTION A FAIRE SUR LE REGISTRE DES DÉCÈS

320. — *Cas où il y a lieu à transcription.*

Il y a lieu de transcrire sur les registres de l'état civil les jugements ou actes de l'état civil constatant le décès d'une personne décédée sur le territoire de la commune ou qui avait son domicile sur ce territoire, lorsque, en ce qui concerne les actes, ils se rapportent à un décès survenu dans les conditions qui rendent cette transcription nécessaire et qui sont indiquées n° 321 ci-après. Il convient, à ce propos, de considérer que, si le défunt n'a pas manifesté d'intention contraire, il peut avoir conservé son domicile légal au lieu qu'habitaient ses père et mère au moment de sa naissance ou de son départ, quoiqu'il eût quitté cette localité depuis longtemps. (Art. 103 à 108 du Code civil.)

L'officier de l'état civil peut avoir à faire cette transcription sur la remise ou transmission de pièces à lui faite, soit par les parties ou leur mandataire ou par un huissier à leur requête, soit par le procureur de la République s'il s'agit de jugements rendus à la requête du ministère public, soit par les autorités administratives.

Lorsque la pièce remise ou transmise à l'officier de l'état civil est un jugement ordonnant l'inscription sur les registres de la commune, il doit faire cette transcription sans avoir à examiner si les faits qui ont servi de base au jugement se rapportent ou non à sa commune, attendu qu'obéissance est toujours due à la justice.

En tout autre cas, l'officier public doit examiner si les pièces à lui présentées réunissent les conditions voulues pour être transcrites sur les registres, et, s'il y a lieu, rendre ou renvoyer ces pièces en expliquant les obstacles légaux qui s'opposent à leur transcription, ou les circonstances qui rendraient cette transcription inutile ou contraire au vœu de la loi.

321. — *Documents à transcrire.*

L'officier de l'état civil doit transcrire sur le registre courant des décès, à la date où ils lui sont parvenus :

1° L'expédition de l'acte de décès d'une personne décédée en France dans un hôpital militaire, civil ou autre maison publique, ou par suite de mort violente, transmise à l'officier de l'état civil du dernier domicile de la personne décédée par l'officier de l'état civil qui a dressé l'acte (art. 80 et 82 du Code civil);

2° L'acte de décès dressé dans un lazaret situé sur son territoire et qui lui est adressé en expédition dans les vingt-quatre heures par le directeur de la santé, remplissant les fonctions provisoires d'officier de l'état civil pour cet établissement sanitaire (loi relative à la police sanitaire du 3 mai 1822, art. 19);

3° L'expédition transmise de l'armée, en dehors du territoire de la République, à l'officier de l'état civil du dernier domicile de la personne décédée, d'un acte de décès dressé soit par l'officier chargé de la tenue du registre de l'état civil au corps, soit par le directeur de l'hôpital militaire ambulant ou sédentaire où le décès a eu lieu (art. 96, 97, 98 du Code civil) ;

Ainsi qu'il a été dit sous le n° 56 de la 1re partie, c'est l'expédition textuelle de l'acte de décès qui est seule à transcrire, d'après l'article 98 du Code civil. Un extrait délivré dans la forme du modèle n° 5 annexé à la circulaire du ministre de la guerre du 8 mars 1823, ou dans toute autre forme, n'est pas susceptible de transcription.

4° L'expédition d'un acte constatant un décès survenu pendant un voyage en mer, qui lui est transmise comme officier de l'état civil de la commune où la personne décédée avait son dernier domicile, soit par le ministre de la marine, d'après la communication du consul, ou du commissaire à l'inscription maritime de la résidence du premier port où le bâtiment aura abordé dans le cours de son voyage; soit par le préposé à l'inscription maritime du port de désarmement du bâtiment (art. 86 et 87 du Code civil);

5° L'expédition transmise par le ministre des affaires étrangères, d'après la communication du consul français, de l'acte dressé par celui-ci, constatant le décès d'une personne décédée à l'étranger, dont le dernier domicile était dans la commune où l'expédition est adressée (ordonnance royale du 23 octobre 1833, art. 2, et circulaire du ministre de la justice du 11 mai 1875). Cette transcription et l'expédition qui en serait délivrée par le maire n'auront que la valeur d'un renseignement, comme il a été ci-dessus, n° 292 ;

6° L'expédition d'un acte de décès dressé à l'étranger par les fonctionnaires du pays, transmise au maire du lieu d'origine ou lieu du domicile du Français que cet acte concerne, par le ministre des affaires étrangères, d'après la communication des fonctionnaires étrangers compétents, soit en vertu d'arrangements internationaux concernant les décès, soit en exécution de conventions diplomatiques relatives à la communication réciproque des actes de l'état civil et dont il sera question ci-après (Voyez n° 331, paragraphes 2° et 3°). Cette transcription et les expéditions qui en seraient délivrées n'auront aussi que la valeur d'un renseignement (Voyez, à ce sujet, 1re partie, n° 47, paragraphe 6°);

7° L'expédition d'un jugement de première instance ou d'un arrêt de Cour d'appel, portant rectification d'un acte de décès inscrit sur les registres de la commune où l'expédition est présentée. S'il existe un contradicteur dans la cause, la transcription du jugement de première instance ne pourra être opérée que sur le vu d'un certificat de l'avoué de la partie poursuivante contenant la date de la signification du jugement faite au domicile de la partie condamnée, et sur l'attestation du greffier constatant qu'il n'existe contre le jugement ni opposition ni appel (art. 548 du Code de procédure civile). Dans tous les cas, le jugement doit être revêtu de la formule exécutoire déterminée par le décret du 2 septembre 1871, remplaçant l'ancien article 146 du Code de procédure civile, et signé par le greffier du tribunal (art. 139 et 545 du Code de procédure civile), comme il est dit ci-dessus, 1re partie, n° 49. Il n'a pas besoin d'être légalisé (art. 547 du Code de procédure civile);

8° L'expédition en forme d'un jugement ordonnant l'inscription sur les registres de l'état civil de la commune où elle est présentée, d'un acte de décès qui n'aurait pas été porté sur les registres dans les délais légaux (Voyez nᵒˢ 291, 296, 297, 298 ci-dessus ; Avis du Conseil d'Etat du 12 brumaire an XI). Les indications données à la fin de l'alinéa précédent sur la forme des expéditions de jugements s'appliquent aussi au présent alinéa.

OBSERVATIONS. — Les expéditions d'actes de l'état civil, pour être en état d'être transcrites, doivent : — A. Être timbrées du timbre français ou avoir été visées pour timbre, si elles sont produites par des particuliers ; — B. Être accompagnées d'une traduction française, écrite sur papier timbré français, si elles ont été écrites en langue étrangère ; — C. Avoir été légalisées par les magistrats judiciaires compétents, si elles sont produites par des particuliers, ou légalisées par les fonctionnaires administratifs compétents, si elles ont été délivrées et transmises administrativement. (Voyez 1ʳᵉ partie, nᵒˢ 47, 48, 50, 51.)

Les copies de copies d'actes dont la minute existe n'ayant pas force probante ne sont pas susceptibles d'être transcrites. (Voyez 1ʳᵉ partie, nᵒ 52.)

Les actes de décès concernant des personnes décédées de mort naturelle dans des habitations privées, encore bien que ces personnes aient leur domicile ailleurs, comme des nourrissons, des élèves en pension, des voyageurs, n'ont pas à être transcrits à la mairie de leur domicile, aucune disposition de loi ne prescrivant cette formalité.

322. — *Formes de l'acte de transcription.*

L'acte de cette transcription indique en tête : 1ᵒ l'année, le quantième du mois et l'heure où il est dressé (art. 34 du Code civil) ; 2ᵒ les prénoms, nom et qualité de l'officier de l'état civil qui opère la transcription, avec indication de la commune où il est en fonction, ainsi que du canton, de l'arrondissement et du département dont elle dépend, et des titres honorifiques dont il peut être revêtu, comme il est dit ci-dessus, nᵒ 313 ; 3ᵒ les prénoms, nom, âge, profession et domicile de la personne requérante (art. 34 du Code civil) ; 4ᵒ l'énoncé de sa réquisition (art. 49 du Code civil) ; 5ᵒ ou, au lieu de ces deux dernières énonciations, l'indication du fonctionnaire qui a transmis la pièce à transcrire, quand la loi n'exige pas la réquisition des parties.

A la suite de la copie littérale de l'acte ou du jugement, mention est faite, quand il y a eu réquisition verbale des parties, qu'il a été donné lecture de l'acte de transcription à celles-ci (art. 38 du Code civil) et qu'elles l'ont signé ou ont déclaré ne savoir ou pouvoir signer. (Art. 39 du Code civil.)

L'acte de transcription est dressé sans l'assistance de témoins, comme il a été expliqué ci-dessus, 1ʳᵉ partie, nᵒ 56.

La pièce transcrite doit être paraphée par l'officier de l'état civil et par la partie produisante quand elle a été présentée par un particulier. Elle est ensuite annexée au registre pour être déposée avec ce registre au greffe du tribunal civil (Voyez à ce sujet ci-dessus, 1ʳᵉ partie, nᵒ 47). Si la transcription a été requise par lettre ou par exploit d'huissier, le document qui contient la réquisition doit aussi être paraphé par l'officier de l'état civil et annexé au registre.

Lorsqu'un jugement porte rectification d'actes inscrits en plusieurs communes, la partie requérante aura à remplir les formalités nécessaires pour obtenir une seconde copie du jugement, ainsi qu'il a été dit déjà, 1ʳᵉ partie, nᵒ 56, disposition finale.

CHAPITRE VII

TRANSMISSIONS ADMINISTRATIVES D'EXPÉDITIONS OU EXTRAITS D'ACTES ET D'AVIS RELEVÉS OU NOTICES DE DÉCÈS

323. — *En cas de mort violente, accidentelle ou subite.*

Quand le maire, officier de l'état civil, a agi en sa qualité d'officier de police judiciaire, en vertu des articles 9 et 29 du Code d'instruction criminelle, pour constater une mort violente, criminelle, volontaire ou accidentelle, ou une mort subite ne présentant pas de caractère criminel, il doit envoyer immédiatement son procès-verbal et l'avis motivé du médecin qui l'a accompagné au procureur de la République pour avoir l'autorisation de faire inhumer le corps, comme il est dit nᵒ 294 ci-dessus.

324. — *En cas de décès causé par maladie épidémique.*

Tout décès causé par une maladie épidémique doit être immédiatement porté par l'officier de l'état civil à la connaissance du préfet, sans préjudice des mesures de salubrité à prendre d'urgence, suivant les instructions administratives reçues précédemment pour des cas semblables.

Ce décès sera encore inscrit sur les relevés indiqués nᵒ 335 ci-après.

En outre, pour satisfaire aux prescriptions d'une circulaire du ministre du commerce et de l'industrie en date du 25 novembre 1886, les maires des communes chefs-lieux d'arrondissement et ceux des autres communes d'une population de 5,000 âmes et au-dessus doivent envoyer au préfet du département, à la fin de chaque mois, un bulletin sanitaire conforme au modèle joint à cette circulaire et donnant tous les décès causés par affection de nature épidémique.

Les attributions du préfet de police de Paris relatives à la salubrité publique, s'exerçant dans les communes de la Seine et dans celles de Saint-Cloud, Meudon, Sèvres et Enghien, du département de Seine-et-Oise, en vertu de l'arrêté du gouvernement du 3 brumaire an IX et de la loi du 14 août 1850, les maires de toutes ces communes doivent transmettre au préfet de police les avis et documents dont il est question dans le présent numéro. Ils doivent aussi se conformer aux règles prescrites par le préfet de police pour l'inhumation urgente des personnes mortes d'épidémie.

325. — *En cas de décès d'une personne laissant pour héritiers des pupilles, des mineurs ou des absents.*

Un arrêté du Directoire exécutif, du 22 prairial an V, oblige le maire dans la commune duquel ne réside pas le juge de paix à donner, sans aucun délai, par conséquent avant l'inhumation (art. 913 du Code de procédure civile), avis à ce magistrat de la mort de toute personne, décédée dans la commune, qui laisse pour héritiers des pupilles, des mineurs ou des absents.

Cette prescription est corroborée par diverses dispositions législatives qui ont donné aux juges de paix la mission d'intervenir d'office, notamment lorsque l'un ou l'autre des héritiers se trouve dans l'une des situations suivantes :

1ᵒ Enfant mineur ayant un tuteur, mais point de subrogé-tuteur (art. 421 du Code civil);

2ᵒ Enfant mineur sans tuteur ou dont le tuteur est absent (art. 405, 406 du Code civil);

3ᵒ Interdit (art. 405, 406, 489, 509 du Code civil) ;

4ᵒ Aucun héritier connu (art. 768, 769, 811 du Code civil).

Ladite prescription trouve encore une sanction dans l'article 819 du Code civil et dans l'article 911 du Code de procédure civile.

En cas d'inexécution de cette prescription, le maire pourrait être suspendu de ses fonctions, conformément à l'article 2 dudit arrêté et en vertu de l'article 86 de la loi du 5 avril 1884.

L'application des dispositions de l'arrêté du 22 prairial an V a été étendue, par voie administrative, aux arrondissements de Paris, en conformité d'une circulaire préfectorale du 18 septembre 1884, à la suite d'instructions du ministre de l'intérieur.

326. — *En cas de décès d'un fonctionnaire public civil ou militaire, en activité ou en retraite, dépositaire de titres et papiers appartenant à l'Etat.*

Conformément à l'arrêté du Gouvernement du 22 prairial an V et à l'article 911 du Code de procédure civile rappelé ci-dessus, le maire, officier de l'état civil, doit informer immédiatement le juge de paix du son canton du décès d'un dépositaire public ou d'un fonctionnaire public qui, par la nature de ses fonctions, a pu être dépositaire des secrets de l'Etat ou de titres appartenant au Gouvernement. (Arrêt de la Cour d'appel de Paris du 8 mai 1829.)

Sont compris dans la catégorie des dépositaires publics les curés, évêques et archevêques. (Décret réglementaire du 6 novembre 1813, art. 16.)

Sont aussi compris parmi les dépositaires publics, en raison de leurs fonctions, les officiers généraux, les officiers supérieurs de l'armée de terre, les intendants ou sous-intendants militaires, médecins en chef des armées, retirés ou en activité de service. Les scellés doivent être apposés, en ce qui les concerne, par le juge de paix, sur les papiers, cartes, plans et mémoires militaires autres que ceux dont le décédé était l'auteur. Le maire est tenu d'informer immédiatement de ce décès le général commandant la région et le ministre de la guerre. (Arrêté du Gouvernement du 23 nivôse an X, art. 1; Inst. min. guerre, 30 avril 1874; Circ. min. justice, 9 juin 1876.)

Sont également compris dans le nombre des dépositaires publics, à cause de leurs fonctions, les officiers généraux, supérieurs ou autres de l'armée de mer, fonctionnaires ou agents du département de la Marine et des Colonies, morts en retraite ou en activité de service (Instruction du Ministère de la marine du 21 novembre 1865, article 1). Pour ce cas, c'est au juge de paix à donner immédiatement avis, soit à l'autorité maritime la plus voisine, soit à la division militaire. L'agent qui assistera à l'apposition des scellés sera désigné par l'une ou l'autre de ces deux autorités. (Article 1 et 4 de ladite instruction.)

En ce qui concerne les honneurs funèbres à rendre à des dignitaires ou fonctionnaires de l'État, voyez le décret du 24 messidor an XII et celui du 23 octobre 1883, compris dans l'ouvrage indiqué au *nota bene* de l'*Observation préliminaire* de cette 4ᵉ partie.

327. *En cas de décès d'un militaire.*

Indépendamment des formalités à remplir dans le cas de décès d'un officier supérieur, comme il est dit sous le nᵒ 326, lorsqu'un militaire appartenant à un corps de troupes vient à décéder sur le territoire français, le maire, officier de l'état civil, doit, conformément à l'arrêté du gouvernement du 22 prairial an V et de l'article 911 du Code de procédure civile, prévenir immédiatement le juge de paix de la circonscription du lieu du décès, afin qu'il puisse apposer les scellés sur les effets du décédé. Le scellé sera levé en présence d'un officier chargé par le conseil d'administration du corps d'y assister et de signer le procès-verbal de désignation des effets. La vente en sera faite avec les formalités requises par les lois, et le produit, déduction faite des frais qui seront constatés, sera remis au conseil d'administration, qui le déposera dans la caisse du corps et restera responsable envers les héritiers du montant de la succession. (Circulaire du ministre de la guerre du 8 mars 1823, titre III, *du décès des militaires.*)

Lorsqu'un engagé volontaire meurt en route, l'acte d'engagement, la feuille de route et les mandats dont il est trouvé porteur, ainsi que son acte de décès, sont envoyés par l'officier de l'état civil au préfet du département où le décès a eu lieu, pour être, par ce fonctionnaire, transmis, savoir : l'acte d'engagement au maire qui l'a dressé ; la feuille de route et les mandats au sous-intendant militaire qui les a délivrés ; l'acte de décès au conseil d'administration du corps sur lequel l'engagé a été dirigé. (Circulaire du ministre de la guerre du 30 novembre 1872.)

En cas de décès d'un militaire par suite de mort violente, un double de l'acte de décès sera remis par l'officier de l'état civil au corps dont faisait partie le militaire décédé, s'il se trouve sur les lieux. Si le corps avait changé de résidence, l'officier de l'état civil enverrait directement cette expédition au ministre. (Circulaire du ministre de la guerre, du 8 mars 1823, *observation sur l'article 82 du Code civil.*)

En cas de décès de militaires dans les hôpitaux civils ou autres maisons publiques, l'officier de l'état civil devra envoyer deux doubles de l'acte de décès au ministre de la guerre par l'intermédiaire du sous-intendant militaire. Il aura soin d'y relater le numéro matricule qu'il aura trouvé sur le billet d'entrée et sur les autres papiers du militaire. (Circulaire du ministre de la guerre du 8 mars 1823, *observation sur l'article 80 du Code civil.*)

En cas de décès de militaire dans les prisons ou maisons de réclusion et de détention, une expédition de l'acte de décès sera adressée par le maire, officier de l'état civil, au lieu du dernier domicile du décédé (comme il est dit sous le nᵒ 330 ci-après) et une au ministre de la guerre. (Circulaire du ministre de la guerre du 8 mars 1823, *observation sur l'article 84 du Code civil.*)

328. *En cas de décès d'un homme âgé de 20 à 45 ans.*

Le décès de tout homme français, âgé de 20 à 45 ans, doit, au moment de la déclaration faite à l'officier de l'état civil, être inscrit sur un bulletin conforme au modèle joint à la circulaire du ministre de l'intérieur du 20 mars 1877, et le maire, officier de l'état civil, aussitôt après avoir dressé l'acte de décès, doit adresser ce bulletin au bureau de recrutement de la subdivision dont relève sa commune. Le maire n'est pas tenu de rechercher la situation du défunt au point de vue militaire, mais, s'il possède les renseignements nécessaires, il remplira la dernière partie du bulletin destinée à faire connaître cette situation. Le bulletin en question doit être détaché d'un registre à souche fourni par la préfecture du département. (Circulaires du ministre de l'intérieur des 20 mars 1877 et 29 janvier 1883, auxquelles il faut joindre les articles 2 et 10 de la loi du 15 juillet 1889.)

Dans le département de la Seine, le double de ce bulletin est transmis au préfet de la Seine, conformément à des instructions préfectorales du 30 mai 1877.

329. *En cas de décès d'un membre de la Légion d'honneur ou décoré de la médaille militaire.*

Lorsque l'officier de l'état civil a reçu la déclaration du décès d'une personne pourvue du titre de membre de la Légion d'honneur ou décoré de la médaille militaire, titre et qualité qui sont à mentionner dans l'acte de décès comme il est dit n° 305 ci-dessus, il doit notifier immédiatement ce décès au préfet du département (Circulaires du ministre de l'intérieur des 22 janvier 1818, 26 août 1820, 11 septembre 1839, 24 octobre 1853, 30 septembre 1873, 19 décembre 1874, 6 mars 1877, 2 janvier 1880). Cette notification sera faite par l'envoi soit d'une copie de l'acte de décès, soit d'un état nominatif, suivant les instructions données par le préfet. Dans le département de la Seine, elle est faite au moyen d'un bordereau nominatif envoyé chaque mois, et, à défaut de décès de l'espèce, le bordereau nominatif est remplacé par un certificat négatif. (Circulaire préfectorale du 29 mai 1880.)

La notification étant ainsi faite, il paraît sans objet d'envoyer au procureur de la République l'expédition de l'acte de décès du légionnaire, comme le demandait, dans le but de porter ce décès à la connaissance du gouvernement, une circulaire du ministre de la justice du 10 juillet 1817, qui, du reste, paraît être tombée en désuétude.

Si le légionnaire est décédé dans une place de guerre ou ville de garnison, l'officier de l'état civil doit encore délivrer à la famille un extrait de l'acte de décès mentionnant la qualité de légionnaire qui appartenait au défunt, et appuyer la demande que la famille doit faire au commandant de place, si elle désire que les honneurs funèbres militaires soient rendus au défunt, conformément au chapitre 41 du décret du 23 octobre 1883, portant règlement sur le service dans les places de guerre et les villes de garnison.

(Pour les honneurs funèbres militaires qui peuvent être à rendre encore, en vertu d'autres qualités, voyez le décret du 24 messidor an XII, et celui du 23 octobre 1883 ci-dessus rappelé, lesquels sont contenus dans l'ouvrage indiqué au *nota bene* de l'*observation préliminaire* de cette 4ᵉ partie.)

330. *En cas de décès d'une personne morte hors domicile.*

L'expédition de l'acte de décès d'une personne décédée hors de son domicile, par suite de mort violente, ou décédée dans un hôpital militaire, civil ou autre maison publique, doit être transmise immédiatement (après avoir été légalisée par le sous-préfet ou le préfet, comme il est dit au n° 336 ci-après) par l'officier de l'état civil qui a dressé cet acte à l'officier de l'état civil du dernier domicile de la personne décédée, afin qu'elle soit transcrite sur les registres de cette dernière commune, conformément aux articles 80 et 82 du Code civil.

L'envoi doit être fait par l'intermédiaire du sous-préfet si l'officier de l'état civil n'a pas reçu d'instructions contraires, afin que la pièce arrive à destination par la voie hiérarchique, ce qui assure la franchise postale accordée par l'ordonnance royale du 17 novembre 1844, laquelle n'appartient aux maires avec leurs collègues que dans leur canton ou dans les cantons limitrophes. (Décision du ministre des finances du 23 octobre 1875.)

331. *En cas de décès d'un étranger.*

1° Aux termes de deux circulaires du ministre de l'intérieur, en date des 28 janvier 1865 et 21 juin 1869, dans toute commune où vient à mourir un étranger appartenant à l'une des nations avec lesquelles la France a traité pour le règlement des successions des défunts, le maire, officier de l'état civil de la commune, doit faire parvenir au préfet du département par l'intermédiaire du sous-préfet, si l'officier de l'état civil n'a pas reçu d'instructions contraires, un avis de ce décès, avec les indications de noms et d'origine contenues dans l'acte mortuaire, et tous les renseignements qui seront à sa connaissance sur la succession du défunt, afin que ces avis et renseignements puissent être transmis, sans délai, à l'agent consulaire de ladite nation le plus rapproché du lieu du décès ou, à défaut d'agent consulaire, à l'agent diplomatique résidant à Paris.

Voici la liste de ces nations avec les dates des traités aujourd'hui en vigueur :

Autriche. Convention du 11 décembre 1866 (articles 3 et 6) promulguée par décret du 19 décembre 1866;

Bolivie. Traité du 9 décembre 1834 (article 24), promulgué par ordonnance royale du 26 juillet 1837;

Chili. Traité du 15 septembre 1846 (article 23), promulgué par décret du 8 août 1853;

Costa-Rica. Traité de commerce du 12 mars 1848 (article 1ᵉʳ), promulgué par décret du 22 mars 1850;

République dominicaine. Convention du 25 octobre 1882 (article 12), promulguée par décret du 23 juin 1887 ;

Equateur. Traité de commerce du 6 juin 1843 (article 22), promulgué par ordonnance royale du 28 mars 1845) ;

Espagne. Convention consulaire du 7 janvier 1862 (articles 20, 21, 22), promulguée par décret du 18 mars 1862 ;

Grèce. Traité du 7 janvier 1876 (articles 12 et 16), promulgué par décret du 2 mars 1878 ;

Guatemala. Traité de commerce du 8 mars 1848 (article 22), promulgué par décret du 17 juillet 1850 ;

Honduras. Traité de commerce du 22 janvier 1856 (article 22), promulgué par décret du 17 octobre 1857 ;

Italie. Convention consulaire du 22 juillet 1862 (articles 9, 10 et 11), promulguée par décret du 24 septembre 1862 ;

Mascate (Etats de). Traité de commerce du 17 novembre 1844 (article 7), promulgué par ordonnance royale du 22 juillet 1846 ;

Nicaragua. Traité de commerce du 11 avril 1859 (article 22), promulgué par décret du 21 janvier 1860 ;

Pérou. Traité de commerce du 9 mars 1861 (article 37), promulgué par décret du 26 février 1862 ;

Perse. Traité du 12 juillet 1855 (article 6), promulgué par décret du 14 février 1857 ;

Portugal. Convention consulaire du 11 juillet 1866 (article 8), promulguée par décret du 27 juillet 1867 ;

Russie. Convention consulaire du 1er avril 1874 (articles 1 et 2), promulguée avec la loi approbative du 17 juin 1874 (échange des ratifications fait le 4 juillet suivant) ;

Salvador. Convention consulaire du 5 juin 1878 (article 12), promulguée par décret du 7 août 1879 ;

Iles Sandwich. Traité de commerce du 29 octobre 1857 (article 20), promulgué par décret du 21 janvier 1860 ;

Siam. Traité de commerce du 15 août 1856 (article 24), promulgué par décret du 28 décembre 1857 ;

Venezuela. Convention consulaire du 24 octobre 1856 (article 8), promulguée par décret du 12 août 1857.

La transmission de l'avis du décès est d'autant plus impérieuse qu'elle a été stipulée dans tous ceux des traités et conventions ci-dessus mentionnés qui sont postérieurs à l'année 1861, et dans quelques-uns des traités antérieurs, ce qui constitue une obligation légale pour le gouvernement français.

En vertu des traités et conventions qui viennent d'être indiqués, les consuls des pays ci-dessus désignés peuvent administrer en France les successions de leurs nationaux.

L'intervention des consuls dans le règlement des successions de leurs nationaux a encore été stipulée par des traités faits avec la Birmanie, la Serbie et l'Uruguay. — Le traité passé avec la Birmanie le 24 janvier 1873, promulgué par décret du 28 juillet 1873, renouvelé par une déclaration du 25 avril 1884, promulguée par décret du 30 mai suivant, et le traité passé avec la Serbie le 18 janvier 1883, publié par décret du 17 juillet suivant ont toujours toute leur force. — Le traité fait avec l'Uruguay le 12 octobre 1865 a cessé d'être en vigueur, mais comme, en fait, les consuls français dans ce pays continuent toujours, d'accord avec les autorités compétentes locales, d'intervenir dans le règlement des successions des Français décédés dans l'Uruguay, la France accorde les mêmes droits aux consuls de l'Uruguay, par réciprocité. — Quoique l'intervention ainsi admise avec la Birmanie, la Serbie, l'Uruguay ne comporte pas le droit d'administrer la succession et n'entraîne pas l'obligation formelle de transmettre avis du décès, cette transmission utile ne peut que rentrer dans l'esprit des circulaires ministérielles ci-dessus visées.

Il est à propos de faire remarquer ici que deux circulaires de 1869 ont indiqué, parmi les gouvernements qui ont traité avec la France pour le règlement des successions par les consuls, ceux du Brésil et de la Turquie. La convention faite avec le Brésil le 10 décembre 1860 (promulguée par décret du 17 mars 1861) a cessé d'être en vigueur. Quant aux capitulations de 1535 et de 1740 indiquées en ce qui concerne la Turquie, on constate en les lisant qu'elles règlent uniquement les intérêts des sujets français en Turquie. C'est pourquoi ces deux nations ne figurent pas dans la liste qui précède.

2° Une circulaire du ministre de l'intérieur, en date du 26 janvier 1836, rappelée et confirmée par d'autres circulaires du même ministère en date des 10 mars 1855 et 17 mai 1864, prescrit d'adresser l'expédition entière, sur papier libre, de tout acte constatant le décès d'un étranger mort sur le territoire français. Cet envoi doit être fait par le maire de la commune où le décès a eu lieu, immédiatement après la signature de l'acte, par l'intermédiaire du sous-préfet, s'il n'a reçu d'ordre contraire, afin que le préfet puisse, après avoir légalisé cette expédition, la comprendre dans l'envoi de ces sortes d'actes qu'il doit faire au ministre de l'intérieur à la fin du trimestre, comme le lui recommandent lesdites circulaires, pour être ensuite transmise au ministère des affaires étrangères qui la fera parvenir à l'agent diplomatique de la nation à laquelle le défunt appartenait.

Un bordereau récapitulatif qui serait adressé au préfet à la fin du trimestre aurait pour avantage d'établir que les expéditions envoyées dans le cours du trimestre étaient bien les seules qu'il y eût à transmettre et qu'aucune expédition n'a été adirée ou omise.

Dans le cas où il n'y aurait pas eu de décès d'étrangers dans le cours d'un trimestre, le maire doit envoyer un certificat négatif au préfet par la même voie hiérarchique, aussitôt après l'expiration du trimestre, pour que le préfet puisse, de son côté, transmettre cet avis négatif prescrit par la circulaire du 10 mars 1855.

Les envois d'expéditions d'actes de décès dont il est question sous le présent paragraphe 2° doivent avoir lieu indépendamment des envois d'avis de décès mentionnés sous le paragraphe 1° qui précède.

3° En outre, pour l'exécution des conventions passées avec l'Italie le 13 janvier 1875 (approuvée par décret du 17 février suivant) ; avec le grand-duché de Luxembourg le 14 juin 1875 (décret du 17 juin 1875) ; avec la Belgique le 25 août 1876 (décret du 3 septembre 1876) ; et avec la principauté de Monaco le 24 mai 1881 (décret du 30 du même mois), et conformément aux instructions du ministre de la justice du 11 mai 1875, du ministre de l'intérieur des 30 juin 1875, 28 juin 1876 et 26 décembre suivant, le maire de toute commune où vient à décéder un étranger appartenant à l'une ou l'autre des quatre nationalités italienne, luxembourgeoise, belge ou monégasque, doit faire parvenir au préfet, par l'intermédiaire hiérarchique du sous-préfet, l'expédition sur papier libre de l'acte de décès de cet étranger, comme il doit transmettre, en vertu des mêmes traités, ainsi qu'il a été dit ci-dessus nᵒˢ 69, 147 et 280, les expéditions des actes de naissance, reconnaissance d'enfants naturels et mariage dressés dans sa mairie concernant ces mêmes étrangers. L'envoi de ces diverses expéditions doit être fait à la fin de la période de temps indiquée dans les instructions préfectorales, afin que le préfet puisse comprendre ces expéditions dans l'envoi qu'il doit faire de ces sortes d'actes, trimestriellement en ce qui concerne la principauté de Monaco, semestriellement pour les autres nationalités, au ministre de l'intérieur, qui les transmet au ministre des affaires étrangères, pour être adressées par celui-ci à l'agent diplomatique de la nation à laquelle appartiennent les étrangers désignés dans ces actes.

Il est essentiel que le lieu d'origine ou le dernier domicile de l'étranger dans le pays auquel il appartient ou appartenait soit indiqué en marge de l'expédition.

Dans le cas où il n'aurait pas été dressé d'actes de naissance, de reconnaissance d'enfants naturels, de mariage ou de décès concernant les étrangers de ces quatre nationalités dans le cours de ladite période trimestrielle ou semestrielle, le maire aurait à faire parvenir, immédiatement après l'expiration de cette période, le certificat négatif nécessaire au préfet.

Les envois d'expéditions dont il est question dans le présent paragraphe 3° doivent être faits indépendamment des envois d'avis et d'expéditions mentionnés sous les deux paragraphes précédents.

332. — *En cas de décès d'un enfant mis en nourrice, en sevrage ou en garde.*

Toute personne qui a reçu chez elle, moyennant salaire, un nourrisson ou un enfant en sevrage ou en garde est tenue, si elle ne veut encourir la peine d'un emprisonnement de six jours à six mois et d'une amende de 16 francs à 300 francs prononcée par l'article 346 du Code pénal, de déclarer le décès de cet enfant au maire de la commune dans les vingt quatre heures. Lors donc que la déclaration faite en vue de la rédaction de l'acte de décès émane d'une autre personne, le maire doit rappeler à la personne désignée ci-dessus le devoir qui lui incombe. Après avoir inscrit sa déclaration au registre que le maire doit tenir pour l'application de la loi du 23 décembre 1874 sur la protection de l'enfance du premier âge, ce fonctionnaire en donne avis, dans le délai de trois jours, au maire de la commune où les parents de l'enfant ont déclaré le placement en nourrice de cet enfant. Le maire de cette dernière commune doit donner avis du décès, dans le même délai, auxdits parents ou à ceux qui ont fait la déclaration de mise en nourrice, en sevrage ou en garde. (Art. 9 de la loi du 23 décembre 1874.)

En cas d'absence ou de tenue irrégulière du registre spécial en question, le maire est passible d'une amende pouvant atteindre 100 francs, indiquée en l'article 50 du Code civil. (Art. 10 de ladite loi.)

333. — *En cas de décès d'un ancien militaire de la République ou de l'Empire, d'une orpheline de la guerre, ou de tout autre rentier viager ou pensionnaire de l'Etat.*

1º Aux termes d'instructions de l'administration supérieure dont la substance a été reproduite dans des circulaires des préfets aux maires de leurs départements, en cas de décès de rentiers viagers et pensionnaires de l'Etat, les officiers de l'état civil doivent adresser aux préfets, par l'intermédiaire du sous-préfet, une expédition ou un extrait sur papier libre de l'acte de décès, avec indication du montant de la rente ou pension.

Ils doivent aussi faire connaître, quand ils ont pu le savoir, la date du dernier payement et le numéro de l'inscription sur les registres du Trésor.

Doivent être compris dans ces notifications les anciens militaires de la République et de l'Empire auxquels il a été alloué une pension en vertu de la loi du 5 mai 1869.

Dans le département de la Seine, il suffit d'envoyer au préfet de la Seine, à la fin de chaque mois, le relevé nominatif de ces pensionnaires décédés dans le mois ou un certificat négatif. (Circulaire préfectorale du 29 mai 1880.)

2º Un décret du 7 avril 1873 a attribué une allocation de 200 francs à diverses orphelines des armées de terre et de mer sur le reste des offrandes nationales aux victimes de la guerre, et a prescrit le versement du capital représentatif de ces allocations à la Caisse des dépôts et consignations, qui doit en servir l'intérêt à 4 0/0 annuellement, capitalisé au profit des bénéficiaires.

Les allocations inscrites au nom des orphelines qui viendraient à décéder, soit avant d'avoir atteint l'âge de vingt-cinq ans, soit avant l'époque de leur mariage, ou enfin celles de ces allocations qui n'auraient pas été réclamées dans le délai d'une année après l'expiration de ces termes de remboursement, seront réparties, avec les intérêts échus y afférents, sur les orphelines survivantes.

Pour assurer l'exécution de ces dispositions, les maires doivent transmettre sans retard au préfet, qui les transmettra au directeur général de la Caisse des dépôts et consignations, les actes de décès de celles de ces orphelines qui viendraient à décéder dans la situation indiquée ci-dessus. (Lettre circulaire du directeur général de la Caisse des dépôts et consignations adressée aux préfets à la date du 8 décembre 1873 et reproduite au *Bulletin officiel* du ministère de l'intérieur, année 1874, page 44.)

334. — *Notice trimestrielle des décès pour le bureau d'enregistrement.*

En exécution de l'article 55 de la loi du 22 frimaire an VII (12 décembre 1798), il doit être fourni au receveur de l'enregistrement du canton, dans les mois de janvier, avril, juillet et octobre, un relevé certifié des actes de décès reçus pendant le trimestre précédent, à peine d'une amende que ladite loi a fixée à 30 francs pour chaque mois de retard, mais que l'article 10 de la loi du 16 juin 1824 a réduite à 10 francs, quelle que soit la durée du retard.

La formule de cette notice est délivrée d'avance par le receveur de l'enregistrement. Elle contient quatorze colonnes où doivent être portées les indications suivantes pour chacune des personnes décédées dans le trimestre, savoir :

1º Numéro d'ordre de l'acte de décès sur le registre de l'état civil ;

2º Nom de famille de l'individu décédé ;

3º Ses prénoms ;

4º Sa profession ;

5º Son âge ;

6º La commune où il est né, avec mention du département ;

7º La commune où il était domicilié, avec mention de la rue et du numéro de la maison, ou bien celle du village ou hameau ;

8º La commune où il est mort, avec mention de la rue et du numéro de la maison, ou bien celle du village ou hameau ;

9º La date du décès ;

10º La date de l'acte de décès ;

11º Son état de célibataire, époux, épouse, veuf ou veuve, avec mention des prénoms et nom du conjoint prédécédé ou survivant ;

12º Les noms et prénoms des père et mère de la personne décédée, et la mention pour l'un et l'autre qu'ils sont morts ou vivants. Si la personne décédée était enfant naturel, élève des hospices, etc., il faudrait l'indiquer ;

13° Les noms, prénoms, demeures et degré de parenté des héritiers (désigner de préférence ceux à qui les droits de succession pourraient être demandés);

14° L'indication sommaire des meubles et immeubles dépendant de la succession du défunt, ainsi que les noms des communes où les immeubles sont situés. S'il n'a rien délaissé ou s'il était réellement indigent, en faire mention expresse.

Pour remplir les colonnes 13 et 14, il est bon de se souvenir :

Que les personnes appelées à recueillir la succession sont désignées, avec l'indication de la quotité de leurs droits, par les dispositions du livre III, titre I, chapitres 1, 2, 3 et 4 du Code civil (art. 718 à 773);

Que les registres cadastraux déposés à la mairie indiquent les biens pour lesquels le défunt était imposé à la contribution foncière et le revenu imposable de ces biens.

L'article 55 de la loi du 22 frimaire an VII porte que les relevés dont il s'agit seront fournis par les secrétaires des administrations municipales. Ainsi qu'il a été expliqué ci-dessus, 1ʳᵉ partie, n° 67, le titre officiel de secrétaire d'administration municipale ayant cessé d'exister depuis la promulgation de la loi du 28 pluviôse an VIII, c'est aujourd'hui au maire, seul détenteur des fonctions d'administrateur municipal, qu'incombe l'obligation de fournir ledit relevé.

335. — *Relevés de décès pour l'administration supérieure.*

1° En vue de tenir l'administration supérieure constamment au courant de la situation sanitaire, il a été prescrit aux maires des communes de certains départements, notamment du département de la Seine, de transmettre hebdomadairement au préfet (dans ce département au préfet de police) le relevé des décès survenus dans la semaine, avec l'indication de la maladie qui a causé le décès (ce que permet d'établir le certificat de médecin dont il est question n° 293 ci-dessus).

En outre, une circulaire du ministre du commerce et de l'industrie, en date du 25 novembre 1886, demande l'envoi par les maires des communes chefs-lieux d'arrondissement et des communes de 5,000 âmes et au-dessus d'un bulletin sanitaire mensuel contenant l'indication des décès causés par des affections de nature épidémique. Le modèle de ce bulletin est joint à la circulaire. (Voyez ci-dessus n° 324 pour une notification immédiate.)

2° En vue de l'exécution de l'article 77 du Code civil, une circulaire du ministre de l'intérieur du 5 mars 1875 a prescrit l'envoi mensuel par le maire de chaque commune au sous-préfet de l'arrondissement d'un état très simple des individus décédés dans le mois, en annexant audit état le double de tous les certificats de décès délivrés par les médecins qui ont constaté le décès (l'autre double certificat restant déposé aux archives de la mairie, comme il est dit au n° 293 ci-dessus). Cet état peut se borner à reproduire les indications du relevé hebdomadaire dont il est question au paragraphe 1ᵉʳ qui précède.

3° En vue de fournir à l'administration supérieure les éléments de la statistique générale sur le mouvement de la population, il a été recommandé aux préfets par une circulaire du ministre de l'agriculture, du commerce et des travaux publics, en date du 24 septembre 1853, de se faire produire par les maires, au commencement de chaque année, le relevé des naissances, mariages et décès qui ont été inscrits dans l'année précédente sur les registres de la commune. Les préfets transmettent, à cet effet, aux maires les imprimés nécessaires, comme il est dit ci-dessus, 1ʳᵉ partie, n° 71.

336. — *Légalisation des expéditions transmises administrativement.*

Quand, par suite d'instructions spéciales ou d'urgence, le maire, officier de l'état civil, transmet administrativement des expéditions d'actes de décès autrement que par la voie hiérarchique du sous-préfet ou du préfet ses supérieurs, il doit les avoir fait légaliser préalablement par eux. Ces documents étant, en raison de leur destination, des actes administratifs, n'ont pas besoin d'être légalisés par les fonctionnaires de l'ordre judiciaire. (Circulaire du ministre de la justice du 11 mai 1875, citée au n° 331, paragraphe 3°, ci-dessus.)

CHAPITRE VIII

EXPÉDITIONS ET EXTRAITS D'ACTES DE DÉCÈS A DÉLIVRER AUX PARTICULIERS

337. — *Droits de timbre et d'expédition dus par les particuliers pour les expéditions d'actes de décès qui leur sont délivrées.*

L'expédition d'acte de décès à délivrer à tout particulier qui la demande doit, si elle ne rentre pas dans les exceptions indiquées ci-après, n° 338, être délivrée sur papier timbré de 1 fr. 80 la feuille, dans les formes indiquées n° 66. La personne qui demande l'expéditoin doit verser d'avance le prix du timbre, plus le droit d'expédition dû à la commune tel qu'il a été fixé par le décret du 12 juillet 1807 rapporté ci-dessus, 1ʳᵉ partie, n° 72, c'est-à-dire :

Dans les communes ayant moins de 50,000 âmes . . . .   0 fr. 30
Dans les villes de 50,000 âmes et au-dessus.   0   50
A Paris.   0   75

Ce droit d'expédition revenant à la commune s'augmente, à Paris, du droit de 1 fr. 20 imposé par la loi du 5 juin 1875, quand il s'agit d'expédition d'un acte d'état civil détruit par l'incendie de 1871 et reconstitué par la commission spéciale. Il doit être versé à la fin du trimestre, au plus tard, par le secrétaire de la mairie à la caisse du receveur municipal, comme il est dit, 1ʳᵉ partie n° 75.

338. — *Expéditions et extraits à délivrer exceptionnellement sur papier libre aux particuliers pour service public.*

Il y a lieu de délivrer sur papier libre et gratuitement, à cause de leur affectation au service public, à condition de mentionner cette destination, conformément à l'article 16 de la loi du 13 brumaire an VII :

1° L'expédition d'un acte de décès demandée par un particulier pour être produite à l'autorité militaire, comme justification des droits d'un jeune soldat à la dispense du service prononcée par l'article 21 de la loi du 15 juillet 1889 (art. 16 de la loi du 13 brumaire an VII) ;

2° L'extrait de l'acte de décès d'une personne qu'on demande l'autorisation d'inhumer ailleurs qu'au cimetière de la commune où elle est décédée, afin de produire cet extrait au maire de la commune où doivent se faire les cérémonies du convoi et de l'inhumation ;

3° L'expédition d'un acte de décès à produire à la Caisse des retraites pour la vieillesse (art. 11 de la loi du 18 juin 1850) ;

4° L'expédition d'un acte de décès nécessaire au fonctionnement des sociétés de secours mutuels approuvées (art. 11 du décret du 26 mars 1852) ;

5° Les expéditions d'actes de décès nécessaires au service de la Caisse d'épargne postale (art. 20 de la loi du 9 avril 1881).

339. — *Légalisation des expéditions d'actes de décès délivrées aux particuliers.*

La légalisation, soit par le juge de paix du canton, s'il ne réside pas au siège du tribunal de première instance, soit par le président du tribunal civil de première instance de l'arrondissement, est nécessaire pour toute expédition d'acte de décès délivrée à un particulier qui doit être produite en dehors de la circonscription de l'arrondissement, et elle pourrait être exigée même par ceux à qui elle sera produite dans l'arrondissement, en dehors de la commune où elle a été délivrée, comme il a été dit ci-dessus, 1ʳᵉ partie, n° 83. (Voyez ce n° 83 pour tout ce qui concerne le droit de légalisation à payer, et les formalités à remplir pour obtenir les légalisations en question et celles à donner encore par d'autres magistrats dans tous les cas où cela est nécessaire.)

FIN

N. B. — La table alphabétique et analytique est placée en tête de l'ouvrage, à la suite du sommaire général.

(Par suite d'erreur dans la pagination, l'ouvrage ne comporte pas de pages numérotées 95 et 96).

OUVRAGES DU MÊME AUTEUR

www.ingramcontent.com/pod-product-compliance
Lightning Source LLC
Chambersburg PA
CBHW071629200326
41519CB00012BA/2211